U0586766

保定陆军军官学校

——抗日将帅之摇篮

郑志廷 著

人民出版社

责任编辑:孙兴民
装帧设计:徐　晖
责任校对:张　彦

图书在版编目(CIP)数据

保定陆军军官学校:抗日将帅之摇篮/郑志廷 著.
-北京:人民出版社,2016.4
ISBN 978-7-01-015640-8

Ⅰ.①保… Ⅱ.①郑… Ⅲ.①军事院校-研究-保定市-民国
Ⅳ.①E296.3

中国版本图书馆 CIP 数据核字(2015)第 308797 号

保定陆军军官学校
BAODING LUJUN JUNGUAN XUEXIAO
——抗日将帅之摇篮

郑志廷　著

人民出版社 出版发行
(100706　北京市东城区隆福寺街 99 号)

保定市北方胶印有限公司印刷　新华书店经销

2016 年 4 月第 1 版　2016 年 4 月北京第 1 次印刷
开本:880 毫米×1230 毫米 1/32　印张:16.5
字数:370 千字

ISBN 978-7-01-015640-8　定价:46.00 元

邮购地址 100706　北京市东城区隆福寺街 99 号
人民东方图书销售中心　电话 (010)65250042　65289539

前 言

我自20世纪70年代初在河北大学历史系任教以来，长期从事中国近现代史的教学与研究，那时由于受阶级斗争为纲“左”倾思想的干扰，教学与研究的内容多侧重在政治思想等方面，许多领域的研究还是禁区。战争在中国近现代史中占有很大的比重，一般多是简略介绍片断内容，很少重视近代军事学，总以为这是军事学家的任务。后来，因为研究保定近代军事教育史的需求，不得不关注军事学。我多次到保定军校纪念馆瞻仰，每一次进入大门后，映入眼帘的便是尚武堂屋正门两侧军魂两个大字，据说是一位著名将军所题写。这引起我的关注，思考和揣摩，随着近代战史的回顾和保定军校研究的深入，我的体会和认识也在不断深化。一所史无前例的正规军事院校与普通的学校相对比，它的特色在军事学，如果一所军校，不讲其在近代军事学中的地位，不研究其在凝聚军魂中的作用，便失去了它的真正意义和存在价值。这是我重视军事学的因缘。

战史是军事学的源泉。西方自工业革命之后，近代军事学便应运而生。当时中国统治者不思进取，固守着落后的军事文化。自十九世纪鸦片战争以来，面对西方的侵略，中国军事屡屡战败，老大帝国，不堪一击，有国无防，任人宰割，失败的教训，屈辱和磨难，促使先进的中国人认识到西方军事强盛“皆以学堂为根基”。要改变被动挨打的境遇，必须学习西方的军事科学，实现军事现代化是唯一的选择。于是便有了新式军事学堂的创办和新军的编练以及军制的改革。

中国正规军事学堂的创办并非一蹴而就，而是经历一个艰难曲折的历程。从1866年中国出现第一所近代海军军事学堂到保定陆军军官学校的建立，将近半个世纪。此间出现了一系列的军事学堂。特别是天津北洋武备学堂之设立，它是我国近代陆军学堂之开端。之后各督抚相继开办了一些军事学堂。这些学堂如同是一条连贯而不断流动的长河，又是一个相互联系的有机整体，前后相续，波浪推涌，推动着中国近代军事学的建立。也可以说中国近代军事学，在世界近代军事学的影响和推动下，步履蹒跚地前行。保定陆军军官学校就是这样的历史条件下，产生的中国第一所正规化的军事学府。这所学校从纵向来看，它传承了中国古典兵学的优秀传统，悬挂在该校尚武堂门前立柱上的一副楹联："尚父阴符简练揣摩传一派，武侯韬略鞠躬尽瘁法千秋"①，就是继承优秀传统文化无可怀疑的证据。

从横向来看，它吸收了世界先进的办学理念和教学内容。由中央政府自主创办的新式军校，它虽然只存在了十二个春秋，培养了6574名毕业生，其历史影响和作用不可低估。

首先，保定陆军军官学校是国内第一所正规军事院校，堪称中国陆军教育之开端。

从学制来看，清末实行四级制。该校学生必须通过普通高级小学、陆军小学②、陆军中学之后（共11年的教育）才能

① 据李宗黄回忆说该楹联由袁世凯所亲书，见《李宗黄回忆录》（第一册），第283页

② 民国后不设陆军小学改为三级制。据统计经各地陆军小学学习过的保定军校生2564人。见华东师大苏巍《清季陆军小学研究》。

进入保定陆军军官学校。

从教学内容上来看，它借鉴吸收了近代西方先进的军事科学与技术。对学生进行系统而严格的教学和训练，力争世界一流水平。规模空前，设备之完善也是前所未有的。它为我国开办新式军事学校奠定了基础。它所践行的先进军事教育理念和科学精神已成为中国军事教育的宝贵财富。

其次，保定陆军军官学校为近代军校培养了师资，并成为近代军事将帅之摇篮。

以往人们一般熟悉黄埔军校，而大多不知保定陆军军官学校。其实后者先于前者。从军事学的地位来着，即使名声显赫的黄埔军校也难以比拟。保定陆军军官学校在客观上为黄埔军校准备了师资和军事学教材。20 世纪初叶，国共两党合作共同创建了黄埔军校，其师资主要源于培养近代军事人才的大本营保定近代诸军事学堂（校）。据统计保定诸军事堂（校）毕业生，先后任黄埔军校本部及分校教官（含队官）的共 871 人。[①] 其中保定陆军军官学校出身的（含肄业生）就占了 817 人。[②] 占聘任保定生总数的93%，他们除担任军事教官和学生队长外，还担任校本部及下属一些部、办、处的领导。黄埔军校首期学生总队正副队长均为保定陆军军官学校毕业生，分别为邓演达（六期工科）和严重（五期工科）；总队下辖的 4 名队长有 3 名为保定陆军军官学校毕业生担任，分别为金佛庄、吕梦熊、茅延桢。黄埔军校第三期学生总队正副队长分别是王

① 参见陈予欢：《黄埔军校的脊梁》，转引王福友《保定军校》，河北大学出版社 2013 年 1 月版，第 180—210 页。

② 同上，作者根据以上资料核实统计数字。

懋功和张治中，他们均出身于保定陆军军官学校。

黄埔军校所采用的教材，也大多源自保定陆军军官学校。该校教材，是参照了日本和德国的军校教材，历经多年修订而逐步完善，教材自成一体，符合中国国情。保定陆军军官学校的教学理念，对黄埔产生了重要影响。不过，早期的黄埔，由于学生在校学习的时间短，只有半年，类似短期培训班性质。因此教学内容多是保定教材压缩本。由此可见黄埔与保定陆军军官学校在军事学上是割不断的源流关系。不久，蒋介石叛变革命后，共产党发动武装起义，进入创造红军新时期。国共双方的黄埔生在战场上则兵戎相见。黄埔迁到南京，成为蒋介石政权的工具。共产党则利用革命的黄埔生和小部分保定生创办红军学校即“红埔”，走自己武装夺取政权的道路。国共两党所开办的军事学校都与保定陆军军官学校有着无法割断的军事学传承关系。

另外，保定陆军军官学校历经 12 年，毕业九期学员，共计 6574 人。在这批新型的军事人才中，涌现了一批重量级军事政治人物。据粗略统计，民国以来，保定诸军事学堂出身的高级将领中将（军长）以上有 493 人。[①] 其中教官（校长、队长）出身有 17 人；北洋速成武备学堂出身者有 27 人；通国速成武备学堂有 65 人；保定陆军军官学校出身有 383 人，[②] 约占高级将领总数的 77%，由此可见民国时期高级将领多出身于保定陆军军官学校。他们既是黄埔军校的脊梁，亦是中国国民

---

① 详见《保定军校出身高级将领一览表》，载陈予欢：《保定军校将帅录》，广州出版社 2005 年 12 月版，第 907—926 页。

② 依据上述资料笔者核查整理。

党在大陆赖以创建，统领和驾驭国民革命军的核心，又是抗日将帅的重要来源。在民国军事政治舞台上，产生了许多名震中外的政治家、军事家。他们当中有中国人民解放军创建人之一、军事家叶挺；有国家领导人张治中、季方等；有著名爱国将领邓演达、陈铭枢、蒋光鼐、唐生智、黄琪翔、傅作义、邓锡侯等；有国民党起义将领张克侠、何基沣、楚溪春、黄绍竑、吴奇伟等；有在抗日战争中为国捐躯的国民党爱国将领郝梦龄、陈安宝、刘家麒、赵锡章、李必蕃、夏国璋、肖山令、林英灿、张谞行、朱耀华等；有新中国成立后任民主党派领导人的裴昌会、李章达、刘文辉等。还有一大批国民党中央或地方军政首脑及其高级将领：陈诚、顾祝同、白崇禧、刘峙、周至柔、陈继承、钱大钧、薛岳、罗卓英、余汉谋、熊式辉、万耀煌、刘文岛、刘建绪、祝绍周、夏威、秦德纯、徐庭瑶、曹浩森、刘士毅、孙震、张贞、郭寄峤、徐培根、刘兴、李汉魂、李品仙等。

第三，保定陆军军官学校的建立，推动了中国近代军事学术论著的问世。如前所述，保定陆军军官学校培养了一大批新型军事人才，他不仅解决了新军编练的官佐问题，而且也为中国新式军事学堂的设立准备了师资。同时也准备了军事科学研究人才。科学的任务是揭示事物发展的客观规律，探求客观真理，其内涵是思考、探索、创新。清末和中华民国初年军事学专门研究机构的成立，军事学专业杂志的创办，以及各类军事学校的创建，军事教科书的出版，都为中国军事学向新阶段发展起了推动作用。特别是中国革命战争和抗日战争的大舞台的历练，为军事学论著的问世提供了产生的机缘。专门化的军事学家和一批军事学者便相继涌现，以近代军事学之父蒋百里为代表的一批军事学者便登上了历史舞台。蒋百里学贯中西，军事学著作十分丰富，其代表作是《国防论》，1945年由重庆商务印书馆出版。白崇禧被称为近代著名军事家，1945年出版了《现代陆军军事教育之趋势》。徐庭瑶的《机械化军备论》、司可庄著：《大军作战与后勤业务》、陆福廷著《交通战史》、徐祖贻著《大军战术原则笔记》、徐培根著《中国历代战争史》等多部军事著述、张权著《战车防炮兵器学》等。这里尤可称道的是保定陆军军官学校第三期炮科毕业的吴石将军，福建闽侯人。军校毕业后在福建军队服务多年。1928年赴日本留学，先进入日本炮专学习，后入日本陆军大学战术科毕业。在国民党军队任职。一生军事著述非常丰富。特别是他编著的《兵学辞典粹编》，1936年12月出版，至1945年三次再版，[①] 可见其影响之大。上述论著丰富和发展了中国近代军事学。

由上所述可以看出保定陆军军官学校是一所值得研究和纪念的学校。时值中国人民抗日战争胜利70周年，保定陆军军官学校开办103周年之际，谨将拙著奉献给读者，以作纪念。

郑志廷

2015年6月

河北大学紫园生活区

---

① 参见北京图书馆：《民国时期总书目·军事（1911—1949）》，书目文献出版社1994年版。

目录

第一章　18 世纪和 19 世纪的世界与中国

一、欧洲产业革命的爆发与工业化的完成

人们一般所讲的近代化或者现代化这一概念，其实都是指工业化，西方称之谓资本主义化。现代化作为一个世界历史进程，反映了人类社会从传统农业社会向现代工业社会所经历的巨变。这一过程开始于西欧，扩展到北美和欧洲其他地区，然后漫延到亚非拉诸国。

18 世纪是人类历史的分水岭，是整个世界酝酿空前变革的重要时代。以英国的产业革命、美国的独立战争、法国的大革命为标志，世界历史迈进新纪元，人类社会从农业文明开始走进工业文明，从此世界发生了翻天覆地的大变化。所谓产业革命，又称工业革命，是指用机器生产代替手工劳动，从工厂手工业向机器大工业转变的过程。产业革命首先从英国开始并不是偶然的，这是有深刻政治思想前提，社会经济前提和科学技术前提的。社会生产力任何历史性的大发展都来源于思想解放，思想认识上的提高，产业革命的发生当然也不例外。这一历史任务是由欧洲文艺复兴运动来完成的。文艺复兴运动是 14 世纪初意大利人文主义者鼓吹“人乃万物之本”，反对神权和迷信开始到 16 世纪结束。文艺复兴运动的重大历史意义在于它促使欧洲人，从以神为中心过渡到以人为中心，以及人的觉醒和价值。它唤醒了人们的积极进取精神和科学实验精神，

为新兴的资本主义制度的确立开辟了道路。恩格斯曾高度评价文艺复兴运动在历史上的进步作用，他说："这是一次人类从来没有经历过的最伟大的、进步的变革，是一个需要巨人而且产生了巨人——在思维能力、热情和性格方面，在多才多艺和学识渊博方面的巨人的时代。"① 文艺复兴运动后便出现了伏尔泰、卢梭、狄德罗、康德等一批大思想家。由此可以看出文艺复兴运动为产业革命奠定了思想基础。同时 17 世纪的英国资产阶级革命推翻了封建制度，建立了资产阶级统治的国家政权，并利用政权力量加速推行发展资本主义的各项政策和措施，促进了产业革命各种条件的迅速形成。圈地运动的开展使英国产生了大批无产者，海外贸易和殖民地的开发使大量财富聚集到英国资产阶级手中。除此之外，还需要一个尤为重要的条件就是科学技术的进步。科技的发展与进步有赖于教育。文艺复兴之前，欧洲有意大利的博洛尼亚大学、萨莱诺大学，以及法国巴黎大学，并称欧洲最早的大学，被誉为"欧洲大学之母"。文艺复兴和宗教改革后，欧洲各国各级学校逐渐繁盛，初等学校、中等学校、高等学校之间的关系逐步形成。新式的高等学校纷纷建立，据不完全统计，从 13 至 15 世纪欧洲主要国家建立的大学计有 74 所。② 无可否认所有的大学都受人文主义思想的影响，程度不同地反映了人文主义旨趣和特征。世界上第一所大学博洛尼亚大学，建于 1088 年，是在法律、文学和医学三个专科学校合并的基础上自发形成的。哥白尼毕业于这所学校，在校学习期间（1497 年至 1500 年）除学

① 《马克思恩格斯选集》第 3 卷，人民出版社 1995 年版，第 445 页。

② 《欧洲高等教育近代化》，厦门大学出版社 1998 年版，第 63 页。

习教会法规外，还同时研究多种学科，尤其是数学和天文学。他还结识了文艺复兴时期的巨人达·芬奇，并且拜文艺复兴运动的领导人之一、天文学家诺法腊为师，正是在大师的影响和支持下，他创立了“日心地动说”，撰写了自然科学的独立宣言《天体运行论》，从此自然科学从神学中解放出来，“科学的发展从此便大踏步前进。”① 欧洲大学的建立和发展为科学文化知识传播、研究和发展起了关键作用。许多对科学做出重大贡献的人物都受过高等教育。比如近代科学的创立者、实验科学的先驱伽利略是意大利比萨大学毕业；行星运动三定律的发现者，杰出的天文学家开普勒毕业于德国蒂宾根大学；血液循环论的发现者哈维毕业于意大利帕多瓦大学医学院；经典力学体系的创立者牛顿是英国剑桥大学力学创始人；英国资产阶级古典经济学家《国富论》的作者亚当·斯密系牛津大学毕业等等。同时欧洲各国先后成立了科学研究机构。17 世纪英国成立了皇家学会、法国成立了法兰西研究院。18 世纪德国、俄国、瑞士先后设立科学研究机构。研究自然科学在欧洲蔚然成风。瓦特的蒸汽机是产业革命的标志，这项研究成果必需的知识有力学、气体学、机械学、几何学、数学等，当时各大学都有开设，特别是中国的造纸和印刷术传到欧洲，便宜的纸质图书便立刻取代羊皮书，欧洲文化思想的传播和交流的成本大大降低，图书报刊的出现，使自学成才有了可能。比如安培、法拉第、帕斯卡、诺贝尔、瓦特等都是自学成才的典范。14 世纪中叶以后，欧洲的印刷术实现了机械化，这更有利于科学知识的传播，据统计到 1500 年，欧洲约有 50 万本印刷品问

① 恩格斯：《自然辩证法》，人民出版社 1971 年版，第 8 页。

世。当时欧洲的思想家和科学家纷纷著书立说。同时也出现了交流思想、传播知识、切磋学问的报纸和杂志。到18世纪中叶欧洲的科学研究无论深度和广度上都达到空前的水平，特别是经典力学、热力学等学科理论的创立，为产业革命带来契机。发源于英国而后波及欧美主要国家的产业革命，又称第一次工业革命，具有划时代的意义，它对人类社会的演进产生了空前深刻而巨大的影响，特别是瓦特蒸汽机的出现，极大地推动了机器的普及和发展，人类社会由此进入蒸汽时代。它为新生的资本主义制度奠定了坚实的物质基础，促使欧美诸国先后实现了工业化。率先实现工业化的英国确立了世界工厂的地位。马克思在著名的《共产党宣言》中对这次产业革命给予高度评价。他说："资产阶级在它的不到一百年的阶级统治中所创造的生产力，比过去一切时代的全部生产力还要多，还要大。"① 不久西方各国又发生了第二次工业革命。这次工业革命始于19世纪70年代，标志是电力的广泛应用，此后人类便进入电气时代。工业革命极大提高了资本主义国家的生产力。据有关统计，1860年英国的生铁产量占世界的53%，煤和褐煤的产量占世界的50%，其现代工业的生产能力相当于全世界的40—50%。② 工业革命改变了世界的格局，1750年中国GDP占世界份额为32%，印度为24%，欧洲五国英、法、德、俄、意只占17%，但是工业革命之后，西方经济总量日新月异，至1894年中日战争前夕，欧洲的经济总量已经升到

① 《马克思恩格斯选集》第1卷，人民出版社1995年版，第277页。
② ［英］保罗肯尼迪著：《大国的兴衰》，转引自《报刊文稿》2009年7月24日。

62%，中国则下降到6%，欧洲成为世界经济的中心。英国殖民地遍布全世界。正如19世纪中期一位英国经济学家所说，“大洋洲有我们的牧羊场，阿根廷和北美西部草原上有我们的牛群，秘鲁送来它的白银，南非和澳大利亚的黄金流向伦敦，印度和中国人为我们种茶，而我们的咖啡、白糖和香料、种植园遍布东印度群岛。”

二、清“康乾盛世”与近代化机遇的错失

18世纪的中国正是清王朝的盛世即康乾盛世，又称康雍乾盛世。它起于康熙二十年（1681年）平定“三藩之乱”，止于嘉庆九年（1796年）川陕楚白莲教起义爆发，持续时间115年。康熙朝驱逐荷兰侵略军收复台湾，平定三藩，抗击沙俄侵略，签订《尼布楚条约》，三征噶尔丹建立多民族统一国家，使疆域扩大。雍正朝广泛实行“摊丁入亩”税制，使经济发展，人口迅速增长。在少数民族地区，实行“改土归流”政策，加强了国家对边疆地区的管理，促进了少数民族地区经济发展。乾隆时期继续改进和完善上述制度，使国家富庶起来。据当代学者估计当时GDP占全球三分之一，粮食产量最早达到2088亿斤，财政收入高达8000万两（白银），此三项指标均创中国历史最高水平。人口超过3亿，占世界人口2/5。开辟了新疆，实际控制地区超过历史上任何时期。那么康乾盛世时期为什么不能发生产业革命呢？应当说产业革命和康乾所谓盛世不可同类而语。前者是生产力的革命，是社会的变革，后者是封建王朝内部政策的调整，是封建专制的继续和发展。清取代明是王朝的更替，清袭明制以皇权为核心的官僚政治体制发展到极致，这样的政治体制不可能承担由农业文明向

工业文明过渡的责任。我国封建社会长期实行重农抑商的政策,[①] 这种政策在封建社会的前期，对促进社会经济的发展，巩固新兴地主阶级的统治起了积极作用。但是随着农业和手工业的发展，资本主义萌芽的产生，产品的流通交易成为必然。然而这种千年不变的重农抑商政策仍在继续，它阻碍了经济的进一步发展，使科学技术这个新的生产力失去了经济的支持和动力，这是中国没有发生内源性近代化的重要原因之一。

其次，腐朽落后的生产关系严重阻碍了科技的发展。长期以来，中国封建社会占统治地位的经济形态是自然经济。农民不但生产自己需要的农产品，而且生产自己需要的大部分手工业品。地主和贵族对于从农民剥削来的地租也主要是自己享用，而不是用于交换。明清时虽有交换的发展，产生了资本主义萌芽，但在整个经济中不起决定作用，并受到自然经济的严重制约。封建统治者还强化户籍管理。把大量人口牢牢束缚在土地上。在以征收赋役为主要目的的户籍制度下，人户和丁口是统治者所控制的最主要的赋役来源，因此，户口的稳定性至关重要。另外，土地继承中的诸子均分制是我国历史上形成的传统，明清之际，尽管土地面积通过垦殖在不断扩大，但随着人口的不断增加和地产的不断均分，使得土地经营规模总趋势越来越细小。这种以小农经济为基础的经济形态，满足于一时的风调雨顺，生产规模小，安于现状，具有封闭性和保守性的特征。正如马克思所说："他们进行生产的地盘，即小块土地，不容许在耕作时进行任何分工，应用任何科学。"[②] 这样，

---

① 《大明太祖高皇帝实录》，卷19。

② 《马克思恩格斯选集》第1卷，人民出版社1972年版，第693页。

就使明清以来中国绝少有改变传统的开拓精神和创新精神。

第三，文化教育方面，儒家文化和封建奴化教育阻滞了科学的发展。我国封建社会的学校教育偏执于政治和伦理道德，轻自然科学鄙视技艺。中国儒家经典中却没有自然科学容足之地，主流教育长期以来是面向社会，而背对大自然。只关心用儒家经典去批判人们的思想行为的善丑与是非，而不愿耗费劳神去观察研究自然界，探讨其真谛。狭隘偏颇的思想，造成狭隘偏颇的研究范围，故自然科学不能成为知识分子的研究课题。学校教育偏重于政治与伦理道德，轻自然科学，鄙视技艺。“八股取士”的选官制度，在伦理治国的制度下，以读书识字来考什么进士的，求的是一官半职。历史上，从陶渊明到苏东坡到郑板桥，我们不容易找到个算是有学之士是没有做过官的。那就是说求学是求官，是求生计及一点“治权”。伦理学问可治，科学学问不可治也。读书识字的要向伦理方面下功夫，论什么君子、小人，科学的兴趣也就不容易培养出来。[①] 科举考试的内容被限定在以四书五经为最基本读物的儒家学说范围内。这就使一代又一代无数有天赋的人才，将时间和精力集中在儒家经典的背诵，记忆和掌握文字表述的能力上，而无暇顾及与科举无关的其他知识，包括数学等自然科学和现实生活中有用的技艺的学习。在这种制度下，选拔出的是只读圣贤书，不问窗外事的书呆子、奴才，而不可能是科学人才。也就更不可能产生有气魄创立新学说和新理论的科学家，科技发展也就失去了文化基础。明清两代进士考试二百多科，共得进士 5 万数千名，对自然科学有造诣者寥若晨星，仅有明代李

① 张五常：《学术上的老人与海》，中国社会科学出版社 2001 年版，第 230 页。

之藻、徐光启；清代梅毅成、陈厚燿、钱大昕、阮元、项名达、吴其浚等数人。而许多杰出科学家如李时珍、徐霞客、程大位、宋应星、王锡阐、梅文鼎、戴梓江、明安阁、李锐、罗士琳、邹伯奇、李善兰、华蘅芳、徐寿、徐建寅都不是进士出身。反之，严复回国后多次参加科举会试，但均名落孙山，虽然其精通西洋知识，但缺乏科举及第，被当时士大夫群体所排斥。明代杰出医药家李时珍三次科举失败，才做医生。宋应星五次科举落榜才做教谕，他在《天工开物》的序中说："此书于功名进取毫不相关也，大凡文人弃掷案头。"而徐霞客连秀才也没考上。南北朝时期，南朝科学家祖冲之的圆周率在世界遥遥领先，但学官莫能究其深奥，是故废而不理。可见古代教育只为科举取士而设，与科学无关。

第四，因循守旧，闭关自守是落后的重要主观原因。康乾时代中国经济在世界上是领先的。乾隆末年中国经济总量世界第一，人口数量占世界三分之一，对外贸易出超。正在这时西方发生了产业革命，科学技术快速发展。但是当时的最高统治者却视而不见，夜郎自大，闭关自守，拒绝学习先进的科学技术。1984 年 6 月 30 日，邓小平明确提出："中国是在西方国家产业革命以后变得落后了，一个重要原因就是闭关自守。"① 长达几百年的"闭关自守把中国搞得贫穷落后愚昧无知。"马克思曾尖锐批评清统治者不识时务，他说："一个人口几乎占人类三分之一的大国，不顾时势，安于现状，人为地隔绝于世，并因此竭力以天朝尽善尽美的幻想自欺。"② 在历史发展

① 《邓小平文选》第三卷，人民出版社 1993 年版，第 64 页。
② 《马克思恩格斯选集》第 2 卷，人民出版社 1972 年版，第 26 页。

的关键时期，没有把握住产业革命的机遇，虽然也有短暂的所谓盛世，但不过是濒临灭亡前的回光返照。瞬间原本强盛的天朝大国，成为时代发展的落伍者。当西方资本主义国家已经完成工业革命，生产力高度发展、并用机械生财打仗。而中国仍滞留在中古农业文明时期，工业、农业、交通运输、军事仍保持着唐宋以来的模样；经济落后、文化落伍，西方进入蒸汽时代，电气时代，中国“只能制造桌子椅子，能造茶碗茶壶，能种粮食，还能磨成面粉，还能造纸，但是一辆汽车、一架飞机、一辆坦克、一辆拖拉机都不能制造”[①]“机器代替人工生产是产业革命的核心。没有这个核心不能有产业革命。”[②] 尽管 19 世纪初年，中国南方广东的行商和北方山西的晋商这两部分商人，几乎主宰了世界贸易和商业活动。晋商在蒙古、俄罗斯、欧洲和日本有很大的国际投资，而且广州行商还投资于美国的铁路建设。都不能称得上是产业革命。无法使中国走上富国强兵之路。

如前所述，18 世纪欧洲的产业革命和中国的所谓康乾盛世进行深入研究是十分有益的。要正确评价康雍乾三朝的历史地位，最重要的是把它放在世界历史发展的坐标上来考察，在世界生产力大发展，社会大变动之际，仍闭关自守，轻视科学，禁锢思想，使自己错失了现代化机遇。这个教训是深刻的。对我们今天建设仍有借鉴意义。中国改革开放总设计师邓小平明确指出：“无论是革命还是建设，都要注意学习和借鉴外国经验。”[③] 1992 年 1 月，他在武昌、深圳、珠海等地巡视谈

---

① 《建国以来毛泽东文稿》第 4 册，中央文献出版社，1998 年版，第 504 页。

② 周谷城：《加强近现代史的研究》，载《光明日报》1988 年 6 月 15 日。

③ 《邓小平文选》第三卷，人民出版社 1993 年版，第 2 页。

话中更进一步指出："社会主义要赢得与资本主义相比较的优势，就必须大胆吸收和借鉴人类社会创造的一切文明成果；吸收和借鉴当今世界各国包括资本主义发达国家的一切反映现代社会化生产规律的先进经营方式、管理方式。"① 按照马克思主义的基本原理，社会主义是在资本主义高度发达的基础上发展起来的。但目前实际，社会主义国家在后现代化国家中存在，因此我们讲社会主义，首先就是要使生产力发展，这是主要的。只有这样，才能表明社会主义的优越性。社会主义经济政策好与不好，归根结底要看生产力是否发展，人民收入是否增加，这是压倒一切的标准。科学发展观重要思想是马列主义毛泽东思想和邓小平理论的继承和发展，是加强和改进党的建设和发展强大的理论，是我们工作必须长期坚持的指导思想，确立科学发展观的重要思想指导地位是十八大的历史贡献。以人为本的科学发展观，无疑汲取了产业革命的经验，特别是文艺复兴时期人文主义"人乃万物之本"的主张，但并非是简单的重复和照搬，而带有时代特色和新的内涵。中国现代化之路必须汲取产业革命的经验，但不能照搬资本主义国家工业化的旧路。必须立足本国，总结十八世纪以来的历史，总结中国共产党领导中国人民进行革命和建设的经验教训；特别是改革开放以来的实践经验，开创一条在科学发展观指导下中国现代化新路。

其二，康乾王朝时期闭关自守，错失现代化的机遇、造成经济落后，文化落伍，至道光朝便开始处于被动挨打的局面。世界是一个竞争的大舞台，现代化当然是一种竞争，落后就要挨打，这是近代以来中国人民刻骨铭心的教训。以此来激励我

① 《邓小平文选》第三卷，人民出版社1993年版，第373页。

们更加坚决地走改革开放之路。近代世界和中国的历史表明，拒绝接受外国的先进科学文化，任何国家，任何民族要发展进步是不可能的。没有改革和开放就不可能实现社会主义现代化，这是历史的结论。

三、欧洲近代军事学的建立与晚清军事之衰败

（一）欧洲的军事变革及其近代军事学的建立

工业革命作用于军事领域的直接成果便是武器的大量生产和不断改进。18 世纪的欧洲，各国林立，群雄并起，各搞一套，相互竞争，到处充满着危机和挑战，为了世界范围内争取更大的空间和利益，经历了工业革命的欧洲各国相率把国家的重心放在军事力量建设和发展上。依赖逐渐近代化的军队，欧洲列强掀起了掠夺世界的狂潮。

甲午中日战争之前，在世界范围内，发生过三次大军事变革。第一次发生在 16 世纪至 17 世纪的欧洲。当时欧洲各主要国家开始由封建社会向资本主义社会过渡，启蒙运动和资产阶级革命，打破了封建制度和宗教神学的禁锢，产业革命和科学技术的发展直推动了军事技术的进步，武器装备的不断改进，特别是滑膛枪取代长矛刀剑，它宣告了火器时代的到来。步兵成为战争的主角，炮兵开始受到瞩目，古老的布阵战术失灵了，新的线式战术队形受到了将军官兵的青睐。

18 世纪末至 19 世纪初，法国大革命和拿破仑战争有力地推动了近代军事学的建立和发展。战争的实践和军事院校的建立为军事理论的发展准备了条件。由于战争的频繁，战争的地域和规模不断扩大，欧洲各国的常备军不断增加。至 19 世纪中叶整个欧洲约有 200 万军队，其中法国、俄国各 50 万，英

国当时主要是海上强国，陆军约有 14 万，连同用于内卫的国民军共 20 万。

纵观世界近代军事史，大凡有世界最强大最先进的军队，必定有世界第一流的军校。1741 年建立的英国皇家军事学院和 1863 年建立的皇家海军学院，为英国培养了世界最优秀的海军军官，使英国海军数百年执世界之牛耳。英国皇家海军学院不但是英国海军的摇篮，而且是世界海军军官的摇篮。1802 年美国成立了闻名世界的西点军校。1803 年由著名的军事家拿破仑创办的圣西尔军校，是当时世界军事思想最先进的院校。1810 年普鲁士建成世界第一所培养参谋的柏林军事学院。它的第一任校长是普鲁士军事改革家、将军格哈德·冯·沙恩霍斯特。著名军事理论家克劳塞维茨曾在此担任教官和校长 12 年之久。战争的实践和各类军校的建立为近代军事学的建立和发展准备了条件。广大人民群众参加战争，以及武器装备的改进，火枪和威力更大的火炮在战争中使用，军队的编制趋于合成化，出现了由步、骑、炮等诸兵种合成的军队，军事后勤出现了就地征用与建立仓库相结合的补给方式。在军事理论方面出现了天才若米尼和克劳塞维茨各自的代表作《战争艺术概论》和《战争论》。若米尼（1779—1869），欧洲资产阶级军事历史学家、军事理论家，生于瑞士帕耶纳市市长之家。19 岁参加瑞士军队，曾任陆军部长的副官、秘书长及营长等职。25 岁时转入法军服务。曾任内伊元帅的副官、参谋长，在拿破仑一世远征俄国期间，先后任维尔诺城防司令和斯摩棱斯克总督。1813 年转投俄军供职，任俄皇亚历山大一世和尼古拉一世的军事战略顾问达二十年之久，为俄罗斯帝国军事学院奠基人之一，被授予步兵上将军衔。晚年定居法国。1838

年出版他的军事代表作《战争艺术概论》。若米尼在书中总结了法国革命战争和拿破仑战争的经验，创立了 19 世纪初期的战争艺术理论，提出了许多具有普遍指导意义的作战原则，在世界具有重要影响。

克劳塞维茨（1780—1831），普鲁士杰出的军事理论家、军事历史学家，西方近代军事理论的奠基者。他先后研究了 1566—1815 年所发生的 130 个战例，总结了自己所经历的几次战争的经验，在此基础上写出了一部体系庞大，内容丰富的军事理论著作《战争论》。该书是军事思想史上第一部自觉运用德国古典哲学的辨证方法系统地总结战争经验的著作，具有重要的军事学术价值。这部著作不仅奠定了西方资产阶级军事学的理论基础，而且也是马克思主义军事学重要理论的重要来源之一。克劳塞维茨被视为西方近代军事理论的鼻祖。

第三次军事改革是 19 世纪末 20 世纪初的欧洲、北美和东亚。资本主义进入帝国主义时代。此时，整个世界已被老牌帝国主义国家瓜分完毕。后起的帝国主义国家要求根据势力的变化重新分割世界，战争的规模越来越大，以致发展成为世界大战。生产力的迅速发展和科学技术的重大突破，出现了多种新式技术兵器。后装枪炮取代前装枪炮，无烟火药取代黑色火药，蒸汽舰船取代木制帆船，疏开的散兵线成为最基本的战斗形式，堑壕等野战工事被广泛采用，铁路运输用于军事，军队的战略机动能力大为提高，有线电报、电话应运而生，部队的通讯联系明显改善，总参谋部成为军队最高统率机关。面对前两次军事变革，中国基本上是一无所知而墨守成规。但落后就要挨打，这是一个不以人的意志为转移的永恒的规律，从 1840 年以来至清末五次反侵略战争的失败，残酷的现实使中国被迫追逐世界军事改革的潮流，向西方学习，以摆脱任人宰割的悲惨境遇。从严格意义上来看，甲午战争之后，中国人开始了可以称之为军事变革的新军编练运动。袁世凯是新军编练的倡导者和实践者，他的军事教育思想就是在国际军事发展的大背景下，在编练新军和开办新式军事学堂的过程中总结自己的经验教训的基础上产生的。

（二）晚清军事的衰败

【中国古代军事学的繁荣及其变异】

习近平同志指出："实现中华民族伟大复兴是中华民族近代以来最伟大的梦想。可以说这个梦想是强国梦，对军队来说，也是强军梦。"① 伟大的梦想要变为现实，离不开科学理论的指导，富国与强军是实现中华民族复兴的两大基石。提出并实现强军目标，最直接的意义就是强化中国梦的安全基石，为强国提供可靠安全保障。而实现这一目标就必须总结历史经验，研究中国军事学史，吸收借鉴西方近代军事学的经验，建设具有中国特色的现代军事学理论和技术，方能担当起历史的重任。军事学在中国古代称之为兵学。所谓兵学即军事学，是研究战争和战争指导规律的科学，大体上分为理论科学和技术科学两个部类。理论科学包括军事思想和军事技术。军事思想主要是研究战争的基本理论，如军事和政治的关系、军事与经济的关系、建军路线等；军事技术主要包括战略学、战役学、战术学、军制学、战争动员学、军事历史学、军事地理学、军队教育训练。技术科学主要是研究各种武器和装备的构造、原

---

① 《中国梦引领强军梦、强军梦支撑中国梦》，《求是》2013 年 12 月 2 日。

理、性能与使用等。军事学又是人类社会各个历史时期人们的军事实践经验的理论升华，并随着社会的前进、科学的发展、军队建设和战争形态的变化以及人类认识的提高而逐步深化。从整体上来看，军事学的历史可分为两个大的历史时期，即农业文明时期的军事学和工业文明时期的军事学。前者可称为古代军事学，后者为近代军事学。两者之间以 18 世纪工业革命为界。如前所述，所谓产业革命（又称工业革命）是指用机器生产代替手工劳动。瓦特的蒸汽机便是产业革命的标志，随后便出现工场手工业向机器大工业的重大转变。自此人类社会从农业文明开始走进工业文明，世界历史迈进了新纪元。

中国曾是世界四大文明古国之一。中国古代兵学与中国悠久的历史一样曾有独具特色灿烂辉煌的成就。中国的兵学文化萌芽于氏族部落时期。真正军事武装的存在，是随着国家政权的建立而诞生的。

生活在黄河流域的炎黄二帝是中华民族的人文始祖。他们立足中原，建立了国家雏形，为中华民族的多元文化统一奠定了基础。从黄帝逐鹿中原到夏商周三代，中国文化在自身的生存斗争中迈出了巨大的步伐。在长期的语言实践基础上，人类创造了文字，为文明的诞生奠定了基础。商代甲骨文的出现，标志着中国文字进入成熟阶段。殷末周初哲学思想又有了比较明显的发展，出现了阴阳五行观念。《周易》提出了比较系统的八卦学说。从夏朝开始，为了维护国家政权，夏王朝建立了常备军式的卫队，然而并无正式的军队建制。至商初征伐，仍表现了鲜明的“以民为兵”的性质。到了西周初建立了左、中、右三师（甲骨文中有记载），这就是中国军队最初建制。兵的建立对于国家及华夏文化的传承和发展意义重大，正如古代兵学家所说："兵者、国之大事。死生之地，存亡之道，不可不察也。"① 在某种意义上，兵是一个国家的脊梁，没有兵，一个民族大概早已灭绝，不可能在当今世界生存。因此，每一个延续至今的民族，都不可能没有自己的兵，甚至也不可能没有一支毫无战斗力的军队，否则也就如同在历史上消失的很多民族那样，人们只能在考古遗址和史书记载中去发现它们了。周初制定《周礼》，立"夏官司马"，就专主军事。战争是兵学文化的本源，随着战争的频仍，武器的更新，兵书不断出现，于是便产生了兵学。兵学的本质是战争经验的总结，更是战争规律的探索。当兵学理论形成后，又用以指导战争，引导战争走向胜利。而新的战争实践，又可进一步丰富兵学理论，促使其进一步臻于完善，所以说兵学或者称军事学，完全是在战争实践基础上形成的，无战争实践自无兵学可言，传说中"三代"就是以礼治军。春秋时期政治上的突出特点是周王室的衰败，诸侯的壮大和新型封建生产关系的逐渐形成。以血缘关系为基本纽带的封国有记载可考的有百余个。它们为了争夺政治权力和领土扩张，"弑君三十六，灭国五十二，诸侯奔走不得保其社稷者不可胜数。"② 不断吞并，到春秋末期仅剩20多个。总体来说，各诸侯国霸权的归属是齐国开创先河，晋楚轮流坐庄，秦偏安一隅，吴、越昙花一现。从春秋争霸战争的过程来看，从最初的结盟称霸发展为灭国夺地，车战逐渐为步战所代替，并出现了水战海战。战区的扩大从两国接壤地区，推进到敌国的腹地，战争时间更长，已从一战决定胜负发展到

---

① 《孙子兵法·始计篇》，山西旅游出版社2014年版，第3页。

② 《史记》(卷130)，《太史公自序第七十》。

长期反复较量；用兵更加灵活。注意分析敌情、捕捉战机等。春秋发生的大小战争共计 395 次。战国时期小规模的战争不计，仅大规模的战争就有 230 次。如此多的战争，不可避免地产生众多军事家。丰富的军事实践和百家争鸣的学术氛围，使人们对战争有了较为全面深刻的认识，于是便产生了《孙子》、《吴子》、《司马法》、《孙膑兵法》、《尉缭子》、《六韬》等一大批军事理论著作，成为中国古代军事科学成熟与兴盛的重要标志。古今称颂的《孙子兵法》便是古代经典兵书的代表作。该书立足于治国安邦的高度，以兴道义和民心为根基，以“五事”“七计”为依托，从最高层庙算决策，到经济基础综合评估，以及基本战略方针的确定，再到绚丽多姿、变化无穷的策略学、战术学，最后以贯穿战争始终的情报学，从而构建了一个系统全面的无与伦比的兵学体系。而此时，西方的军事学尚在历史学的襁褓中。以古希腊历史学家希罗多德所著的《历史》与修昔底德所著的《伯罗奔尼撒战争史》为代表的军事学著作，其战争见解只是零散出现于战争叙述中，理论的概括性与专业性与《孙子兵法》不可同日而语。《孙子兵法》是中国古代军事学的集中代表，其炉火纯青的思想学说，已臻于出神入化的艺术境界。

秦汉时期是中国军事学史上的一个重要历史阶段。不仅仅因为出现过秦皇汉武这样的雄才大略、叱咤风云的军事统帅，也因为这两个中原政权和北方少数民族政权的关系多处在对立和战争状态，这种外部环境促进了对以往兵书的研究和整理，特别是春秋、战国以来士兵的成分、军队的构成及战略战术等方面的军事历史经验，使之系统化、规范化。在某些方面取得了一定的进步。从兵器来看，秦以后进入铁兵器为主的时代，在军事交通运输、技术等方面均有突出进步。从《吕氏春秋》到《淮南子·兵略》篇，不仅继承了春秋优秀的军事理论，而且有许多独到之处，特别是《三略》的问世，在这更广阔的学术背景下，借助于儒、道等学派的思想资源，丰富了中国军事学的内涵。从韩信到刘歆，通过整理兵书，将之分为权谋、形势、阴阳、技巧四种，从贾谊、晁错到王符、曹操等政治家针对边疆局势，通过注释《孙子》、《吴子》等兵书，提出自己的军事见解。曹操的《孙子》注释总结了历史的和自己的斗争经验，指出研究军事、掌握军队和驾驭战争规律的重要性，诸葛亮等人通过对军事经验的总结，使军事学得到了进一步完善。

两晋南北朝时期，中国古代军事学第一次陷入低谷。两晋南北朝时期是中国历史上一个重要的特殊的历史时期。它在政治经济制度方面，是上承秦汉、下启隋唐的一个重要时期。虽然战乱频繁，但却出现了古代科学技术高速疾进的罕见局面，这是个千古疑题。所谓低谷一般是指中原王朝被少数民族政权所征服，这在世界历史上也是屡见不鲜的。吕思勉先生在其名著《两晋南北朝史》中指出："东洋之有秦汉，西洋有罗马，其事盖颇相类，中国见扰乱于五胡，罗马受破毁于蛮族，其事亦未尝不相类也。然蛮族侵陵以欧洲。遂非复罗马人之欧洲，而五胡扰乱之余，中国为中国人之中国如故也。"

隋唐至宋时期军事学也有其显著的特点。隋朝沿袭和发展西魏和北周的府兵制，在皇帝直接统辖下，设立十二卫府，军人依均田令受田，免纳租庸调，平日生产，每年有一定时间轮番宿卫，战时出征资装自备，在乡为农，在军为兵，实行兵农合一，寓兵于农的制度，这是隋朝及唐初府兵制的特点。唐中后期由于征战频繁，勋赏不兑现，兵士社会地位下降，府兵制日趋败坏，募兵制便兴盛起来。自唐朝中期创设武举制度，宋代开始将武举制度纳入整个科举体系之中，确立了三组考试的程序，外场考武艺和内场考策论兵书的考试方法，武举制度臻于规范：武庙的设置以及武学的开办。宋神宗元年间颁布以《孙子》、《吴子》、《司马法》、《六韬》、《三略》、《尉缭子》、《李卫公问对》为武学必读之书，称之为武经七书。这一举措有力地促进了军事研究水平和军事教育的发展。《李卫公问对》、《太白阴经》、《虎钤经》是这一阶段兵法研究的重要成果。《武经总要》作为中国第一部官修的军事著作，凡四十卷，分前后集：前集二十卷，论述军事组织、军事制度、步骑兵教练、行军、营阵、战略战术、武器的制造和使用、边防地理。其中营阵、武器两部，附有大量的插图。后集二十卷，辑录历代用兵故事，论述阴阳占候。军事制度研究的兴起，产生了《历代兵制》、《补汉兵志》等著作，成为军事学复兴的标志。著名的史学家陈寅恪先生说："华夏民族之文化，历数千载之演进，造极于赵宋之世。"据专家估算，当时 GDP 占全球 60%，人均收入是世界平均水平二倍。但国富兵不强，宋代虽然有远远超过前朝的财政收入，而半数以上的财政收入用于了养兵、养官。正如一些学者所说："北宋自宋太宗以降，养兵虽多，多而无能固然有种种原因，其中两条很明显的积弊，是众所周知的：一是老弱者众，缓急又不可用。"① 二是编制严重不满员。"额存而兵阙。马营或止数十骑，兵一营或不满一、二百，而将校猥多，赐予廪给十倍士卒。"② 额存则朝廷

① 《包拯集》（卷 1），《天章阁对策》。

② 《宋史》（卷 194），《兵志》。

仍须支付每营四、五百人的钱粮，兵阙则养兵费则落人将校的腰包。致使宋太宗在与契丹人的战争中屡战屡败。毛泽东在阅读此战史后曾批注道："此人不知兵非契丹敌手。尔后屡败。契丹均以诱敌深入，聚而歼之的办法，宋人终不省。"① 又因兵额增加太快，官员弄虚作假，监国自盗，中饱私囊而总感军费之不足，便允许军队经商，此风一生军队训练废弛，腐败成风，武艺荒疏，国力军力日益衰败。对于宋朝军队的积弊宰相王安石历历在目，他主持的变法的重要内容之一，便是减兵并营，6 年内裁军 36 万人，并实行保马法，以发展养马，准备日后以精兵劲旅，收复失地。然而王安石的新法危及到既得利益集团。不久便被废止。这样腐败未能遏制，军力衰败到面对一个西夏小国，也是屡战屡败。金兵入侵时，靖康二年四月（公元 1127 年）金军攻破东京，除烧杀抢掠之外，更俘虏了宋徽宗、宋钦宗父子，这就是历史上的靖康之耻，自此北宋灭亡。而后，南宋又为经济文化都很落后的游牧民族所征服。

元代中国军事学又陷入低谷。辽夏金元朝的军事学，与两晋南北朝相近似，也长期处于停滞的状态。究其原因是落后的社会形态，制约着学术的进步。北方游牧民族政权，偏重弓马，以骑射为主，科学文化不发达，不重视学术研究。另外严重的民族隔阂，造成尖锐的民族矛盾，不利于文化的发展。因此，这一时期的军事学，除部分得到传承外，不可能有什么实质性的进步。

明至鸦片战争前，军事学经过进一步总结，在某些方面取得一些进展。《武经七书直解》《孙子书校解引类》、《孙子参

---

① 中文文献研究室编，《毛泽东读文史古籍批语集》，北京中史文献出版社 1993 年版，第 279 页。

问》和《武经七书汇解》是武经研究的代表作。戚继光《纪效新书》、《练兵实纪》是军队建设理论的创新。《陈纪》、《草庐经略》、《兵经》、《乾坤大略》等是兵法研究的新成果。有关边防、海防的研究形成《九边图说》、《筹海图编》等；有关火器的制造和使用出现了《火龙神器阵法》、《火攻契要》等。《读史方舆纪要》、《灰画集》是军事地理代表作。《武编》、《武备志》、《登坛必究》、《戊钺笈谈兵》是对军事学的系统总结，所有这些成果把中国军事学推上一个新台阶。但应当承认率多是古代军事学的内容。明末清初之际，西方各主要国家先后进行了产业革命，陆续实现了工业化。西方近代军事学开始兴起，进入 16 世纪之后，中国的军事理论逐步落后于西方而且差距越来越大，最终被西方远远地抛在了后面。在西方，1512 年马基雅维里的《论军事艺术问世》、1747 年弗里德里希二世的《战争原理》成书、1806 年苏沃洛夫的《制胜的科学》发表、1833 年克劳塞维茨的《战争论》出版、1840 年若米尼的《战争艺术概论》相继诞生。此后，又有马汉的《海权对历史的影响》、杜黑的《制空权》等问世，从而形成了比较先进的资产阶级军事理论体系。“而在同一时期，中国的军事理论主要还是对老祖宗留下来的那部《武经七书》注来注去，编来编去，对近代战争理论所知甚少。”① 从军事技术上来看，据《世界火器史》所说：“在 16 世纪以前，我国火器的研制，在世界上处于领先的地位。到 16 世纪末叶，我国古代火器创造性研究的势头已经减弱，技术上的重大突破也

---

① 于汝波：《对 16 世纪至 19 世纪末中国军事理论落后教训几点思考》，《军事历史》2001 年第 3 期。

逐渐减少，即使能在一些单项上有所进展和成就，也不足以推动我国火器研究进入新的创造发展阶段。”① 可见自西方产业革命之后，东西方的军事学发生了逆转，军事思想和军事技术远远落后西方工业化的国家。

历代史家关于中国兵的记载多偏重于制度方面，对于兵的精神面貌反而不十分注意。近代著名史学家雷海宗先生的《中国的文化与中国的兵》则弥补了这一缺憾。该书考察了中国古代各个时期兵的精神，包括“当兵的是什么人，兵的纪律怎样，兵的风气怎样，兵的心理怎样。”② 不可否认，兵的精神应当是军事学所关注的重要内容。以往的史家只注重兵制、兵书，缺乏考察兵的精神，显然是不够全面的。雷先生对此问题进行了比较深入的考察，他说：“中国春秋时代上等社会全体当兵，战国时代除少数文人外全体文人当兵，近乎征兵制；汉代上等社会不服兵役，终于实行募兵制，将卫国责任移到职业兵（大部为贫民、外族兵、囚徒）身上。”由军民不分，到军民对立，专靠羌胡兵，这就使国势日衰、社会病弱，中原终于成了汉代那些属国的属国。作者认为：“东汉以下兵的问题总未解决，乃是中国长期积弱的一个重要原因。”这个评论应当说是符合历史实际的。而后又进一步指出秦以下为静的历史，只有治乱骚动没有本质的变化，在固定的环境下，轮回式的政治史大致可以说是汉史的循环发展。这样一个消极的文化的主要特征，就是没有真正的兵，可称之为无兵的文化。秦以下人民不能当兵，不肯当兵，对国家不负责任，因为一切

---

① 王兆春：《世界火器史》，军事科学出版社2007年版，第227页。

② 雷海宗：《中国的兵》，中华书局2012年，第1页。

不能自主，完全受自然环境（如气候、饥荒等等）与人事环境（如人口多少，人才有无，与外族强弱等等）的支配。以秦汉为界中国古代的兵也是呈两种不同之局，中国的文化也就有兵和无兵的区别。战国时期北方游牧民族未能构成大的威胁，其重要原因在于中原各诸侯国不仅平民当兵、富人贵族也当兵，近于全民皆兵，军队素质高、战斗力强，而汉代以后军队复由流民组成，战斗力明显下降，所以不断遭受北方游牧民族的威胁。

如前所述，兵是一个国家的脊梁，如果没有真正意义的兵，那么华夏文化又是如何传承至今呢？在世界文化之林中，有四大文明古国，也曾出现过许多优秀的文化体系。英国历史学家汤因比认为在近六千年的人类历史上，出现过 26 个文明形态。这些文明率多因为没有真正意义上的兵，为异族入侵而导致文化中断的现象，如古印度文化因雅利安人入侵而雅利安化。埃及文化因亚历山大大帝占领而希腊化，恺撒占领罗马化，阿拉伯人入侵而伊斯兰化；希腊、罗马文化因日耳曼入侵而中断并沉睡千年。文化学界将七个古代文化即埃及文化、苏美尔文化、密诺斯文化、玛雅文化、安第斯文化、哈拉巴文化、中国文化，称为人类原生态的“母文化”，而在它们之中，唯有中国文化一种，历经数千年持续至今而未中辍。原因是多方面的。首先，东亚大陆特殊的地理环境提供了相对封闭的状态，是缘由之一。从整体地理环境来看，人类可以粗分为大陆民族与海洋民族。希腊、罗马、斯堪底纳维亚、英吉利、日本都是典型的海洋民族，而中华民族的诞生却是一块半封闭的大陆。我们的先民自古生活在东亚大陆上。这里东濒茫茫沧海，西北横亘漫漫戈壁，西南耸立着世界上最险峻的青藏高原。这种一面临海，并且是古人难以逾越的大洋，其他三面陆路交通极不便利，而内部回旋余地又相当开阔的环境，造成了一种与外部世界相对隔绝的状态，这对中国文化的类型形成，其影响是不可低估的。其次，生存土壤。人类社会是在一定的空间中存在和发展的，地理必然深刻地影响着人类历史的进程和面貌。率先把政治和地理结合的地缘政治学之父托采尔，在其奠基之作《政治地理学》一书中指出：“国家是有机体演变的产物，像一棵大树一样，深深扎根于土壤，一个国家的特征必然深受为其提供生存环境的领土特点和所在的位置的影响。”① 大体而言，中国传统文化产生的土壤是这样：一个极有回旋余地的半封闭的暖温带大陆而非海洋国家；一个以农业为主干成分的经济结构而非发达的游牧业、工商业经济；一个在社会组织上不同于中世纪亚欧等级制度和印度种姓的血缘宗法制。地理环境的、生产方式的、社会组织的这三个层次的格局，共同构成了中国文化的根基。以儒学为核心的中国传统文化具有起点高，定型早，具有比较强的生命力。与周边文化的关系，总体上呈现出一种由较高势能向低势能的单向性辐射传播方式。中国文化在古代长期以明显的先进性，多次同化以武力入主中原的北方游牧民族，反复演出征服者被征服的戏剧。

综上所述，中国古代军事学曾有过繁荣辉煌时期，并对世界军事学发展做出过重大贡献。但自秦汉之后至明清中国兵的精神面貌出现了问题。兵的构成发生了变化，为国家而当兵的人逐渐减少，爱国主义失去了依托。皇帝只好雇佣流氓、囚犯，到最后只能招募少数民族的人当兵，一般百姓便自然产生

① 黑格尔：《历史哲学绪论历史的地理学基础》，上海世纪出版集团1999年版，第124页。

"好铁不打钉，好男不当兵"的看法。这种无兵的文化出现，成为中国此后日益积弱，屡受外族欺负的重要原因。

鸦片战争以来，西方资本帝国主义的入侵这是中国有史以来所未曾遭遇的强敌，是用机器打仗生财工业化了的强敌。要战胜强敌，挽救危亡，建设中国的近代军事学，实现国家近代化是唯一的选择。中国古代军事学曾有辉煌的成就，但毕竟是农业文明时期，适应冷兵器时代的战争理论。正如军事学家所说："中国过去的兵书虽是汗牛充栋，但大多数已失掉了时代的效用，有待于专家的重新著述。"今天要实现中国的强军梦，就必须认真研究中国军事学史，总结经验教训，研究借鉴西方近代军事学理论和技术。总之，建设具有中国特色军事学理论是实现强军梦的必由之路。

［**晚清军事的衰败**］满清贵族入主中原之后，他所面临的社会环境发生了很大变化，由游牧狩猎经济为主的满蒙少数民族聚居地区进入到以农业经济为主汉族占绝大多数的关内广大地区；由部族军队变成国家军队；由战争时期进入相对和平时期；由冷兵器为主的时代进入到火器时代。与此同时，随着欧洲工业革命的开始和欧洲通往东方航线的开辟，西方殖民主义势力加快了从海上东侵亚洲各国的步伐。占领了爪哇、苏门答腊、菲律宾、印度、缅甸许多国家，将其变为自己的殖民地，甚至入侵中国的澎湖湾、台湾、窃据澳门；原先地处欧洲的俄罗斯也在短短百年间越过乌拉尔山，迅速占领西伯利亚广阔疆土，成为中国北方的强敌。由此可以看出中国的安全环境面临着极大的威胁。18 世纪西方已进入初步发展的火器时代。中国则处在冷兵器和火器并用，弓、箭、刀、矛大量地装备军队。康熙年间实际是中国火器盛衰的一个分水岭。明朝的火器

原本很有基础，但自满族贵族入主中原后，特别康熙执政后，弘扬骑射，轻视火器，陶醉于盛世，闭关自守盲目自大。这样既不能很好吸收前朝火器发展的成果，又不能了解世界火器发展之大势，随后便处在落后状态。据《皇朝通典》所载：“凡给发军器，金鼓以示进退之节，海螺以定朝昏之聚散，旗纛散，旗纛以一瞻视，甲胄以卫身，器械以制敌，各营兵之专习者为弓箭、为鸟枪、为炮、为藤牌。兼习者为长枪、为大刀、为挑刀。水师则有排枪、钩镰枪、标枪、大斧、火箭之属，水陆异用、险易异宜，习者期纯熟，教者期专一。大炮以兵千名设十炮为率。郡邑城守沿海沿边及水师战舰，各驻驭於其所，若兵少及非要隘营汛贮驭於督抚、提镇驻劄之地需用迺发，仍以时演放如法。”① 罗尔纲在《绿营兵志》中说：“清代的军器论其功用，可分为三方面，第一，施号令，如旗纛、金鼓两类。第二是进攻的，如弓矢、枪炮、刀斧、矛戟、锥梃、梯冲六类。第三是防护的，如甲胄、蒙盾两类”② 八旗和绿营是清朝正规军。军队是国家机器的支柱，是国家强盛和社会安定的保证。到了乾隆中后期，随着政治腐败而来的是军事懈怠和武备废弛。清初的八旗是强悍善战的军队，入关时所向披靡战功赫赫，为占领中原，统一全国立下丰功伟绩。全国政权建立后八旗因种种优渥和特权而日趋蜕化腐朽。在平定三藩之乱中清朝所使用的武力主要已不是满洲军队，而是汉族地主阶级的军队——即被称为绿营的军队。③ 此后，八旗兵和八旗子弟更加

---

① 《皇朝通典》(卷78)，兵十一军器。

② 罗尔纲：《绿营兵志》，第379页。

③ 胡绳：《从鸦片战争到五四运动》(上)，上海人民出版社1982年版，第10页。

骄横，他们凭恃权势，横行无忌，无恶不作，不仅军纪败坏，训练荒疏，而且生活腐化吸毒聚赌包伶嫖娼，甚至敲诈勒索。嘉庆皇帝还是皇太子时，曾经随同乾隆阅兵，所见到的却"射箭，箭虚发，驰马，人坠地"① 的闹剧。八旗已无法担当国防军的责任，随后绿营成为清政府军队的主力。绿营的建立是清顺治初年，在统一全国过程中收编的明军及其他汉兵，参照明军旧制，以营为单位进行组建，以绿旗为标志，成为绿营。全国绿营兵额总数在咸丰朝以前大约 60 万左右，在清代前期，尤其是康熙初平定三藩之乱及在乾隆中叶以前的历次战争中都曾起到重要作用。但自乾隆之后，八旗绿营日益腐败。经过 1796 年 2 月白莲教和天理教的起义以及 1840 年英国侵略者发动的鸦片战争，已无力承担国防军的责任，战则一触即溃临阵逃脱，平时则虚糜粮饷。数十万清军在本土作战，被万余名英国远征军打败。内忧外患接踵而来。1851 年初爆发了洪秀全领导的太平天国革命战争。1852 年 12 月（咸丰十二年十一月），太平军从湖北出，攻克汉阳，清政府在万般无奈的情况下，以"卫民"为幌子，准许地方督办防军、练勇、团练以弥补制军的不足。咸丰十三年（1853）初，清廷任命湖南等十省在籍官僚四十余人为督办团练大臣。这些人率多是汉族大地主、大乡绅、做过清政府的高官。因母丧丁忧在湖南湘乡原籍的礼部侍郎曾国藩，被咸丰帝任命为帮同湖南巡抚办理本省团练事务大臣。

曾国藩奉旨后即从湘乡到长沙办理团练，即当时的湘勇，后来称之谓湘军。湘军以营为单位，每营辖四哨，每哨辖八

① 《嘉庆朝东华》（卷 7），嘉庆四年正月。

队，另有亲兵六队直属营官。每营共505人。湘军于1854年初在衡州（今衡阳）编练成军时有水师5000人、陆军6500人及工匠、役夫17000人。初战在靖港败于太平军，继在湘潭、岳州（今岳阳）获胜。1854年夏湘军出省与太平军作战，编制逐步扩大。最多时达十几万人。以后几年间与太平军在湖北、江西的沿江地区争夺。1858年5月攻占九江，其精锐李续宾即深入皖中，气势很盛。至11月间，李续宾及所部六千人在泸州（今安徽合肥）三河之役被太平军所歼灭，锐气顿减。1860年，曾国藩任钦差大臣，两江总督后，掌握地方军政大权，湘军势力大为扩充，成为镇压太平军的主力。1861年9月，攻陷安庆。次年春，曾国藩再以曾国荃率湘军主力沿江进逼太平天国首都天京（今南京市）。以左宗棠部及李鸿章新募淮军进攻江浙其他地区。1864年7月，湘军攻破天京，完成了对太平天国起义的镇压。此后，湘军除水师外，大部分裁撤还乡。其重要将领左宗棠、刘长佑、曾国荃、刘坤一等继曾国藩后均先后任总督。湘军将领及其幕僚成为当时中国政治舞台的主角。同治元年（1862）至同治十二年（1872）是湘军全盛时代。“惟时曾督两江，左浙而李苏，以为中心。而沈葆桢权江西，湖南毛鸿宾为曾旧友，湖北严树森，贵州韩超皆胡林翼所荐，骆秉章督四川刘蓉以诸生为布政使，于是西自川东至于海，大江流域皆用湘军将帅，则皆倚国藩为重。”但湘军仍存有一部分势力，与淮军并存。湘军士兵的来源早期全是湖南人，且大都是乡间农民，后期出省作战将士渐有外省人，但仍然以湖南人为主。在湖南人中又以湘乡人为主。“尤其是将领湘人占十分之八以上，湘人中湘乡又占十分之四。”这样就形成了浓厚的乡土特色。在封建社会，同乡、同宗所构成的地缘和血缘纽带，是维系团体精神的重要因素。

与乡土特色相联系的是湘军隶属关系上的私人色彩。湘军“勇营之制，营官由统领挑选，哨兵由营官挑选，什长由哨弁挑选，勇丁由什长挑选。”① 采取层层招募的办法，先设将，由将招兵，兵随将走。这样士兵的进退弃取由长官决定，各级军官便成为大帅的私属，士兵亦成为军官的私兵。将领的统属关系，多以亲友、宗族、家族、姻亲、师生等为联系的纽带，更多的是师生关系。概括起来湘军地缘、血缘和学缘的特征是鲜明的。湘军制度是曾国藩有鉴于绿营兵制的弊端，汲取明代戚继光军的特点建立的一种独特而又行之有效的制度。它主要包括招募之制、营伍之制、长夫之制、帐篷之制、统领之制、薪粮之制、营务和粮台之制。盛极必衰，这是事物发展变化的一条重要规律。经过十数年的南征北战，至 1864 年 7 月攻陷金陵后，湘军已由极盛走向衰败，出现了许多弊端。罗尔纲在《湘军兵志》中将其概括为六点：一为将士厌苦行间；二为沾染官场习气；三为缺额严重；四为骚扰之事时有发生，“以致归民有官兵不若长毛之叹”；五为将士以营为传舍，任意远飏，报效他处；六为重蹈八旗绿营兵败不相救的覆辙②。在攻克金陵之后，湘军更形强弩之末，失去原有的旺盛战斗力。随着曾国藩的病逝，湘军彻底衰落，淮军替代湘军成为清军事的主力。淮军出自湘军又异于湘军。1862 年，在镇压太平天国革命运动中又出现了一支凶悍的地主武装，这就是李鸿章的淮军，淮军是曾国藩湘军扩张的产物。在镇压太平天国革命中发

---

① 《曾文正公全集·奏稿》，（第 28 卷）。

② 罗尔纲：《湘军兵志》，中华书局 1984 年版，第 185 页。

展壮大，并成为扼杀太平军的重要力量；之后又成为绞杀捻军起义的主力军。随着淮军的日益强盛，自中法战争之后，其创建者和统领李鸿章的政治权力越来越膨胀，淮军由地主军事武装组织逐渐演变成左右时局的政治集团，而且影响到政治、外交、文化、经济等诸多方面。李鸿章和他的淮军支撑了晚清四十年的局面，维系着清政府的命运。湘军与淮军的承袭关系，罗尔纲先生的《湘军志》和王尔敏先生的《淮军志》对此均有精辟之论。一般认为李鸿章的淮军出自于湘军，它继承了湘军的基本制度和其基本精神，这是湘淮渊源关系的根本所在，但淮军又不同于湘军。在武器装备上优于湘军。首先，淮军使用洋枪，仿效西法，李鸿章从 1862 年开始大量购置洋枪炮。整个 60 年代，淮军先后购买洋枪十余万杆。所部水陆各营共七万余人，大部改用洋枪，每营多则四百余杆，少则三百余杆，除长伕外，几乎全用洋枪，劈山炮亦逐渐减少，抬枪、小枪、刀矛，则尽革去。“淮军最弱之营其火力亦超过湘军两倍以上。”① 其次，淮军设炮队建制。淮军各营除改用洋枪之外，进一步采用西洋炸炮。李鸿章初到上海不久，在致曾国藩的信中就表示对洋人的枪炮十分佩服。他说：“洋兵数千枪炮并发，所当辄靡，其落地开花，炸弹真神技也。”② 同时密令淮军将弁学其临敌之整齐静肃，枪炮之施放准则，亦得切磋观感之益。“并雇洋人数名，分给各营教习。又募外国匠人由香港买造炮器具。托法、英国提督各代购大炮数尊自国外寄来。因

---

① 王尔敏：《淮军志》，中华书局 1987 年版，第 95 页。

② 吴汝纶编：《李文忠公（鸿章）朋僚函稿》（卷一），见沈云龙主编《近代中国史料丛刊第四辑》（第 33 册），第 40 页。

此淮军军事素质较湘军高。从淮军的地域性来看，多是到皖北招募当地农民，选兵亦以忠勇朴实为原则。后来虽然有权宜的变革，但就整体观之，乡土的本色仍为淮军所长期保持[①]。据王尔敏先生《淮军志》所列 432 名有籍贯可考的淮军将领统计，皖籍者 279 人，占 64%，湘籍 41 人，占 10%；其余为各省及洋将或无籍可考者。”[②] 由此可见淮军仍保持浓重的乡土特色。王尔敏先生说：“就训练一端，以论两军区别的大要，湘军则代表中国军伍本身变革，其一切规制，均就中国传统兵学而推陈出新。淮军则代表中国军伍承授西方影响进而改革仿效者，为中国军制首开风气。两者有决然不同之处。但均代表进步的意义，亦即代表中国近代军制的先驱。”[③] 这个评价应当说是符合实际的。但淮军并未改变勇营旧制，因而体制本身存在种种矛盾和弊端，例如营以上部队指挥困难，各统领之间互不相让，淮军延聘西洋军官仅用于平时训练，战时调度仍由原来将弁。淮军的统领、营官、哨官都未习西法，作战时仍由他们依据旧规，妄行调度，军队平时所学西法全归无用。面对西方近代化的军队，失败的命运便无法避免了。

18 世纪中国和西方的军事思想也大相径庭。中国的军事思想重视权变谋略，而西方军事思想重视力量和技术。据《清朝全史》等书记载，开创清代基业的努力哈赤、皇太极父子，均深明《三国志传》，入关后 1653 年大学士范文程主持，满文《三国演义》的译书告竣。清统治者又指令八旗将士熟

① 王尔敏：《淮军志》，中华书局 1987 年版，第 76 页。

② 王尔敏：《淮军志》，中华书局 1987 年版，第 178 页。

③ 王尔敏：《淮军志》，中华书局 1987 年版，第 207—207 页。

读《三国演义》。另外一本军事书籍是《武经七书》，该书是宋神宗元年颁布的以《孙子》、《吴子》、《六韬》、《三略》、《尉缭子》、《李卫公问对》为武学心读之书。无疑此书是冷兵器时代的重要军事著作，大多是以寡敌众，出奇制胜的谋略书籍。清统治者将《武经七书》列入武举考试笔试科目。同时在西方建立了适应时代需要的各类近代军事院校，开始注意把科学技术发展中不断涌现的新成果运用于军事，研究筑城学、枪炮学以及战略战术，重视以力量技术和指挥艺术作为制胜的手段。清朝养兵 80 万，却不重视军事学的研究。在明朝军事著作比较多，据统计明代兵书 1023 部，10716 卷。但清统治者编撰的《四库全书》仅收 5 种 55 卷。只占明代兵书的千分之五，许多军事论著以文字清理为借口将其扼杀。清代编写的军事著作甚少，即使有一些著作，多是军事历史细密的考证，或者是辑录前人著述、陈陈相因。并非是总结实战经验，多无指导作战之用。满族将领能征善战、酷爱骑射，但却多是文盲半文盲，不能进行经验的总结和理论的提升。自明中以来，科学技术越来越落后西方，封建专制政权轻视科技，科举教育八股取士把自然科学排斥在知识的门外，致使长时期内，中国没有产生几位重要的科学家，没有几项重要的科学成就，中国古代科技一直走在世界前列，并在世界古代科技史上占有重要地位。据有关资料统计，明朝以前世界上重要科技成果和创造发明约计 300 项，其中属于中国的约 175 项，占总数的 57% 以上，其他世界各国占 42%，[①] 大致在 16 世纪之前的中国军事理论在世界处于领先的地位。如早在春秋时期军事理论名著

---

① 郝侠君：《中西 500 年比较》，中国工人出版社 1989 年版，第 9 页。

《孙子兵法》就已问世，到了战国时期又出现了一批兵书，中国古代军事理论在此时就已成为较为完整的体系，而在西方这一时期还没有一部像样的军事理论著作，一直到明代前期，中国的兵学理论在世界上仍是比较先进的，但是进入 16 世纪之后，中国的军事理论逐步落后于西方，而且差距越来越大，最终被西方远远地抛在了后面。在西方 1521 年马基雅维里的《论军事艺术》问世；1747 年费里德里希二世的《战争原理》成书。1806 年苏沃洛夫的《制胜的科学》发表；1833 年克劳塞维茨的《战争论》出版；1840 年若米尼的《战争艺术概论》诞生。此后又有马汉的《海权对历史的影响》，杜黑的《制空权》等问世，从而形成了比较先进的资产阶级军事理论体系。而同一时期中国军事理论主要还是对老祖宗留下来的那部《武经七书》注来注去，编来编去，对世界近代战争理论所知甚少。正如学者所说："从 17 世纪中叶到 19 世纪中叶，在中国，清代孙子学发展学的第一和第二发展阶段，在西方则是近代兵学理论的产生和形成时期。当克劳塞维茨和若米尼撰写《战争论》和《战争艺术概论》建立起西方近代兵学理论体系之时，中国的孙子学却仍然热衷于文献考据和字句注释。东西方兵学正是这里明显拉开差距。"①

综上所述清王朝近代知识极端匮乏，武器落后，军事体制和军事思想落后和僵化，不思进取闭关自守，在世界近代竞争的大舞台上，就无法避免被动挨打的境遇。尽管中国是世界第一人口大国，又拥有辽阔的陆海疆，但面对资本帝国主义的侵略和掠夺时，无法摆脱屡战屡败的结局。在中国近代史前 60

① 《孙子操胜——第三届孙子兵法国际研讨会论文精选》，第 146 页。

年中，清政府组织了5次大规模的反抗外国资本帝国主义的战争，即第一次鸦片战争，第二次鸦片战争，中法战争，中日甲午战争和抗击八国联军的侵华战争，但这5次战争的结局是相同的，都是以中国失败和签订丧权辱国不平等条约而告终。1840年至1842年英国对中国发动了第一次鸦片战争。英军先后出动军舰28艘，装备火炮800余门，各种船只80艘，兵员总数19000余人。清政府出动91680至200000人马在沿海要塞组织抵抗。主要战役有第一次定海抗战、厦门清军抗英军登陆战、沙角、大角清军抗英侵犯战、虎门之战、广州之战、第二次定海之战、镇海、宁波、浙东抗英战，乍浦抗英侵入长江之战。战争中方伤亡22790人其中阵亡十多名将领包括一个总督，即血战镇海以身殉国的两江总督裕谦（1793—1841）、二个提督血战虎门炮台、广东水师提督关天培（1781—1841年2月26日）和江南提督扼守吴淞炮台老将陈化成（1776—1841）、镇海总兵葛云飞、寿春总兵王锡朋、江苏狼山镇总兵谢超恩、海坛镇总兵江继芸（1788—1841）总兵祥福。二个都统即血战镇江而慷慨殉国的江宁副都统海龄，以及副都统长喜。而英军伤亡计563人（阵亡69人）。第一次鸦片战争中方高级将领伤亡如此之多，中英双方伤亡比例悬殊如此之大在战争史却是少见的。一个天朝大国如此不堪一击，是令人费解的。其实只要认真分析双方的政治经济军事状况，特别是战略战术和武器装备的状况，胜负的天平偏向谁方便迎刃而解了。从军队数量对比来看，当时清军的总兵力80万。在鸦片战争中调集并先后投入战斗的在10万至20万之内。英国有兵力20万，最初派出海陆军7000人，后增至近2万人。简单从军队总数上来看，中方占绝对优势，但在具体战役上这种兵力的优势却未能显现。英方船坚炮利的优势，使其牢牢掌握着制海权，进攻的主动权。为了防御英军的入侵，清政府从盛京到广东的七个省，如此之多的沿海要塞都要设防，这样很难形成集中兵力。中英间的多次战役，中方能投入的部队往往与英军相当，甚至还有的战役兵力处于劣势。交通的不便，调兵的速度缓慢，更加大中方的困难。从军队的质量上来看，英方海陆军以小而精著称，薪饷优厚、军官受过良好的军事教育，海军之强在当时处于世界霸主地位。从武器对比来看，鸦片战争前夕，武器的差距已相当巨大。以士兵所用枪支相比较，英军主要使用柏克式前装滑膛燧发枪和布伦威克士前装滑膛激发枪，射程分别为 200 米和 300 米，射速为每分钟 2—3 发，清军所用的为鸟枪射程为 100 米，射速为每分钟 1—2 发，由此可见双方差距之一斑。中英军队作战方式主要是海陆炮战，火炮是主要武器，因此火炮的技术和质量是战争胜败的重要因素。清军炮台火炮及舰炮其发炮原理样式与英军无大差别、落后在质量差、制作工艺粗糙、炮架瞄准器等配置落伍。双方实行炮战，英军基本上处在清军火炮射程之外，炮弹无不虚发，而英军停舰发炮，弹无虚发。这样清军被动挨打的局面就难以摆脱。英军炮火威力大，且落弹准确，清军将领“惊呼”夷炮恒中我，而不能中夷。我居实地，而夷在风波摇荡中。主客异形，安能操卷若此，必有邪教善术伏其内。① 于是又听信巫师制邪术，即如果打仗时，能将马桶，尤其女人的污秽物对准英夷的炮口便能制邪取胜。广东士绅笔记中载：“杨侯初来，实无经验，唯知购买马桶御炮，纸扎草人建道场，祷鬼神。”如

① 梁婷楠撰：《夷氛闻记》，中华书局 1959 年版。

此落后迷信怎样战胜近代化的英国军队。故失败是无法避免的。

1856—1860 年间的第二次鸦片战争，是继 1840 年鸦片战争之后，西方侵略者对中国发动的又一次大规模侵略战争。第一次鸦片战争之后十余年是西方武器迅速换代的时期。蒸汽铁舰逐步代替了木制帆舰，线膛炮更替了滑膛炮，新式的米涅式步枪和恩菲尔德式步枪也是此时试制成功，分发到部队。清军装备落后状况并无改进，武器的差距不是在缩小，而是在扩大。在第二次鸦片战争期间，除 1859 年 6 月 21 日第二次大沽之争外，在各个战场上接连失利，清军伤亡达 10000 余人。英法联军伤亡 1400 人，使清政府被迫签订了一系列丧权辱国的条约，这是近代中国五次大规模抵抗资本帝国主义侵略战争中，签订条约最多的一次。外国列强进一步加强了对中国的控制和掠夺，满目疮痍的中国一步一步地走向半封建半殖民地的深渊。

第二章　中国近代军事学的建立

一、西方近代军事学传入之嚆矢

[蒸汽机译著出版及其未能引起关注的原因] 中国近代化之路与一般资本主义国家不同。它首先是从军事开始的。即是从军事装备和军事工业开始的。早在中英鸦片战争刚结束之际，魏源编撰《海国图志》时，便提出“师夷长技以制夷”的主张。他在该书的序文中说到：“是书何以作？曰：为以夷攻夷而作，为以夷款夷而作，为师夷长技以制夷而作”。但是夷之长技究竟在哪里，我们又该学什么，如何学，却众说纷纭。鸦片战争的失败，使一些开明人士认识到洋枪、洋炮的优越性，他们自认为只有制造坚船利炮才可以御侮自救。同时，洋务运动从军事开始也是诱发国家现代化的一种必然现象，一般来说，军队在经济的发展中起着重要作用，因为军事力量的强弱关系到国家的前途和民族的命运，所以人们关注国防建设和军事经济发展就不足为奇了。

咸丰六年（1861 年），也就是英法联军侵华战争刚结束不久，恭亲王奕䜣和大学士桂良、文祥在联合奏折中说道：“窃臣等酌议大局章程六条，其要在于审敌防边以弭后患，然治其标而未采其源也，探源之策在于自强，自强之术必先练兵。”①

---

① 蒋廷黻：《近代中国外交史资料辑要》（上卷），商务印书馆 1931 年版，第 351 页。

夷之长技在于“船坚炮利”，在以往历次的战争中，中国之所以败，主要是因为作战能力不如人，而作战能力之所以不如人，乃是军队的腐败和武器的落后。因此奕䜣等人首先提出了练兵的观念。这是中国近代史上第一次由政府所作的练兵的决定，它包括军队的改良和武器的更新。奕䜣又说道：“查治国之道，在于自强，而审时度势，则自强以练兵为要，练兵又以制器为先，自洋人挑衅以来，至今数十年矣，迨咸丰年间，内患外患，一时并至，岂武臣不善治兵哉？仰有制胜之兵，而无制胜之器，故不能所向无敌耳。”1863 年，曾国藩接受留美学生容闳关于“当有制造机器之机器以立一切制造之基础”的建议，委派容闳赴美国购买这种制器之器。1864 年 6 月，李鸿章在给奕䜣的信中也表示同样的意见。他认为：“中国欲自强，则莫如学习国外利器，欲学习外国利器，则莫如觅制器之器，师其法，而不必尽用其人。”① 基于此认识，洋务运动则首先是从觅制器之器开始的。第二次鸦片战争失败后，清王朝开始学习和引进西方军事技术。至甲午战争，先后开办了江南制造局、福州船政局、汉阳枪炮厂等 30 多个军工厂，仿制西式枪炮弹药、建造蒸汽机舰船等。翻译西书，乃是掌握制器之根本。在江南机器制造总局任职的科学家徐寿向曾国藩建议翻译西方有用之书，以探索船坚炮制的根底，曾国藩接受这一建议，便于 1867 年在江南机器制造总局设立翻译馆，开始翻译西书工作。西方书籍的翻译和传播得益于西方出版机构。晚清中国出版机构先后 100 多家，按其属性可分为三种类型：一是

---

① 蒋廷黻：《近代中国外交史资料辑要》（上卷），商务印书馆 1931 年版，第 363 页。

由教会主持，如宁波花圣经书房、上海墨海书馆等；二是官办，如上海江南制造局翻译馆、京师同文馆、京师大学堂编译局等；三是民间商办，如商务印书馆等。不可否认教会出版机构以出版宣传教义书籍为主，同时也出版了一些西方的科学技术书籍。另外，西方先进的印刷设备是随着传教士来到中国的。1843 年英国基督教新教伦敦会派传教士麦都思在上海开办墨海书馆，这是中国第一家有汉文活字的印刷机构。无疑这就成为中国传统出版向近代转变的采借对象。在民族危机和商业利润的驱使下，中国民营出版业开始产生并逐步成为近代中国出版业的重要力量。但是军事著作的翻译和编纂仍以官办为主。江南制造局翻译馆是晚清由中国政府创办的译书机构，又称沪局翻译馆。该馆延聘中外学者 59 人参加译书，外国学者 9 人，参加译书的中国人有著名的科学家徐寿、华蘅芳、李善兰、徐建寅、李凤苞、赵元益等。外国人有英国人傅兰雅、伟烈亚力、李耀春；美国人林乐知、金楷理（美籍德人）、卫理、日本人藤田丰八等。① 在晚清自强运动期间，沪局翻译馆实为我国唯一的专门译书机关，其译书之系统完整，质量之高与影响之大，均为一时仅见。② 据梁启超《西学书目表》所载，当时翻译的兵政类译书共 53 种，成于翻译馆的占 33 种；船政类 9 种，成于翻译馆的占 8 种；公政类 38 种，成于翻译馆的 27 种；测绘类共 6 种，成于翻译馆的有 3 种；矿政类共 9 种，成于翻译馆的达 6 种。因此可见翻译馆成就之一斑。

---

① 张静庐辑注：《中国现代出版史料》（初编），中华书局 1957 年版，第 11—14 页。

② 参见王扬宗：《江南制造局翻译馆译书目新考》，载《中国科技史料》，1995 年，第 16 卷，第 2 期。

尤可称道的是产业革命的新动力蒸汽机的翻译与出版。18世纪下叶，蒸汽机首先出现在英国。1765年英国人瓦特发明改良的蒸汽机，1776年制造出第一台有使用价值的蒸汽机。1787年美国人约翰菲奇以瓦特改良蒸汽机为动力发明轮船。在中国近代尝试工业化的过程中，迈出的第一步便是引进和仿制西方的蒸汽机技术。1830年以蒸汽机为动力的英国商船福布斯号驶入广州湾，这被公认为蒸汽机技术传入中国的开始。此后在很长一段时期，中国人认识蒸汽机的技术是通过在南部沿海地区所见到的蒸汽船，而对蒸汽机和蒸汽船的结构及工作原理的了解，主要是通过传教士所办的一些报刊书籍对这一技术的介绍，但总的来看是零散而不系统的。自江南制造局翻译馆成立后，便开始有计划有目的翻译西书，传播西学。早在1868年3月，制造局委托傅兰雅向英国订购50余种科技图书和化学仪器以及若干地质矿物样品，徐寿、华蘅芳、徐建寅开始与上海的西人伟烈亚力、傅兰雅、玛高温合作试译西方近代科技书籍，翻译馆将第一批译书共四种呈给曾国藩审阅，曾对送呈的译书大加赞赏：称“盖翻译一事，系制造之根本。”“本年局中委员于翻译甚为究心，已译成《汽机发轫》、《汽机问答》、《运规约指》、《泰西采煤图说》四种，拟学馆建成，即选聪颖弟子，随同学习。”① 据学者考证江南制造局翻译馆从开办到终结，总共翻译各种译著二百四十一种，其中，有关蒸汽机的译著有七种。②《汽机发轫》是清末翻译的第一本蒸

① 曾国藩：《新造轮船及上海机器局筹办情形折》见朱东安：《曾国藩文选》天津百花文艺出版社2006年版，第278页。

② 参见孙磊：《江南制造局蒸汽机译著研究》，中国科大硕士论文2011年5月。

汽机专著。书中介绍了蒸汽机的原理与结构。于 1868 年翻译完成，1871 年刊行。该书原著撰者是英国人美以纳和白劳纳。美以纳时任英国皇家海军学院的数学教授，白劳纳时任英国皇家海军的总工程师。他们在蒸汽机研究方面具有一定地位，被看做皇家海军的教科书。该书前后有五个版本，此译本是依据 1860 年版本。《汽机必以》又名《汽机问答》原著的作者是蒲尔捺，该书 1847 年首次出版，至 1865 年已经是 11 次出版，此后至 1885 年又九次再版。还被译为德语、法语、荷兰语等多国语言，1868 年这本书在美国出了一本修订版，足可以看出该书引起欧美国家的高度关注。

《汽机新制》原著的作者是白尔格，英国著名工程师。该书 1865 年出版至 1895 年先后五次再版，此译底本为 1865 年版本。《兵船汽机》原著的作者是英国人息尼德。此人当时是英国兵船部汽机总管，海军总工程师。该书是皇家海军的教科书，先后有 11 个版本。译书底本为该书第 2 版。如上所述这批蒸汽机译著，较为系统地介绍了较新的西方蒸汽机知识，无论在深度和广度上，在晚清都无出其右。译著的原作者在西方蒸汽机研究领域有较高的专业地位，是该领域重要专家。底本在西方也均多次再版。这充分体现了上述著作在西方的影响之大。但这批关系产业革命的书籍在中国未产生重要反响。首先，“局内书馆不用其书。”江南制造总局设置翻译馆的目的是服务军工生产，为生产提供理论和技术支持。但是这一目的尚未现实。傅兰雅在回忆中说道：局内有数书馆，已设多年，教习造船或造船汽机，或兵戎等法，惟不用局内所刊之书。盖教习不通华文，必以西文教授，虽生徒初时难谙西文，久习亦易，若乍想局内书馆不用其书，似为奇异，足显所译书无用，然此亦有故焉，因他西人不审此意，见生徒读西文已得法，虽通晓颇难，而教习者总能因此而得大功焉。①

从船政学堂的课程设置来看，与蒸汽机紧密相关的轮船的设计制造，应属于前学堂的教授范围。然而前学堂的蒸汽机制造等课程用的是法语。这就说明在制造局，这批英文译著最应该发挥作用的地方而因法国教习不懂汉文而无法采用。由此可以看出译书和制造局业务相脱离。在实际的蒸汽机制造和相关人才的培养中，它们并未发挥应有作用。

其次，蒸汽机译著与书院等研究机构教学研究格格不入。书院是中国古代一种独特的教育机构。它萌芽于唐，兴盛于宋延续到明清。虽然各个时期教学内容各有差异，但都不以自然科学为研究对象。清代书院，就观其教学内容的重点而论，可分为三类：其一重视义理与经世之学。如李二曲之主讲的关中书院，主张“匡时”。还有颜元之漳南书院及晚清康有为的万木草堂。其二以考科举业为主，一般书院多属此。其三以朴学精神倡导学术研究，不课入科举也，如惠栋主讲紫阳书院，阮元设于浙江的诂经精舍，设于广东的学海堂。而官办教育机构均为科举考试，培养人才。无论是官办还是私办的教学机构都以四书五经为教学研究的内容，自然科学的内容基本不涉及。江南制造局译印的书籍也公开对外出售。傅兰雅在回忆书籍去向时说：“局内之书，为官绅文士购存者多，又上海、厦门、烟台之公书院中亦各购存。”然而这些书院也仅仅止于购存，蒸汽机译著与很多书院都格格不入。可见蒸汽机的采用是需要

① 张静庐辑注：《中国近代出版史料初编》，上海群联出版社 1954 年版，第 21 页。

自然科学理论和技术的支持的。当时中国的传统保守势力以及宗派势力，对近代机器与技术的引入是排斥的，这种排斥力量使得近代中国对新技术的引入异常艰难。1872 年爱国华侨陈启源在广东南海创办中国近代第一家缫絲厂。然而在创办之初。机器缫絲工业遭到传统缫絲手工业的反对和抵制，传统缫絲手工业者为保护既得利益，竟然联合出动捣毁缫絲厂机器。而南海知县愚昧无知、保守，视机器缫丝工业为罪魁祸首。一方面派兵勇查封缫丝机器，另一方面令“平民不得私擅购置”，强行取缔机器缫丝工业。机器缫丝工业的兴起是缫丝工业的革命，然而由于传统守旧势力的抵制而受到挫折。这种排斥不仅仅来自传统经济的落后势力，也来自洋务派本身。由此可以看出产业革命的发生并不是偶然的是有条件的。

尽管如此，这批蒸汽机译著的作用仍不能抹杀。这些译著为当时中国先进分子了解西方先进的蒸汽机技术打开了一扇大门，并促使中国人开始关注、学习、传播其中的知识。《西学大成》、《富强斋丛书》等西学丛书中收录这批著作便是一个很好地例证。

［**学习德国军事成为主旋律**］两次鸦片战争的失败，清政府为了自救被迫向西方学习，这便是洋务运动。洋务运动的重心是军事。自 1870 年至 1894 年甲午中日战争止，中国的军事主要是学习德国。那时，聘德国教习，购德国武器、学习德国操法与军制成为主旋律。这种局势的形成是与德国在欧洲所处的军事强国地位及其对华政策是密切相关的。

19 世纪六七十年代，德国经过三次王朝战争、统一诸邦，实现了政治、经济、军事、社会的一体化，从而促进了整个德国的经济和社会发展，特别是德国政府致力于振兴产业并率先采用研究与教育并举的科学教育制度，它不仅建立了一系列高等教育学府，而且建立了众多的研究机构。德国科学和教育的昌盛，为第二次工业革命提供了高素质的人力资源和技术条件。至19世纪70年代末，完成了产业革命，使人类跨进电气时代。80年代末经济总量超过法国，90年代初又超过英国。一跃而成为欧洲头号强国。其军事力量在欧洲大陆更是无可比拟，引起世人极大关注。人类社会是在一定的地缘空间中存在和发展的。地理位置必然深刻地影响着人类历史的进程和面貌。德国地处中欧的四战之地，东西是俄法等强邻，这样的地理环境必然影响到德国的军事发展。早在18世纪中叶的腓特烈大帝时代，其军队已是欧洲最强大的军事力量。它的步兵无论在人员构成，战略战术的运用，训练方式，还是在军事思想和军事制度方面，都领先于欧洲其他各国。这使德国成为世界公认的陆军大国。这为晚清洋务运动中力主学习西方的许多官员所了解。光绪二年（1876年）3月26日，李鸿章在《卞长胜等赴德国学习片》中禀称：德国近年发奋为雄，其军政修明，船械精利，实与英俄各邦并峙。而该国距华较远，并无边界毗连，亦无传教及贩卖弹药等事。其军事甚精“据称德国陆军甲于天下而步队精于马炮各队。”之后张之洞在给清廷的奏折中说：“查各国武备，近以德国为最精。”这样德国先进的武器、军备旋即为清廷所崇尚。① 并随之成为效仿的主要对象和目标。德文原版兵器著作的直译活动始于普法战争之后。晚清自19世纪70年代起即开始购买克虏伯炮，在购买操作克虏伯炮的过程中，因急需了解虏伯炮的构造、性能及使用方法

---

① 《张文襄公全集·奏议》，卷11。

等，故一批克虏伯炮学书籍被译介到中国。江南制造局译书馆，采取中西学者通力合作，口述笔译相结合的办法，以布国（普鲁士）军政局原书为基础，由金楷理（CarlTkreyer）口译，李凤苞笔述。仅同治二十一年（1872 年），江南制造局就有七八种克虏伯炮学书籍翻译刊刻，如《克虏伯炮图说》、《克虏伯炮操法》、《克虏伯炮表》、《克虏伯炮弹造法》、《克虏伯药饼造法》、《克虏伯腰箍炮说》及《克虏伯螺炮架说》等。后又编译了《克虏伯炮准必法》、《克虏伯船炮心法》等书。翻译克虏伯炮学书籍最多的江南制造局也是仿造克虏伯炮最具成效的机器局。克虏伯炮学书籍的译介还推动了晚清近代军事教育的普及与发展。除翻译书籍外，晚清还自行编译了一批简单实用的克虏伯炮书籍，如淮军天津军械局编译的《克虏卜小炮简本操法》以及《克虏卜陆路炮行炮表》、《克虏伯炮操法》等。光绪四年（1878 年）李鸿章在其奏折中称："上海机器局译刻《克虏十后膛炮法》，天津军械所译刻《克虏卜小炮简本操法》均已印发各营，令将弁兵勇日事讲习[①]克虏伯炮的操法已经为淮练各营所熟悉。随着各省定购后膛枪炮的增多"总理衙门令直隶派淮练军前往教习，李鸿章呈总理衙门《克虏卜四磅操法》二本，凡克虏卜大小各炮操作可以类推，[②] 以备各省操演克虏伯后堂钢炮时参考、克虏伯炮学书籍的译介以及其他德国军事著作的翻译对于中国近代军事工业的创立，晚清军队的训练水平的提高以及近代军事教育的普及与深化，具有一定的推动作用。

---

① 《李鸿章全集·奏稿》（卷 32），海南出版社 1997 年版，第 8—9 页。

② 《李鸿章全集·译署函稿》（卷 15），海南出版社 1997 年版，第 28 页。

克虏伯公司为了在中国开拓销售市场，不断派遣克虏伯人员来华，而中国洋务派在购买克虏伯炮之后无论是操用，维护和仿造克虏伯炮时，也殷切希望在克虏伯技术人员的指导下，由此，克虏伯以及受克虏伯聘请的西方技术人员陆续来到中国，帮助中国提高军事技术。他们广泛活跃在中国军队、军事学堂和军工企业之中，为中国军事教育的进步做出了贡献。

最早来到中国的克虏伯人员瑞乃尔，原属克虏伯厂员工，时为普鲁士炮队下级军官。同治九年（1870 年）受克虏伯厂派遣，瑞乃尔携带克虏伯炮来到中国销售军火，他熟悉后膛钢炮及快枪的操演方法，并略通中文，来华后不久即得到直隶总督兼北洋大臣李鸿章的任用，担任淮军的军事教官，开始了他在中国长达近三十年（1870 年—1897 年）的活动。1875 年前后，山东旧式水师登荣水师购买了克虏伯炮，山东巡抚丁宝桢聘请瑞乃尔前往教演操法，瑞乃尔表现出色，受到丁宝桢的赞誉。1876 年 5 月 29 日丁宝桢奏请奖励瑞乃尔，称德国兵官瑞乃尔，原在该国克虏伯炮厂，熟精后膛钢炮及快枪各操法，并略悉中土语言。前因登荣师船购买德国克虏伯枪炮，资其试演，因延雇瑞乃尔来东。自派令教习兵队以来，口讲指授不遗余力，且性情忠实、约束各队无少宽暇、薪工所余辄以奖励，兵丁之勤奋者，故操练未逾一年，枪炮各技竟有十成，实属异常出力。现拟订立三年合同，抽调本省马步各队，俾令将枪炮一切教练尽取所长。[①] 瑞乃尔得授三等宝星之后，继续在山东教练枪炮操法。后来又供职于天津练军营。瑞乃尔担任淮练各军教习，此后瑞乃尔供职于北洋海军、仍担任教习。

---

① 《李鸿章全集》（卷 12），海南出版社 1997 年版，第 32 页。

江南制造局的西方军事学译著，从内容上看，既有大量的西方军事技术的介绍，又有大量西方军事制度知识的输入；从功能上看，既是直接为军事技术服务，又是作为军事教科书使用，在军器制造和军事教育领域影响的广度和深度是不言而喻的。另外天津机器局，天津北洋武备学堂也翻译出版了一部分军事学著作。

［**军事学理论的译著出版**］中国最早引进翻译的军事学理论书籍，亦是近代中国影响颇大的一本外国海军著作，应首推德人希理哈的《防海新论》，又名《海防新论》。希理哈是德国人，作为一名海军军官他参加了1861年至1865年的美国南北战争。战争结束之后，他回到德国，住在柏林。根据自己亲身经历，对这场战争的经验教训进行了认真总结。他说："花旗南北交战之时，余在南方身历戒行者四年，于水师战守之事见闻较广，罢兵之后，著为是书，大半从曾经阅历之处随事逐物究明其理，而论其利弊，且于论断之外，复节录南北各官之文报，以为证据。其文报皆为紧要机密文件，当时防守水路之情形，观此可了如指掌矣。此书非但欲讲明花旗南北交战以来所得之各种新理新法也，又欲于其中指出路径以语后之督理工程，管带兵船者，所当考究试验之事。"① 此书写成于1868年，同年在伦敦出版，共20卷。中译本由英国在华的著名传教士傅兰雅译，中国著名学者华蘅芳述，1874年由江南制造局出版。傅、华翻译时将其合并为18卷。第1卷总论是理论性总结；第2卷至第8卷论述船炮等军事装备均已改进，传统

① 希理哈：《防海新论》（第1卷）傅兰雅、华蘅芳合译，江南机器制局翻译馆刻印本（原序），第1页。

的海防手段已不适用，必须采取新的措施；第 9 卷至第 11 卷论如何拦阻海船进入内河；第 12 卷至 17 卷论各种水雷的制造和用途；第 18 卷讲海面河口照明灯的制作，主要用于防止敌船偷越。总之，这本书主要论述了美国南北战争防守一方“所悟得之各种新理新法，其所设之理大半为抵御当时所谓天下最雄猛之铁甲兵船。”[①]《防海新论》所提出的海防理论均是从众多战例中归纳而来新的防海见解。其一，海防必须集中兵力，重点设防。希理哈总结了美国南方势力因处处防守遭受惨败的教训指出：“如本国沿海之地绵亘数千里，敌船处处可到者，若必处处防堵，所费浩繁。如谓军饷充盈而于上等紧要之各口岸及次等紧要之各口岸节节设防则为大谬之举也。何也？以全盛之兵力散步于甚大之地面，兵分则力必单矣。即如南花旗之防守各口，亦深坐此病。盖南人之心总不肯使尺寸之地稍有疏忽，必处处竭力以争之，苟非万得已必不肯轻弃………南花旗如此处处设防，初交战时，不觉其弊，且以为布置周密，殆其后北花旗之兵从水陆同时进攻其数处紧要之地，力渐不支，始知前此布置之误，然已悔之无及矣。”南方势力不分主次，平均使用兵力，这是失败的重要原因。兵“不可散漫遍布、而用之必养精蓄锐，只保护最紧要之数处，庶几可以固守。”第二，海防最积极的方案是用战舰封锁敌国海口。“凡与滨海之各国战争者，如能将本国所有之兵船径往守住敌国之各海口，而不容其船出入，则为防守本国海岸之上策。”[②] 这

---

① H 帕姆塞尔：《世界海战简史》（卷 1），屠苏等译，北京海洋出版社 1986 年版，第 155 页。

② 《宝鋆等筹办夷务始末》（同治朝卷 99），第 20—21 页。

是美国内战时北方实施的最为成功的战略经验。在战争期间，北方一开始就对南方海港河口进行严密军事封锁，试图断绝南方可能得到的军事物资援助。四年的成功封锁，造成南方战争物资和粮食的极度紧缺，南部联邦被迫停止抵抗。[①] 其次是自守。自守的方法有两种：一是“定而不动之防法，”主要利用陆地炮台，水中铁甲浮炮台和水雷等组成坚固堡垒，阻击敌船进入内河。二是所谓“挪移泛应之法，即以水陆兵力机动作战，厚积兵力以防敌军登陆。”自守之法，莫妙于在紧要之海口作最坚固之铁甲浮炮台，其中须有火轮汽机能自行动，又于内地作火轮车铁路及电气通报径达各处海边，除有船厂炮厂军需积聚之处须作堡垒防守之外，可于内地各铁路相交之处屯扎重兵，如闻某处有警，瞬息之间，可以发兵驰救。或探知敌兵将至某处，可先拔兵前往，则比及敌至某处我兵已可在彼迎之矣。盖有电报则通信迅速。

第三，炮台与堡垒的建筑必须科学化，能够经得起铁甲船大炮的轰击。“凡守台之炮与炮手所立之处当用铁甲作炮房、其炮房宜在沙垒之中，显露之面须极小炮房之前面各处应与敌炮之弹路成若干交角，而不可成正角，用弹子打来之时，或能迂斜而偏行”“凡垒中之炮不可排列太密”等等。

第四，就如何设置内河障碍物，制造和布置水雷有效拦阻和延缓敌船进入内河，保护海港海口，列举了大量事实，为军事工程学研究提供了丰富资料。

《防海新论》在中国翻译出版后，立即在清廷的官员中产

---

① 《H·帕姆塞尔·世界海战简史》，屠苏等译，海洋出版社 1986 年版，第 155 页。

生了重要影响，它的基本思想成为中国海防建设的理论来源。1874 年 12 月，直隶总督、北洋大臣李鸿章在著名的《筹议海防折》中吸收了此书的不少见解，并直接征引此书关于海防要集中兵力，扼守要塞的观点。中国“自奉天至广东，沿海袤延万里、口岸林立，若必处处宿以重兵，所费浩繁，力既不给，势必大溃。惟有分别缓急，择尤为紧要之处，如直隶之大沽、北塘、山海关系京畿门户，是为最要。盖京畿为天下根本，长江为财赋奥区，但能守此最要、次要地方其余各省海口边境略为布置、即有挫失，于大局尚无甚碍。”① 两江总督李宗羲、江西巡抚刘坤一、山东巡抚丁宝桢以及丁日昌等重要官员也都熟读《防海新论》，特别是李鸿章、丁日昌等人在清廷的海防建设中起着重要的领导作用，所以希理哈的海防理论对中国海防建设的影响是无法否认的。

［**聘用洋教习和派遣留学生**］晚清西方军事学在中国的传播除了西著中译和报纸杂志，学校教育（主要是军校）外，还有聘用外国教习和派遣留学生两条途径。

聘用洋教习出现在清政府镇压太平天国运动中。第二次鸦片战争结束后，清政府推出了“借师助剿政策，希冀联合外国力量共同镇压太平天国运动。”

咸丰十年（1860 年）四月，太平军攻克苏州后，清苏松太道吴煦和候选道、上海巨商杨坊急忙雇佣退伍军官美国人华尔为领队，美国人法尔恩德和白齐文为副领队，招募外国人，约 200 余人成立洋枪队，驻松江广富林训练。同年 7 月洋枪队

① 张侠等编：《清末海军史料》（上），北京海洋出版社 1982 年版，第 106—107 页。

开赴松江投入攻打太平军的战斗，遭伏兵袭击，伤亡惨重难以补充。翌年改募中国人为士兵，仍以外国人为军官，至同治元年（1862 年）一月，洋枪队已有 15 名外国军官和 8000 名华人士兵，清政府随后将其改称为“常胜军”。洋枪队完全按西法编制由步兵团、攻城炮队、阵地炮队与机关枪队组成操练也全部西化，加上先进的武器，成为太平军的强敌。因而华尔等人是晚清中国聘用的第一批洋教习。“是为中国用西法练兵之始。”[①] 华尔被太平军击毙后，江苏巡抚李鸿章又聘用英国人戈登接替其为统带。同治三年（1864 年），洋枪队攻陷常州，清廷见攻克天京在望，随即解散了这支中外反动联合武装。

鉴于洋枪队在镇压太平军过程中发挥的作用，一些沿海督抚开始仿效。同治元年（1862 年）五月浙江巡抚左宗棠同英国驻宁波海军司令乐德克相勾结，仿照上海常胜军制，招募中国士兵约千人，聘请英国军官教练，称“常安军”。同年六月左宗棠又勾结法国驻宁波海军司令勒伯勒东、海关税务司日意格招募中国士兵在宁波组成洋枪队，聘请法国军官训练，称“常捷军”。练成后配合清军对太平军作战。同年，清三口通商大臣崇厚聘英国军官克迺任统练习，在天津招募中国士兵 1000 人，组成天津洋枪队。同治四年（1885 年）又改聘英国军官薄郎为总教官。

咸丰年间聘用外国军官为教习，直接训练中国士兵，镇压太平军的应急之举，在清统治者当中留下很深印象。随着晚清军事近代化的开展，解决新式军事人才匮乏的问题成为燃眉之急，清政府遂开始在新式军事学堂、新式军队和近代军事工业

---

① 参见陆军部第一中学，第一、二两班同学录，商德全的序，第 1 页。

中有意识地聘用洋教习。最早聘用洋教习的军事学堂是福州船政学堂。船政局创办之初，左宗棠即请船政局监督法人日意格前往欧洲延聘熟悉中外语言文字的洋师来船政学堂教英文、法文以及有关造船、驾驶等方向的学问。艺局第一次招考闽粤艺童入局学习时，由于所聘欧洲教师尚未抵达，暂请“洋师”博赖及新加坡人曾恒志先行教导。当日意格在欧洲延聘的英籍、法籍教师陆续到达后，由法国教师主持艺局前学堂。英国教师主持后学堂。在以后开办的水师学堂、武备学堂中无一例外地聘请洋教习。天津水师学堂聘用了英国教官。天津武备学堂聘用了德国教官。光绪二十一年（1895 年）两江总督张之洞设江南陆师学堂于南京，延聘德国教官 5 人，分教马、步、砲、工、炮台各门。光绪二十二年（1896 年），张之洞又在武昌设湖南武备学堂聘用德国人法勒根、汉根茨、斯特劳三人为教习。甲午战争后，袁世凯在小站练兵，设随营学堂，也聘德国人担任教习。军事学堂四级制推行后，由于是模仿日本军事教育制度，所以各级陆军学堂中多聘用日本教习。

清政府在创建新式军队时也聘用洋教习。同治十二年（1873 年）以后，淮军因大量采用德国炮械渐改习德式操练，教习多为德人。筹办北洋水师时，清廷先后聘请过五名总教习，其中 3 人是英国人，即葛雷森、琅威理、马格禄；另外两人是德国人，即式百龄、汉纳根。在琅威理训练北洋海军时，“颇著成效”① 中日甲午战争后，袁世凯奉命训练新建陆军，他聘请了 10 余名德国洋教习，由巴森斯参赞营务兼教练，伯罗恩担任德操教习，曼德担任马队教习。德国教习从各方面严

---

① 张侠：《清末海军史料》，海洋出版社 1982 年版，第 580 页。

格训练小站新军，使之很快成为一支战斗力很强的近代化军队。

近代一些著名的军事工业大多也聘请了洋员、洋匠，这些洋员洋匠不仅负责企业的生产制造、管理，还常常承担向中国工人、技术人员传授经验、知识的任务，因而从某种意义上来说，他们也是洋教习。这一方面福州船政局的洋匠，洋员做得最为突出。船厂初建时，聘用了洋匠 30 余人。为使洋员能尽心教导，左宗棠与他们议定，若五年之内，“教习中国员匠能按图监造并能自行驾驶，加日意格、德克碑银各二万四千两，加奖各师匠等共银六万两。”[①] 日意格、德克碑等也表示“决不有误。”[②] 结果，船政局“自洋匠遣散以后，华工各出所学，悉心仿造，学生亦能自运心裁、制作合度。”[③] 福州船政局也由此从洋人协办阶段进入了自办阶段。

在聘用洋教习的实践中，清政府也遇到一些曲折，阿思本舰队事件就是一个例证。1862 年清政府为筹建海军、委托总税务司英人李泰国赴英购买舰船，李购得 7 艘兵舰，并于 1863 年 1 月以中国唯一的海军大臣自居，擅自代表清政府与英国海军大佐阿思本签订协议，规定阿思本对舰队有完全指挥权。清政府未接受该协议，解散了阿舰队，并大受经济损失。此后恭亲王奕䜣提出：“中国教练洋枪队伍，练兵必先练将，将来即用中国之将、统天下之兵，则权不外假，用洋人而不为洋人所用。”这一意见日后被清廷奉为聘用洋教习的原则。直

① 左宗棠：《左文襄公全集》（奏稿），卷 20。

② 朱有瓛：《中国近代学制史料》第一辑（上册），第 364 页。

③ 中国近现代史料丛刊：《洋务运动》（第 5 册），第 223 页。

到清末，基本上没有发生过洋人独揽大权的现象。而且随着国内军事人才的成长，雇用洋人的数目呈减少的趋势。聘用洋教习，在一定程度上解决了因新式军事人才的匮乏给晚清军事近代化带来的困难，在促进中国军事学的兴起发挥一定的作用。

［**派遣留学生**］中国在清同治以前“时有赴洋学习者，但止图识粗浅洋文洋话，以便与洋人交易为衣食计。”[①] 同治年间，随着洋务运动的发端，派遣军事留学生就成了晚清留学运动的重要举措。晚清军事留学生的派遣以甲午中日战争为界可以分为两个时期。

第一时期从同治十一年（1872 年）始至光绪二十一（1895 年）年止。这一时期军事留学生的去向主要是欧美国家，学习的重点是海军。

同治十一年（1872 年）在耶鲁大学留学生容闳倡议下，清政府选拔了 30 名十三至二十岁的幼童于 8 月 11 日从上海启程赴美留学，在以后的三年中，清政府每年派出相同数量的幼童赴美国书院习军政、船政、步标、制造诸学。[②] 从赴美幼童所学内容来看，军事占了相当大的比重，因而这是晚清派遣军事留学生之肇始，但是，到光绪七年（1881 年）因顽固派的诋毁阻挠，清廷下旨将赴美幼童全部停留撤回。幼童赴美留学以后，陆续派遣学生赴欧洲学习军事，重点是学习海军，这主要是筹建海军的需要。同治十二年（1873 年）秋，左宗棠在《上总理各国事务衙门》中，指出了遣人赴泰西游历和游学的

① 舒新城编：《中国近代教育史料》，人民教育出版社 1962 年版，第 165 页。

② 李鸿章：《李鸿章全集》（奏稿），卷 53。

必要性。同年12月，福州船政大臣沈葆桢正式向清政府奏请派遣船政学堂优秀学生出洋留学，为清廷批准。光绪元年（1875年）福州船政学堂学生刘步蟾、林泰曾、魏瀚、陈兆翱、陈季同5人随船厂监督日意赴英法学习船政。刘、林二人被安排在英国高士堡学堂学习，并在英国大兵舰上历练，另外三人则在法国马赛、蜡孙两处船厂学习制造，这是中国留学生赴欧洲学习军事之始。光绪二年（1876年），李鸿章派天津武弁卞长胜、朱跃彩、王得胜、杨德明、查连标、袁雨春、刘芳圃等七人随德人教习李励协赴德国军营学习水陆军械技艺，以三年为期，这是清政府首次选派军官出洋留学。但这7位军官留学生效果不太理想，清政府遂决定从船政学堂学生中选派留学生，为此制订了《选派船政生徒出洋肄业章程》十条。光绪三年二月二十七日（1877年3月31日），福州船政学堂制造学生郑清濂、罗臻禄、李寿田、吴德章、罗炳年、陈林璋、池贞栓、杨廉臣、林日章、张金生、林怡游、林庆升，艺徒裘、国安，陈可会、郭瑞珪、刘懋勋；驾驶学生刘步蟾、林泰曾、蒋超英、方伯谦、严宗光、何心川、林永升、叶祖珪、萨镇冰、黄建勋、江懋祉、林颖启由华监督李凤苞、洋监督日意格及随员马建忠、文案陈季同，翻译罗丰禄带领，从马尾搭济安轮船起程，经香港换船前往英法等国学习。其中18人（包括艺徒4人）去英国学习制造，12人去英国学习兵船驾驶。翌年十一月福州船政局又续派艺徒5人前往法国留学。光绪七年（1881年）十月，李鸿章等奏由福建船政学堂选派学生10名，续派英、法学习。出洋者为前学堂第二届学生王庆端、黄庭、李方荣、魏暹、王福昌、王廻澜、陈伯璋、陈才端，后学堂第四届学生李鼎新、陈兆艺。光绪十二年三月初三（1886

年4月6日)，海军第三批出洋肄业学生由华监督道员周懋琦、洋监督斯恭塞格率领，由香港前往欧洲。其中北洋海军及北洋水师学堂学生陈恩寿、刘冠雄、曹廉正、陈燕年、黄裳吉、任光鉴、郑汝成、陈杜衡、王学廉、沈寿堃等10名；船政学堂驾驶学生黄鸣球、罗忠尧、贾凝禧、郑文英、张秉生、罗忠铭、周献琛、王桐、陈鹤潭、邱志范等10名，共20名学习驾驶。船政学堂制造学生郑守箴、林振峰、陈庆平、王寿昌、李大受、高而谦、陈长龄、卢守孟、林志荣、杨济成、林藩、游学楷、许寿仁、柯鸿年等14名学生。学习测绘驾驶枪炮阵图、兵船管轮机学、海军公法、万国公法等。

从第一个阶段军事留学生的派遣来看，出洋留学人数共有200余人，其中幼童赴英因中途夭折，他们回国后率多默默无闻。留学欧洲的80余人后来大多成为北洋海军的骨干力量。北洋海军各舰管带，大副等要职基本上由留学生充任，在甲午海战中他们除个别人外，均能沉着指挥、英勇抗敌，为抵御外辱写下了可歌可泣的一页。另一部分军事留学生在水陆学堂中代替洋教习承担教学任务，严复是其中杰出代表。他不仅在水师学堂任要职，而且是著名的启蒙思想家，他翻译了许多西方资产阶级社会政治名著，系统地介绍传播了西方资本主义文化。还有的留学生从事海军造船业和武器制造业，如福州船政局洋员辞退后，基本上由留学生独立主持造船任务。

派遣军事留学生的第二个时期是以光绪二十一年（1895年）甲午中日战争结束至清朝灭亡。这一阶段出现了赴日学习陆军的高潮。中国和日本同属亚洲，地理上相邻，风俗习惯上相似，文化上相互交流，政治经济上也有许多相类似之处。近代以来，两国近代化的进程几乎同时开始，但结局却完全不同。日本从一个贫穷落后的国家一跃而跻身于列强之林，与西方工业化国家并驾齐驱，而中国却陷入苦难沉重极度屈辱的半殖民地半封建的深渊。当时中国许多有识人士认为日本强盛的关键是留学教育的成功，“日本小国耳，何以之暴也，伊藤、山县、板本、陆奥诸人，皆二十年前出洋之学生也，愤其国为西洋所胁，率其百余人分诣德法英诸国，或学政治工商、或学水陆兵法，学成而归，用为将相，政事一变，雄视东方。”①极力主张派遣留学生赴日本学习军事。在这样的背景下，一股学习日本的热潮随之兴起。在这种学习模仿的对象由西方转向东方的思想支配下，便出现了赴日学习陆军的高潮。

光绪二十四年（1898 年），在日本邀请下张之洞率先派遣谭兴沛、徐方谦、段兰芳、萧星垣等 24 名武备生入东京成城学校，接受陆军预科教育。步张之洞之后，各省督抚纷纷效仿，南洋大臣刘坤一、四川总督岑春煊、直隶总督袁世凯等人相继派出陆军留学生赴日。清末新政开始后，清政府将向日本派遣军事留学生作为新政的一项重要措施，于是赴日学习陆军军事装备之士日益增多。光绪三十年（1904 年）一月，出使日本大臣杨枢奏请添派武科学生赴日，送入陆军各学校学习。当时留日学生共 1300 余人，学武科者 200 余人。至光绪三十四年（1908 年）清政府派遣赴日陆军科留学生已达 1000 余人。赴日学习陆军的中国留学生一般先入东京振武学校（它的前身是成城学校）接受陆军预科教育，毕业后需入日本陆军联队实习一个阶段，实习结束后方可入陆军士官学校，留学生在完成专业学习后还须入日军各联队任见习士官半年，然后

① 张之洞:《劝学篇》外篇，游学第二。

才能取得士官资格。士官毕业生可以投考陆军大学，以为中高级军官。这种可能极小。因为陆大对中国学生限制极严，不易录取。晚清日本陆军士官学校中的中国留学生先后有过九期，共590人，所学课目有步兵科、炮兵科、工兵科、骑兵科、辎重科等。其中学习步兵科人数最多，有350人左右。

清政府对留日军事生待遇优厚，其生活费用、医疗费用、服装费用等基本上由官方供给。但对留学生的控制十分严厉。在留学生选派上，练兵处于光绪三十年（1904年）奏定《选派陆军学生游学章程》，规定学习武备的学生先由各省督抚推荐至练兵处，经考核后方准派遣，严禁自费留学军事。为防留学生走上反清道路，对学生进行严格管控。尽管如此，留日学生还是深受革命思潮影响，参加同盟会的留日陆军士官生不下百人。在留学生大量赴日学习陆军的同时，清政府也向日本派遣过少量留学生学习海军。

在军事生留日高潮中，向欧美派遣军事留学生的活动并未中止。光绪二十九年（1903），张之洞从江南水师学堂中选派毕业生赴英、德学海陆军。光绪三十一年（1905年），广东水师提督萨镇冰派林国庚、许建廷、毛仲芳、李国棠等4人赴英留学海军。不久又派朱王奎赴奥国学习制造，林献炘、常朝干赴德国学习枪炮、王开治、唐文盛赴英国学造船。

这一阶段的留学生学成归国后，许多人成为各地军事学堂的教学骨干，他们在教学上大力推行日式军事教育。而进入军队的留学生又为建立和发展新军发挥了积极作用，更为重要的是这一阶段的军事留学生，尤其是留日陆军生，他们中的大部分人深受革命思潮影响，只有极少数死心塌地地为清王朝卖命，因而这批留学生回国后，对新军倒向革命起了巨大作用。

也有一些留学生如蔡锷、阎锡山、李烈钧、兰天蔚等回国后为各有关省督抚所延聘，在很短时间内就当上了标统、协统、甚至统制，逐渐掌握了一些省的兵权，武昌起义后，他们纷纷拥兵响应，最终导致了清王朝的覆灭。这些留学生对于中国近代军事的产生作用是不可低估的。

二、近代海军学堂的创办与北洋海军的建立

（一）近代海军学堂的创办

［**中国第一所近代海军学堂的创办及其影响**］两次鸦片战争的失败，中国的海防危机日益严重。中国的有识之士纷纷开始寻找救国强军之路，同治五年五月十三日（1866 年 6 月 25 日）左宗棠上奏清廷《试造轮船先陈大概情形折》，在折中首次提出了“惟东南失利，在水不在陆”的观点，他说：“预防海之害而收其利，非整理水师不可，欲整理水师，非设局监造轮船不可。”洋务派官员从学习西方的坚船利炮入手，在设厂制船制炮的同时，亦开始创办各类教育机构以培养中国的近代化人才。福州船政学堂即是当时应运而生的中国第一所近代化海军学堂，也是中国第一所近代海军教育机构，其在近代军事学的地位不可低估。

福州船政学堂创办于 1866 年，初名“求是堂艺局”。创办者为时任闽浙总督的左宗棠。福州船政学堂初设前、后两个学堂：前学堂习学造船，因为当时法国制造最精，所延聘的教习多为法国人，学生入前学堂必习法文，课程有数学、地理、天文、机械轮机、制图等。故又名法国学堂或制造学堂；后学堂习学驾船，因当时英国海军最强，所延聘的教习多为英国人，学生入后学堂必先习英文，课程有数学、天文、航海、地

理、制图、机械、操作等。由此可以看出在教学内容方面，福州船政学堂以全新的自然科学和近代军事技术取代了以往学堂的传统教学内容，为海军的近代化建设奠定了基础。基本构建了近代海军教育的课程体系。故又称英国学堂或驾驶学堂。后来在日意格的建议下，又先后增设绘事院和艺圃。1870 年后又增设练船，聘英国教习教授后学堂学生实习。故沈葆桢说："原议学堂两所，艺童 60 名，后添绘事院、驾驶学堂、管轮学堂、艺圃四所，艺童艺徒共 200 余名。"这样福州船政学堂实际上包括六部分。福州船政学堂隶属福州船政局。学堂以培养轮船制造及驾驶人才为宗旨。福州船政局一开始就十分重视"艺局"的开设，创办人左宗棠调赴西北后，沈葆桢为船政大臣，继续奉行左宗棠的方针，认为"船厂根本在于学堂"。①船政学堂学习期限为 5 年，一切膳宿费用由学堂供给，学生毕业后，授以水师官职或派充监工、船主。

福州船政学堂从 1866 年创办到 1907 年停止招生，辛亥革命后由海军部接办改组为 3 所各自独立的学校，前后 46 年，毕业学生共 629 名（其中制造学堂 8 届 178 名，驾驶学生 19 届 241 名，管轮学堂 14 届 210 名）。清史稿也记载"船政学堂成就之人才，实为中国海军人才之嚆矢"②。船政学堂培养了一大批优秀的海军人才，"其中海军军官约占中国近代海军军官的五分之三。"③ 培养出了大批海军中层军官，也历练了黄钟英、萨镇冰、叶祖硅、刘冠雄、杜锡硅、李鼎新、蓝建枢、

① 沈葆桢：《沈文肃公证书》，卷 4。

② 赵尔巽：《清史稿》，中华书局 1977 年版，第 3123 页。

③ 《为"福建船政学堂"正名》，《海峡都市报》2004 年 7 月 23 日。

林葆怿等海军总长，舰队司令等高级军官，而且成为中国近代海军将校的主力。还有近代启蒙思想家严复，铁路之父詹天佑，外交家罗丰禄、陈季同，造船专家魏瀚，矿井专家林庆开、林日章，轮机专家陈兆翱、杨廉臣等各方面的近代专家。

继1872年清政府派遣幼童留美之后，福州船政学堂于1877年先后派遣四批学生赴欧留学，留欧学生归国后很多成为海军的骨干力量和科技方面的中坚，在西学东渐和东学西传的过程中发挥了不可替代的作用，在中外文化交流史上产生了重要影响。一些学者称福州船政学堂是中国防海设军之始，亦即海军铸才设校之基。① 北洋海军的创始人则把福州船政学堂称为海军的开山鼻祖。

［**天津水师学堂的设立**］天津水师学堂是直隶总督北洋大臣李鸿章所倡办，所以又称北洋水师学堂。1870年李鸿章受命为直隶总督，1872年10月兼任北洋大臣。1875年5月（光绪元年四月）光绪谕旨“著派李鸿章督办北洋海防事宜，所有两洋分任练军设局及招致海岛华人诸议统归该大臣等择要举办。”② 此后李鸿章便积极采取行动，努力筹建一支新式海军。“北洋陆续筹购蚊快铁甲等船，所有管驾大副、二副、管理轮机炮位人员需材甚众。”③ 于是李鸿章在（光绪六年七月十七日）1880年8月奏请开办天津水师学堂。饬派前船政大臣光禄寺卿吴赞诚驻津督办水师学堂练船事宜。吴于天津机器局河东一带勘定学堂地基，遴派局员绘图估料，克日兴工。一面酌

---

① 张侠等：《清末海军史料》，海洋出版社1982年版，第430页。

② 《李鸿章全集·奏稿》（卷25），海南出版社1997年版，第851页。

③ 《李鸿章全集·奏稿》（卷40），海南出版社1997年版，第1250页。

定规条，招考学生入堂肄业。是年冬吴赞诚旧疾增剧，不能工作、恳求辞职。于是便由福建船政提调吴仲翔接替督办之职。学堂于1881年建成，同年招生。基本条件是身家清白、身无废疾、文字清通，年龄在13岁至17岁之间。分驾驭、管轮两门，设英文、地舆图说、算术、代数、几何三角，驾驭诸法、测量天象、重学、化学、格致等课。学制为5年。该校重视理论联系实际，建有一座观星台，供学习天文课的学生登高测望。被推崇为“实开北方风气之先，立中国兵船之本。”为北洋水师充实了技术人才。1900年八国联军入侵，毁于战火。毕业学生共210名（其中驾驭班6届125名，管轮班6届85名），谢葆璋、郑汝成、伍光建、沈寿坤、王劭廉、黎元洪、张伯苓、温世霖等均是该校优秀毕业生。

（二）中法马江海战与水师学堂的勃兴。

［**中法马江海战福建海军全军覆灭**］中法马江海战又称马尾海战。是中法战争中的一次战役。（清光绪十年）1884年法国远东舰队司令孤拔于7月14日率军舰以“游历”为名陆续进犯马尾军港，法舰无视国际惯例和中国主权，在马江出入无阻，法舰停泊在罗星塔前的马江江面上，占据有利位置，侦察地势，与福州船政舰队相邻而泊，给中国军舰，福州船政造成了极大的威胁。面对法舰入侵，中国当局决策不当，和战不定。福建军政当局，屡屡上疏“塞河”“先发”均遭拒绝。清廷却一再严谕：“无旨不得先行开炮，违者虽胜亦斩。”严重束缚了福建水师先发制敌的有利战机。这样海战尚未开始，中国福建水师就处于被动挨打的地位。8月23日下午13时45分，孤拔下令对中国舰队开火，马江海战爆发。法军采取退潮彼船头对我船尾的绝对优势发动突然袭击，我舰无一起碇，仓

促应战。是役法军参战军舰 9 艘，即窝达尔号巡洋舰，排水量 1300 吨；炮舰益士弼号 471 吨；野猫号 515 吨；蝮蛇号 471 吨，45、46 号鱼雷艇皆在罗星塔以西水域。杜居士路因号巡洋舰，排水量 3189 吨；费勤斯号巡洋舰，排水量 2268 吨；德斯丹号排水量 2236 吨，泊在罗星塔以东水域，总吨位达 10387 吨，共拥有火炮 72 门。后又增加 4127 吨的凯旋号装甲巡洋舰。中方参战的是福建海军 11 艘。（马尾造船局自创办后，陆续造出一些兵船，再加上从外国买来的船只，已经形成了一支除北洋海军外，在当时来说还算有相当规模的福建海军。）法军只用了一个多小时就击毁了全部中国船只。（扬武、福胜、建胜、飞云、济安、琛航、永保、振威等 9 艘被击毁，“伏波”、亿新二舰负伤）中方牺牲海军官兵 740 余人①，法军死伤 30 余人。翌日法军还摧毁了马尾造船厂和两岸的炮台。8 月 26 日清政府被迫向法国宣战。马江海战是晚清洋务运动之后，发生在中国海域的大规模海战，交战的两国是清南洋水师主力舰队福建水师和法兰西第三共和国远征舰队。战争的结果福建水师全军覆没。中法战争后，有鉴于此战教训，清政府更重视沿海海防。自马江海战后，在马尾加强了防御；在闽江口，在琅岐岛建立金牌炮台，并在其对岸建造长门炮台；在闽江两岸之间还有天险南北龟岛。在两岛各设立了两门 240mm 大口径阿姆斯特朗岸防要塞炮，三门 80mm 格鲁申式速射炮，斥资购买外国战舰。同时筹组当时亚洲最大的北洋水师。

［**水师学堂的勃兴**］从中法战争结束至甲午中日战争是近

---

① 中法马江海战阵亡将士名录所载 736 个，另据《长乐六里志》载尚有李全寿、郑禄进、李连安、张十三烈士遗漏未列入。

代军事学堂兴办的第二个时期，这一时期出现了水师学堂勃兴的现象。

中法战争马尾海战，福建海军全部覆没，给了清政府极大刺激。清政府认识到：“和局虽定，海防不可稍驰，亟宜切实筹办善后，为久远可恃之计。”① 遂于光绪十一年（1885 年）成立了海军衙门，负责筹建北洋海军及南洋水师。此后培养海军人才的呼声日涨，总理海军军务大臣奕劻等在奏折中称：“海军之选，除学堂，练船外，无可造就，惟海军之学分为堂课、船课二种……西国水师将才辈出，未有不由此者。以上等之资而论，非勤躬十五年不足充管驾之选，设以十五岁应考入堂，学成年已三十岁，资质较钝者无论已。其课程之繁，义理之奥，诚不易言。然若不详究底蕴，仅借洋人充船主，大副等紧要司事，终是授人以柄，不得谓之中国海军。”② 其后清政府先后设立了七所海军学堂。其学堂情况略述如下：广东黄埔水师学堂原名水师诵堂，与陆师诵堂合设于广州长洲地方，并称广州水陆师学堂。光绪十三年（1887 年）由时任两广总督张之洞创设。甲午战争后经时任两广总督谭钟麟更名为黄埔水师学堂。学堂规制、课程仿照马尾、天津水师学堂成法，并根据广东实际情况，略作变通。光绪三十年（1904 年）总办魏瀚将 40 名鱼雷局学生归入广东黄埔水师学堂，又将其改名为水师鱼雷学堂，学生除了学习驾驶外，兼学管轮鱼雷课，这是我国海军早期航轮兼宜制度的尝试。民国成立后，收归北京海军部管辖，改称广东海军学校。1921 年因经费无着停办。共

---

① 朱寿朋：《光绪朝东华录》，中华书局 1958 年版，第 1943 页。

② 中国近代资料丛刊：《洋务运动》（第 3 册），第 125 页。

毕业学生327名（其中水雷局鱼雷班五届19名，驾驭管轮十七届308名）。[①] 这批人才大部分成为民国广东海军的军政人才，在军事近代化中发挥了应有的作用。

北京昆明湖水师学堂。清廷为了加强对海军的控制，培养满族海军人才，并为挪用海军经费重建清漪园（颐和园）寻找借口，1886年（清光绪十二年）9月醇亲王奕譞请旨设立一所专门培养满人海军将领的学堂，预储异日海军将才。不久即在原清漪园昆明湖建设内学堂——昆明湖水师学堂。该学堂隶属于神机营，海军衙门会同经理。学堂仿北洋水师学堂设总办一人，提调一人，从健锐营和火器营中挑选聪颖骁勇之八旗子弟入学，并禁止汉人入学。学堂只设驾驶班，学期5年。昆明湖水师学堂只办一届。1887年1月8日开学，1893年10月毕业，分配海军工作。甲午中日战争后，这批学生共36人，通过各种途径调离海军，仅有3人留在海军（即喜昌任海容巡洋舰管带，军副参领。荣续任镜清练船管带，海军副参领；吉升海容巡洋舰帮带。）1895年学堂奉命停办。

山东威海水师学堂位于刘公岛西端，因此又称刘公岛水师学堂。北洋海军成立第二年，北洋海军提督丁汝昌呈请李鸿章代奏设立威海水师学堂。光绪十七年七月二十二日李鸿章在《威海添建学堂片》中详述了建学堂的原因“北洋现有各师船需才甚殷，非多设学堂不足资造就。”“仅有天津一堂储材无多，恐难敷用。”[②] 其次，威海是北洋海军基地，包括练船在

① 《广东文史资料》（第5辑），参见胡应球黄埔水师学堂（广东海军学校）第一至十七届毕业生名单和重点简介。

② 《威海添建学堂片》，《李文忠公全集奏稿》（卷72），海南出版社1997年版，第2073页。

内的北洋船舰常年驻泊在此。在此设立学堂，俾堂课之余，能获实地兼习枪炮、雷学、船艺，毕业后即可直接赴舰服务。获得清政府批准后，学堂于1889年动工，共建房屋近70间，占地面积约二万平方米，花费购地银工料近万两。1890年6月3日威海水师学堂开始授课。招生由舰上军官引荐，年龄限定在15—18岁，共招生36名正式学员，10名自费生。光绪二十年四月毕业驾驶班学生共30名。四年之后学堂停办。威海水师学堂毁于甲午战火，战后部分学生转入天津水师学堂继续学习。威海水师学堂培养的著名人物有吴纫礼，历任北洋国民政府要职、中将衔。新中国成立后，曾任安徽省委委员、全国政协委员、中央人民军事委员会委员。罗开榜任国民政府陆军次长，代陆军总长，中将军衔。另外杨教修、崔富文、李圣传均在海军服役，也成为著名海军将领。

北洋旅顺口鱼雷学堂。1890年北洋海军于旅顺口鱼雷营设立旅顺口鱼雷学堂，由鱼雷营总办兼堂务。是年招生。聘德员福来舍为教习。课程以学鱼雷为主，兼习德文、数学、航海常识。共毕业学生23名（第一届7名，第二届计8名，第三届8名）

江南水师学堂，又称南洋水师学堂。1890年10月26日曾国荃奏请设江南水师学堂。但是奏折刚递上去，曾即调离江城。1891年署两江总督沈秉成又上奏“江南创设水师学堂，延聘洋文，汉文各项教习，分为驾驶、管轮两门各计额设学生六十名。按月轮课，按季考试，以定班次。”① 校址南京下关

① 沈秉成：《署两江总督沈秉成奏江南创设水师学堂》（光绪十七年正月十四日），张侠：《清末海军史料》，海洋出版社1982年版，第404—405页。

仪凤门内，主要为南洋水师培养人才。学堂制度参照天津水师学堂，分驾驶、管轮两科，每科又分头、二、三班，每班派一教员专课，课程分堂课，船客。学生入学后进入三班，专门学习英语等基础知识，升入头班后方才学习专业知识，包括天文、海道御风、布阵、修造、汽机、演放水雷等。鱼雷专业1892年7月开办，1901年停办，共招收3届13人毕业。学生还必须学习《左传》、《战国策》、《孙子兵法》、《读史兵略》等中国传统军事名著，以积累军事战略思想。学堂有6员汉文教习，定期给学生上课。学生的津贴费及膳宿、衣靴、书籍文具等生活、学习用品由学堂供给，学堂规定新生要经过考试、体检、试学三关；还需要亲属出具干结及绅士保结，声白系身家清白，并非寄籍外国，不信异邪教等；学习期间不得自行告退和婚娶，若聚众滋事或畏难逃学给予开除外还要追缴津贴费。毕业生择优送英国留学。

江南水师学堂较福州船政学堂、天津水师学堂为后起，但办理颇积极，毕业生或日本留学，或往英国军舰实习，造就人才颇多。至清朝覆天，江南水师学堂共毕业驾驶班七届107人，管轮班六届91人，鱼雷班（江南鱼雷学堂并入）五届13人。毕业生中著名人物有：林建章、杜锡圭、陈季良、陈绍宽、赵声等。另外周树人（鲁迅），周作人兄弟也曾在江南水师学堂就读。鲁迅于1898年入管轮班。

民国成立后，1912年江南水师学堂改为海军军官学校，培养海军军官。1915年改为海军，学校，挑选海军舰队军官及烟台海校航海班学生入校，学习新式鱼雷技术；又选高中毕业生入校、学习无线电技术，由挪威无线电工程师萨文生教授。1917年，烟台海校的枪炮练习所并入，遂更名为海军鱼雷枪炮学校，由海军少将郑伦担任校长。自1915—1917年无线电班毕业三班，共86人，然后停办。鱼雷班枪炮班在1915—1927年间，毕业400余人，1927年也停办。

烟台海军学堂，该学堂的建立是在甲午中日海战之后，当时北洋海军统领叶祖珪鉴于天津、威海水师学堂先后解散停办，海军人才缺乏，于是决定由北洋海军统领兼海析舰舰长萨镇冰负责开办烟台海军学堂，附设于常务烟台训练营。此举得到清廷批准，乃拨银四万两筹建校舍。清光绪三十三年（1907年）在崇武营旧址（今金沟寨村南）拆旧建设新的校舍竣工，占地90余亩。学生入学年龄为13—16岁，3年毕业。学习课程有英语、代数、历史、地理、几何、绘图、测量、帆缆、枪炮、天文、驾驶、电学、气象学、船阵及布放鱼雷等课。至1928年烟台海军学堂毁于大火。烟台海军学堂计毕业学生18届，共547余人。（第一届24名，第二届19名，第三届14名，第四届13名，第五届17名，第六届83名，第七届11名，第八届32名，第九届24名，第十届49名，第十二届22名，第十二届60名，第十三届54名，第十四届8名，第十五届39名，第十六届26名，第十七届22名，第十八街30名。）该校校长先后有谢葆璋、郑祖彝、余振兴等任之。烟台海军学堂历届毕业生为近代我国海军之中坚力量，如郭寿生为国民党海军将领，在渡江战役中发挥策反作用，建国后任海军研究会顾问。又如中山舰长李之龙，在校时即积极宣传苏联十月革命，宣传马列主义。又如邓兆祥曾任重庆号舰长，率舰起义，后任北海舰队副司令及全国政协副主席。

（三）北洋海军的建立

海军是近代工业化的产物。19世纪60年代前后，中国无近代意义的海军，只有水师。中国水师的战船还停留在帆船——前膛炮时代。帆船的名称有水艍船、赶增船、红单船等。样式有广船、福船、沙船、乌船等。最长的不过30来米。火炮的型制更为落后。这些帆船，且不说不能与同时代西方金属船壳的蒸汽船相抗衡，也不能与西方的帆式战船匹敌。英国发动鸦片战争，凭船坚炮利轰开了长期闭关锁国中国的大门，才使中国人第一次知道海军为何物，于是当时先进的中国人开始萌发建立海军的思想。同治六年十二月初六（1867年12月31日），湖广总督附呈藩司丁日昌条陈，提出创建轮船水师，设北洋提督（驻大沽）直隶、盛京、山东各海口属之；中洋提督（驻吴淞口）江苏、浙江、海口属之；南洋提督（驻厦门），福建广东各海口属之。同治十三年（1874年）筹划。清政府每年拨出400万两白银建设。北洋舰队负责守卫京师，奏准优先集全力建造。光绪元年（1875年），命北洋大臣李鸿章创设北洋海军。李通过总税务司赫德在英国订造4舰炮船，此为北洋海军向国外购军舰之始。1880年向德国船厂订造铁甲舰定远号、镇定号。1881年，先后选定在旅顺和威海两地修建海军基地。同年派丁汝昌统领北洋海军。英人琅威、德人式百龄先后担任海军训练。为培养海军人才又设北洋水师学堂，修筑旅顺和威海卫军港。北洋舰队各主要战舰舰长及高级军官几乎全为福州船政学堂毕业，大多曾到英国海军学院留学实习。中法战争后，李鸿章急速购置船舰，扩充北洋海军。1888年12月17日，北洋海军正式成军，以丁汝昌为北洋海军提督，林泰曾为北洋海军左翼总兵，刘步蟾为北洋海军右翼总兵。同日颁布施行北洋水师章程。当时共有军舰25艘，官兵4000余人。从此，近代中国拥有一支堪称当时亚洲第一的海军舰队。

三、北洋陆军武备学堂的开创及其对淮军的影响

（一）北洋陆军武备学堂的开创

［**北洋陆军武备学堂之始——天津武备学堂**］天津武备学堂不仅是北洋陆军武备学堂之始，又是我国陆军学堂之开端。它是由时任直隶总督兼北洋大臣的李鸿章所倡办的。李鸿章，字少荃，安徽合肥人。1823 年生，1901 年卒。道光进士，初在乡办团练抵抗太平军，屡败。后投曾国藩为幕僚，1861 年编练淮军，调上海，攻太平军，升任江苏巡抚、两江总督，直隶总督兼北洋大臣。提倡“自强”、“求富”，开办近代军事工业，设立江南制造局、轮船招商局、津榆铁路、开平煤矿等，建立北洋舰队，是洋务派和淮军的首领。中国军队近代化随着洋务运动的发展而加快步伐。李鸿章在创办新式工业和近代海陆军的过程中，深感培养造就近代人才的重要。他极为赞赏西方的教育制度。认为西方学堂造就人才之道，条理精严，视科学为“生命之学”，重视人才之培养，“兵船官佐，须毕业于水师学堂，陆师官佐必须由武备学堂造就而出，所以都很懂行”。而中国仍然沿袭千年不变的武科取官佐之道。以致所用非所学，所学非所用，无事则嗤外国之利器为奇技淫巧，以为不必学；有事则惊外国之利器为变怪神奇，以为不能学。他明确提出：“造就人才，实为中国自强根本和目前当务之急”①为了改变中国军事教育落后的状况，以便为北洋海陆军造就新式的军事人才，1880 年李鸿章奏请；“拟仿英国海军教育章程

① 《李文忠公全集·奏稿》卷 53，第 16 页。

条例，以造就大清海防军事人才，卫戍海防”。

北洋水师学堂的开办，促进了北洋海军建设，至光绪十四年（1888 年）北洋海军正式成军，至此，中国近代海军正式建立。李鸿章考虑到“中土陆多于水，仍以陆军为立国之基”。认为在加强海防建设的同时，不可忽视陆军的建设。1885 年，中法战争之后，李鸿章根据淮军将领周盛波、周盛传兄弟二人的建议，仿照国外设立陆军学堂的办法，筹建了天津武备学堂，拉开了清政府新式陆军建设的序幕。

天津武备学堂创设四个月后，李鸿章向清廷奏报学堂创设事宜，即光绪十一年五月初五的《协设武备学堂折》，说明该学堂建立的目的，经过等诸项规划事宜。明确提出西方视军事学为“身心性命之学，朝夕研求，不遗余力，而枪炮之运用理法，步伍之整齐灵变，尤为独擅胜场，我非尽敌之长，不能制敌之命。故当今日而言，武备当以其人之道还治其人。若仅凭血气之勇，麤疏之才，以与强敌从事终恐难操胜算。”清廷肯定了他的举措，硃批“规划周详均为当务之急。”① 学堂开办之初，无经费和校舍。经李鸿章与津海关周馥筹商，“暂时利用天津水师公所作为学堂校舍，经费在北洋海防经费内开支”。后在天津郊区韩家别墅建设新校址，位于天津紫竹林租界对面，占地 40 余公顷，1885 年开始筹建，1886 年建成，计有房屋 529 间。其中有学校各管理机构的办公室，全校师生宿舍和接待室，大教室 4 个，大饭厅二所，存放军用氢气球和军棋等教学用具的模型室一所，以及照相室、物理化学实验室、军事标本室、绘图室和印刷室各一所。此外，尚有图书室、医

① 《光绪朝东华录》（第 2 册），总第 1943 页。

院、习艺所和操场等教学辅助设施。学校四周设有围墙、壕沟并建有砖木桥五道，远远望去俨然有似一座中古时代的城堡，可谓规模宏伟、建筑新颖。当时有人评论该校若与俄国的士官团，美国的西点军校相比，固不免远为逊色。然在中国，却毫无疑问地为此类学校开创一个最佳的先例。北洋武备学堂管理全校的机构有行政、教务和总务三个部门。行政部门设总办一员为全校之长。例由道员级官员担任，下辖有帮办监督和提调各一员，协助负责管理学校的行政事。教务部门分置汉文正教习一员，教习若干员；洋总教习一员及洋教习若干；翻译若干，操练官若干，共同负责教育与训练事宜。学堂聘任以德国为主的洋教习，教授天算，舆地、格致等课程。主要的德国教习有李宝、巴珥、屯士基、包尔、艾德、贝根、李曼、那珀、削尔、哲宁、郝力士、黎德黎、瞿恩图、阚士等。学生来源是由直隶提督李长乐、广东水师提督曹克忠、署广西提督唐仁廉、四川提督宋庆、总督铭军记名提督刘盛林、正定镇叶志超、通永镇吴育仁、大名镇徐道奎、皖南镇史宏祖等各挑精悍灵敏弁兵百余名，另有少数愿习武事的文吏一并入堂，学习西洋军事学术。同年十二月，李鸿章派杨宗濂（字艺芳）为天津武备学堂首任总理。而杨氏久任淮军统领及李鸿章幕府，"学生来源也大多为淮军弁兵，所以显示有深厚的淮系存在。"① 课程设置有天文、地理、文书，格致、测绘、算学，历史、德文、英文、炮台设置、营垒设置，体操及步兵队、炮兵队的操法、行军，布阵打仗，攻守对阵等。学制暂定一年，考试合格者发回原营量材授事或留校担任教习。其后逐渐延长

① 雷禄庆：《李鸿章新传》，文海出版社 1987 年版，第 427 页。

期限，并“选募良家年幼子弟入堂肄业。”至光绪二十二年(1896年)，在校生已达280名。

学堂为了保证教育方针的实行，制定了严格的堂规，共46条。兹将主要内容略述如下：第一条明确规定，“武备学堂为造就将才而设，诸生来堂肄业，对于战阵攻守之法，宜视为身心性命之学，朝夕研求，不遗余力。一旦造诣有成，考取前列，填给执照，咨送回营，各统领量材授事，信任必专，后来事业功名，未可限量。”① 本堂慎之于始，选剔宜严，如有年长质钝体弱性赖，不堪造就着，概行斥退。学规对于教学、考试、生活、管理等方面都有明确的规定和严格的纪律。这就为培养新式军事人才提供了保障。

[**学堂的淮系特色及其评估**] 天津武备学堂是李鸿章在洋务运动中创办的，他的目的是要造就新式人才，达到改造淮军的初衷。因而该学堂带有浓厚的淮系色彩。

首先，该学堂为直隶总督北洋大臣李鸿章所倡办，李又是淮军的统帅，淮军是在镇压太平天国运动中产生的地主武装。随着淮军日益强盛并取代湘军，其创造者和统领李鸿章的政治权力越来越膨胀，淮军由地主军事武装组织逐渐演变为左右时局的政治集团。李鸿章与淮军相依为命。正如著名的史学家王尔敏先生所说：“李鸿章生平事业就其个人而言，以淮军为重要。”② 淮军担当军事与国防的重任，维系着清政府的命运。正是由于淮军的存在才有李鸿章在清统治者中的重要地位。李鸿章对武器装备现代化的认识与他的老师曾国藩是不同的。曾

① 《北洋武备学堂学规》中国社科院近代史研究所图书馆藏。

② 王尔敏：《淮军志》，中华书局1987年版，第384页。

认为“制胜之道，实在人而不在器，真美人不甚争珠翠、真书家不甚争笔墨，然则将士真善战者，岂必力争洋枪洋药乎。”可见曾对武器的看法上却保守的厉害。而李鸿章则不同，淮军初建时，使用的多是刀矛、鸟枪、还有笨重的大炮。可是李鸿章到上海后，发现西方洋人的枪炮威力巨大，英法在上海的驻军大炮精纯、子弹细巧、器械鲜明、队伍雄整，而淮军要发展，要战胜太平军就必须用西洋军火来装备部队。学得西人秘法期能增益而战之。经过他多方努力，大力采购，在较短的时间就完成了淮军武器的换代，装备了洋枪洋炮。1863年初，李鸿章建立了洋炮队，所以淮军与湘军相比，具有更强的战斗力是淮军取代湘军的重要因素之一。李鸿章创办陆军武备堂，培养新型的军队人才，试图改造淮军的目的是鲜明的。

其次，学堂的生源来自淮系集团。李鸿章在《协设武备学堂折》中明确提出：“挑选精健聪颖，略通文义之弁目到学堂肄业。”[①] 并令直隶提督李长乐、广东水师提督曹克忠、署广西提督唐仁廉、四川提督宋庆、总统铭军记名提督刘盛林、正定镇叶志超、通永镇吴育仁、大名镇徐道奎、皖南镇史宏祖等各挑选精悍灵敏弁兵送堂肄业。为天津武备学堂选送生源的9位将领，其中李长乐、刘盛林、叶志超、吴育仁、徐道奎均是同治元年加入淮军的，即淮军建军时的基本骨干。淮军系以平吴诸军为重要，平吴之役以最初之13营最重要。唐仁廉，湖南东安人，太平军的降将，1867年（同治六年）加入淮军；也是淮系的组成部分。

曹克忠（1826—1896）字荩臣，乳名二领，天津北仓镇

① 《李鸿章全集奏稿》（卷53），海南出版社1997年版，第1595页。

刘园村人。咸丰五年（1855 年）投清军，嗣从清军多隆阿，曹为人骁勇，谋勇兼裕由兵勇升至提督。1870 年，铭军西调赴陕，共28 营，李鸿章又调拨毅军步兵 10 营亲军马队 2 营，归刘铭传指挥，并入铭军序列。铭军成为淮系军队中兵力最为雄厚的一支，是年底刘铭传请假离营，由曹克忠接铭军。宋庆（1820—1902）字祝三，清末将领，毅军创始人。山东蓬莱泊子宋家村人。同治五年加入淮军。1866 年河南巡抚李鹤年募两军各万余人，一军属宋庆统领的毅军。1875 年（光绪元年）宋庆率毅军从西北调回守卫旅顺，1898 年（光绪二十四年）毅军改驻山海关。由此可以看出天津武备学堂学生多数来自淮系集团。

另外，李鸿章派杨宗濂为学堂的首任总办。杨宗濂（1832—1901），字艺芳，江苏金匮人，出身监生。1855 年任户部员外郎。太平军起，返乡组织团练进行对抗。1861 年曾国藩幕僚，翌年入李鸿章幕府，率濂字营与太平军、捻年作战。并总办常州，镇江二郡“营田事宜，开垦荒田数十万顷。”李鸿章称杨宗濂“心细才长，器识沉稳，操纵有方。”①杨虽不是安徽人，但却是淮军的基本骨干之一。由此可以看出“学生来源也大多为淮军弁兵。所以显示出有深厚的淮系存在。”②

天津武备学堂是李鸿章在洋务运动中创立的。他的目的是要造就新式的军事人才，达到改造淮军的初衷，这一目的由于受到淮军旧有军官的抵制而夭折。因此，该学堂对淮军的影响

① 《李鸿章全集奏稿》（卷 55），海南出版社 1997 年版，第 1675 页。
② 雷禄庆：《李鸿章新传》，文海出版社 1987 年版，第 427 页。

甚微。著名的军事理论家蒋百里在《中国五十年的军事变迁史》中说："天津设武备学堂，然学生毕业，无指挥军队之权，仅仅是当军营之教习、赏罚不屑聒于侧，大为军中所排斥，故甲午以前学生无能用者。"① 曾协助李鸿章办理洋务达30余年，并具体负责该校招生和分配事宜的周馥也说："武备生分发回营后，各老将视之不理。"② 淮军的各级官佐多身于江淮农民，在平吴剿捻等诸战役中均取得比较高的职位，他们对于军校毕业的学生难免有排斥性。因此，从学堂开办至甲午中日战争前，学堂培养了近千名学员，几乎无一人充当淮军重要将领。他们大都只能充当教习，教练新操，军制"仍徒习湘淮成规。"军队的指挥权仍操在不思进步，不了解世界的旧统帅之手。淮军在近代化方面虽然有了一定的进步，但并未发生质的变化。尽管如此，天津武备学堂仍是中国近代史上第一所陆军学校，它为后来陆军学堂的发展提供了经验，奠定了基础。学堂首任总办杨宗濂，详采兵法编成《学堂课程》8卷，为后来各武备学堂的范本。近年来在云南发现一套云南讲武堂军事教材，共28册，以手写孤本形式保存至今，十分珍贵。该教材来源于中国第一所培养近代陆军人才的军事院校—天津武备学堂。1899年李鸿章侄子李经羲，时任云南巡抚，他在云南组建了云南讲武堂，并从天津武备学堂聘请彭姓和鲍姓两位教官，从天津武备学堂带来教材和教规③，特别是袁世凯楚才晋用，吸收了130余名天津武备学生作为编练新军的骨干，

① 1892年《申报》馆刊，《最近五十年》（第二编）。

② 《周慤慎公全集自定年谱》（上卷），第22页。

③ 《云南日报》2006年2月5日。

他们在中国近现代史上发挥了及其重要作用。

［**北洋武备学堂出身的著名学生**］北洋武备学堂是为培养淮军官佐而设的一所陆军军官学校。毕业生主要是在淮军系统内任职。甲午战争中淮军各部纷纷溃败，战前能大胆使用该校毕业生仅有聂士成的武毅军和袁世凯的新建陆军。1900 年聂士成战死于八国联军之役后，这些毕业生遂全归于袁世凯，并成了他日后发迹的军事资本，据统计天津武备学堂的毕业生重新建陆军担任各种职务者达 130 多人。其中主要的有冯国璋、曹锟、段祺瑞、王世珍、段芝贵、陆建章、李纯、李长泰、鲍贵卿、陈光远、王占元、柯宗莲、雷震春、言敦源、张怀芝、杨善德、田中玉、阎相文、王金镜、殷贵、吴金彪、商德全、王汝贤、阮忠枢、景启、刘锡钧、唐国治、李得胜、杨汝钦、崔朝俊、韩耀曾、赵学治、沈祖宪、丁云鹏、何兰芬、王凤岗、孙鸿甲、丁得胜、杨荣泰、徐邦杰、任永清、梁华殿、张锡蕃、刘成恩、李天保、张允泰、叶长盛、许武魁、王德芳、穆永胜、刘毓升、吴凤岭、李壬霖、申保亨、汪本崇、劳本泉、王有祥、傅宪武、张心全、吴佩孚、胡思光、吴鼎元、孙庆塘、滕毓藻。[①] 据台湾学者王家俭统计，在新建陆军中，毕业于北洋武备学堂有籍贯和身份可考者 65 人中来自直隶为最多，有 27 人，占总数的 40%。来自安徽者其次，有 13 人，占总数的 20%。如前所述，在新建陆军中任职的北洋武备学堂毕业生至少有 130 人，有籍贯和身份可考者 65 人，无疑这 65 人在新建陆军中起着重要作用。其余一半籍贯和身份无法考

① 故宫博物院编：《兵部兴办学堂档》，转引姜克夫：《民国军事史略稿》（第 1 卷），中华书局 1987 年版，第 26—27 页。

证，但这并不影响上述统计数字的可靠性。就其北洋武备学堂毕业生的整体而言，安徽人占大多数应当是无疑的。这是因为该学堂是淮军缔造者李鸿章为改造淮军而创办的，学员又是淮军将领所选派，淮军的地方特色又特别浓重。因此天津武备学堂并非是全国的军事教育机构。那么为什么地方色彩如此重的学堂会出现直隶籍的学员呢？这种情况的出现基本上由两方面原因造成的。首先，李鸿章出任直隶总督兼北洋大臣后，淮军的精锐部队相继进入直隶，并长期驻扎，淮军的病退与扩张，就使直隶青年有机会招募入淮军。如直隶系军阀首领冯国璋1884年在大沽投淮军当兵，翌年在统领刘琪保荐下考入北洋武备学堂。其次学堂又是直隶总督兼北洋大臣所开设，地点又是直隶政治、经济的中心天津，因此直隶人进入学堂是无法避免的问题。

四、袁世凯小站练兵及其随营学堂的设立

（一）甲午中日战争北海军的覆天与淮军衰败

[北洋海军与日本联合舰队] 肇始于19世纪中后期的洋务运动，主要目的是希望借助引进西方国家的先进器物，实现富国强兵的梦想，而建立一支强大的海军，则可以说是整个洋务运动的核心工程之一。经过直隶总督、北洋大臣李鸿章等人20多年筚路蓝缕的艰苦努力，到19世纪80年代末，清政府终于如愿以偿地建立起了包括北洋海军、南洋海军以及福建广东水师在内的强大海上力量。其中以1888年成军的北洋海军最为著名。首先，从硬件上说，北洋海军拥有的主要战舰几乎都是按照当时西方最先进的标准，由英德造船厂建造起来的。北洋海军有战舰26艘，共分两大类，一为中国造，一为购自

国外。前者数量较小，共9舰，约占北洋舰总数34.6%，后者即舰队的主力，共17舰。其中“定远”、“镇远”两艘装甲巡洋舰，其吨位在7000吨以上，舰长将近100米，主炮的口径为305毫米，堪称是航空母舰时代之前典型的海上巨无霸，绝对可以跨进当时世界上最先进的战舰之列，在亚洲更是首屈一指。“定远”和“镇远”之外的其他主要战舰，像“致远”、“济远”、“经远”等，也都是船坚炮利。以辉煌时北洋舰队的综合实力而论，当可排在世界海军第七位。

从软件上看，这支由清政府耗巨资造建起来的现代化舰队，全部采用西方的管理运作模式，其主要战舰的管带几乎清一色是当年清政府向英美两国派出的首批留学生。这些人自幼留学外洋，深受西方文化熏陶，能够熟练掌握海军技术。同时，清政府还从英、德、美等国雇佣了30多名海军管理和技术人员加入舰队，这无疑增强了北洋海军的素质。但从1888年以后，舰队经费大幅减少，而此时正是海军技术突飞猛进之际，至1894年甲午战争爆发，北洋舰队已多年未购置新舰，更换新式火炮工作也未能进行，战舰的航速和射速皆落后于日本。北洋海军建军不足6年便遇上了甲午战争，交战的对方不是西方军事强国，而是东方蕞尔岛国的联合舰队。这支军队是在开战前夕，即1894年7月19日组建的，以海军中将伊东祐亨为司令长官。伊东祐亨（1843—1914）日本海军元帅、伯爵。明治初年加入海军，曾任浪速舰队常备小舰队司令长官，海军司令部第一局局长兼海军大学校长，中日甲午战争晋升为中将，任联合舰队司令。战后封为子爵，晋升为海军军令部长。兹将北洋舰队与日本联合舰队舰队双方的火力、兵力等状况列表如下：

表中日舰队火力、兵力对比情况表

舰队	舰名	排水量（吨）	年代	马力	速力（节）	主炮位（门）	兵员	产地
北洋舰队	定远	1881	7335	6200	14.5	305MM/4	331	德伏尔铿厂
	镇远	1882	7335	6200	14.5	305MM/4	331	同上
	济远	1883	2300	2800	15	210MM/1	202	同上
	致远	1886	2300	7500	18	210MM/3	202	英
	靖远	1886	2300	7500	18	210MM/3	202	英
	经远	1887	2900	4400	15.5	210MM/2	202	德伏尔铿厂
	来远	1887	2900	4400	15.5	210MM/2	202	德
	超勇	1880	1350	2400	15	254MM/2	137	英阿姆斯特朗厂
	扬威	1880	1350	2400	15	254MM/2	137	英
	广甲	1887	1300	1600	15	150MM/2	110	福州船政局
日本联合舰队	吉野	1893	4216	15968	23	150MM 速射炮/4	385	英阿姆斯特朗厂
	高千穗	1886	3709	7604	18	260MM 火炮/2	352	英阿姆斯特朗厂
	秋津洲	1894	3150	8516	26	152MM 速射炮/4	314	日本横须造船厂
	浪速	1885	3709	7604	24	260MM 火炮/2	352	英阿姆斯特朗厂
	松岛	1892	4278	5400	16	320MM 火炮/1	355	法地中海造船厂
	严岛	1891	4278	5400	16	320MM 火炮/1	355	法地中海造船厂
	桥立	1894	4278	5400	16	320MM 火炮/1	355	法地中海造船厂
	千代田	1891	2439	5678	19	120MM 速射炮/1	306	英国 Brown 公司

续表

舰队	舰名	排水量（吨）	年代	马力	速力（节）	主炮位（门）	兵员	产地
	比睿	1878	2284	2515	13.5	170MM/2	321	英 Milford Haven 公司
	扶桑	1878	3777	3650	13	240MM 火炮/2	345	英 Samuda Bros 公司
	西京九	1889	4100	4300	15	120MM/1	350	日本
	赤城	1890	622	963	10.25	120MM/1	126	日本小野浜造船所

资料来源：根据姜明编《中国近代海军史日志》（1860—1911），三联书店，1994年版等整理。

从上可以看出，北洋海军在个别方面也具有一定优势，例如在铁甲舰数量方面，北洋海军就占据着 4∶1 的绝对优势，而在 30 厘米以上口径重炮和 20 厘米以上口径大炮这两个方面也分别具有 8∶3 和 2∶1 的优势。但从总体上来看，两个参战的舰队“无论是吨位、员兵、舰速或速射炮、新式舰，实以日本舰队为优。该国军舰除赤诚外，性能约略一般，舰体大小由二千二百吨至四千二百吨，俱为甫竣工之新锐舰。”

［**甲午中日海战北洋海军的覆灭**］1894 年 7 月，日本帝国主义抱着吞并朝鲜，进而侵略中国的目的，悍然对中国陆海军进行突然袭击，挑起了中日战争，史称甲午中日战争。10 月 17 日，日本大本营召开第一次御前会议、决定发动对华战争。25 日日军不宣而战。北洋海军济远、广乙在朝鲜牙山外丰岛附近与日本联合舰队吉野、秋津洲、浪速号舰遭遇。7 时 45 分吉野首先向济远舰开炮，北洋海军被迫还击，丰岛海战爆发。激战中，日舰击沉了运载着中国军队的一艘英国商船。战斗中，济远大副沈寿昌、二副柯建章等牺牲，济远被击伤，管带方伯谦驾舰逃离，水兵王国成，李世茂用尾炮击伤追击的吉

野。广乙舰在海战中被击伤，在朝鲜西海岸十八岛搁浅，管带林国祥等将军舰焚毁。是日操江号舰被俘，北洋海军首战失利。据学者查证丰岛首战中方军人牺牲应为924人，受伤59人被俘82人，日舰无人伤亡。[①] 丰岛海战之后，日本基本上切断了清军与国内的海上交通使牙山清军被迫后撤。至8月1日，中日两国方正式宣战。

北洋海军与日本联合舰队主力决战是大东沟附近海面。北洋海军由海军提督丁汝昌统帅，参战的舰只有定远，镇远等10艘。总排水量为31366吨。日本联合舰队司令伊东祐亨率吉野，高千穗等12舰总排水量为40840吨。9月17日，北洋舰队从大连护航运兵到大东沟，准备返航时，遭日本舰袭击，北洋海军立即还击。此海战中，日本联合舰队装备大型速射炮71门，小型速射炮154门，而北洋海军仅有大型速射炮2门，小型速射炮130门。与日本相比大型速射炮远逊于敌，在10分钟内发射弹药中日之比是33∶185。由此可见日本是精心策划的有准备的战争。

海战刚刚开始，丁汝昌在旗舰定远号的飞桥上，当定远号发出第一炮时，飞桥被震断，丁汝昌从空中坠落、负重伤。[②] 右翼总兵兼定远号管带刘步蟾代替丁汝昌负起了指挥作战的任务。此战历时5个多小时，日方因作战灵活，指挥得力充分发挥了其舰速高，舰炮射速快的优势，始终掌握着战场主动权，故损失较小，松岛、吉野、比睿、西京丸和赤城等5舰被击

---

① 王者祥：《甲午中日战争伤亡比较分析》，东北师大硕士论文，2008年5月。

② 姜鸣：《中国近代海军史事日志》（1860—1911），三联书店1994年版，第212页。

伤，官兵死伤 290 余人。① 北洋舰队由于接战队形不利于机动和发挥火力，加之一度中断指挥等原因，故损失重大，超勇、扬威、致远、经远沉没，管带黄建勋、林履中、邓世昌、林永升等殉国，定远、镇远、来远和靖远等 4 舰受伤。济远广甲擅离战场返回旅顺，后广甲在大连湾三山岛触礁搁浅官兵伤亡 1000 余人。从此制海权落入日联合舰队之手，这对于甲午之战后期战局具有决定性影响。

威海卫之战是保卫北洋海军根据地的防御战。也是北洋舰队与联合舰队最后一战。威海卫位于山东半岛东北部，遥对旅顺大连，同扼渤海入口。这里有拱卫渤海门户的北洋海军基地。北洋海军提督衙门设在刘公岛。北洋海军各舰艇于旅顺失陷前即撤到威海港，当时北洋海军各舰艇共 27 艘。1895 年 1 月 20 日，日本第二军开始在荣城龙须岛登陆，用后路抄袭的方法进攻威海卫，躲在威海卫港内的北洋舰队未出拦阻。登陆的日军 34600 人采集中优势兵力，打击分散守备 22200 人的清军，仅仅用了十多天的时间就攻占了威海卫港南北两岸的炮台。防守炮台的官兵，在敌军压境时纷纷不战而逃，只有少数官兵自发进行英勇抵抗，但已无法改变大局。在威海港岸上所有炮台陷入敌手时，日军又用联合舰队军舰封锁了港口，这样港内的北洋军舰就成了瓮中之鳖。北洋鱼雷艇在管带率领下结伙逃跑，最后或弃艇登岸，或随艇搁浅，为日军所虏。此时，其他各路水师大都按兵不动袖手旁观。即使有朝廷的调令，也各找借口，加以拒绝。陆军亦然。山东巡抚李秉衡统率的军

① 其中阵亡官兵 121 人伤 177 人。见关捷总编：《中日甲午战争全史》（第 2 卷），第 516 页。

队，近在咫尺，却见死不救；南京援军丁槐部停留在黄县，不再前行。致使北洋海军孤军奋战。这时丁汝昌已无力统率全军，也不敢承担投降的骂名，在绝望无奈中服毒自杀。其他将领在洋员的指使下发出了由浩威起草的投降书。于是北洋海军尚存的11艘兵船和刘公岛炮台及一切军资器械都在光绪二十一年正月（1895年2月）完好地交给日本。清陆军被俘2040人，海军3084人。[①] 威海海战清军阵亡官兵1070人，伤248人。日本海军之损失多是鱼雷艇，据一些零星资料记载死亡官兵约29人，伤30人。自此，北洋海军全部覆灭，中日甲午之战也宣告结束。此战役海陆两军一败涂地，丧师辱国。甲午战争的失败绝不是主战的罪过，而是上层帝后两党战和不定的罪过。甲午战争时，当外交之冲者，为北京总理各国事务衙门，负军事指挥之责者，为天津北洋通商大臣李鸿章，两者意见相龃龉。前者对日不轻退让，后者知御外侮不足，对敌不欲言战。遂使和既不成，战又无备。日本外相陆奥宗光说："发动战争的决心在帝国政府派遣军队赴朝时业已决定。在军队上一切皆采取先发制人的手段。"所以日本主动进攻反观中国，海陆军之行动，自叶志超军渡韩起，高升轮沉没，以平壤四大军之集中及黄海海战，皆是消极被动毫无攻击精神。鸭绿江会战后，清军在屡败之余，士无斗志、闻风而逃。兵法有云"灭亡者，全在防御中，胜利则属于攻击者"，此之谓也。

敌情不明。李鸿章深知当时中国陆军之实力，战胜日本毫无把握，他曾说："陆军平内乱有余，御外侮不足；海军攻则不足，守则有余。"故不愿战而主和。清廷则昧于敌情，轻视

---

① 从笑难：《甲午战争百年祭》，华夏出版社1994年版，第136页。

日本。他不了解日本明治维新后日本的根本性变化，自明治维新后，直接从西欧引进西方文化，坚持改革，实实在在搞近代化。1869 年明治提出富国强兵、殖兴产业，文明开化三大政策。其中文明开化是指包括近代资本主义的科学技术、文化教育以及思想风尚在内的启蒙运动，用日本学者的话来说："为前史未有之大变革，凡百庶政，殆皆创始于是时，而以教育制度为最。"在诸多改革中，教育占了十分重要地位。据粗略统计，从 1870 年至 1896 年的 26 年间，明治政府颁布的各项教育法令近 30 项。占同期颁布的各种律令的大部分。而且在改革中不断修改补充，最终建立了一套完整的教育体制。1872 年明治政府颁布的《学制》明确提出了要从小学抓起普及初等义务教育作为重要的教学改革内容。政府规定："凡六岁以上儿童，均需读完小学，男女一样，凡拒绝，父母应受惩罚。"日本用了 40 年普及了小学教育，这在资本主义世界是名列前茅的。小学教育的普及使全体日本人已经具备了读书和写字的能力，国民整体素质得到大幅度的提升。在经费的使用和投资方面。文部省在政府各部门中也是最高的，这就为以后的发展奠定了扎实的基础。日本前文部省大臣荒木万夫在《日本的成长和教育》（1962）一书中说："从明治以来，一直到今天，我国社会经济的发展，特别是战后经济发展非常惊人，为世界所重视，造成此种情况的重要原因，可以归结为教育的普及与发展。"日本吸收了西方产业革命的成果。1880 年至 1885 年整顿了货币，稳定了通货。为集中力量发展经济大规模地引进外国的技术设备，促进私人向工矿业投资创造了有利条件。1888 年是产业革命的高潮。交叉进行两次工业革命。1884 年至 1893 年的十年间工业公司的资本增加了 14.5 倍。

1893 年拥有 10 个工人以上的工厂达 399 家，其中使用机械动力的 675 家，职工 38 万。日本是在工业革命中产生的近代海陆军。清大臣诸多不了解日本，光绪帝少年气盛，对日本了解也不多。估量不符合实际，战前他曾说："倭不度德量力，敢与上国抗衡，实以螳臂当车，以中国临之，直如摧枯拉朽"等。孙子兵法说："知己知彼，百战不殆。"清廷既不知彼，又不知己，焉有不败之理。清廷的洋务运动和日本的明治维新几乎是同时开始的，但性质是不同的。前者是封建统治者的改良，后者是资产阶级性质的革命。此时的清政府腐朽不堪，病入膏肓。贪污成风，贿赂公行，谎话连篇，自欺欺人，帝党与后党，主战派与主和派，满清权贵和汉族封疆大吏，湘军与淮军等派系斗争连绵不断。这样的社会环境和氛围怎样建设现代化的海陆军？亲历甲午海战全过程的洋员泰莱对北洋海军是这样评论的："如大树然，虫蛀入根，观其外，特一小孔耳，岂知腹已半腐"。可谓切中要害之语。中兴名臣李鸿章对自己的作为做过这样的总结："我办了一辈子的事练兵也，海军也，都是纸糊的老虎，何尝能实在放手办理，不过勉强涂饰，虚有其表，不揭破，尤可敷衍一时。如一间破屋，由裱糊匠东补西贴，居然成一间净室，虽明知为纸片糊裱，然究竟决不定里面是何等材料。即有小小风雨，打成几个窟窿，随时补葺，亦可支吾对付。及必欲爽手扯破，又未预备何种修葺材料，何种改造方式，自然真相破露，不可收拾，但裱糊匠，又何术能负其责?"

兵力分散，指挥不统一。中国当时陆军总兵力，因为有八旗、绿营、练军、乡勇之别，各方记载不同，约略计之共有 95 万之众。但禁军保卫京师，例不外调。旗兵绿营在太平军战役中已不能用，故事实上以练军乡勇为主，因之九十余万之总数只能以半计。练军乡勇又以李鸿章北洋陆军为最精，而北洋陆军只 25000 人（即李鸿章任直隶总督后带到直隶的淮军），日本当时陆军为七个师。从总兵力对比来看清军占优势，但兵力分散全国各省，交通不便、极难集中运用。甲午战争实际清军用于战场者，朝鲜不过二万人（北洋陆军），奉天境内约十七万人，直鲁境内约二十万人，亦因装备给养不良，训练不足且散布各地，故清军总数虽多，但参战比例上每次会战、均较日本为劣势。

海军有北洋南洋舰队之分，又有闽洋、粤洋之别，各自为军。故海军参战者，只北洋一支。西报有论者曰：日本非与中国战，实与李鸿章一人战。“以上所言，虽似过当，实乃事实。”①

高级指挥系统欠健全。开战之初，清廷认为北洋大臣所辖之海陆军，即可战胜日本，故既未动员全国之兵，亦未组设大本营。当时北洋大臣属下之部队，虽无明文规定，事实上有李鸿章督练之北洋海军舰队及旅顺口、大连湾、威海卫等港要塞炮台等机关，与新式陆军 50 营（包括淮军练勇等）。平壤陆战与黄海海战后，中日甲午战争最紧张之际，以大军云集京畿，更需要大量招募编练军队，诏命于十月五日（1894 年 11 月 2 日）在地安门内设督办军务处，命恭亲王奕䜣督办军务，庆亲王奕劻帮办。翁同龢、李鸿藻、荣禄、长麟共同商办。这是对日作战的临时参谋总部，也是计划招募训练军队最后决定

① 张荫麟译，泰来：《甲午中日海战闻记》，见《中日战争》第 6 册，第 53 页。

之所。继而日军渡鸭绿江，登陆辽东半岛，进攻旅大。前线将领提督、总兵、将领多至数十人，成群龙无首之势。鸭绿江畔竟不战而退，旅大乃拱手让敌，遂不得不遣使乞和。日军登山东半岛，目的是围歼威海卫之北洋海军余舰，陆军则望风而逃，海岸要塞炮兵与丁汝昌提督，既无指挥关系，又不密切合作，炮手逃散、阵炮完整，日军竟利用我要塞炮，袭击威海卫港内舰艇。凡此种种乱现象，高级指挥系统之欠健全，指挥官遴选不当，实为其主要原因。

甲午海战是中国历史规模最大、最为惨烈的一场海上反侵略战争。1840 年的鸦片战争，西方列强用坚船利炮从海上打开了中国的大门，在其后的百多年间，英、美、日、法、俄、德、意、奥等国从海上入侵中国达 479 次之多，其中规模较大的就有 84 次，在历次海上反侵略战争中，1894 年爆发的甲午海战规模最大，最为激烈，最为悲壮，以邓世昌为代表的北洋海军将士，奋勇杀敌，视死如归。在火力、机动力等不及日舰的情况下，不畏强敌，血战到底，以与舰共存亡的决心，以身殉国，战死疆场。有的在胜利无望的情况下依旧保持了崇高的民族气节。纵观世界海战史，一支海军舰队在一场海战中战死或以身殉国，尽节以终的将领占到高级指挥官半数以上是极为罕见的。他们的爱国和抗争精神是应受到崇尚和讴歌的。

［**淮军的衰败**］甲午战争之前，驻防北洋沿海的淮军，仅有李鸿章所直属的 51 营，分隶于武毅、铭、盛、庆、仁各军。中日战争爆发后，淮军做最后一次扩张。嗣因战事日急，李鸿章遂起用淮军旧将，重添营头，以及自各省调回淮军旧部以应北防之需。当时在直隶新添者，计有聂士成 10 营、闪殿魁 10 营、唐仁廉 30 营、吴宏洛 6 营、潘万才 2 营、周兰亭 1 营。此外自江南北调者，

有原驻徐州的陈风楼马队 5 营自湖北北调者，有吴凤柱马步 7 营。自山东北调者有章高元 8 营。加上驻防江南的张景春 8 营、班广胜 6 营，湖北的宗德鸿 2 营，合计当有 146 营。①

1894 年 1 月，朝鲜爆发农民起义，朝鲜政府请求清政府协助镇压。是年 6 月清政府派淮军 2465 人到达朝鲜西南的牙山。为争夺朝鲜，日本政府出动陆海军在仁川登陆，扶持朝鲜亲日傀儡政权。并陆续增兵朝鲜。李鸿章迫于朝旨和请流派的舆论压力派淮军旧部赴朝作战，结果中国军队全线溃败，至 9 月 26 日全部撤到中国境内。之后经过中日鸭绿江会战、旅顺大连会战、辽东地区作战、日军荣城湾登陆作战均告失败。淮军大部溃败。北洋海军一败丰岛海战、二败黄海大战，三败威海卫会战，终于全军覆没。甲午之战，淮军是清军参战的主力，又是清军参战中的所谓最精锐之师，但除聂士成、徐邦道等少量部队外，其他各部均无像样的战绩可言，正如时人所指出淮军万不可用也，宿将久经凋谢，继起者非其亲戚即其子弟，均未经战阵之人。补伍皆以贿成，扣响早怀积怨，骄奢居人先，战斗居人后。② 甲午之役淮军精锐损失殆尽。经过战后裁、并、补后，直到光绪二十一年（1898 年）底，驻防北洋淮军尚有聂士成武毅军 30 营，此外尚有 24 营 7 哨，共约 55 营。但在南洋，淮军削减甚大，几不成军。甲午战争后沿江的铭武军及春字 8 营全部裁撤。

淮军威名扫地。由于淮军的腐败，晚清的勇营制度便没落

① 王尔敏：《淮军志》，中华书局 1987 年版，第 362 页。

② 中国史学会：中国近代史料丛刊《中日战争》（3），新知识出版社 1956 年版，第 365 页。

了，新的陆军制度逐步产生起来。就淮军本身来讲，则失掉了以前国防军的地位而转变为弹压地方的巡防队。

北洋淮军战前约40营，战时添募约70营，合计共100余营。战后除直隶提督聂士成挑选马步30营改为武毅军仿照德国兵制操练外，经直隶总督王文韶于光绪二十二年（1896年）加以裁汰，统计共裁57营有零。[①] 到光绪二十四年（1898年）据大学士荣禄奏报，这时北洋淮军共存24营有零，官弁勇夫12000余人，担任防守海口兼守炮台的任务。[②] 光绪二十五年（1899年），直隶总督裕禄复酌加裁汰，步队以官弁兵丁500人为一营，马队以官弁250人为一营，计挑留精锐步队18营，马队2营，并由步营内编炮营2营，每营加炮16尊，炮马120匹，添马夫辎重兵48名，合计20营。又以从前淮军原有营名，各标一帜，未免纷杂，此次挑留后，所有淮军20营，即分为直隶淮军左右两翼，分中营，副中营，前后左右、前左、前右、后左、后右等名目各共10营。以左翼10营驻守山海关、北塘等处炮台归通永镇统辖。右翼10营驻守大沽等处炮台归天津镇统辖。计步队每营月支银2470两，炮队每月支银3014两，马队月支银2028两。原存24营有零，岁支营83万两。现挑留20营，岁支银60余万两，节省银22万余两。[③] 光

① 据《邸钞择要》光绪二十二年三月十六日直隶总督王文韶《北洋裁遣各营员弁截饷日梦》并给饷遣送回籍片，案此片记北洋裁兵58营有零，陈其中有练军一营外所裁淮军各营，实共57营。

② 据《渝折记存》光绪二十四年十月二十四大学士荣禄奏。

③ 据光绪二十五年直隶总督裕禄奏（见刘锦藻《皇朝续文献通考》卷218）。案这年挑留淮军二十营，岁支银60余万两，包括勤勇卫队饷需在内但勤勇卫队不过九棚，其数很有限。

绪二十六年（1900 年）义和团之役，李鸿章奉旨由广东总督调任直隶总督，复募淮军以镇抚地方。淮军增加数目不详。光绪二十七年（1901 年）袁世凯莅直督任后淮军实存 42 营 9 哨 100 骑。又由山西调回聂士成武卫前军 6 营 8 棚改为淮军先锋队。淮军合计共 48 营 9 哨 8 棚 100 骑。之后历经裁并，到光绪二十九年（1903 年），尚存 41 营 8 哨 2 小队，并统按每营裁 2 哨，以 3 哨为一营。[①] 是年口北马匪作乱，袁世凯奏派张勋统淮军出关剿平。[②] 京师中央练兵处成立后将裁汰后的淮军 39 营改名为北洋巡防淮军。[③] 光绪三十三年（1907 年）陆军部遂奏定巡防队章制，[④] 其奏说："旧有之防练各营，前经练兵处奏明，统改为巡防队，使其名实相副，与新军有所区别。"此项营队，平时可以缉获盗贼，捍卫地方，战时可以协力守御，为陆军声援。自此章颁行后，昔日肩负国防的淮军，至此遂于国家兵制上明定居于巡防地方的次要地位，而别于当时编练的新军外，另成一系统。此时经过改编了的淮军声威虽早已远不如往昔，但是用来弹压地方还是一个有力工具。光绪末，日俄战争后，东三省日兵撤退的地方，即由袁世凯调派张勋统率淮军巡防队前往维持地方治安。"[⑤] 光宣之交，革命军图在长江起义，清廷乃调北洋淮军巡防队一部移防长江。后来张勋

---

① 据光绪二十九年六月祭由直隶总督袁世凯（见《光绪东华续录》卷 181）。

② 沈祖宪、吴闿生编：《容庵弟子记》（卷 3，卷 4）。

③ 沈祖宪、吴闿生编：《容庵弟子记》（卷 3，卷 4）。

④ 罗尔纲：《晚清兵志》（第 1 卷），中华书局 1997 年版，第 91—97 页。

⑤ 据《渝折汇存》光绪三十三年二月初二日盛京将军赵尔巽奏。又《渝折汇存》光绪三十四年十二月二十一日东三省总督徐世昌奏。

在南京指挥与革命军鏖战的军队，便是这支淮军巡防队。至宣统三年（1911 年）秋，武昌起义，直隶布防，总督陈夔龙奏称：直隶淮军巡防队择要驻防，历有年所，所有保卫闾阎。弹压地方、巡护铁路，缉捕盗匪各事，都惟其时赖，请暂仍旧，缓议更张。[①] 于是淮军巡防队遂迄清亡而尚存。

如上所述甲午战争后，淮军从国防军，转为地方巡防队。至 1898 年留防淮军只有 31000 人。[②] 此时，淮军已不足恃，无法承担国防重任。

（二）袁世凯小站练兵及其随营学堂的设立

［**袁世凯小站练兵**］甲午之战，清廷调集淮军与湘军精锐参战，结果一败涂地。号称亚洲第一的北洋舰队顷刻全军覆没，清军“以数十万之众不能当日本一旅之师”。失败的教训，使朝野上下修明武备的呼声日高，几乎一致地认识到仅有先进的武器装备，而没有先进的军事制度仍不能救亡图存。清朝统治者认为日军“专用西法取胜”，因而决定仿照西法，改革军制，编练新军，并指令督办军务处负责整顿京畿旧军，编练新军。督办军务处是 1894 年 11 月 2 日成立的，以恭亲王奕䜣为首，庆亲王奕劻为会办，李鸿藻、翁同龢、荣禄、长麟会同办理。1894 年（光绪二十年）九、十月间参加过黄海海战的德员汉纳根建议年筹饷 3 千万两，募练洋枪队 10 万，最初清政府曾拟接受这个建议，并命负责练新军的广西按察使胡燏棻与汉纳根谈判。但“汉纳根坚持由他担任军师总统并设军

① 据《庸盦尚书奏议》卷十六宣统三年八月初七日《淮练巡防各营患暂仍旧片》。

② 陈群：《中国兵志简史》，军事科学院出版社 1989 年版，第 408 页。

务府，一切兵权、饷权都要由他主持”，[①] 再加上耗资巨大，汉纳根练兵之说“是以中止”。后来督办军务处命胡燏棻主练新军。1895 年胡燏棻始招募壮丁，成立 10 营，号定武军，初屯马厂，后移驻天津东南 70 余里的小站营盘。定武军有步兵 3000 人，炮队 1000 人，马队 250 人，工程队 500 人，共计 4750 人。胡燏棻奏：“此次创练新军，一切操练章程，均按西法办理。”[②] 1895 年 11 月，胡燏棻奉命督办津芦铁路，督办军务处遂于 12 月 8 日联名奏请袁世凯接替胡燏棻练定武军。奏折中称：“查有军务处差委浙江温处道袁世凯，朴实勇敢，晓畅戎机，前驻朝鲜颇有声望……相应请旨饬派袁世凯督练新建陆军，假以事权，俾专责任。”[③] 并提出将该军扩编改建为新建陆军。同时，光绪帝发下谕旨：“此次所拣练专仿德国章程，需款浩繁，若无实际将成虚掷。温处道袁世凯既经王大臣等奏派，即着派令督率创办，一切饷章著照拟支发。该道当思筹饷甚难，变法匪易，其严加训练，事事核实。倘仍蹈勇营积习，唯该道是问，懔之慎之！”[④]

1895 年 12 月 21 日，袁世凯奉旨到达天津小站营盘，开始了他一生有重大影响的小站练兵活动。袁到小站后，在原营盘的基础上，又招募了步兵 2250 人，骑兵 300 人，总计 7300 人，改称新建陆军，袁自兼督办。下设执法营务处、督操营务

---

① 《胡燏棻致军机处电》光绪二十年（1894）十一月初七日，中国第一档案馆藏《电报档》。

② 朱寿朋：《光绪朝东华录》，中华书局 1958 年版，第 3656 页。

③ 《督办军务处王大臣为变通兵制拟在天津新建陆军并简员督练折》光绪二十一年十月二十二日，《新建陆军兵略录存》（卷 1）。

④ （清）世续、陆润痒等编：《大清德宗景皇帝录》（卷 369），第 5 页。

处、参谋营务处、行营中军、教习处、粮饷处、转运局。新建陆军虽然还沿用淮军的营务处，营、队、哨、棚等名称，但在编制上打破了旧军的框框，基本上采用了近代德国的陆军制度，军队分步、马炮工辎等各兵种。此时新建陆军辖左右两翼步队左1营，步队左2营；步队右1营，步队右2营，步队右3营；炮兵营，骑兵营，工兵营。武器装备全部由国外购进来，主要有德国的炮，奥国的步枪。由于采用新式武器，旧的一套练兵方法已不适用，袁世凯通过中国驻德公使，延聘了巴森斯等十多名德国军官充任新建陆军教习。新建陆军特别吸收了130余名天津武备学堂毕业生，充当建军的骨干，这是小站练兵成功之根本所在。

讨论新建陆军的构成与特色，不能不考虑其兵勇籍贯，如前所述，定武军是由天津、山东、河南招募而来。袁世凯接管定武军之后又派部下吴长纯在山东、河南、安徽各州县招募步队2000人，马队250人，又派魏德清在锦州、新民一带招募骑兵300人，总计’7300人。尽悉其兵勇籍贯分布已无法做到。只能从大致情形来观察，新建兵勇来自直隶、山东、河南、安徽、锦州等地，而后集中在直隶天津小站地区进行训练，直隶籍学员得天独厚，按常理推断，直隶籍多于其他省区的平均数应视为正常现象。而主宰一军的将领，居于领导地位者，对其军的影响甚大，则必须尽可能的观察其生长环境，身世，习性，以及探究其加入新建陆军以前所具之素质，以便了解新建陆军风气之形成。

袁世凯所督练的这支新建陆军与湘军淮军一脉相承，而与淮军的关系尤为密切。他录用了部分淮军幕僚，吸收改编了淮军的营伍，接管了部分淮军经营作为饷源的企业，这些都为新建陆军的迅速建成和发展提供了有利条件。

在选将方面，新建陆军因袭淮军旧的习气，兵为将有。袁世凯选拔和任用的将领大体有三类。一是亲戚、同乡、旧知以及追随多年的部下。如刘永庆，河南项城人，与袁世凯有亲戚关系，并随袁赴朝鲜多年，充当私人秘书，被袁提拔为驻仁川交涉通商分办委员，后任新建陆军粮饷局总办兼转运局总办，掌握全军粮饷军械大权。吴凤岭，江苏铜山人，早年入淮军刘铭传部，1886 年在朝鲜任袁世凯之亲兵哨长及哨官。1895 年任新建陆军马队一营后队队官。吴长纯，安徽庐江人，由武举投庆军，曾任驻朝鲜庆军帮办，袁世凯的老部下，任新建陆军步队左翼第二营统带。雷震春，安徽合肥人，1880 年（光绪六年）由文童投庆军，在镇压朝鲜“壬午政变”时与袁相识；1888 年（光绪十四年）毕业于北洋武备学堂，后被袁调赴朝鲜，派为教习。袁的老部下，任新建陆军右翼第三营右队领官。江朝宗，安徽旌德人，袁的部属，任新建陆军参谋营务处及武备学堂监督。徐世昌，天津人，与袁世凯陈州相熟，时任翰林院编修，经袁世凯奏调到小站，管理参谋营务处，成为袁世凯的智囊和军师。此外，在朝鲜的亲兵、差弁如王同玉、赵国贤、王凤岚、徐邦杰、唐天喜等十余人，都分别担任了新建陆军的统带、领官、哨官及哨长。

二是招收淮军的旧将。主要有：姜桂题，安徽亳州人，字翰卿，1843 年生，1865 年充僧格林沁卫队官，总兵，加长勇巴图鲁勇号。后随左宗棠镇压陕甘回民起义，加提督衔，1894 年任毅军分统。1896 年任新建陆军步队左翼翼长兼第一营统带。张勋，字少轩，江西奉新人，1854 年生。1884 年当兵，参加中法战争，1891 年升为副将，1895 年投袁世凯新建陆军，任中军兼工程队帮带。龚友元，安徽合肥人，铭军记名总兵，任新建陆军步队右翼翼长兼第一营统带。阮忠枢，安徽合肥人，出身于淮军将领家庭，由李鸿章推荐入新建陆军管理军制饷章文牍事务，成为袁重要的参谋人员。此外还有孟恩远、王怀庆、言敦源等。

三是从武备学堂毕业生中选用。袁世凯在小站练兵之始就录用了一批天津武备学堂的毕业生，至 1896 年 4 月充任新建陆军官佐的已达 130 余人。著名的有冯国璋，段祺瑞，王士珍、曹锟、段芝贵、张怀芝。此外还有王英楷、陆建章、李纯、田中玉、杨善德、王占元。鲍贵卿、田文烈、陈光远、何宗莲、李长泰、王汝贤、商德全等。据考证新建陆军中所选用的北洋武备学堂毕业生中，直隶籍所占的比重为最大，这就奠定了直系军阀形成的基因。

[新建陆军随营学堂的设立] 为了提高新建陆军的军事素质，推动新军的编练，1895 年（光绪二十一年）袁世凯上书当时的军机大臣李鸿藻，在提出整顿旧军，改练新军的计划后又写道："广设学堂，精选学生，延西人著名习武者为师，严加督课，明定官阶，数年成业，即检阅将年力尚富者分带出洋游历学习归来分配最后予以兵权，庶将弁得力而军政可望起色。"该计划获得批准后，1896 年 4 月，袁世凯对小站原有营盘加以扩建，开办了炮兵学堂，步兵学堂，骑兵学堂，德文学堂。袁世凯委任天津北洋武备学堂毕业生王士珍、段祺瑞、冯国璋分任上述学堂的总办。这四所学堂统称新建陆军随营学堂，后又改为武卫右军随营学堂。学堂从士兵中挑选年轻力壮、略懂文字者 234 人，以 80 人学炮兵，80 人学步兵，24 人

学骑兵，50 人学德文，同年 5 月 13 日一律开学。各学堂均聘请德国军官担任教习。德文学堂由工程营西洋教习魏贝尔为总教习，景启为监督，该学堂主要先习德国语言文学，次学武备学，兼习汉文，迨数年有成，资送外洋游历肄学，以“领略德人，兵法之妙”。[①] 骑兵学堂由西洋教习曼德加任总教习，景启为监督。炮队学堂监督为段祺瑞，总教习祁开芬。步队学堂监督梁华殿（光绪二十三年梁溺死）由徐邦杰接充，总教习柏罗恩。为办好学堂，特拟定《新建陆军行营兵官学堂试办条规》，主要内容有：选拔标准、所学科目、考试任职、营（学）规、津贴菜钱、考优给奖、尊敬师长、作息时间、课堂规定、经历课程、固定座位、洋员授课、缺课处罚、考试规定、操场训练、供给文具、爱护枪械、服装整洁、温习功课、禀呈层转、会客、图书管理。[②] 从上述所定条规来看，完全具备一所新式军官学校的基本条件。学生所接受的教育，规定学习期限为二年，毕业生除学德文者准备派往德国学习军事外，其余都担任下级军官。其考试分期举行，每季大考一次，监考官、阅卷官和巡查官都有袁世凯亲自派定，考试依学生考试规定实施，非常严格。兹将考试情形略述如下：首先应试学生各带笔砚及应用考具，由外场教习二人率领，于早五点钟齐集讲武堂下静候点名，领卷鱼贯而入，禁止夹带，严加搜检，按次归号，不准喧哗逾越。第二，点名后命题，书识当堂照缮题牌四纸东西按号传观，考生照录，不准离号偶语。限下午五点钟交卷，不准继烛，每艺（每科考卷）前三行缮正呈验盖戳，

---

① 《袁世凯致李鸿藻函》。

② 《训练操法详晰图说》（第 22 册），第 61—65 页。

如有篇幅较长不及缮正者准将草稿盖戳，但草稿亦不得任意涂抹模糊不清。交卷后至两厢静候，四十名放排一次，仍由该教习带头回营。考生早晚分给面食两餐，散茶二次，午前午后每个准离号片刻自便，仍派兵巡视，不准耽延。① 考试完毕，取德文、炮队、步队、马队各科学生若干名，分别给奖。为鼓励学生奋斗，袁世凯还从自己的薪俸中每月抽出三分之一(2000 两银）作为奖学金。② 后荣禄奉命组建武卫军，新建陆军旋改为武卫右军，该学堂遂改为武卫右军随营（又行营）学堂。至 1902 年 4 月，该学堂共办三届，“数年以来，训练陶熔，亦颇不乏成才之士。”③ 后来，又从这批军官中挑选一些人赴日本留学，其中著名的有孙传芳、靳云鹏、傅良佐、吴光新、陈文运、张士钰、张树元、刘洵、陈乐山、曾子彦等。

此外，还有讲武堂和学兵营。讲武堂于 1896 年 6 月 15 日开办，专门抽调在职的哨官和哨长学习，规定每队哨长 3 人，轮流到讲武堂听讲，行政、攻守各法及“经史大义”，学兵营集中训练步兵操法，每期 1—3 月。第一期选拔各棚正副头目。从第二期起，每期选送正兵 60 名入学，受训后仍回本营，备充头目之选。新建陆军经袁世凯编练生面别开，操法娴熟，步伐整齐以及旗帜鲜明，号衣之整洁，英姿楚楚可观。较之淮练各营壁垒一新。清廷对它十分重视，视为自强之关键。西太后和光绪皇帝甚至打算去天津亲自检阅。1897 年 7 月清廷为奖赏袁世凯提升他为直隶按察使，仍专管练兵。

---

① 《新建陆军兵略禄存》（卷 2），第 718 页。

② 《新建陆军兵略禄存》（卷 1），第 19 页。

③ 天津图书馆社科院历史研究所编《袁世凯奏议》（中）（卷 23），天津古籍出版社 1987 年版，第 749 页。

五、张之洞的自强军及其开办的陆军学堂

甲午战后，中国训练新式陆军，在北洋则有袁世凯新建陆军，在南洋则有张之洞的自强军。甲午之时，两江总督刘坤一奉旨北上督师。朝命湖广总督移署两江。甲午战役结束到和议成，张之洞愤兵事不振，由于勇营锢习太深，非改用西制急练新军不固以图存。他于光绪二十一年（1895 年）十一月，上奏清廷说："查今日练兵必须改用洋操者其故有七。承平之时，绿营有积习，军兴以后，勇营亦有积习。人皆乌合，来去无恒，不练固无用，练成亦不能禁其四散，徒劳无功，一也。里居不确，良莠难分，二也。无论征军防军，从无不缺额之事，即其实有之勇，亦多系安置闲人，令当杂差，则虽不缺额亦与缺额同，三也。层层克扣，种种摊派，长夫，视为津贴，营官皆有例献，将拥厚资，士不宿饱，四也。外洋新式快枪快炮，精巧非常旧日将领大率不解，亦不爱惜，粗疏者，任意抛掷，动致损毁，谨慎者收藏不用，听其锈涩，其于擦拭拆卸装配修理测准诸事全不讲求、将弁不知，何论兵勇，操练不能，何论临阵，五也。营垒器用，但守旧法，绘图测量行军水陆工程诸事，尤所不习，讨内匪则可，御外侮则不能，六也。营官统领专讲应酬，奢华佚惰用费繁多，营谋请托，无所不有，既视为营私谋利之路，岂尚有练兵报国之心，七也。唯有改以洋将带之，则诸弊悉除，无论将来临阵之效如何，总之额必足，人必壮，饷必裕，军火必多，技艺必娴熟，勇丁必不可当杂差，将领必不能滥充，此七者军之体也。至于临阵调度之妙，赏罚激劝之方，军之用也。凡事必其体先立，然后其用可得而言。夫中国岂无智勇之将，敢战之兵，临阵运用，又岂能拘守

绳墨，特以各营积习痼癖，深入膏肓，若不捐弃旧法别开局面，虽事前日加申儆，终无大益，事后加以诛戮，已难补救。”① 张之洞在这篇奏章中，指出了勇营旧军的七种弊端，提出了他的建军原则。并根据这一原则，制定了一个编练新军的计划。拟先练二千数百人，俟成军半年后，操练已有规模，即行推广加练，酌增一倍，添造营房，而以新旧各半分后，合同操练，如步一营，则另编步一副营，余皆类此。三年又如前法加增一倍。这样满三年，即得万人。全军统带，以洋将充任。其营哨官也都以洋将担任。别设副营官，副哨官名目，以中国武员及武备学堂学生充任。其带兵操练权悉委给洋将弁，而约束惩责权则专归华官。张之洞这一计划，为清廷所议准。先是张之洞自天津调来北洋原聘德国将弁并商托出使德国大臣许景澄代聘的德国共 35 员于夏秋间已先后到齐。令先就卫队护军等营内选择操练，以试其材，数月以来颇见效。于是以德国游击子爵来春、石泰为统领，候补知府沈敦和，奉调差委知府钱恂为提调，光绪二十一年（1895 年）冬成军于江宁，号为自强军，以寓兴武自强之意。自强军成军时，设步、马、炮、工各队十三营，除杂役等不计外，共兵士 2860 名。光绪二十二年（1896 年）正月，刘坤一回两江总督任，张之洞将卸署任时，上奏预筹扩充自强军办法，拟于半年再添练步兵队 6 营，炮队 2 营，合成队 14 营，炮队 4 营，马队 2 营，除工程营一百人不并计外，新旧合计共练步兵、炮队、马队 20 营，约 5000 名。以洋将弁拔教新营，而已练各营，既可以现充副

① 《张文襄公奏稿》（卷 25），光绪二十一年十一月十二日《选募新军创练举操折》。

营官的华将弁改充正营哨官。薪水但照现给的数目加倍发给，是勇饷虽增，而洋将洋弁的薪水不必再增，约计再添步队 6 营，炮队 2 营，不过增银 27 万余两与现各营饷数合计，共需银 70 万两。乃张之洞离两江后，复归刘坤一主政。刘坤一以湘军宿将，思想守旧，对旧部复多瞻徇，他本人原无改弦更张另创新军的图谋，故张之洞扩充自强军计划，便搁浅了起来。

是年夏，自强军因借操场训练，与两江督标亲兵营发生冲突，刘坤一因将自强军移驻吴淞。[①] 自此自强军人数始终未过 2580 名。这时，自强军统领来春、石泰训练有方，日有起色。1897 年春，营务处总办候补道沈敦和乃邀请驻沪各国领事武官来吴淞观自强军合操打炮靶。观后外宾佥加赞美，认为一望就知不是中国旧日的军队，而炮队尤堪称精兵[②]。所以当时自强军名闻于长江流域。江南、浙江、四川等省都奏请仿照自强军改练洋操，并调自强军官佐前往教练[③]。而清廷亦有北方各省军队由新建陆军教练，南方各省军队由自强军教练的谕旨[④]。这是中国南北练成的仅有的两支新式陆军。

光绪二十四年（1898 年）德将来春、石泰等合同期满归国，自强军由刘坤一委江南提督李占椿接统，移驻江阴[⑤]。于是以旧将接统新军，旧染恶习，死灰复燃，其将领克扣，不但

---

① 刘坤一：《致何采臣》，见《刘坤一遗集书犊》（卷 2）。

② 《自强军创制公言》卷下。

③ 《光绪东华续录》（卷 149）。

④ 据光绪二十四年祭谕，见《光绪东华续录》（卷 145）。

⑤ 据光绪二十四年八月初三日两江总督刘坤一奏（见《谕折汇存》，及光绪二十八年七月初八日，直隶总督袁世凯奏（见《阁钞汇编》））。

只在月饷，就是医官的月薪，士兵疾病的药料，都盗为己有。不到一年，原募兵士逃散将尽，几不成军。光绪二十七年(1901 年) 六月，朝命自强军开往山东巡抚袁世凯督饬训练。[①] 十月，调到直隶、驻扎保定。光绪三十年（1904 年冬）练兵处奏准将自强军 2500 余人与武卫右军 7000 余人合并改编为北洋第六镇陆军，于翌年二月编定。

另外还有武毅军随营学堂的设立。

武毅军随营学堂，因校址在唐山开平，故又称开平武备学堂。武毅军是由旧淮军演变而来，继承了淮军的嫡传。光绪二十一年十一月成军,[②] 驻芦台其作战训练区域，是往返芦台与山海关之间。甲午中日战争后，清廷与直隶总督全力发展武毅军，北洋向外国购入的新式武器，首先装备武毅军。因此武毅军成为全国最强，编制最大，训练最优的一支军队。武毅军成立之初，因新兵较多，训练需时，至光绪二十三年初训练工作方“渐次就绪，通过当年四月中旬外出”操演行军阵法，由芦防东迄榆关复循海岸折回。沿途逐细讲求，俾资历纯。[③] 武毅军操法先学德式，胶州湾事件后又改习俄式。武毅军统帅聂士成大胆启用武备学堂学生担任营哨级军官。延用精于中西操者，派充教习。凡枪炮取准，测量远近，皆实力讲求，常操而外，兼习身法手法，一切杂技（机械操与中国武功），俾令矫

---

① 据《容庵弟子记》(卷 2)。

② 光绪二十五年十二月大学士节制北洋各军荣禄，北洋大臣直隶总督裕禄合奏：《为武卫前军各营领军装酌制换年限折》，载《谕折汇存》光绪二十五年十二月十四日。

③ 光绪二十五年二月大学生荣禄奏：《武毅军训练有效请奖折》，载《谕折汇存》光绪二十五年二月十一日。

健便捷。并限以课程，讲授兵法。[①] 可见武毅军训练之认真。聂士成非常注重人才培养，对优秀干部曾派赴国外游历，其中冯国璋即为其资助赴日本学习的一员，返国后投效袁军。[②] 袁世凯的新建陆军奏定营制时间比武毅军较晚，一切参考武毅军，且处局设置完全一样，随营学堂，附设军中医院亦皆类同。世凯敬慕士成勇敢、善战、练兵有素，故总部营制，仿制毅军而定制。[③]

武毅军成立后便设立随营学堂，分步、马、炮等科。学堂从武毅军中选士兵 200 名作为学员聘请德国人为教习，教授步、马操法。内堂教授国文、外文、绘图测量、操法、战法、筑垒学军器等课。学制三年。其经费自筹。该学堂以德国军事教材为依据，自编课程，《淮军武毅军各军课程》就是它们的重要教材。1898 年第一期学员毕业，有 12 名优秀学员留校任教、其他学员被分配到芦台武毅军各营中任教习，为候补哨长。同年又从武毅军中选优招收第二批学员。[④] 开平武备学堂为武毅军培养一批近代军事人才。

六、中国近代军事学的初始

［**海军与新军的初创**］海军是近代工业化的产物。19 世纪中叶的中国没有本来意义上的海军，英国发动鸦片战争，

---

① 光绪二十五年二月大学士荣禄奏：《武毅军训练有效请奖折》，载《谕折汇存》。

② 蒋方震：《中国五十年来军事变迁史》。

③ 刘凤翰：《武卫军》中央研究院近代史研究所专刊（38），第 90 页。

④ 刘秉忠《开平武备学堂》，政协、河北唐山开平文资委编，《开平文史资料选编》（第 1 辑），1989 年版，第 113—114 页。

凭借船坚利炮轰开了长期实行闭关锁国的帝国大门，血的教训才使中国人第一次知道海军为何物。保卫海疆必须有强大的海军，于是当时先进的中国人开始萌发建立海军的思想。在洋务运动中，清政府集全国之力、终于在1888年建成了一支颇具规模的北洋海军。如前所述这支军队在甲午中日战争中全军覆灭。虽然这支军队只存在寥寥几年，但它的规章制度犹存，经验教训为海军的恢复和发展提供了借鉴。它失败的教训使先进的中国人认识到在封建专制的土壤里是产生不出强大的海军。战史是兵学的源泉。以守为战的海防思想不足取。时人已认识到“守之不可尽恃，必能战而后能防。”① 军事未有不能为战而能守者，这表明海防思想的进步和军事学的萌发。

讲究新兵学不能只限于购买新式军火与聘请外国将弁只学其皮毛而遣其精艺，必须创建新军。正如时人所说：“北洋则有新建陆军、南洋则有自强军，是为创练新军之始。”②

［**军事学堂的兴起及其军事学教材的初建**］军事学堂的兴起对于传播西方近代军事学，建设新军，研究构建中国近代军事学具有重要作用。在晚清创办新式军事学堂的过程中，对外籍教习的依赖是无法避免的历史现象。由于中国的近代军事教育处在一个初创阶段，军事学堂的教学内容大都以近代科技知识为主，很多学科和课程设置都是在中国教育史上第一次出现。其师资教材的缺乏，学制和课程设置，学生的招生考试实

---

① 葛士浚编：《皇朝经进文续编》（第102卷），台北文海出版社1996年版，第12页。

② 《清朝续文献通考》（二）卷203，兵二。

习等方面均没有经验，只能仿照外国军事学校的模式兴办，因此各级军校不得不依靠外籍教官的具体指导和规划。外籍教习对中国近代军校的创办所起的作用是不言而喻的。著名的天津武备学堂之设与德国教习密切相关。先是戈登之行也，再三以陆军不整顿则水师无根据为言，李鸿章是之，乃有聘德兵官练陆军之议，德员既至，而练兵之议中寝，遂设武备学堂图渐治也。① 船政大臣沈葆桢充分肯定了外国教习在中国最早开办的军事学堂——福州船政学堂的作用。他说："他们朝夕相处，实属不遗余力，制造驾驶、管轮学生均能达到要求，乃教导制造、驾驭之成效也。"②

在创办新军和开办军事学堂的过程中产生了中国一批军事学教材。在编练新军的过程中出现了以洋务官僚及其谋士为主的私人编撰德国的军事著作活动。他们仿效德国军制练兵，采用德国的军事教育模式和方法培养中高级将帅人才，由此产生了由国人编撰，与中国实际相结合的军事学讲义及军事理论教科书，从某种意义上来说这些国人编撰的军事学讲义，比起官办机构原版直译著作更富针对性，更实用有效。

晚清近代军校的开办是编练新军的根本。西方军事学的传播为中国近代军事学的兴起奠定了基础。在许多陆军军事学堂中，有三所陆军军事学堂的贡献是杰出的。天津武备学堂是中国陆军军事学堂之始。它第一次引入了西方军事强国的军校教育制度和课程体系，成为遂后大批兴办的陆军学堂

---

① 《蒋百里全集》传记论文学出版社 1971 年版，第 276 页。

② 中国近代化的启蒙团体——《简论外籍军事教官与晚清军事》上，转引自《军事历史研究》1998 年第 3 期。

楷模。如前所述天津武备学堂是李鸿章在洋务运动中兴办的，他的目的是试图造就新式军事人才，实现改造淮军的愿望。尽管这一初衷由于淮军的旧将抵制而夭折。但是该学堂的影响和作用仍然是巨大的。据著名学者王家俭之统计该校培养之军事人才，其后曾任总统、副总统及执政府执政者 3 人，曾任内阁总理或代理内阁总理者 3 人，曾任部会首长或副职者 2 人，曾任各地督军，省长巡阅使、将军、镇守使者 22 人，曾任军事院校校长者 3 人，曾任师长，旅长者 10 人。① 由此可见它的影响之大。同样 15 年办学经验的积累，军事著作的翻译和军校教材之编撰其作用也是不可低估的。学堂首任总办杨宗濂，详采兵法编成《学堂课程》8 卷，为后来各武备学堂的范本。由佚名编李鸿章校改的《军制》一书是介绍西方各先进国家军制的文献。一套完整的以手写孤本形式保存至今的云南将武学堂教材，共 28 册，据有关学者考证“该教材来源于中国第一所培养近代陆军人才的军事院校——天津武备学堂。”② 特别是袁世凯十分聪颖，他楚才晋用，大胆吸收了 130 余名天津武备学堂的毕业生充当编练新军和开办随营学堂的骨干。1898 年袁世凯将小站练兵时的经验汇编成书，定名为《新建陆军兵略禄存》，内容包括四大类“曰章制，全军纲领隶之；曰禁令士卒纪律系之；曰训条，董劝教戎属之；曰操法步法攻归之。”这是中国近代军事史上少有的一部重要军事文献。袁又仿照各国戎政，详拟兵法、操法、军规、器械等汇编，“并督选兵学素优之同知

① 齐志：《近代中国的军事改革》(1860—1900)，第 181 页。

② 《云南日报》2006 年 2 月 5 日。

段祺瑞、直隶知州冯国璋、守备王士珍将各项操法绘图立说，计共造成清册12本、阵图一本、图说清单一件，于光绪二十五年七月十八日编竣奏呈，硃批览。奏已悉，图册留览，钦此。”[①] 袁世凯亲自主持，集全军（新建陆军）之力，编成《训练操法详晰图说》共22册。袁自己说：“练兵章程、战法、操典，半皆有其手订。”上述两部著作纯为武卫右军及其随营学堂教材。后用于训练北洋新军与全国新军的编练。《训练操法详晰图说》十分实用，士卒不用太多的文化便一目了然，便于理解和把握。内容翔实全面。第一册：训练总说，并包括对将领、官弁、士兵、学生的训词；第二册：战术训练，行军；第三册：攻击、防御、掩护保护运输；第四册：驻扎（宿营），分军作战；第五册：步队操法，立正，稍息各种步法；第六册体操，舞枪；第七册：步队操枪法；第八册：营队队形互换，全军和操，预备作战；第九册：步队作战；第十册曼利夏步枪解说；第十一册：砲队操法；第十二册：五七陆路快炮哨队操阵各法；第十三册：各炮解说，战术问答；第十四册：炮弹解说；第十五册：马队操法；第十六册：马队阵法；第十七册：马队作战；第十八册：工程操作，桥梁；第十九册：工程操作，测绘；第二十二册：章程，规条。这些内容成为袁随营学堂的标准课本，也是晚清编练新军的典范，在近代军事学中占据重要地位。成为《中国兵书集成》压卷之作。

自强军的编练首先由张之洞倡议，设计并于1895年12月2日向清廷上《选募新军创练洋操折》，翌年1月7日获准，

① 《进呈练兵图册折》，《袁世凯奏议》（上），第35页。

之后开始训练，后由刘坤一接练。即“创立者南皮张孝达（之洞）尚书，成之者新宁刘岘庄（坤一）尚书也。”①《自强军西法类编》是一部取法于德国军制和练兵之法的讲课记录。自1897年2月由洋教习开讲，至1898年成书。全书共18卷，分作6类。其中兵法8卷，军器学5卷、军乐学1卷、工程学2卷、测绘学1卷、数学1卷。

另外，清末甲午中日战争后，时任直隶提督的聂士成，于直隶驻防淮军内选练兵马队30营仿德国营制操法编练武毅军。武毅军设立随营学堂。以西洋通用的军事教材为依据，自编课程，培养军人。《淮军武毅各军课程》10卷，内容分为：规律操章；打靶章程；行军摘要十则；步队行军阵图；操枪图说；攻守炮图合说；炮队阵图；号令曲谱；旗帜图说；灯令号令图说。其中对枪靶的演进过程，西洋枪支的使用，均有较详细的介绍。② 武毅军行营学堂以学习研究外国军事教育为宗旨，把算法、地质、测绘、汉文、洋文、演枪炮各法、兵法、格致（物理）军器，堡垒及行军战守各法，均列为教习内容。上述陆军武备学堂所翻译、编著的教材，特别是《新建陆军兵略录存》、《训练操法详晰图说》对于编练新军实现军队近代化有重要作用。它所培养军事人才对之后的军事变革影响甚大。正如时人所说：我国之有陆军学校是在光绪十年中法战争后，李鸿章在天津创办武备学堂始，光绪二十一年中日战后，开始在北方随军营设立陆军武备学堂二所，一在小站，由袁世凯办理，一在开平，由聂士成办理，教官均请德人担任。当时军队

① 《中国兵书集成》第49卷，第516页。

② 《徐永昌将军求已斋回忆录》，《传记文学》（50卷6期）第113页。

与学生均在一地。“随营学堂的下级士官或教官大多出身天津武备。两个随营学堂的毕业生对北洋军事影响甚大。”后来所谓北洋人物不是出于小站即出于开平。但以出于小站者为多。[①] 当时著名重臣张之洞说：“当世武学，敬当推袁。”[②] 由此可见袁世凯影响之大。

---

① 《徐永昌将军求已斋回忆録》《传记文学》（50 卷 6 期），第 113 页。

② 《致袁慰亭》，《张之洞全集》（第 12 册），第 10279 页。

第三章 保定陆军学堂的兴起与中国近代军校教育体系的形成

一、保定陆军学堂兴起的缘由

（一）八国联军侵华战争

［**义和团运动的兴起**］中日甲午战争后，帝国主义列强更进一步加强对中国的侵略。一面在华争夺势力范围，掀起了瓜分中国的狂潮。1897 年德国强占胶州湾，遂后俄派军舰占领旅顺大连湾，法国强租广州湾，英国占威海。1899 年 5 月意大利兵船开入吴淞口，示威谋索三门，德国复进踞日照。一面又加强对华经济侵略、宗教侵略，中国民族危机日益严重，帝国主义如同野兽焚杀要挟，肆意横行，条约不可行，公法不可诘，情理不可谕。中华民族遍体鳞伤，人民生活在水深火热之中。空前的民族危机激起了中国人民开展反侵略、反瓜分、反洋教的斗争。在这些斗争的基础上，终于汇成了义和团反帝爱国运动。时人梁启超在《军国民篇》中对这一运动的发生有过精当的评述，他说："甲午一役以后，中国人士不欲为亡国之民者，群起以呼啸叫号，声憾大地，或主变法自强之议，或吹煽开迪民智之说，或故立危词以警国民之心，或故自尊大以鼓励国民之志。末几而渤海内外皆惧为亡国之民，皆耻为丧家之犬。未几而有戊戌变法自强之举，此振兴之自上者也；未几而有长江一带之骚乱，此奋起之自下者也；未几有北方诸省之

乱，此受外族之凭陵，忍之无可复忍，乃轰然而一暴者也。”另外八国联军统帅瓦德西在其《拳乱笔记》中也承认：“欧洲商人时常力谋损害华人，以图自利。至于一二牧师做事毫无忌惮，以及许多牧师为人不知自爱，此则吾人不必加以否认怀疑者。”

八国联军侵华战争前，据有关统计天主教、基督教、东正教在华的外籍传教士已有3200多人，有近40个教区，60多个教会，入教的中国人达80万。[①]“帝国主义势力恃条约做护身符，依炮舰为后盾，包庇教民，干涉诉讼，凌辱长官，欺压百姓。官府处理教案，往往畏事而迁就外人，教民之势焰愈横，平民之愤郁愈甚，民教矛盾尖锐。”[②] 义和团是在民间反清秘密结社义和拳的基础上发展起来的反帝爱国组织，它最早兴起于直隶和山东交界地区。“光绪十三年，德国郎神父来冠，在河北梨园屯传教，宣传数年，信教者日众。拆毁是村玉皇庙，改建教堂，村人大哗，群起抗拒。文生王世昌，武生闫得胜纠合绅民联名控至县署，继而府道抚院。官府畏外人势力皆为左袒，遂致所有庙基未能收回，村民愈愤。时有闫书勤、高小麻等十八人，绰号十八魁，号召民众，联络党徒，拟诉之武力，拆毁教堂。事上闻，迭经派兵弹压，防其暴动。军门夏辛酉，标统方致祥，东昌知府洪用舟率兵往剿，十八魁等前赴后起，迄与顽抗。”[③] 到光绪二十五年（1899年）前后，义和团在山东、直隶以及京津地区得到蓬勃发展，其中有名的有闫

---

① 《中国近现代史纲》。

② 萧山著：《清代通史》，华东师大出版社2006年版，2159—2160页。

③ 台三军大学：《中国历代战争史》（第17册）（下），中信出版集团有限公司2013年版，第300页。

书勤、赵三多等领导的义和团；山东茌平、禹城、平原一带朱红灯，心诚和尚等领导的义和团；天津静海一带曹福田、张德成领导的义和团。

开始，清政府对各地义和团采取剿的方针，但是未能将它扑灭，义和团发展反而越来越迅猛。这时，以慈禧、端王载漪、协办大学士刚毅等为首顽固排外势力转而想利用义和团来对付列强军队，各地清军相继停止了镇压义和团的军事行动。

［八国联军的入侵］ 帝国主义为了镇压中国人民的反抗，保护并进一步扩大帝国主义在华既得利益，1900 年 6 月发动了由英、德、俄、日、意、美、法、奥等组成的八国联军侵华战争。

帝国主义一直想胁迫清政府镇压义和团。光绪二十六年（1900 年）三月七日（4 月 6 日），英、美、法、德四国联合照会清政府，若两个月不能剿灭义和团，四国将派军队代为剿平。十三日（4 月 12 日）俄、英、美、法四国以同样内容再次照会清政府。五月一日（5 月 28 日），各国驻华公使正式议定联合出兵镇压义和团。五月四日（5 月 31 日）后，各国侵略军 400 余人，以保护使馆为名进入北京，同时，聚集在天津租界的侵略军已达 3000 余人，大沽口外尚有列强军舰 24 艘。十日（6 月 6 日）前后，各国先后批准了联合侵华政策。

五月十四日（6 月 10 日）英、美、法、德、日、意、俄、奥等八国组成的 2000 多名侵略军在英国海军中将西摩尔率领下由天津乘火车分批向北京进犯，十八日（6 月 14 日），西摩尔率第一批侵略军 800 余人抵廊坊车站时受到义和团的阻击。二十日（6 月 16 日）西摩尔率一部撤至杨村。两天后董福祥部甘军3000余人及义和团2000余人进攻留守廊坊车站的侵略军，毙伤敌50余人，侵略军被迫南撤回天津。聂士成部在北庄、穆庄重创敌军。三十日（6月26日）西摩尔率残部退入天津租界，在这次阻击战中，中国军民共毙侵略军62人，打伤228人。西摩尔也承认义和团士气之高涨："如果义和团使用的是西式枪炮，那么我所统帅的联军必将全军覆没。"

当西摩尔联军受阻京津之间时，大沽口外的各国军舰已决定从水陆两路攻取大沽口炮台。大沽炮台原置于海河入海口南北两岸，素称"津门之屏"。明代大沽口开始设防，清代修炮台，置大炮，设施不断加强，逐渐形成以"威、镇、海、门、高"为主体的完整的防御体系。近代，随着外国列强对华侵略，大沽地区更成为北方的军事要地。南有虎门，北有大沽，这是中国近代史上两座重要的海防屏障。五月二十日（6月16日），先已驶入白河内的联军十艘舰艇进入了战备状态，英、德、俄、日各军约1500人则在塘沽登陆，准备从侧后进攻大沽炮台。当天下午，各国兵舰遣使面见大沽口炮台提督罗荣光，发出最后通牒，限令守军于翌日凌晨二时交出炮台，罗荣光严词拒绝，传令炮台守将准备战斗。与此同时，法国总领事杜士兰又照会裕禄，谓各国海军军舰齐集大沽，限至明早两点钟将大沽口各炮台交出，倘逾时不愿善交，则各国水师提督当"以力占据"。① 各水师提督遽有占据炮台，显示各国有意失和，首先开衅②。应当说这种认识是符合实际的。各国要求既被拒绝，战争无法避免，守军奋起还击。在联军舰艇炮火的掩

① 《义和团档案史料》，中华书局1959年版，第147页。

② 《义和团档案史料》，中华书局1959年版，第152—153页。

护下，集结在塘沽的联军从侧后攻下西北炮台和北炮台，随后，联军渡过白河，从侧后抄袭南炮台，至七时左右，大沽炮台尽失。联军同时掳走了北洋海军一艘巡洋舰和四艘鱼雷艇。

五月十九日（6 月 15 日），北京义和团开始围攻西什库教堂。五月二十日至二十三日，清廷多次召开会议讨论对联军和战问题。大沽沦陷后，慈禧等顽固保守势力决定对各国宣战。二十四日（6 月 20 日）慈禧令荣禄为总指挥，组织清军和义和团围攻东交民巷使馆区。二十五日（6 月 21 日）清廷颁布宣战诏书，实际是战争动员令。声称："义兵同日不期而集者，不下数十万人。"誓与联军"一决雌雄"。但随着列强进一步扩大战争，慈禧发生动摇，至六月三日（6 月 29 日）清廷又令驻华公使向各国解释宣战的"苦衷"，乞求各国谅解。

［**津京之战及其京津保等地的沦陷**］早在清廷宣战之前，天津的义和团和部分清军已开始抗击紫竹林租界内的侵略军。五月十九日（6 月 15 日）前后，义和团焚烧了马家口及望海楼等地的教堂，联军开炮镇压，团民奋起还击。二十一日后，驻防清军也配合义和团连续围困和炮击租界。此时，清军总兵力一万人左右，参战义和团约二、三千人，租界内的联军不足 2000 人。二十五日（6 月 21 日）后，联军部分增援部队从大沽、西沽等地开入租界，兵力增至 7000 人，实行分区固守。而义和团和清军由于缺乏统一的作战计划，仅限于炮击和袭挠对方，没有真正展开同联军作战，甚至没有切断天津至大沽的交通线，致使租界内的联军不断得到补给。六月四日（6 月 30 日）直隶总督裕禄向清政府提出先击退紫竹林租界联军，然后会合各营直抵大沽，收复大沽炮台的作战计划，清廷同意后立即向天津增派援军，使在津清军人数增至二万四、五千人，

参战的义和团也增至5万人。同时，联军又有一万名左右援军从大沽抵达天津租界。九日（7月5日），清军和义和团从三面围攻租界。曹福田部，武卫左军马玉崑部从北向南炮击租界和老龙头火车站，义和团多次猛冲，一度占领火车站。张德成部，淮军罗荣光部，练军何永盛部从马家口由西面进攻租界。六月十日（7月6日），张德成部以几十头牛为前驱，踏毁地雷，一度冲进租界。武卫前军聂士成部从西南面租界进驻八里台、跑马场等地。十三日（7月9日），联军1000余人向租界西南反击，清军在八里台遭围攻，聂士成身受七处重伤，不幸阵亡。至十七日天津沦陷。城内义和团大部惨遭杀害，伤亡极重。

七月十日（8月4日），八国联军18000余人从天津出发，沿运河两岸向北京进犯。十一日（8月5日），联军进攻北仓，清军与义和团多方阻击，未能奏效。联军占领北仓后向杨村进犯，宋庆、马玉崑等部败逃，退往通州。裕禄南退至杨村后自杀。十四日（8月8日），帮办武卫军事务大臣李秉衡统帅勤王之师往河西务御敌。翌日，清军防御阵地尚未构筑完毕，已陷入两路联军包抄之势，此时清军人心已散，稍事抵抗后便四下溃逃。七月十七日（8月11日），李秉衡退至张家湾后吞金自杀。张家湾失守，通州守军弃城逃往北京。十九日（8月13日），联军从通州分三路直扑北京：日军7000余人进攻朝阳门，俄军3000余人进攻东便门，英军2000余人进攻广渠门，美、法等军5000余人作为后援部队。此时，北京城内尚有七、八万清军和义和团5万余，由荣禄负责城防，实施分区防守。二十日（8月14日）上午，由于董福祥调广渠门守军往援朝阳门、东直门，致使英军乘虚攻入广渠门内，并到达使馆区。

进攻东便门的俄军在美军的配合下也进入城内。日军以猛烈炮火摧毁城墙上清军大炮后，爆破东直门，随后，北占安定门，南攻朝阳门，进入城内。自此长达两个月的使馆区及西什库教堂之围随之解除。清军大部溃散，义和团和部分爱国官兵与敌人展开了街垒战、巷战，坚持到最后一刻。二十三日（8 月 17 日）联军占领全城。北京之战，义和团牺牲最多，清军伤亡达 4000 余人，联军死伤 400 余人。

联军占领北京后，成立了“北京管理委员会”。闰八月二十四日（10 月 17 日），联军总司令瓦德西进京，在紫禁城仪銮殿设立总司令部，联军总人数已达 3 万余人。为胁迫清政府无条件接受列强提出的条件，联军自八月下旬起从京津地区四处攻掠，在七个月的时间里控制了大沽到山海关各海口以及南至正定，北至张家口，东到山海关、西至娘子关的各处要地。在联军占领期间，侵略军烧杀抢掠，暴行累累，义和团以及无辜百姓惨遭屠戮。联军占领津、京、保之后，先后建立了殖民统治机构。在天津是都统衙门。天津都统衙门，全称暂行管理津郡城厢内外地方事务都统衙门。这是义和团运动中，八国联军对天津人民进行军事殖民统治的机构。1900 年（光绪二十六年）7 月 14 日，天津陷落，八国联军攻占天津后，经过几次明争暗斗后，于 7 月 30 日正式成立此机构，由俄国的沃加克上校，英国的鲍维尔上校和日本的青木大佐组成 3 人委员会，外称天津临时政府。同年 11 月又增加法、美、德三国军官，扩大为 6 人委员会，并更名为天津地区临时政府，下设巡捕局、卫生局、库务局、司法部、公共工程局以及总秘书处和汉文秘书处。机构设在位于海河三岔河口的直隶总督衙门。临时政府成立后，镇压义和团运动便成为首要任务。当时，仅记录在案，经过所谓的审判公开处决的义和团成员就有数十人，各区巡捕抓捕并就地处决的义和团成员尚不计在内。收缴武器，拆毁军事设施。为了防范人民的反抗，都统衙门严禁人民拥有武器。1900 年 12 月 27 日发布告谕，限定时间，收缴武器，“如逾期不交，一经查出，军械没收，私藏者一律斩首。”① 八国联军占领期间，天津至沿海的军事设施一律被摧毁。最早拆毁的是天津东、西机器局和西沽武库，先后拆毁炮台 25 座，防御工事被强行拆毁，天津的军火工业不复存在。

其次是拆毁城墙。天津城墙是天津人民历史文化的遗存。历史上天津城墙在抗击外来侵略，保护人民的生命和财产安全上起过重要作用。八国联军为确保天津租界的安全，从心理上摧毁人民的抵抗意志。1901 年 1 月 21 日都统衙门以天津“街市地面窄狭，于各商运往货物甚为不便”为由，下令“所有周围城墙，全行拆尽”。

其三，该机构无情地对天津人民进剥夺和奴役。它以太上皇自居，对人民发号施令，征税、逮捕、判刑，无偿使用，侵吞中国政府和人民的财产。

天津都统衙门从其组织结构，统治措施来看，都具有强烈的军事殖民性质。它对天津及其周边人民实行的残酷的军事殖民统治，是八国联军侵华的重要组成部分。1902 年 8 月 15 日袁世凯正式接管天津政权。至此都统衙门在天津两年多的军事殖民统治宣告结束。

[八国军事殖民机构管理北京委员会的成立] 1900 年 8 月

---

① 《八国联军占领天津实录——天津临时政府会议纪要》（附录一），《天津都统衙门告谕汇编》，第 23 号。

初八国联军从天津出发开始进犯北京，到 16 日北京之战结束，联军全面控制北京。八国联军进城后，纵兵三日，为所欲为，古都北京遭到空前的摧残。八国联军总司令瓦德西供认："所有中国此次所受毁损及抢劫之损失，其详数将永远不能查出，但为数必极重大无疑。"各国侵略军纷纷占地盘，扩大自己势力，为此矛盾冲突不断，为了尽量避免各国侵略者之间的矛盾，各国司令官商议后决定由日、俄、英、美、法、德、意 7 国对北京实施分区占领。内城四牌以西为日占领区；永定门以西，北至骡马市为美占领区；四牌楼以南，由俄、英、法、意分别占领，德军在俄国占领区旁扩展一区为德军占领区。各国侵略者在其占领区推行殖民政策，强征民夫，逼迫输捐，操纵司法、经商，弹压民众，设立名目不一的殖民机构。其中，日本、俄国和意大利分别设立了安民公所，法国和英国分别设立保安公所，美国设立了协巡公所，德国设立了巡防普安所。(各国公所由各自委派的军官，普遍设立巡捕房，稽查弹压民众)。1900 年 10 月 17 日，八国联军统帅瓦德西到达北京，为改变各自为政的状况，他建议各国侵略军派出一名代表，组成管理北京委员会，由德军军需处长格尔少将担任主席。经过一个多月的争吵，反复协商才勉强为大多数侵略军代表所接受。1900 年 12 月 10 日管理北京委员会宣告成立，办公地点设在理藩院衙门（法军司令拒绝加入，因此该会的决议和章程对法军没有什么影响)。这是一个松散的殖民机构，各占领区的统治权实掌握在各国侵略军的司令手中。按照《辛丑条约》的规定八国联军 1901 年 9 月 17 日撤出北京，清政府正式恢复了对北京的控制，各国"公所"及管理北京委员会这一殖民机构也随之结束。

保定地处直隶省中部，与京津成鼎足之势，西倚太行山脉，东扼冀中平原，北控三关，南通九省，被称为京师的南大门，战略地位十分重要。从1669年起又一直是直隶省会，也是政治、经济、文化、交通的中心，又是义和团运动的中心地区之一。津、京陷落后，清政府的大批高级官吏也逃到了这里，而撤退到卢保铁路两侧的大批义和团，则不断给外出侵略的联军以打击。因此保定自然成了八国联军进犯的重要目标。

南侵保定的联军由德英法意四国组成。于1900年10月12日兵分两路向保定进犯。一路由法国白劳德少将率领自天津出发，该路侵略军由法、德、意、英等国派遣军组成，约计4000人。另一路由英国侵华军司令盖斯里陆军中将率领自北京出发，由英国、德意和法国派遣军组成，约计5000人。20日联军占领保定。两路侵略军会合后，由英国侵略军司令盖斯里任总指挥，21日英军占领总督署。盖斯里根据联军总司令瓦德西的授意和支持，将保定分割成四段，由四国军队分别管理：英军占城西北，把守北门；法军占西南城，把守西门；德国占据城东北，把守东门，意占城东南，把守南门。为了加强对保定地区的控制，1900年11月24日，法德联军在保定设立了“权理司”，又称权理保阳司。

南侵联军对保定府县进行奸淫嫖掠，骚扰不堪，更以屠杀、毁城、罚款等手段实施报复。侵略者不仅肆意杀戮一般民众，而且又挥刀宰杀清政府官员。10月23日晚，侵略者以纵容资助义和团等罪名，将护理直隶总督廷雍，城守尉奎恒，参将王占奎等5人拘捕，将其关押在保定北大街原福音堂内，11月6日在直隶总督署内，由联军主审，利用大清法律判处廷雍、尉奎恒、王占奎三人死刑。

所谓“权理司”实际是一殖民统治机构，其构成是德、法各出一名军官为其首领。法国是杜以（不久改为哲幔），德国为黎熙德。其职权主要有：一，所谓防治瘟疫。二，审批保定的中国地方官告示。三，综览保定户库事务大权，包括清查藩库所存银两；拟定库款开销章程；驻保定各地方官每月要列出银款收支清单，报于权理司；催收保属各州县罚款。四，查处义和团及反洋教官员，民间隐藏枪械弹药等。实际上权理司所行权力范围，要比它规定的大得多，它总揽了所在保定府内的一切大权。原清政府在保定设置的地方官员已有名无实。成了权理司的附庸。保定权理司是法德英意联军在保定设立的殖民统治机构。该机构从设立到撤销先后不足七个月。保定人民受尽了侵略军的蹂躏和欺辱，生活在水深火热之中，就连一些清政府的地方官员也未能幸免。1901 年 6 月 7 日，德军撤离保定，7 月 28 日法军亦撤走，保定人民方摆联军铁蹄的蹂躏。

［辛丑条约的签订］ 联军向北京展开军事进攻之际，因利害不同，彼此疑忌，并未成立总部与设置统帅一职，只是临时联络开会，研究配合作战，然而各国政府则认为非公设一机构不能获得最大的胜利。但究竟由何国担任主帅又问题重重。奥意在华军少力微，不会提出此项要求。日本或美国担任统帅一职之事，自始即认为万不能，① 美国 1894 年工业生产跃居世界首位。但还不是军事强国，日本虽然是亚洲的强国，但不为欧洲军事强国所重视。新兴的日本和美国，它们在 1900 年的陆海军人数分别为 23. 4 万和 9. 6 万人。而同一时期，俄国的

---

① 瓦德西撰：《瓦德西拳乱笔记》，1900 年 8 月初。记载于《中国近现代史资料丛刊》第九种：《义和团》（第 3 册），第 3 – 4 页。

陆海军人数为 116 万，法国为 71 万，德国 52 万，英国为 62 万。[①] 故形成英俄、德法四强争夺的局面。英俄仇视，且在西藏、中东、小亚细亚各地发生争斗，彼此互不相让。俄国陆军大臣库洛巴特金很想担任此职，而英国政府绝不承认。法国与俄国当时为同盟国，故也在英国反对之内。德皇威廉二世以德使被戕，于七月十二日（8 月 6 日）建议由德将瓦德西为联军统帅，俄皇首先同意，其他各国亦不反对。瓦德西遂率德国远征军二万人战舰 15 艘，于闰八月二日（9 月 25 日）抵大沽，八月二十四日（10 月 17 日）至北京，驻西苑之仪鸾殿而成为有名无实的联军统帅。不过此时北京已被联军割据整整两个月又三天了。

早在七月二十一日（8 月 15 日），联军进攻东华门时慈禧太后挟光绪皇帝，与随扈王公大臣载漪，奕劻，刚毅等十二、三人，马玉崑率兵千余名保驾，另神机、虎神、八旗禁军千余人追随，经山西逃往西安。清廷在西逃的途中，一面令庆亲王奕劻和李鸿章为议和大臣回京议和，一面发布“痛剿”义和团的上谕。奕劻、李鸿章抵京后，向列强屈膝求和。十一月三日（12 月 21 日），发动侵华战争的八国以及比利时、西班牙、荷兰向清政府提出了“议和大纲十二条”，声称这些条件无可更改。李鸿章将此电告业已逃至西安的慈禧，慈禧立即复电表示一切照允。光绪二十七年七月二十五日（1901 年 9 月 7 日），奕劻、李鸿章代表清政府与十一国签订了丧权辱国的《辛丑条约》。条约规定：“清政府向各国赔偿白银 4 亿 5 千万

① 吴于廑、齐世荣：《世界史现代史编》，高等教育出版社 1994 年版，第 3 页。

两；在东交民巷划使馆区，中国居民概不准居住；惩办与列强作对的官吏，拆除北京至大沽沿路炮台；各国在北京至山海关的 12 个战略要地上驻军，改总理衙门为外务部等。”《辛丑条约》的签订使中国完全沦入了半殖民地半封建社会的深渊，战后，清政府成了“洋人的朝廷”。

值得一提的是李鸿章在条约上签名时，将其“章”字写成“肃”字，这三个字挤在一起，即虚弱无力，又辛酸悲苦，其实这样的签名并非第一次，《马关条约》原件的签名就是如此。李鸿章清楚不论是《马关条约》还是《辛丑条约》都是丧权辱国的条约，签上自己的名字会永遭国人唾骂的，但他这个所谓的中兴名臣又有什么办法呢？他想我现在是大清派出的官吏，是为皇帝办事，你大清不是封了我一个一等肃毅伯吗？我把这个字写上，既有合理的一面，又可蒙混保全自己。李鸿章一生正如他自己所说：“予少年科举，壮年戎马，中年封疆、晚年洋务，一路扶摇，遭遇不为不幸。自问亦未有何等陨越，乃无端发生中日交涉，至一生事业扫地无余，如欧阳公所言，半生名节，被后半辈描画都尽。”李鸿章说得不错，条约一签订，国人骂声和声讨声群起，卖国者秦桧、误国者李鸿章。他的戎马、封疆、洋务都与淮军有着密切关系。他 1870 年就任直隶总督兼北洋大臣这一要职，正是因为他拥有一支担负国防军重任的淮军，此后他的权力极度膨胀，“坐镇北洋，遥执朝政，凡内政外交，枢府常倚为主，在汉臣中权势最巨”① 李鸿章的生平事业，就其个人而言，以淮军为重要；就

---

① 刘体智《异辞录》卷二，转引自苑书义《李鸿章传》，人民出版社 1991 年版，第 160 页。

国家而言，则以外交为最重要；其次则为海防设施；又次则为工业建设。[①] 李鸿章学习西方，举办天津武备学堂，培养新式军事人才，试图达到改造淮军，推进淮军现代化的目的，这是具有开创性的举措。但从实施的过程和结果来看使人大失所望。天津武备学堂存在15年之久，培养了上千名新式军事人才，这些人才大部派充到淮军服务，但成为淮军统兵大员却寥寥无几，他们率多受到淮军旧将的排斥和压制，只能充当教习。尽管购置了洋枪洋炮，但仍改变不了旧军的本质。时人一致认为“湘淮将领，多不服西法，虽亦购其枪炮、习其操阵，仅学皮毛，不求精奥。”[②] 而袁世凯楚才晋用，吸收了130余名天津武备学堂的学生充当新建陆军的骨干，大大推进了中国军队近代化的进程。由此可见看出淮军近代化水平不能提升，李鸿章的责任是无法推卸的。李鸿章自己也承认：“我办了一辈子的事，练兵也，海军也，都是纸糊的老虎。何尝能实在放手办理，不过勉强涂饰，虚有其表。”这就是说从上到下，从下到上，没有几个真正搞近代化，率多是你欺我骗，这正是洋务运动失败的症结所在。实际上甲午中日战争北洋海军的覆灭已宣告淮军势力之衰落。李鸿章从日本回国旋被解除兵权，其住所北京贤良寺便门庭冷落。八国联军之役装备不错的武卫军又是一败涂地。清廷无奈，又起用不避劳苦，不畏谤言的孤臣李鸿章担任求和谈判大臣。1900年8月15日北京沦陷，9月29日李鸿章到天津，10月11日到达北京贤良寺，由于心理压力巨大，“朝夕焦思往往彻夜不眠，胃纳日减，触发旧疾。”

---

① 王尔敏：《淮军志》，中华书局1987年版，第384页。

② 《清光绪朝中日交涉史料》（卷23）。

他在拜会了英、德公使后回贤良寺的路上受了风寒便一病不起。此时联军刁难，俄国公使逼签，以及签订丧权辱国条约国人的声讨接踵而来，李鸿章病情恶化，呕血碗许。在临终前还老泪纵横吟诗一首，即：劳劳车马未离鞍，临事方知一死难。三百年来伤国步，八千里外吊民残。秋风宝剑孤臣泪，落日旌旗大将坛。海外尘氛犹未息，诸君莫作等闲看。另有临终遗折。1901 年 11 月 7 日李鸿章在悲凉的气氛中离开了人世。李鸿章的去世，宣告淮军时代的结束。

［**八国联军之役清武卫军失败原因之分析**］八国联军侵华战争时期清政府的核心国防力量是武卫军。这支力量的兴衰与慈禧和战的决策密切相关。甲午中日战争之后，由于李鸿章的淮军惨败，自此淮军便失去了国防军的地位。清廷决心建立一支新式军队，于是便有袁世凯小站练兵之兴起。慈禧在镇压戊戌变法以后，为加强京师和近畿防务，命军机大臣荣禄为统帅，编组武卫军，光绪二十五年二月二十日（1899 年 3 月 31 日）清廷正式成立武卫军，改聂士成的武毅军为武卫前军，驻守芦台，兼顾大沽北塘。该武毅军是旧淮军的化身，仍保存淮军的传统即步炮混合编组。武卫前军设总统一员，下设总理营务处教习处，包括德、俄教官若干人，附设随营步、炮、马队学堂；粮饷局、军械局；军医局，设有军中医院，用西医诊治伤病。各处局人员编制是渊源武毅军设置而来，计官兵 16200 余名，长夫约 4000 人。甲午战后清廷与直隶总督，全力发展武毅军，成为当时全国最强、最大，训练最优的一支军队，北洋向外洋购入的新式武器，以装备此军为第一优先，剩余部分再依次分拨给直隶淮军与直隶练军。兹以实有火炮数量略加说明，据该军营务处（管文案）汪声玲在其所著《芦阳

牍稿》中记有：克虏伯七五炮16门，炮弹约重12磅，每分钟可施放十数弹。惟清属局厂仅能造摧毁敌炮台、营垒城墙使用的开花弹，不能造击敌行军大队的子母弹。克虏伯六零炮32门，亦称七磅炮。格鲁森五七陆路快炮与过山快炮，亦称六磅炮，两种门数约32门左右，击远4900米，每分钟施放十余弹，为当时武卫前军之利器。其中以山炮运送安装方便，使用更为得力，且所用炮弹，清属各局厂皆可仿制。克虏伯三七快炮，亦称二磅炮，门数不详。麦克心炮二门，用七密里九二子弹，每分钟可施放二百五十发子弹，用水散热。此即麦克心重机关枪。当时数量较少，故装备炮队使用。[①] 步枪与马枪，以德制旧毛瑟步枪一万杆为训练用枪，奥制曼利夏步枪一万枝，马枪一千四百杆，新式小口经毛瑟（套筒）二百杆为战备用枪，并装备其他各类少量与马枪，配合训练与作战使用。总之武毅军的武器装备比较精良，已经实现了近代化。

在训练方面，武卫前军教习处聘请德国、俄国人担任教习，进行训练，同时又参用中西兵法，呈现出鲜明的中西合璧的特点，除开办开平武备学堂培养基层军官骨干人才外，对士兵的训练通常分为三个月单操基本训练，然后步队训练、炮队训练、马队训练、工程队训练、作战训练等依次类分。每年春秋操演行军阵法由芦防东迄榆关，复循海岸折回，沿途逐细讲求，俾资历练。在聘用外国教习方面，甲午战后武毅军中共有德国教习四名，分别是库恩、沙尔、多宗汉和斯拉郭斯弗、担任步队，工程队及开平武备学堂教习。光绪二十三年（1897），聂士成又聘请俄国参将沃罗诺福担

---

① 汪声玲著：《芦阳牍稿》第八五一八八页。

任武毅先锋马队教习。

董福祥的甘军为武卫后军，驻守蓟州，担任通州一带的防务。甘军总统董福祥（1840—1908），字星五，甘肃环县（当时属宁夏固原）人，清末著名将领，官至太子少保，甘肃提督。1864 年组织汉民团反清，后在陕北被左宗棠部刘松山击败，投降清军，所部改编为董字三营，先后从刘松山、刘锦棠剿灭陕甘青等处回民起义，后又随刘锦棠进兵新疆，以收复乌鲁木齐等地及平定南疆阿古伯骚乱有功，得左宗棠赏识，1890 年，擢喀什噶尔提督。1895 年，率部至甘肃镇压回民起义。后调任甘肃提督。所部又称为甘军。1897 年，董福祥奉命率甘军进京。甘军为勇营的一种，与长期征战在西北的楚勇营制相同。武卫后军建立后共步、马、炮 25 营，计官兵 11000 人，长夫约 3000 人。设总统一员，下辖营务处、粮饷局、军械局、军医局。武卫后军的干部百分之九十五都是陕西、甘肃两省之人，其中尤以甘肃为主，而兵源几乎百分之百全为陕甘汉、回民众。故以甘军为名。甘军属于甘勇，是旧军中之一支，在一般装备方面是渐进的改装，不是全盘更换。至光绪二十四年三月驻正定时，部拨湖北汉阳兵工厂造毛瑟快枪 1000 支，五七快炮 12 门。改编武卫后军，再由天津军械局、北洋机器局、淮军制造局三处会同全部更新装备，以武卫右军所使用之奥国制八厘米“曼利夏”步枪，马枪分配全军使用，军官与马兵掛刀，完全成为新武器装备之军。[①] 但在训练方面属于旧式。甘军则是公认的闭塞顽固的旧军，兵士皆在甘肃招募。其军官成分大致分为三类即团练、行伍、武童。董福祥反洋，武卫后

① 王尔敏著：《清季兵工业的兴起》，第 113 页。

军无洋教习的聘用。该军配备，除军刀外，全部洋枪洋炮，洋枪比较简单，且甘军在西北剿回乱时，已大量使用。新式大炮比较复杂，甘军配用较晚，用中国教习讲解操演。甘军基本上以家族、血缘和宗教为纽带，起于草莽，兴于乱世，有勇无谋，与近代新式军队格格不入。

荣禄新募的亲兵为武卫中军，在南苑集中训练。武卫中军是奏准招募的军队，光绪二十五年五月二十日以后成军。武卫中军设总统一员，由大学士荣禄兼任。总部分设：总理营务处（督练处），由全军翼长负责；粮饷局；军械局、军医局。各处局之编制人员，与武卫右军先锋队大致相同。兵官约10000人，长夫4000人。其兵官待遇完全比照武卫右军中的同级官兵待遇，是武卫军中待遇最好的两支军队之一。武卫中军一般装备与武卫后军大致相同，因驻南苑集训且全军翼长为张俊①，代荣禄督练武卫军，张俊，甘肃固源汉人，原是董福祥的大将，一起并肩作战。福祥的硬仗多为张俊冲锋陷阵，官至喀什葛尔提督。故一切装备以武卫后军为准，亦使用传统的“笳声”代替新式号音。荣禄是主张用国造的统帅，理由是一旦对外战争发生，可以自供弹药作战，故武卫中军全部使用“国造”毛瑟步枪与马枪。无火炮装备。也无洋教习之聘用。其“精神教育”与“一般教育”之施教内容与武卫后军完全相同。庚子事变时，因荣禄的武卫中军无炮兵，袁世凯奉诏将右军接应炮队与部分步兵组织为步炮混合队700余人，委张怀芝率领去拱卫武卫军大营。

---

① 《大清德宗景（光绪）皇帝实录》（卷438），第11页，喀什葛尔提督张俊，著派充大学士荣禄中军翼长。

宋庆的毅军为武卫左军，驻守山海关内外专防东路。毅军与淮军是同时产生的军队，在剿捻与戍边诸役不断扩编，该部因饷源的不同而分有毅前军、毅后军之分。毅前军辖步队7营，马队2营一哨；毅后军部队13营，炮队2营。前者食领豫饷，后者由户部拨发。因与甘军过去同在西北剿回乱，甘军属刘锦棠，毅军属张曜，故两军营制在西北剿回时，完全相同。[①] 甲午中日战争后，整理毅军，改编武卫左军，其营制因训练德国操关系，则与武卫前军非常接近。[②] 该军以宋庆为总统，因宋庆年迈，以马玉崑为帮统，协助宋庆统率全军，并为宋庆的接班人。总部下设营务处、教习处，粮饷局（支应局）、军械局、军医局。各处局编制人员与武卫前军相同。全军官兵12000人，长夫约3000人，其中炮队两营，每营配备七五炮或五七炮，全营官兵约600人。武卫左军历史最久。自甲午中日战争后组织毅军，进驻旅大，独当一面，周旋于日俄两大帝国视力之中，其所采用的教育方式，完全是德国式教育，其训练评估"参照武卫右军章程给奖。"[③] 故知其精神教育与一般教育之内容，应与武卫右军大同小异。

袁世凯的新建陆军为武卫右军，驻守小站，扼天津西南之要道；武卫军成军时，以武卫右军的编制最健全，薪饷最优厚，教育最新颖，训练最精良。武卫右军营制，除向山东行军

---

① 刘锦棠著：《刘襄勤（毅斋）奏稿》（卷5），《关外各军行粮坐粮章程善后台局一切应发款日开单请立案折》，第45—66页。

② 《谕折汇存》，光绪二十八年二月十一日总统武卫左军直隶提督马玉崑奏：《接统前军变通饷制折》。

③ 光绪二十九年闰五月马玉崑片，载《谕折汇存》，光绪二十九年闰五月二十一日，第8—9页。

时增加辎重队外，大致与新建陆军相同，总部及直辖教育训练单位不计，其战斗单位仍为步队五营、炮队一营、马队一营、工程队二分之一营（四队），武卫右军以袁世凯为总统。下设营务处，洋务局，洋员十三，翻译十三。附设德文学堂、步队学堂、炮队学堂、马队学堂，学兵营等基础训练单位。粮饷局、军械局、军医局、转运局、侦探局。另步队、炮队、马队、工程队、辎重队营制齐全，全军辖官 519 人，兵 8409 人，长夫 2541 人。武卫右军的武器配备，全部用奥国制口径八厘米五响曼利夏步枪、马枪。步枪 6400 杆，马枪 700 杆，及六响左轮手枪 1000 支，五十七厘米格鲁森厂陆路快炮与山炮共 42 尊。七十五厘米克房伯厂过山炮 18 尊，步官挂刀五百柄，马兵挂刀五百柄，分配全军使用。① 如前所述，武卫军不是新创建的军队，主要是上述各军改编而来的，然后再用招募中军，完成建军程序。这些军队各有自己的历史渊源和防区，不同的饷源与营制，彼此互不相属。如筹饷方面，毅军有豫饷，甘军有甘饷，武毅军有淮饷，新建陆军则有部拨各省关之饷。武卫军总统荣禄指挥武卫中、前、后、左、右五军，以及武卫先锋左、右两军，虎军，与武卫右军先锋队，官兵共计七万人。② 参战的部队还有直隶总督北洋大臣裕禄指挥的北洋各军（包括直隶淮军、直隶练军、直隶绿营及新募镇远军）计 5 万 5 千人，北京的禁军约计 5 万；各省的勤王军包括江南刘光才忠义五营等共 71 营。

① 袁世凯：光绪二十一年一月三十日给北京《督办军务处》禀《养寿园电稿》，第 273 页。

② ［法］佛甫受加莱、施米侬同撰，刘翰、程瞻洛合译：《庚子中外战记》第四章《纪联军在直隶之证进》中《联军集合兵队情形》。

八国联军方面，共使用兵力约计12万人。各国的兵力如下：德国使用兵力共三军，总计22500人，即殖民地兵队、常备兵队、新增兵队。殖民地兵队4500人，其中炮兵850人；常备兵队11000人，含炮兵一联队——榴弹炮（共4中队）；新增兵队7000人，内有炮兵四中队，重炮兵一大队与一中队。英国使用兵力为先头部队与三旅团。先头部队是义和团事起时登陆1900人，包括香港工程兵一队，步兵四小队，野炮兵四小队，山炮兵一中队，威海卫华兵一支队。6月30日登陆者水兵800人，步炮400人。第一旅团包括步兵四联队，骑兵一联队，工程兵一联队，矿坑兵三中队，印务兵一队，接应军火兵一队，卫生队一队，医院一所；第二旅团含步兵四联队；第三旅团辖步兵两联队，工兵一联队，骑兵一联队，炮兵三中队，骆驼兵一队，矿坑兵一队；总部直辖（属第一旅团）步队三联队，骑兵三联队，炮兵一中队，雷工兵一队，铁路兵一队，炮兵预备车一队，卫生队一队，医院三所，储料或粮饷仓库数所。共计英国军官五百人，士兵五百五十人，印度军官六百人，士兵一万七千人，向导一千三百人，佣兵供差者一万三千五百人，战马九千四百匹，车引大炮十二门，其他大炮十六门。法国使用兵力总计15600人，共两个旅团，其第一旅团包括山炮四中队，野炮兵二中队，炮兵工程队一队，电工兵，看护兵，工艺兵等共计6400人；第二旅团辖轻骑兵一联队——四大队，铁路步兵一联队——三大队，炮兵三中队，工兵两队，猎兵两中队，炮兵、工兵、铁路兵等预备队，及卫生、电技、气球、管车各项兵队，共计9200人。

俄军在京津使用之兵力总计约17000人。主要有步兵八联队二大队官兵12400人、骑兵二联队两中队，官兵1200人、炮兵一队又四中队，接应军火兵一中队，官兵2500人；日军战事之初，派水兵330人与铁路兵三队外，其所派之兵，总归第五师团指挥。辖步兵五联队（第十一、十二、十四、二十一、二十二联队），骑兵第五联队，炮兵第五、第十六联队，工兵，辎重各一大队以及其他技术兵种。美国使用兵力共5600人，包括步兵六大队，炮兵四中队，骑兵二中队，海军陆战队1000人（其中步兵一大队又四中队，北京陷落后始到），意国使用兵力约计2500人，含步兵三大队，海军陆战队一大队，炮兵一中队、工兵辎重各一队，医院一所；奥国仅派海军陆战队一大队，约500人参加战争。从上述参战的清军（主要是武卫军）和八国联军各部的基本状况可以看出：从兵力数量上来看，清军参战兵力数占据绝对优势，八国联军兵力最多时仅有12万余人。而清政府调往华北前线的各种兵勇约计20余万，如果计算华北数十万义和团的力量，总人数应当是数倍于联军。从武器装备上来看，清军参战的主力武卫军已有很大的进步，甲午中日战争失败以后，清政府下决心集全力建设一支新式军队。这支新式军队的武器装备和军事训练也得到了相应的提高。据海关统计经过天津口岸输入的武器仅1898—1899年间就猛增了8倍之多。这表明北洋地区的军队得到极大地扩充，其装备也得到了更新换代。其中武卫军、神机营等大都采用西式先进武器。并配备速射机枪和各式大炮。用现代的话语来说，清军主力武卫军，特别是武卫右军与联军在武器装备方面没有形成时代差。清军又是在本土作战，为什么打不过装备相差无几，人数处于劣势的八国联军。其实最根本原因还是近代化水平的差异。引进先进的武器装备是必要的，但并非装备了先进武器的军队，就都是近代军队。如前所述的清军主力武卫军大部还称不上是近代军队。受当时社会科技、经济、教育的影响，武卫军教育整体理念仍处于农业文明时代的水平。落后于世界先进水平。尽管在作战中，清军中不乏不畏牺牲，英勇作战官兵，比如阵亡在天津八里台的武卫前军首领聂士成。然而，从总体上说，清军拿着现代化的武器，打的却是一种冷兵器时代的战争。欧洲列强已经发展了 200 多年的指挥体制，以及 19 世纪新兴的参谋制度，后勤供应体制，军队医疗保障等等，在这些方面清军基本上还是零。清军未能有效地解决各级军官指挥能力弱，号令不统一，武器不划一，后勤缺乏效率等问题。最严重的是大部旧式军官不会协同使用各兵种，更不能解决久已存在的贪污腐败，徇私舞弊，吃空额和军人饷银过薄等问题。清军内部缺乏陆军内各兵种的协同训练，更缺少必要的陆海军的协同作战的训练，其教训是海军和陆军各自为战，互不配合，严重脱节。甲午中日战争期间，日军在辽东半岛登陆时，海军只顾避战保船不与陆军配合，到日军围攻威海时，海军孤军奋战，陆军援军迟迟未到。八国联军入侵之际，这方面的问题仍然改进不大。外国观察人员对此评论道："中国军队在 1900 年，像在 1894—1895 年时一样，最大的弱点是缺乏够格的军官，军官队伍的重要缺点，是对基本的战略战术缺乏认识。再者，即使个别人具有某些理论知识，他们也缺乏指挥大军，配合使用各兵种的经验，其结果是士卒对他们的领导人极少信仰。"① 战争的失败无情地暴露了清军存在的诸多弊端，以及与西方现代军队的差距。概而言之主要

① 鲍威尔：《中国军事力量的兴起》（1895—1912），中国科学出版社 1979 年版，第 70 页。

有以下几个方面。

第一，新式军队编制与指挥系统残缺不全。近代以来，随着科学技术的发展，战争逐渐向多兵种合成化作战方向发展，在战争中步、炮、马、工、辎重各军种各司其职相互配合。虽然在袁世凯的新建陆军（即武卫右军）和张之洞的自强军当中出现了合成部队的趋势，但整个清军而言还没有形成专业的兵种分工和后方勤务。在军队的指挥系统上，清军也缺乏一个严密的参谋机构。最高指挥机关负责人不懂近代军事学，孤陋寡闻，常常出现信息不灵，情况不明的现象，致使发布不切实际的作战命令。如大沽炮台在6月17日已经失守，清廷却在19日发布了坚守炮台的作战命令。而在战争中，清廷忽而令袁世凯带兵来京，忽而令其原地驻守，忽而又令其派兵赴天津作战，使人无所适从，以致直到战争结束，袁世凯的武卫右军主力也未参战。

其次，缺乏具有现代知识和现代战争素养的合格军官。不可否认在甲午战争之后清政府为训练新式军队倾注了很大的精力，引进了大批新式武器装备，并在基层士兵的训练上取得了一些成就，但在合格的中高级军官的培养和使用上进展甚微。各式军事学堂培养出来的军事人才仍然为数极少，并且无法掌握军队的指挥权，权力仍然牢牢地控制在旧军官及其派系手中，他们基本上以家族、血缘和宗教为纽带，在各种势力间纵横捭阖，这些军队“其朴实勇敢者尚不乏人，然气质半属粗豪，文理亦多暗昧，其于军谋战略，平时既少研究，一旦临戎，往往张皇失措。”即使洋务派的首领李鸿章也存有滥用乡人的宗派陋习。胡思敬在《国闻备乘》中说：“李鸿章待皖人，乡谊最厚，晚年坐镇北洋，凡乡人有求，无不应之。久之，闻风麕集、局所军营，安置殆遍，外省人几无容足之所。”[①] 这些官佐的队伍的主要缺点是对基本的战略战术缺乏知识，即使个别人具有某些理论知识，但也缺乏指挥大军配合使用各种兵种的经验。在战争中，清军整体作战方法保守落后，主要表现在采取分兵把守，单纯防御的消极作战方针，在大沽、天津、北京等各次防御作战中，都被联军正面攻击与侧翼包围而一举攻破，处处表现为被动挨打之态势。正如军事专家鲍威尔所说：“即使在装备很好的时候，中国人一般都宁愿保持守势。他们的侧翼以及后方只要一受威胁，他们总是立刻撤退。”这种缺点率多是由于战斗训练不够和官佐不佳产生的。

其三，清军后勤紊乱，机动性差。清代后期兵勇的整编训练均由各督抚、将领自行办理，中央并无统一的规划，在武器装备上参差不齐，极为混乱。1898 年秋，英国海军少将贝恩福访问视察了清廷军队。他在士兵行列中数到 14 种不同类型的枪，其形式之繁杂，几乎是从连发的温彻斯特枪和毛瑟枪直到前膛装子弹的抬枪。这种庞杂的军械备配在战争中无疑给后勤补给带来极大的困难，是当时清政府后勤补给部门无法达到的。武卫军帮办李秉衡自杀就是一典型事例。李秉衡是清政府高级军官，统率张春发、陈泽霖、万本华、夏辛酉四军，并率拳民 3000 人。部队没有后勤供应，粮弹供应无法解决。“军队数万充塞道途。闻敌辄溃，实未一战。所过村镇则焚掠一空，以致臣军採买无物，人马饥困。”[②] 原计划在河西务御敌，结

① 胡思敬：《国闻备乘》（卷 1）。
② 刘凤翰：《武卫军》，中央研究院近代史研究所专刊，第 701 页。

果联军的炮声一响，李秉衡身边的部队突然跑的没有踪影，除了他自己带领的部队，别的部队根本不听，简帅（李秉衡）兵败，“亲与叩头，兵皆不前，一哄而散。”李秉衡无奈以“上负朝廷，下负斯民，无可逃罪”仰药自杀。

最后，清军的训练水平不高，操练不精。首先，在训练内容上徒具形式，不切实战。一个外国军官看过清军操练后说：“操练的方式，与其是训练一支军队，毋宁说是发展运动员的肌肉。”这样的训练无助于军事素质的增强和实战能力的提高。其次多数清军徒守湘淮成规，间有改习洋操，大抵袭其皮毛，未能得其奥妙，因此无法造就精锐之军。另外清军缺乏协调作战的正式军事演习。上述情况表明，清军距一支合格的近代军队标准还有很大的差距。这些军队虽然大多采用了西方的武器装备，但仍然只是徒具形式。因此失败的命运是无法避免的。

（二）八国联军在津殖民机构撤销的条件

李鸿章去世当日下午，清廷明发上谕，袁世凯署直隶总督兼北洋大臣。翌年 6 月 8 日实授。自此袁世凯从一个高级军事将领跻身于封疆大吏，而且位于诸督之首。不可否认袁世凯成为天子脚下的封疆大吏与武卫右军的存在和发展息息相关。袁世凯是武卫军总统中最幸运的一位。他早期曾在朝鲜十余年，对政治、军事、商务与外交都有较深的阅历，知识颇新。甲午中日战争之后奉命在天津小站练新编建陆军。袁未受过正规的军事教育，但他十分重视军事学的研究，尤其是十分重视学习西方近代军事学。他延聘了国内外近代军事人才充当新军的骨干，他专注练兵，不辞辛苦，每天清晨 5 点起工作，一直到晚上 9 点钟才休息，期间只有短暂的用餐和休息时间。作为军队的指挥者和管理者，不论是军官的选拔、任用，还是军令、军政等政策的制定都尽心竭力。他在小站不仅编练了一支为国内外瞩目的新式陆军，而且还编著中国近代军事学教材。八国联军战争发生，清廷原准备调他统军从山东到天津参战，他亦欣然前往，并到德州，以期有所表现。后因政治原因，慈禧告诉荣禄不要袁世凯北上，于是便有荣禄要他注意山东防务，留在山东的电报。袁世凯在“东南自保”的过程中，非常受刘坤一与张之洞的重视与尊敬。清廷为加强新军的编练，又将江南自强军归袁世凯兼统。袁世凯虽恳辞兼统，朱批：“仍著认真训练、毋庸固辞。”这样在八国联军之役中，清廷的精锐之师武卫军其他四支军队受到重创或毁灭性的打击，聂士成在保卫天津的战斗中阵亡，董福祥率领武卫后军随扈西行，后被遣戍；宋庆的左军受到沉重打击，七零八落；荣禄亲自率领的中军也大半溃散，其成军最晚，撤销最早，前后仅有一年两个月的时光。只有武卫右军完整无损，而且还有发展。这样号称八督之首的直隶总督便非袁莫属了。当时八国联军仍占据着天津，便将总督衙门设于保定，并于保定设善后局。① 天津为京师门户，关系着清政府的安危。清政府急切催办接收天津事宜。“在津各国都统，贪津税务，不无留恋”。② 因此《辛丑条约》签订后，八国联军在津的统治机构未有撤销的打算。袁任直督后于 12 月 9 日，两次致函各国公使，要求归还天津。他任命唐绍仪为天津海关道。办理接收天津城区，收回秦皇岛

① 保定市人民政府地方办公室：《地名资料汇编》，1984 年版，第 10 页。

② 《清光绪朝中日交涉史料》（卷 65），北京故宫博物馆文献馆，1932 年，16 页。

口岸管理权等事务。1902年1月19日，电告负责对俄谈判的全权特使杨儒："收回天津一事，迭经在京与各公使面商，佥称甚愿交还惟至今尚未定期。""请就近切商各外部。"[①] 1902年2月初，袁世凯亲自写信，通过唐绍仪交给天津临时政府委员会，询问政权移交事宜，遭到拒绝。[②] 2月25日都统衙门就天津归还问题举行特别会议，会上就交还问题提出了许多苛刻条件，甚至提出都统衙门撤销后，由联军组成军事委员会参与直隶总督衙署工作。3月5日，联军司令官在北京举行会议，同意交还天津，但提出中国军队不得在20公里以内驻扎或前进等28个条件。4月3日，天津临时政府召开特别会议，专门讨论政权移交问题。会议提出将天津归还清政府的条件，其中包括承认临时政府各项决议权威等等必须接受的条件和建议清政府采纳但不坚持必须接受的提议。4月12日，联军司令官会议根据临时政府的建议，通过了有关交还天津行政权力的通牒。除了临时政府特别会议提出的必需条件外，又提出天津城区中国警察不得超过2500人，城区周围20公里内不得驻扎中国军队，外国军队在天津驻地30公里内操练、射击和野外演习，不用照会中国政府等。[③] 显然这些条件十分苛刻，清政府无法接受。此时联军内部不断发生矛盾分歧以及清政府官员的力争，随之，各国列强做出妥协。他们照会清廷外务部，声称拆毁炮台由各国驻军承办，经费由都统衙门财政筹拨。清驻

① 中国社会科学院近代史资料编辑组：《杨儒庚幸存稿》，中国社会科学出版社1980年版，第203页。

② 倪瑞英等：《八国联军占领实录——天津临时政府会议记录》，天津社科出版社2000年版，第566页。

③ （日）《日本外交文书》（2）（第35卷），事项15，313附件。

军范围也缩小到天津周围20华里，直隶总督有权在天津城内驻亲兵一队，人数不超过300名。清政府最终接受了这些条件，天津政权的移交达成了协议。

8月4日，临时政府成员与即将接管天津政权的地方官员会面。参加会见的包括天津海关道台、盐运使、天津知府，天津道台、天津知县和新任天津巡警局总办。临时政府委员会向中方官员面呈了有关政府移交的意见书。双方协商了政权移交的程序。8月12日，清政府派驻的巡警开始进驻天津。

（三）清末新政的实施及其武举的废除

［清廷下诏变法实行新政］1901年1月29日，慈禧太后用光绪皇帝的名义颁布上谕，表示要更法令、破锢习、求振作、议更张，实施新政。上谕道："世有万古不易之常经，无一成不变之法治。盖不易者三纲五常，昭然如日月之照世；而可变者令甲令乙，不妨如琴瑟之改弦。总之，法令不更，锢习不破；欲求振作，当议和。著军机大臣、大学士、六部九卿、出使各国大臣、各省督抚，各就现在情形，参酌中西政要，举凡朝章国故，吏治民生，学校科举，军政财政当因、当革、当省、当并，或取诸人，或求诸己，如何而因势始兴，如何而人才始出，如何而度支始裕，如何而武备始修，各举所知，各抒所见，通限两个月，详悉条议以闻，再由朕上禀慈谟，斟酌尽善，切实施行。"上谕发布后，社会各界反映强烈，其中尤其以两江总督刘坤一，湖广总督张之洞二人联衔上奏的最为完备，史称《江楚会奏变法三折》。该折由刘坤一领衔，张之洞主稿，立宪派张謇、沈曾植、汤寿潜等参与策划，洋洋三万余言，由《变通政治人才为先遵旨筹议折》、《遵旨筹议变法拟

整顿中法十二条折》、《遵旨筹议变法拟采用西法十一条折》、《请筹巨款举行要政片》即三折一片组成。系统地提出了兴学校、练新军、奖励工商实业和裁减冗员等改革措施，成为清政府实施新政的蓝图。

光绪二十七年四月，清廷又下令成立了以庆亲王奕䜣为首的督办政务处，作为筹划推行新政的专门机构，任命李鸿章、荣禄、昆冈、王文韶、鹿传霖为督办政务大臣，刘坤一、张之洞（后又增加袁世凯）为参与政务大臣，总揽一切新政事宜。

［**武举制度的废除**］武科举废除作为清末新政一项重要内容。武举制度，这种以弓、矢、刀、矛等冷兵器作为考核选举各级军事人才的方式和制度，自唐朝中期创始以后，沿袭了一千多年。武则天长安二年（公元702年）诏“天下诸州宣教武艺，并确定在兵部主持下，每年为天下武士举行一次考试，考试合格者授予武职。”① 一般认为这就是我国科举制度中武举或武科的正式出台。

唐代武举偏重于技勇，重点是马上枪法，而整个制度尚不完备，只能说是武举的创制时期。宋代开始武举被纳入整个科举体系之中，确立了三组考试的程序，外场考武艺和内场考策论兵书的考试办法，武举制度臻于规范。元代武举废止不行。武举的兴盛是明清两代，特别是清代。清代的武会试自顺治三年（丙戌戍）开科到光绪二十四年（戊戌）截止，一共进行了112次，也就是说一共产生了112名武状元，还各有112名榜眼和探花，总计武科前三名（鼎甲）是336名。这112名武

① ［宋］欧阳修：《新唐书》（卷45），《选举志》。

状元的姓名都有记载，但目前能确定其籍贯的只有92人，其中21人还有待于考求。这92名武状元，直隶省出的最多，共32名。其次是山东有13名。这个统计尽管不太完备，但粗略可以反映各省武举的基本状况。所谓基本状况，可以从两个方面认识，一是尚武风气，二是文教水平。直隶武状元最多，武榜眼、武探花也比别的省多，这与直隶武风素盛分不开，正因为直隶武风基础好，所以清廷对直隶特别重视，乡试名额总比其他省给得多。相对而言清朝文科会试也是112科，状元112名，其中江苏49名，其次是浙江有20名，而直隶仅有4名。由此可以看出，清代文武选举形成北武南文的基本格局。鸦片战争以后，在频繁的对外战争中，早已暴露出武举人才不能适应近代的战争，除了长矛大刀与近代科技装备起来的坚船利炮之间的差距外，更重要的还是基本军事素质和军事思想的差距。最早明确提出改革武举制度是张佩伦。1885年3月5日张佩伦上奏清廷，建议将弓、矢、刀、石、矛等旧武艺的考试武官的方法改为测试洋枪。他说："窃聚中国之武进士举人生员，以与西洋之兵敌，孰胜孰败，夫人而知之矣。聚中国之劈山炮抬枪鸟枪，以与西洋之后膛枪炮敌，孰利孰纯，夫人而知之矣。"① 然而，这一建议由于清统治者并未重视。直到中日甲午战后，在民族危机空前严重的局势下资产阶级改良派又重新提出改革武举制度问题。

1898年春，兵部尚书荣禄等相继上奏清廷提出"请设武备特科，参酌中外兵制，造就人才"② 的建议。他们又认为中

---

① 张佩伦：《涧于集·奏议》（卷3），1918年刊，第63—64页。

② 沈桐生辑：《光绪政要》（卷24），文海出版社1969年版，第7页。

国风气未开，又不能完全废除科举考试，只能仿照经济特科的形式，设置“武备特科”，以格致等科学技术和洋枪洋炮作为考试科目，而旧制之武乡试、会试，姑仍其旧，只需将每届武乡试会试和童子试的录取名额分拨一半给武备特科即可，待武备特科的考试行之有效，发展成熟时，再彻底废除旧试武科考试。应当说这种渐进改革的意见是切实可行的，但由于各种势力的牵制，荣禄等人的意见未被采纳。八国联军之役之后，慈禧挟光绪逃往西安，在内外交困的形势下被迫实行新政，同年四月成立了督办政务处，作为统率新政的中枢机构。此时刘坤一和张之洞随即连续三次联名上奏清廷，提出了一系列革新的主张，其中关于武科制度提出将“武科小考、乡、会试等场一切停罢，认为诚自强讲武之大关键也。”①

光绪二十七年七月十六日（1901 年 8 月 29 日）清廷发布废除武科考试的上谕，谕旨说：“武科一途本因前明旧制，相沿既久，流弊滋多。而所习硬弓、刀石及马步射，皆与兵事无涉，施之今日，毫无所用，自应设法变通，力求实用。嗣后武生童考试及武科乡、会试，着即一律永远停止。所有武举人、进士，均令投标学习。其精壮之幼生及向所学之童生，均准其应试入伍，俟各省设立武备学堂后，再行酌定挑选考试章程，以广造就。”② 武科举制度的废除是历史的进步，它为新式军事学堂的勃兴清除了障碍，开辟了广阔道路。

（四）直隶军政司的创立及袁世凯实掌中央练兵处

［北洋创设直隶军政司］ 光绪二十七年九月，李鸿章病

① 沈桐生辑：《光绪政要》（卷 27），第 26 页。

② 沈桐生辑：《光绪政要》（卷 27），第 60—61 页。

故，袁世凯继任直隶总督北洋大臣，率领武卫右军与江南自强军进驻直隶，会同原有驻军，围剿直隶义和团，接收联军撤退防务，使直隶与京畿平定下来，迎接西太后、皇上回宫。此时，驻防直隶的还有武卫前军，该军在统帅聂士成阵亡后，分为两部分，直东的冯义和部在光绪二十六年底被郭学海接管，改编为直隶淮军。[①] 随马玉崑转移的马金叙部，于光绪二十九年七月，自山西调回直隶，改编为直隶淮军先锋队，交张勋统带。[②] 武卫左军在与八国联军作战中伤亡惨重，从北京突围时，也是一支溃军，后很快恢复，并得到扩充。又于光绪二十七年四月，再立毅军，宋庆从武卫左军中拨出部队七营，马队一营一哨，炮队一营，成立新毅军，由宋庆任总统，分交总兵程允和、郭殿邦统带。[③] 光绪二十八年一月四日，四川提督、帮办北洋军务宋庆病逝，毅军交姜桂题兼统，仍著郭殿邦分统；姜统八营驻京畿，郭统四营在河南。就直隶一省言之，有绿营、有练军、有淮军、有新军、名目众多，规制淆杂，零星分布，风气自为。[④] 上述军队存在着种种积弊，并在八国联军战争中得到充分的暴露。首先表现在营制不一，操法不齐，器械参差，号令歧异。其次军事素质差。除武卫右军外，其余各部多是旧军，“为将者不习谋略，为兵者半属惰游，平时而心志不相孚，临阵而臂指不相使，聚同乌合，散如瓦解。”袁世

---

① 汪声玲：《枕戈偶录》，《冯军始末》，第138—140页。

② 《大清德宗景（光绪）皇朝实录》（卷519），第16页。

③ 《谕折汇存》，光绪二十八年二月十一日，直隶提督武卫左军总统马玉昆奏《酌改武卫左军名册折》。

④ 天津图书馆、天津社科院历史研究所编：《袁世凯奏议》（中），（卷16），天津古籍出版社1987年版，第536页。

凯认为要改变这种状况，振兴武备，训练强兵，必须进行制度上的创新和方法上的改良，必须学习西方先进的军制。他说："考泰西以武立国，治兵綦精，凡一国一省一军，皆有军政总汇之处，如振裘者之挈其领，布网者提其纲。举一切军中应有之义，应知之理，应办之事，应用之物，莫不经营筹度，兼综靡遗，依类以求。分股而理，各有职掌，各专责成。平时而规划秩然，有事则因应不爽。其制甚善，其法至良。"① 应当说袁世凯对清军的诸多弊端认识是深刻的，他对西方近代军事学的了解是深入的。正因为如此，袁世凯在清廷实授他直隶总督兼北洋大臣十二天后，便大展宏图，光绪二十八年五月十六日（1902 年 6 月 21 日），一天奏四折，即《北洋创练常备军厘定营制饷章折》、《直隶创设军政司拟定试办章程折》、《建设北洋行营将弁学堂拟定试办章程折》、《筹办直隶省城学堂折》。为直隶创设军政司，以综营务而饬武备便是第二折，五天后获准设立。奏折中说："今诚欲求治军入手之方，莫如酌仿各国通行办法先设军务总汇之所，以立其体而握其枢。"于是袁世凯在直隶省垣创设军政司，由他兼任督办，设参议官一、二员以资赞佐，专掌施行军政，更定兵制，策划战守，训练、教育各事宜随时由司核定章程，颁行所属一体遵守，阖省在营文武员弁悉归督办统辖。下设三处，即陆军兵备处以刘永庆为总办；陆军参谋处，以段祺瑞为总办；陆军教练处，以冯国璋为总办。其中以陆军兵备处为各处首领。

陆军兵备处设总办一员，帮办一员，秉承军政司会商兵备

---

① 天津图书馆、天津社科院历史研究所编：《袁世凯奏议》（中），（卷16），天津古籍出版社 1987 年版，第 536—537 页。

处办理策划、战守事务。下辖谋略、调派、测绘等股，谋略股设提调一员，委员4员。其经理稽查事项有：查沿边沿海守御之宜及兵力应增应减、设防、计划等事；主持战守方略及筹议进退缓急之宜；预查征战时地势险夷高下，筹定驻兵、运粮，凡一切利害得失等事；选派参谋、委员，访查各国军事详细情形；辑译古今兵事及欧美各国近百年以来战史。调派股设提调一员，委员二员。其经理稽查各事有：考察平时、战时军务情形，随时斟酌改编营制等等；草创更革各项战事章程；遴派学生校徒，课习参谋各事，以备他日参谋之选筹办行军铁路，轮船转运及电线等事；调遣营伍区划各营分守汛地等事；预筹布置征战时一切事项。测绘股设提调一员，委员二员，其经理稽查各事有测量山川险易，道路远近等事；绘画本国及各国山川、道里、都邑、要塞各图刷印本军需用图册等事，遴派学生校徒，课习算数测绘之学，以备他日测绘之选。

陆军教练处设总办一员，帮办一员，秉承军政司、会商兵备处，办理训练、教育事务。下辖学务、校兵两股。学务股设提调一员，委员二员，其经理稽查事项有：考察陆军各学堂学业，技艺、区分优劣等（参谋学堂不在此列），查核学堂营队各项教育章程，编改各种训练准则，教导规矩等书，访查各国陆军教育训练章程。校兵股设提调一员、委员四员，其经理稽查各事有：检阅步、马、炮、工各营操练是否纯熟军容是否整肃，并出师准备是否齐全等事；考察将领以下，战术、兵略、技术、才能等事；简阅各营内军械、弹药，各项器具等事；查验行军所需账房、器具、糇粮、炊具等事。

直隶军政司是按照国外近代军制设立的军务总汇之所。它对于新军的编练、陆军学堂的建设具有重要作用。这个机构不仅是1903年中央成立练兵处的蓝本，也是1904年各省设立的督练公所的楷模。

［**袁世凯实掌中央练兵处**］晚清的军政属于兵部，但其指挥权（军令）则由皇帝通过军机处下达到各统兵大员。然而同光之际，真正握此军令实权者为慈禧太后。兵部为隋唐旧制，相沿至清，设尚书满汉各一人，左右侍郎满汉各一人，此即兵部六堂官。兵部完全是平时管理八旗绿营的正常国家机构，且各级职员由文官充任，缺乏近代军事指挥参谋作业之功能，故不能指挥大部队抗击外敌，更无训练新军的机能与职责。光绪二十九年十月十三日（1903年12月1日）清廷为统一全国新军的编练，并随时督导考查，诏命特设练兵处成为全国练兵总部，派庆亲王奕劻总理练兵事务，袁世凯近在北洋，掌握武卫右军劲旅且有练兵经验，充会办练兵大臣，铁良襄同办理。[①] 同年十一月六日（12月24日）定练兵处分设司科管理章程并将编练新军一项自兵部分出，且人事、经济（财务）、训练、指挥完全独立。谨备册咨送兵部存查。练兵处总理、会办、襄办三大臣，统辖三司督练新军。此时练兵处总理庆亲王奕劻为领班军机大臣，又为外务部总理大臣，政务繁重，无暇多管练兵处事务。铁良为襄办大臣，较袁世凯会办大臣差一级，且为袁世凯所提拔，自己又无干部，中央练兵处的下属几乎全是袁世凯的亲信。练兵处设提调一员，掌管庶务、经理文牍。下设军政、军令、军学三司、三司下辖十科。袁世凯身为直隶总督北洋大臣不能驻练兵处总部北京，便引荐他的亲信徐世昌为练兵处提调，刘永庆为军政司正使，袁嘉谷为副

---

① 《大清德宗景（光绪）皇帝实录》（卷522），第10页。

使，段祺瑞为军令使正使，冯国璋为副使，王士珍为军学司正使，陆建章为副使，并向西太后奏保他们："各员随同臣当差有年，知之最悉，均属切实可靠。"① 练兵处成立不久，奕劻以自己年迈多病奏请太后责成袁、铁悉心经营，而已但总其成。② 这样练兵处便为袁世凯所掌握，一切要务均由其小站班底请示他裁决。

练兵处的设立，使清廷中央军政军令原有的系统有了突破性的改变，它集军政、军令、军学为一体，已初步具有近代军事指挥参谋作战之功能。练兵处以北洋常备军营制饷章为蓝本拟定了新军营制饷章，以及陆军学堂章程等各项规章制度，命令各省照章办理。练兵处是清末主管全国新军编练和教育的最高行政机构。同时袁世凯利用中央练兵处的职权，汲取全国的财力，扩充北洋军饷，加强北洋军事学堂和常备军建设。特别是练兵处的军学司，实际上是主管全国新军教育管理的行政机构。练兵处的设立，为统一清末新军编练和军事学堂的体制创造了条件。它虽然只存在了三年时间，其作用和意义是不能低估的。它是中国第一个具有近代意义的全国军事领导机构，是中国军事领导机构的改革和进步。它统一了全国新军的营制饷章，以及各类陆军学堂的章制，拟定了派遣陆军留学办法，制定了新军军官制和军衔制度，组织了规模空前巨大的新军河间、彰德会操。

（五）科举的废止与尚武思潮的兴起

[**科举制的废止**] 如前所述科举制度中的武科选举制度业

---

① 袁世凯：《保举练兵处司员折》（光绪二十九年十一月），故宫档案。
② 《大公报》1904 年 1 月 9 日。

已明令废除，它为新式军事学堂的发展开辟了道路，而文官的科举的制度虽有局部改进，但仍在延续。无疑这是新式学堂发展的最大阻力。正如直隶总督兼北洋大臣袁世凯所说："科举一日不停，士人皆有侥幸得第之心以分其砥砺实修之志，学堂决无大举之望。"在内外各种因素的促使下，1905 年 9 月 2 日，清廷发布上谕："自丙午科始，所有乡会试一律停止，各省岁科考试，亦即停止。"① 自此沿袭了 1300 年的科举制便匆匆退出了历史舞台。科举制度的废止，对中国近代军事改革所产生的推动作用，最直接地表现为它促使一大批近代型的知识分子走进了军营和军校，从而为军队建设带来了新的巨大的活力，更进而使中国有可能建立一支真正近代意义上的新式军队。

科举的废止，断绝了中国一千多年中国读书人的最重要的进身之路。一时间数十万没有进入仕途的秀才、举人全部从科举之车上摔落下来，还有数量更大的准备参加科举考试的童生队伍，被宣布与科举功名根本无缘（后曾进行三次优贡和一次拔贡考试，所以有部分例外）。对于世世代代习惯于读书应考，读书做官的人生模式巨大冲击。投笔从戎，就成为摆在他们眼前的一条非常现实的新的进身之路。1905 年前后，新式学堂的兴起和新军编练的开始，需要大批的知识青年，而新军军官的薪俸收入又颇为可观，其经济地位明显高于绿营军官，即使与同期的文官相比也已不存在很大差距。正是在这种背景下，20 世纪初年，在中国社会掀起了秀才从军热，大批有文化的青年涌入新军。据有关统计，19 世纪末和 20 世纪初的头

① 朱寿明编：《光绪朝东华录》（四），中华书局 1958 年版，第 5392 页。

几年里，虽然有士子投军入营，但为数尚少。直至1905年科举制废除后，才出现了文人相率从军的热潮。是年湖北新军在黄陂招兵96名，其中廪生12名，秀才24名。① 士子从军之风在湖北颇盛，“文人志愿当兵者几每营占其半数。”② 在北洋新军中“深州举人孟清溪及晋州拔贡赵鸣歧，禀请北洋大臣自愿从军入伍，此为北洋军队开风气之始。”③ 保定军官学堂第二期学生何遂回忆他在陆军第9镇33标3营左队当排长时，他的连队人员构成状况。他说“全连126个士兵，其中一个举人，六个秀才，二十七个学生。”④ 这足以说明科举制度的废止对军事近代化所产生的巨大推动作用

［**近代中国尚武思潮的兴起**］近代中国的内忧外患是清末尚武思潮产生的主要因素。始于19世纪中叶的近代中国在资本帝国主义和本国封建势力的压迫之下，陷入苦难和极度屈辱的深渊中。在中国近代史的前六十年中，清政府领导了五次大规模的反抗外国资本帝国主义的战争，这些战争的结局却是相同的，都是以中国失败和签订丧权辱国不平等条约而告终。在19世纪末20世纪初，各资本帝国主义国家又掀起瓜分中国的狂潮。养兵近百万，竟不堪一击。“每战辄败，推原其故，武风堕落者半，军器迂拙者半。”症结所在是兵魂出了问题。最先提兵魂问题的是梁启超，他在其《中国魂安在乎》一文中，借鉴日本改革成功经验，总结中国军队失败的教训，提出应重

---

① 《辛亥首义回忆录》（一），湖北人民出版社1957年版，第3页。

② 吴绍奎：《逊清湖北陆军第八镇革命回想录》，见岳权政、杜青和：《辛亥革命史料选辑》（上册），湖北人民出版社1981年版，第374页。

③ 傅尚文等编：《清末新军编练沿革》，中华书局1978年版，第117页。

④ 《辛亥革命回忆录》（一），中华书局1978年版，第49页。

铸兵魂。他说："今日所最要者，则制造中国魂是也，中国魂者何？兵魂是也。有有魂之兵，斯为有魂之国，夫所谓爱国心与自爱心者，则兵之魂也，而将欲制造之，则不可无其药料，与其机器，人民以国家为已之国家，则制造国魂之药料也，使国家成为人民之国家，则制造国魂之机器也。"① 应当说梁启超的论述是有一定道理的。"今中国积弱，列强眈眈，彼为刀俎，我为鱼肉，若非讲求军政，必不能生存于竞争之中。"②"强权之世，非尚武不足以立国。"③ 因此他们极力弘扬尚武主义，主张全社会都来推崇武力，铸造新的国魂。在他们看来，国家的最大武力就蕴藏在民众的尚武素质中。"民质者，国家之要素，社会之基础，兴亡之根源，强弱之种子。"英、法、德、美何以强？强于民质之尚武也；印度、波兰何以亡？亡于民质之不尚武也。国之有尚武精神，譬之则国魂也。今者中国已矣，其无国魂矣。大声疾呼铸造新的国魂，期盼"魂兮归来，吾祖国之魂兮，盖归乎来！"④ 近代中国尚武思潮发轫于拒俄运动，发起者是中国留学日本的学生。1900 年义和团运动期间，沙俄侵占中国东北。1902 年 4 月，清政府与沙俄订约，规定侵占中国东北的沙俄军队分三批在 18 月内全部撤走。1903 年沙俄出尔反尔、违约不撤反而增兵，并提出了 7 项无理要求，激起了中国人民的强烈愤慨。留日学生得悉后首先起来进行抗争。钮永健等人倡议发起拒俄义勇队，揭开尚武运动的序幕。义勇队的成立在全国各地引起了强烈的震撼，纷纷起

---

① 梁启超:《中国魂安在乎》,《清议报》(第 33 册), 1899 年 12 月 23 日。
② 陈凤翔:《军制学》"弁言" 清道光末年铅印本。
③ 《中国军人教育之现象》,《东方杂志》(第 1 卷), 1904 年版, 第 10 期。
④ 《论尚武主义》,《东方杂志》(第 2 卷), 1905 年版, 第 5 期。

来响应。4 月 27 日，上海各界人士在张园召开拒俄大会，北京、武昌等地学生也纷纷集会抗议，进行罢课示威。尚武主义思潮在它的发展过程中提出要实行军国民，就是："当今之世，各国合群力以谋我，我不可不以群力拒之，是非铁与血不足以救亡也。我国民当速行组织国民军，无人不尚武，无人不当兵。男子有男子军，女子有妇女军，商有商团，农有农团，工有工团，渔有渔团。午前各就职业，午后强迫教育，日落以后，习演夜操、打靶。逢星期、扶老携幼，齐集郊外旷地，听讲爱国爱种文明抵制之大义，合唱兴师同仇之歌，以造就全国皆兵之资格。必若此方可以救亡也。""如此全国皆兵，家自为斗，人自为战，方可以救亡也。"① 应当说尚武思潮的兴起对于军事学堂的开办和军制改革的进行是有积极的意义的。但是科学不发展，政治不民主，这种尚武也是徒劳的。

二、保定陆军学堂的兴起

（一）北洋行营将弁学堂之设立

［**各省将弁学堂的成立**］将弁学堂为专教育曾历戎行、粗识文字，有志上进的将弁而设，与武备学堂本旨招收髫年子弟入学，循序上进，以储陆军将领人才者不同。这可以说是一种军中员弁的进修学堂，在当时陆军学堂初创，成材无多，正规学堂缓不济急，此种学堂的设立实为必要的。

将弁学堂的设立，应以光绪二十五年（1899 年）三月，两江总督刘坤一在江宁省城所设的练将学堂为先河。该堂选调各

① 召：《黄金时代之望》，《民吁日报》1909 年 11 月 6 日。

营旗官弁及候补都、守、千、把世职中年力富强，志趣端正的入堂肄习，延用洋员，教以马步、枪炮、工程，辎重，测量学，以四十名为额，学成后酌量委用，以期将才辈出①。其后日本有代我在湖北练兵建议，湖广总督张之洞为应酬日人起见，因仿照江南练将学堂办理，在湖北武备学堂外，另设一专教将弁的学堂，以安置日本教官，称为湖北防营将弁学堂。此堂开办于光绪二十七年（1901年）秋，设在武昌，定额100名，在防营哨官、哨长、什长正勇各项选考入堂肄业，课以新式枪炮台垒及测绘地图西洋战法各项。② 这一种专教将弁的学堂，经过了张之洞的仿办，始为国人注意，于是各省也纷纷的仿办起来。

［**北洋行营将弁学堂之设立**］袁世凯实授直隶总督北洋大臣后，便正式开始了北洋常备军的建设。编练常备军，建设近代新军，最关键的问题是懂得西方军事理论和军事技术的官佐。三军易集一将难求。近代以来，西方各国军队官佐大都由军事院校造就而成。军事学术氛围十分浓厚，各国“相尚以武，相竞以智，兵皆知学，将皆考升”。中国必须走以武备学堂造就军官之路，此时已成了清廷及其督抚的共识。但学堂成效，既非旦夕可期，一般须八九年乃能成材。袁世凯认为“现值时艰方殷，将才消乏，”如果专待正规学堂之培养，“实属缓不济急”。③ 另外各省现有武备学堂学成之员人数少，“不敷分

---

① 据光绪二十五年五月初一日两江总督刘坤一《创办练将学堂弁》见《刘坤一遗集》奏疏卷三十。

② 据光绪二十五年正月二十七日，已刻湖广总督张之洞《致总署》见《张文襄全集》卷二百五十八，电牍三十七。

③ 《袁世凯奏议》（中）（卷16），天津古籍出版社1987年版，第542—543页。

调”，不能适应编练常备军的需要。为了解决这一矛盾，唯有先就原有将弁，遴选擢用。[①] 对遴选的将弁，选择各种切要学术督饬学习，以八个月为毕业之期，学业结束考试优等者，即可酌委军事。由此可以看出，该学堂是对旧有将弁实施西方军事教育内容，达到利用，改造的目的，属于在职培训性质，正如时人张一麐所说：其时淮军宿将多若积薪，弃之无以恤前劳，任之则与新者又格不相入。袁公又建议设将弁学堂。[②] 这在当时需才孔亟的状况下，不失为推进军队近代化的一种方式。

1902 年 8 月，北洋行营弁学堂在保定西关成立。教程以步兵操典为主，教以军制，战法通信、测绘、数理化等学。该学堂隶属于北洋军政司领导由军政司督办，袁世凯委任冯国璋督理该学堂。将弁学堂的总办是雷震春。学堂主要招募旧军中的将官和侍卫等入堂肄业。根据《北洋将弁学堂章程》，员额暂设 120 名，内有将官 20 名，哨官长 40 名，弁员 60 名。将领学员由军政司教练处遴选，由军政司酌派。哨官弁目学员，由教练处酌定数额，移知各营将领，就所部弁目遴选，或由教练处就离营弁目另选。应选之员以才识明敏，粗知文义，年富力强，并无嗜好，及曾经带兵者为合格。对遴选的将弁，选择各种切要学术督饬学习，以八个月为卒业之期。将弁学堂设总办、提调、总教习各 1 人、教习帮教习各 6 人，司账 1 人、书识弁目 8 人，全堂专职人员共 24 人。总办雷震春，安徽合肥人。1880 年入庆军，后入天津武备学堂，毕业后派赴朝鲜军

---

① 《袁世凯奏议》（中）（卷 16），天津古籍出版社 1987 年版，第 542—543 页。

② 张一麐：《故代理大总统冯事状》，《近代稗海》（第五辑），第 601 页。

中充作教习。1895 年入新建陆军，历任工程营队官。提调张鸿绪（1880—1929）字绍先，直隶天津人，天津武备学堂毕业。学堂聘任日人多贺宗之（又名贺忠良，日本步兵少佐）为总教习，副总教习井上一雄（工兵大尉），教习傅在田，翻译官岩田义辉等。贺忠良对西方军事理论很有造诣，他除担任北洋将弁学堂总教习外，还任北洋武备杂志的总编纂，该杂志是保定武备学堂北洋武备研究所创办的一个专门讨论研究军事的月刊。综上所述学堂师资以日本教习为主，故师资水平较高。

北洋行营将弁学堂自 1902 年 8 月开办至 1905 年停止招生，历经三年，共办三期，毕业学生 545 人。头班学员计 120 人，内有将领 20 名，哨官长 40 名，弁目 60 名，由直隶军政司考验，择其优秀者，立即擢用。至第二班开始实行新的章程，根据新章，各将弁、兵目毕业后，由北洋军政司按其分数，相其才质，发给堪胜统带，营官、哨官、弁目执照。二、三班学员获取军官执照的有：热河佐领麟章获统带执照，直隶参将陈长青、直隶游击顾鸿思、陈福有、山东武备吴长安、曹元勋、李冠英、马仁辅，山东千总张治华、山东守备王立仁、山东把总田养颐、山东都司张锡臣、山西守备杜联瑞、山西千总孟锡祚、山西县丞王毓秀、山西把总李逢春等 18 人获营官执照。还有直隶、山东、山西、热河等地学员获帮带执照，38 人获哨官执照。由此可见，将弁学堂为北洋常备军的编练培养了大批中下级军官，使新军编练无乏才之患。

北洋将弁学堂开办不久，清廷又诏令河南、山东、山西等省选派将弁入堂学习，共毕业弁目 374 员。发回各省，由该省督抚，根据执照委令适当军职训练新兵。

北洋将弁学堂通过严格的训练和教育，使旧日“宿将除痼蔽之习”，初步掌握了近代军事理论和军事技术。虽然他不如正规武备学堂学员“学博诣精，根抵深厚”。但它适应了全国编练新军，进行军制改革的需要，教学内容切要适用。其功效所著，较之寻常武备学堂，殆有过之。① 尤其应当指出的是北洋将弁学堂对于统一全国军制、操法起了促进作用。清政府为使全国军制，期归一律，令全国各省督抚积极推广北洋袁世凯、南洋张之洞编练新军的经验，北洋、南洋经过讨论咨商、参照中外操法，制定中国操典，并根据清廷诏令训练山东、山西、河南等省将弁，这对于统一全国军制是有积极作用的。其中不少学员成为民国时期的军政要员，比如官至少将的万舞（字熙春，江西临川人），王莩（字醉卿，浙江临海）、王夔（字子和，湖北姊归）、冯华堂（字云亭，陕西扶风）、吴近义（字信芳，安徽合肥）、杨春晋（字宜斋，天津）。官至中将以上的李廷玉（字实忱，天津）、张文（字献延，广东梅县）、张克强（字瑜珊，安徽寿县）；施从云（字燮卿，安徽桐城）曾参加发动滦州起义，被推举为中华国民政府北方军总司令，起义失败后被杀害，国民政府追赠上将衔。②

（二）北洋陆军速成武备学堂

［北洋陆军速成学堂的筹建］ 编练北洋常备军、建设近代化的军队需要大批有近代军事知识的各级军官，按照新军制，每军需各兵科有近代军事素质的官佐844名，旧有将弁无法适

① 天津图书馆、天津社科院历史研究所编：《袁世凯奏议》（下），（卷36），天津古籍出版社1987年版，第1221页。

② 姚忠耿主编：《民国名人与保定》，团结出版社2012年1月版。

应常备军建设的需要。为此，袁世凯于 1903 年 3 月作了一个创办新式军事学堂的计划上奏清政府。奏章中说：“惟是各国兵学，考求至精，学堂有等次高下之不同，学业有课程浅深之互异，必须层次递进，未容陵躐而施。”① 今酌采东西邦制，分为三等：曰陆军小学堂，曰陆军中学堂，曰陆军大学堂。次第设立，循序递进综以十二年毕业。② 但他认为当时中国“风气初开，根底尚浅，中学、大学的规模虽不可不备，而阶级断难以骤跻，只可以从缓建立。为今之计，唯有赶紧兴办小学，以为造端之基。”面对常备军建设急需各兵科新式人才，袁世凯拟别设速成学堂一区，以为救时之用。③ 与武备小学堂同时并建，第一年招取新生 200 名，嗣后每年添招 100 名。教法务择精要，程限力求简速。限定二年毕业，然后分布军营，派充官长，或遣赴学堂，充当教习。袁世凯这一计划被获准后便开始了正规军事学堂和速成学堂的建设。

1903 年 3 月底，袁世凯便开始了速成武备学堂的建设。学堂选在保定东关原关帝庙旧址。关帝庙原有大小殿宇百余间，早年庙会期间香火缭绕。1895 年以后，曾改为兵营并在附近修建了一批房舍。1900 年八国联军占领保定。将关帝庙兵营焚毁。袁世凯任直隶总督后，以庙址为基础又征购大片土地，作为学堂校址。由军政司遴员绘图，以日本士官学校为蓝

① 天津图书馆、天津社科院历史研究所编：《袁世凯奏议》（中），卷 23，天津古籍出版社第 750 页。

② 天津图书馆、天津社科院历史研究所编：《袁世凯奏议》（中），卷 23，天津古籍出版社，第 751 页。

③ 天津图书馆、天津社科院历史研究所编：《袁世凯奏议》（中），卷 23，天津古籍出版社，第 750 页。

本，天津武备学堂为参考，建造校舍，经营年余，一律竣工。共造大小房屋五百七十三间，综其合“工料银二十二万三百四两有奇”。[①] 这座军事学堂，为传统的砖木建筑结构，军校坐北朝南，门楼高大面阔三间，气势雄伟。位于中轴线上的尚武堂，垂檐正背，古朴端庄，气势恢弘。厅门两侧书有楹联；尚父阴符，武侯韬略，简练揣摩传一派；报国有志，束发从戎，莘莘学子法千秋。

［**学堂招生、教学与师资状况**］速成武备学堂学生年龄要求十八至二十五岁，须相貌魁梧，身体强壮，文理通顺，方为合格。其家无兄弟，素行不修，及习染嗜好者，概不收录。无论土著客藉、文武生童，世家子弟，悉准投考。录取以“土著六成、客藉四成为率”。[②] 招考新生校方于前两月出示公告，详载某日报名、某日考验身体，某日考试文义，应考诸生，无论远近，必须先期报到，逾期概不收考。其报名时须先由学生父兄家属族邻出具甘结、保状，呈请存案。光绪二十九年（1903 年）八月学堂开始第一届招生。自光绪三十年十二月，北洋速成武备学堂开始招收自费生。“每月自备伙食费银三两，共备两年方可应试。”[③] 考试文理并检验身体，优秀者方可录用。

武备学堂的课程大体可分为内堂和外场两大门类。速成学堂第一年授内堂各简明切要的基础理论和知识、如经史、文法、地理、算学、医学、物理、测绘、兵学、操法等项。第二

---

① 天津图书馆、天津社科历史研究所编：《袁世凯奏议》（下）（卷32），天津古籍出版社 1987 年版，第 1104 页。

② 同上，《袁世凯奏议》（中），卷 23，第 752 页。

③ 《大公报》，1905 年 1 月 20 日。

年授外场操法、如步、马、炮、工辎各专门。凡专门之学，令学生各认一门，以便精求深造。

学堂设置总办、提调、总教习、分教习、学长、医官、文案、支应委员等机构。北洋速成武备学堂师资除总办、提调、总教习外，一般是根据教学的需要而延聘的。各年教学内容的不同，因此所聘的教习人数不等。学堂总办为郑汝成（1862—1915）字子进，号子敬，直隶静海人（今属天津）1881年入天津水师学生驾驶班学习。毕业后入威远舰实习。1886年3月，作为清政府选派的第三批海军留学生赴英国深造，入格林尼治皇家海军学院学习大炮。毕业后，奉命派往英国地中海舰队额格士塞兰德号军舰实习，在英期间，主修枪炮及铁甲舰，考试“屡列高等”。1889年留学期满回国。1891年任威海水师学堂提调，旋改任总教习。1895年初刘公岛被日舰攻陷，威海水师学堂解散，奉命调入天津水师学堂任正教习。三年后，投袁世凯的新建陆军。1902年直隶军政司在保定成立，郑任教练处帮办（总办为冯国璋），1903年10月任北洋陆军速成武备学堂总办，主持校务及第一期、第二期学生招生事宜。

学堂提调为张鸿绪（1880—1928），字绍先，直隶天津人，天津武备学堂毕业，分发北洋第三镇服务，历任该镇随营学堂教练官，北洋将弁学堂教习。延聘的日本教习有近藤义策（辎重大尉）、黑川教藏（骑兵大尉）、木堂直技（炮兵大尉）、郡司厚，史藤虎男（翻译官）。1905年8月，北洋将弁学堂停办后，原该学堂日本总教习多贺宗之（步兵少佐），副总教习井上一雄（工兵大尉）、傅在田、岩田义辉（炮兵大尉）等相继转入速成武备学堂任教。除上述人员外，在该学堂任职的还有吴纫礼、何绍贤等 24 人。

从师资来看，学堂延聘了不少日本教习作为教学的骨干，特别是原将弁学堂总教习多贺宗之，副总教习井上一雄等相继转入该学堂，使教习队伍空前壮大。总办郑汝成留学英国、熟悉西方资产阶级军事理论。还有齐宝善、刘作霖、姚宝来、赵世泽、苗启昆、张志绅、金绍曾、李兰生、刘槐森、孙定贤等均是天津武备学堂优秀毕业生。监督吴纫礼曾是威海水师学堂佼佼者，后入天津水师学堂学习。中国教习率多是受过西方军事教育或留学日本。如曲同丰、毛继成、廖宇春等。曲同丰，字伟青，山东福山人（1873—1929），曾留学日本成城学校，后入日本士官学校第三期步科。总的来看该校师资质量比较高，这就保证了先进军事教育内容的传授和学员军事素质的提高。另外，从学堂任职的 26 名职员中，直隶 17 人，占 66%，其次安徽籍 3 人，占 12%，其余分布在山东、京兆、江苏等省区这种教职员的分布状况，不可避免地影响到学校招生和学生的分配，特别是冯国璋又是学堂主管单位军政司教连处的总办，直接负责学堂的开办、招生、教学等重大事项，这对于直隶学员在学堂占据优势，并在袁世凯北洋军占据重要地位至关重要。

［**速成学堂的成就及其著名学生**］速成武备学堂共办三期。共培养武备毕业生 1426 人，这些学生大体可分三类：一是常备军建设所需的步、马、炮、工、辎等各科官佐，此项学生约计 891 名，其次是军事外语人才，它包括德语、日语、英语、法语等，约计 412 人。其三是为陆军小学培养师资的师范班，计 102 人。这就为北洋常备军的建设和正规军事教育的开展准备了条件。据学者统计该校毕业生至 1919 年底为止，获

得少将以上军衔者达82人[①]，其中直隶籍54人，占66%，其次是安徽人10，占12%，山东6人占0.7%，剩余者则在全国其他省零星分布。这么多的直隶军人，在北洋军中占据高位，并有大批直隶军人担任中下级官佐，这就不能不使北洋军带有地域特征。从而奠定了北洋军中的直系基因。

［**《武备杂志》的创办**］1903年12月（光绪二十九年）直隶总督兼北洋大臣袁世凯责成直隶军政司教练处在保定设立北洋武备研究所。暂设保定府陆军学堂内。[①]设立北洋武备研究所是编练新军和开办陆军学堂的迫切需要。《武备杂志》是北洋武备研究所创办的一个学术刊物，专门研究军事理论，部队编制，武器装备，部队演练，军事教育等深层次问题，尤其注意日本、德国的军事理论和军事训练情况，直接服务于新军的编练和学堂的开办。主要栏目有：谕牍、论说、学术、叙事、格言、汇录广告、答问等。该刊从1904年4月（光绪甲辰三年）发刊至1906年11月停刊。该刊的总编纂是北洋将弁学的总教习日人贺忠良（又名多贺宗之日本步兵少佐）。贺忠良对西方军事理论很有造诣，1906年出版《战法学教科书》。该书将军事学概括为用兵学、军制学、辅助学三大类。用兵学含战略、技术、战史；军制学含制度编制，经理；辅助学含军器学、筑城学、地形学、测绘学、架桥学、交通学、卫生学、马学、公法学。这种分类方法对军事学的内在关系已有比较科学的认识。该书还论述了战争与政治、战略与战术的关系。指出“战争依政略宗旨而起，战斗为达成战争宗旨而起。盖战争属战略，用兵之谓也；战斗属战术，交战之谓也。”[①] 书中

---

① 《战法学教科书》，第7页。

在分析了战略进攻和战略防御利害后，强调应以战略进攻为主。上述内容反映了当时欧洲和日本的军事理论和军事学术。贺忠良的军事素养对于刊物的军事学术水平是有重要影响的。当然武备研究所的研究和编辑人员的作用也应给予充分肯定。为保证学术月刊正常运行，“袁宫保延聘田景光专理本所编纂事宜”。[②]总之《武备杂志》对新军的编练，和军事学的兴起的作用不可低估。可以说它是中国近代创办的第一份专门研究军事教育和军事训练的刊物。又是研究北洋军阀的重要史料之一。

（三）北洋参谋学堂与测绘学堂[①]

［**北洋参谋学堂之设立**］20 世纪初年，清政府普练的新建陆军不仅全面采用了西方新式军制而且全部采用了较为先进的武器装备。有了新式武器，还必须有近代的军事指挥机构。八国联军之役充分说明了这个问题。为了使先进的武器装备发挥其应有的效用，使部队能打仗，打胜仗，清政府在广泛开办各陆军学堂的同时也根据常备军建设的需要，还开办了一系列专业技术学堂。清末创办最早的陆军专业技术学堂为北洋参谋学堂和测绘学堂。1902 年 7 月，袁世凯在直隶总督署西侧练官营院内，开设了北洋陆军参谋学堂。学堂隶北洋军政司参谋处。以参谋处总办段祺瑞兼学堂总办。参谋处机构的设置是为常备军培养参谋人才而创建的。军中参谋机构的设置是近代的产物。近代军队的参谋组织起源于 17 世纪瑞典阿多法斯，到了 19 世纪普鲁士将军霍斯特才适应战争条件的变化，创设了参谋本部。此后各国军队纷纷效法。袁世凯在酌仿各国通行办法时，在直

---

① 参见郑志廷等：《保定陆军学堂暨军官学校史略》，人民出版社 2005 年，第 64 页。

隶军政司中设置参谋处，明确参谋处的职责“禀承军政司会商兵备处办理策划战守事务”。同时在北洋常备军厘定营制饷章中又规定军设参谋营务处，镇标设参谋官。学堂属短期培训性质。学期为八个月一期，每期定额160名，共办两期。学生来源主要是北洋各部队官佐中，身体条件与文化素质合格者，由北洋军政司参谋处调派股负责遴选学生，规定学习内容。学生完成学业后，由参谋处谋略股负责派遣。另外，也从社会上招募有一定文化、身体条件好的青年。该学堂创办时间不长，北洋速成武备学堂建立后即被裁撤，虽然该学堂存在时间不长，培养学生数量不多，但后来在军政历练中成为著名人物，对中国近现代军事政治产生了重大影响。较为著名的学生有张联棻、师景云、熊秉琦、吴新田、杨文恺、靳云鹏、陈调元、段之荣等。

［**北洋测绘学堂**］1902年8月，袁世凯在保定直隶总督署西侧练官营内又开设了保定北洋陆军测绘学堂。该堂隶属北洋军政司参谋处，段祺瑞兼任学堂总办。由于该堂与参谋学堂同在一个院内，又同属军政司，故也称参谋学堂测绘班。这是袁世凯参照德国日本陆军的章制，为北洋常备军配置辅助作战人员的需要而设立的专门军事学堂。学堂聘有东、西方教习以及留学回国的军职人员任教，主要授课内容为步兵、炮兵、工兵、辎重兵等实施军事训练与作战的绘图等知识与技能。

按清廷章制，创办测绘学堂，可核拨建校舍费白银5万两；购置仪器设备费白银10万两，学堂常年开办费白银4万两。学堂以八个月为一期，每期招120人。招生对象为现役部队中有文化知识、身体条件合格的青年军人及社会上知识青年。毕业后返回部队任基层军官。著名的北洋军阀将领吴佩孚就是测绘学堂的毕业生，后来分配到北洋第三镇，在炮兵营任管带。这些短期的培训性质的学堂，均于1903年秋，北洋武备速成学堂建立以后撤退。

三、中国近代军校教育体系的形成

（一）《陆军学堂办法二十条》的实施及全国新军编练的统一

［**陆军学堂办法的制定**］，清末新政开始之后，随着武举的废除，新式军事学堂纷纷建立，清末的军事教育也迅速发展。但由于缺乏统一的领导和规章制度，军事学堂人才培养模式的健康发展受到严重制约。为了对兴起的名目繁多的军事学堂的教学内容和学制进行统一和规范，达到广储武备人才，举国划一的目的在袁世凯的建议下，光绪三十年（1904年）八月初三清政府由练兵处正式颁布了《陆军学堂办法》二十条。[①]《办法》规定，陆军学堂分为四等，即陆军小学堂、陆军中学堂、陆军兵官学堂、陆军大学堂，此四个等级学堂，称之为正课学堂，即为四级制学堂。其中陆军小学堂、陆军中学堂进行军官的基础教育，兵官学生培养初级指挥军官，担任新军官的养成教育任务，陆军大学则担任在职军官的深造培养任务，培养高级军官和参谋人员。正课学堂之外还同时存在速成学堂，"以备目前各军武馆，各堂练习之选"。[①]待各正课学堂次递建立之后，各速成学堂即行停办。除了上述几种类型的学堂之外，《办法》还规定，各省应于省会设立讲武堂一所，为各省现役军官研究武学之所。《陆军学堂办法》的颁布是清末

---

① 《练兵处新定陆军学堂办法二十条》，《东方杂志》（第1卷），第12期。

军事教育史上的重要事件。它的实施标志着清末军事学堂体系的建立和军事教育体制的统一。

（二）陆军小学堂

［正规军事教育之奠基——直隶陆军小学堂］ 直隶陆军小学是《陆军学堂办法》颁布之前开办的。光绪二十九年二月二十二日（1903 年 3 月 20 日），袁世凯将北洋开办武备学堂的计划上奏清廷。奏折中说“西方各国兵学，考求至精，学堂有等次高下之不同，学业有课程浅深之互异，必须层垒递进，未容陵躐而施”。奏折中强调：“为今之计，惟有赶紧兴办小学，以为造端之基。”[①] 奏折获准后，袁世凯便立即开始了陆军小学堂的筹建。直隶陆军小学堂分设两处，一处设在保定原北洋陆军第二镇八标的营房。一处设在定兴县姚村行宫。光绪二十七年（1901 年）为慈禧太后返京，在姚村西北隅修行宫一处，占地五十亩，分前后两个院和一个后花园。此时作为堂址。保定、姚村陆军小学堂均于 1903 年 9 月正式开办。当时该堂学制为四年。招考小学堂学生年龄为十七至二十岁，须相貌端正，身体强壮，文理通顺，方为合格。其家无兄弟，素性不修，及习染嗜好者概不收录。由各府直隶州饬属分额考送，考送人数须按应选人数加倍，以备复试淘汰。俟学堂派员复试录取，方准留堂。第一届招收学生 100 名，学生来自“保定、河间、正定、易州四属”。[②] 1910 年春，保定陆军小学迁到定兴与姚村陆军小学堂合并。直隶陆军小学堂课程设置为学

① 天津图书馆、天津社科院历史研究所编：《袁世凯奏议》（中）（卷 23），天津古籍出版社 1987 年版，第 750 页。

② 《大公报》（天津），1903 年 10 月 9 日。

科和术科两种。学科主要是算术、国文、理化、外语、历史地理、国画等。术科主要是：队形训练、持枪与射击、拳术和劈刺等。直隶陆军小学堂设总办一人，总理堂内一切事宜。有选聘教习检查学生，督率各员之责。其军衔为标统，月薪200两银，由直隶军政司选派。提调，专司堂内一切事宜。有考察教习、稽查学生、督理员司、弁役之责。聘总教习一员，各科教习若干。根据需要设置，教习人数不定。

直隶陆军小学堂开办后不久，中央练兵处成立。为了统一全国军事学堂的学制和教学内容，推进新军建设，练兵处会同兵部奏定《陆军学堂办法二十条》，将陆军学堂分为四级，遂后又制定了《陆军小学堂章程》，陆军小学堂便在全国先后建立起来。

［各省办理陆军小学堂的概况］ 陆军小学堂章程于光绪三十一年（1905年）正月奏定。其制于京师各督抚将军驻城及荆州、福州、察哈尔三处驻防旗各分设一所，冠以各地名称，称为某省陆军小学堂（驻防旗某地陆军小学堂）。三年毕业。专选本省各州县高等小学堂学生入学，授以普通科学，而以军队方式管理。学额京师定额300名，直隶、江苏、湖北、福建、广东、云南、四川、甘肃等省定额300名，奉天吉林、黑龙江、山东、河南、山西、安徽、江西、浙江、广西、贵州、湖南、陕西、新疆等省定额210名，均分三年收足，每年照定额限收三分之一。认第一年为头班，第二年所收为二班，第三年所收为三班。三年期满、头班学生升入陆军中学堂，逐班递升，其本年新收者为三班。嗣后以次推升。至头班毕业为止。是年四月，练兵处即电催各省速办。① 翌年六月，练兵处奏

① 据光绪乙巳年《东方杂志》（第5期），光绪三十一年四月，《中国大事记》。

称：各省旗陆军小学堂虽经早将奏定章程一体行令遵照，往往举办仍未合法，请饬下各督抚将军，凡开办学堂应将遴用重要差使人员，出具切实考语，胪列学程成绩、及所拟章程、办法支款按之定章，有无变通，将教员出身，学生照相清册、派承办得力人员送呈考核，俾得妥为商订。俟办有端绪，再会同兵部派员前往查验，以重军事。奉旨依议[①]。光绪三十三年（1907年）三月，陆军部奏考核各省旗开办陆军小学堂情形，将当时各省旗办理情形，分别等差列为三项：其与奏定章程尚符，间有因地方情形，学生程度不同，稍为变通的，列为第一项。其迭据咨电均已开办，但未详细咨报的，列为第二项。其虽经查据各该省电咨声复、或无开办日期、或学舍未建，或教资未备，无凭详核的，列为第三项。凡列入第一项的由部派员考查，如果办理实系得法，应俟该学生毕业后，准各该督抚将军将在事人员照章奏请奖励。其列入第二项的，请旨严饬各该督抚将军等切实办理，其尚未开办的，并限于三个月内一律办齐，将详细办法分别奏咨立案，如再迟贻误则当事者责有难辞，由部另外请旨办理。计列入第一项的有直隶、山东、察哈尔、江苏、江西、山西、河南、贵州、荆州、陕西、云南、奉天等十二省旗。列入第二项的有湖北、湖南、安徽、四川、绥远城、吉林、广西、广东八省旗。列入第三项的有浙江、福建、福州、黑龙江、新疆、甘肃六省旗。[②] 这年7月，陆军部遂奏请派员分途径各省旗考察。越一年始竣事，计所查陆军小

---

① 据光绪三十二年六月二十四日练兵处奏《核复豫抚瑞良素改陆军小学堂折》，见《光绪政要》，兵部练兵处陆军部卷八。

② 据光绪三十三年三月初六日陆军部奏《考核各省旗开办陆军小学堂情形折》，见《光绪政要》，陆军部练兵处卷九。

学堂共十一省一驻防旗，举凡章制的奉行，职员的任事，学生的功课，卫生的讲求，学舍的建筑，军械的保存，经费的筹备。均一一考察，以江苏、直隶两省为优，山西、荆州、山东、江西，四川、云南、湖南、贵州等省旗次之，陕西、河南两省又次之。[①]

练兵处对陆军小学堂的开办制定了一系列的极为严密的规章制度，但并不是所有的省市和学校都严格遵守执行。比如湖北按《陆军小学堂章程》只能办一所陆军小学堂。可是湖广总督张之洞以湖北情况特殊为理由，除规定应办的一所陆军小学堂外，又增办了一所湖北陆军特别小学堂。有的地方直到1907年还尚未开办。[②] 如前所述直隶陆军小学堂开办最早，并分设两处，1910年春，保定陆军小学堂与姚村陆军小学堂合并，保定陆军小学堂取消。同年京师陆军小学堂也并入姚村陆军小学堂。直隶陆军小学堂自1903年9月开办至1914年8月停办，前后历经11年，共办四届，毕业学生近千名其著名学生有熊式辉、汪仲勋、宋文林、戴铭忠，楚溪春、耿幼麟等。

从光绪三十一年（1905年）练兵处颁布《陆军小学堂章程》至光绪三十四年（1908年），全国共创办了陆军小学堂28所，加上光绪二十九年袁世凯在直隶所创直隶陆军小学堂共29所。[③]

（三）陆军中学堂的创建

在陆军小学堂创办后两年（1907年）陆军部拟定了《陆

① 《陆军部奏考核各省各期开办陆军小学堂情形折》，《东方杂志》，4卷9期。

② 《陆军部奏考核各省各期开办陆军小学堂情形折》，《东方杂志》，4卷9期。

③ 苏魏：《清末陆军小学堂研究》，华东师大中国兵现代史2009年硕士论文，第9页。

军中学堂章程》，章程规定全国设立四所陆军中学堂，该堂教授高级普通课及军事紧要学为陆小教育增益扩充，养成陆军军官之基础。主要职能是教以高级普通紧要军事学，并作为成其立志节守纪律，勤服习之实，以扩充军人之知能。陆军中学堂隶于陆军部，由部择宜分设。陆军第一中学堂设于直隶，收京师、直隶、山东、山西、河南、安徽、奉天、吉林、黑龙江和察哈尔、绥远城驻防各陆军小学堂毕业生；陆军第二中学设于陕西，收陕西、甘肃、四川、新疆各陆军小学堂毕业生；陆军第三中学堂设于湖北，收湖北、湖南、云南、贵州、广西和荆州驻防各陆军小学堂毕业生；陆军第四中学堂设于江苏，收江苏、江西、浙江、福建、广东及驻防各武备小学堂毕业生。兹将各陆军中学创办过程略述如下。

［陆军部第一中学堂］ 直隶陆军中学设在昌平县清河镇，现为北京郊区，校址距清河镇约六里，东通清河镇，往南通清华园。学校大门为阁楼式建筑，坐北朝南，大门两侧各有一栋两层单间教工宿舍楼，校长室会议室和会客厅均在学校中央。坐北朝南的舞台式的讲台在学校的北部，台后有休息室，台前有广场，为全校师生集合之所。讲台北面及东西两侧共有六栋学生楼，楼上为教室，楼下为宿舍，楼与楼之间有走廊相通，学校的规模可容纳一两千人。学校的大操场位于学校的西围墙外，占地五、六百亩。学校建筑布局合理，整齐美观。学堂总办为商德全，改预校后首任校长为毛继承（山东潍县人），第二任为钱选青（蠡县人）。

该陆军中学课程设置分学、术两种。学科主要有国文、数学、理化、史地、外语等课程；术科主要有步兵操典、内务条例、军事训练（马术、武术、刺枪和队形）以及野外演习等教程。学校学制二年，共办四期。第一期招正课学生 441 名（含 3 名附课提补）后退学 9 名，共 432 名。第二期招收 462 名[①]该期分为六个连。楚溪春、傅作义编在第四连，张荫梧（号桐轩、河北博野人）编在第六连。第一、第二、三期学生都是华北、东北各省陆军小学毕业生。第四期 1917 年入学，学生 1200 余人，共分八个连，董振堂，刘万春编在第三连。第四期生源与前三期不同，主要是各陆军预备学校因参加讨袁护国未毕业的学生；其次是接收冯国璋设在南京学兵营解散后无法安置的学生；还有一些是从普通中学毕业生招收的。1919 年 7 月，第四期学生因为参加五四爱国运动集会提前毕业离校。至此陆军第一中学，后改陆军第一预备学校宣告停办。

陕西陆军中学堂亦称陆军部第二中学堂。该学堂成立较晚，校址在西安市北教场。

光绪三十四年（1908 年）正月开学，次年十二月毕业，共招学员 340 名。第二、第三期共招有学员 700 余名，还未毕业即爆发了辛亥革命。该校学生积极响应推翻满清统治的西安起义。将学校用于训练的 1000 支枪和 16 万发子弹全部交给起义军，并奉起义军指挥机关命令，在队长马晋三等人的带领下，迅速占领藩台衙门，奋力保护藩库，使 70 多万两存银未受损失，为以后起义军军费开支打下了基础。西安起义后该校停办，在校学生被编入秦陇复汉军，以后多数充任初级军官。

［**陆军第三中学堂暨陆军第二预备学校**］1909 年陆军部第

---

① 根据陆军第一中学堂总办金绍曾报告，见陆军部档转引自《清末新军编练沿革》，第 321 页。

三中学开办于武昌南湖尚武桥边巡司西岸。学堂设有总办、监督、提调、收支、庶务委员各一人，负责学校日常事务管理。另按学生数额设置课长及教员若干，以及医官、助教官、文案等。首任总办为广东人李钟岳，提调毛继承监督苑尚品。教员中较知名的有军事地理学教官陈调元，日文教官杨文恺及法文教官崔庆钧等人，其中毛继承、苑尚品等为留日士官学校毕业，其他教职人员多系北京陆军师范毕业生。1911 年辛亥革命爆发，各地陆军小学和陆军中学先后停办。民国成立后于 1912 年陆军第二预备学校于陆军第三中学堂原址创办。首任校长为汉阳人应龙翔，后为鲜朝东接任。第二预备学校初隶属陆军部军学司主管。1915 年陆军训练总监成立，学校改隶训练总监。学校设有校长、教育长、校副官、各科教员长，队长，排长等各级主管人员。1917 年，第二预备学校最后一期学员毕业，学校奉令停办。

1909 年秋，陆军第三中学堂正式招生，招生条件非常严格，各属省陆军小学毕业生入学时须经过测验、体格不合格或成绩差者不准入学，转送军需、军医、马医等学堂。第一期计划招生 800 人，实招 700 余人，其中包括荆州驻防八旗子弟 40 余人。学员按选修英、日、德、法文分编四队，每队设队长一人，队下设四排，每排四、五十人。学生在校期间的一切费用全部由官方供给，先由陆军部开支，后改由各省负担。陆军第三中学堂第二、第三期分别于 1910 秋和 1911 年秋招生，武昌起义时，在校两期学生近千人，除少数官僚子弟及胆小怕事者外，共有 700 余人参加起义，首义成功后，部分外籍学生回原籍参加革命，留汉者大部编入学生军。

1912 年 9 月，陆军部在陆军第三中学堂原址开办陆军第二预备学校。招收年龄在20—25岁有武备小学堂基础的青年入学。共招两期，第一期于1912年9月，招收正课生755名，另有附课生233名；第二期于1914年招收陆军小学生984名学员毕业之后，进入保定军校设立的入伍生队或分配到北京、保定一带的北洋部队中入伍，专门进行军事训练，为期半年，期满以后经过体验和甄别，合格者正式升入保定军官学校，不合格者分送到其他军事学校。第二期入学后便停止招生，并于1917年撤办。从第三陆军中学堂到陆军第二预备学校办学八年，前后招生五期4000余人，毕业三期约2500人，其中进入保定军校的计2000余人，占保定军校全部毕业生四分之一强。[①] 此外尚有不少人留学国外或直接从军，这批接受近代军事教育的新型人才，活跃在民国历史舞台，成为20世纪的湖北乃至全国引领时代风骚的人物。如唐生智、何应钦、耿丹、万耀煌、刘文岛、李必蕃、张笃伦、李品仙、黄绍竑、白崇禧、张发奎、何键、叶挺、黄琪翔、薛岳、邓演达、刘家麒等。他们构成了星光闪耀的人才群体，在中国近现代历史扮演着极其重要的角色。

［陆军第四中学堂］ 陆军第四中学堂1909年（宣统六年）创办于江苏南京。总办万仲虎、监督丁远侯。专收华东等省陆军小学堂毕业生。该学堂停办后为中央陆军军官学校校址。各省陆军小学已于光绪三十一年次第举办，江宁（南京）省城应设立陆军中学一所，以备江苏、江西、浙江、福建、广东各省陆军小学卒业生升入教授之所。1909年，陆军部第四中学

---

① 参见《武昌陆军第三中学藉陆军第二预备学校略》，载《湖北方志》2008年第4期。

堂成立，堂址设在“与陆军小学及将弁学堂练兵场工程营左右毗邻的明故宫迤北附近一带地方”。[①] 总办万廷献，（字仲虎湖北武昌人，日本士官学校毕业）。监督丁远侯（鸿飞）。陆军第四中学收江苏、江西、浙江、福建、广东暨驻防各小学堂毕业等。[②] 学校课程主要有汉文、中外史地、化学、几何、三角、微积分、伦理学、外语；军事学课程主要有军制、步兵、野外勤务，射击，初级战术、筑城学、兵器学等。此外，每周还有一次野外训练。1911 年，陆军第四中学第一期学生毕业。在辛亥革命中，在万廷献的指挥下，陆军第四中学部分学生还参加了援鄂斗争。其毕业生朱绍良、王懋功、李章达、吕超、陈继承、田颂尧、何贯中、邓锡侯、熊式辉、张轸、赖世煌、陈复、陈铭枢等，先后进入保定陆军军官学校学习或留学日本，不少成为颇有影响的民国将领。

（四）陆军军官学堂又称陆军行营军官学堂

[**学堂开办之原因**] 1904 年，练兵处奏定的《陆军学堂办法》系仿照日本军事教育体制对全国军事学堂作了整体规划，拟将全国陆军学堂分为陆军小学堂，陆军中学堂、陆军兵官学堂、陆军大学堂四等，均称为“正课学堂”。此等学堂依次开办。同时为适应新军编练所急需的基层官佐问题，相继开办在职培训的将弁学堂和速成武备学生。至 1906 年，武备小学堂已经在全国先后开办，各类速成学堂已见成效，基本上满足了新军编练的需求。但是造就高素质的军事人才，是建设近代化

① 端方光绪三十三年正月《旗地预备陆军建设中学折》，《端忠敏必奏稿》卷 7，第 57 页。沈云龙：《近代史资料丛刊》（第 10 辑），第 94 页。

② 同上

军队的关键所在。解决这个问题的办法不外有两种，一是通过大量派遣军事留学生，一是开办高等军事学堂，造就高级军事人才，不过前者难以实行。早期留日的中国武备学生，大部分在陆军士官学校接受初级士官教育后即行返国，一般未再进入专门军事学校做进一步的军事学深造。这种现象固然与学生心理及国内环境有关，但是日本政府所加的种种限制也是主要原因之一。陆军士官学校是以培养造就初级干部为主要目的，而高级的军事教育，则于户山、炮工、陆军大学等各校教授。日本政府鉴于这些学校于讲授军事学之际难免涉及国家机密，势必只有拒收外国学生。因此，致武备一门，中国学生难以深造。正如袁世凯所说："中国比年以来，稍知尚武，有志之士，咸思就学东瀛。官费自费，不遗余力。顾其所肄业者，亦只士官、振武诸校，联队经验，不过数月，兵官服习，止于少尉，其造就高级军官，号称大学者，尚不使入室升堂，进窥精奥。推之各国，莫不皆然。"① 20 世纪初，军事科学日新月异，袁深感必须培养高级军事人才者这就是要解决"愿学有人，问业无地"的问题。于是，创办高等军事学堂便提至日程上来了。

光绪三十二年闰四月二十九日（1906 年 6 月 20 日），袁世凯奏称："近值朝廷振兴戎政，屡下明诏，殷殷以储才为急，上自贵胄学堂，下至各小学堂皆已次第开办，唯此项大学堂尚属阙如，论其章制，仍应设于京师，惟按照定章，必俟中学堂暨兵官学堂次第设立，再行举办。诚恐缓不济急，而高等

---

① 天津图书馆、天津社科院历史研究所编：《袁世凯奏议》（下）（卷 39），天津古籍出版社 1987 年版，第 1320 页。

教习，急切尚难多选，仍不能不借才异地，在京延订亦多不便。臣谨遵照练兵处，兵部奏定办法，略事变通，名曰军官学堂即在保定省城设立。”其课程不外统汇各科，淹通融贯，务期指挥调度，悉协机宜，蔚为将才用备干城之寄，则虽不居大学堂之名，而已著大学堂之实也。① 俟练兵处在京师设立大学堂则此项学堂，立即停办。现在暂借从前将弁学堂房屋先行开课。“不久清廷朱批尚与定章无碍拟暂准令试办”。② 1906 年 6 月，军官学堂在直隶省保定正式开办。遴选教习，授以各种高等兵学，分为速成、深造两科，速成以一年半毕业，深造科三年毕业。1907 年 7 月，军官学堂速成科从保定西关迁到东关通国陆军速成学堂内继续开课，两学堂保留各自名号，速成学堂直属于陆军部军学司，军官学堂则直隶于军谘府，又称陆军行营军官学堂或军谘府军官学堂。1907 年，军官学堂第二期学生入学。1909 年 9 月，通国速成学生堂根据陆军部令停止办学并入军官学堂，时原设于西关的军官学堂全部迁到通国速成学堂内继续办学。是年 11 月，军官学堂第三期招生入学。1911 年 7 月，军官学堂奉军咨处令更名为陆军预备大学堂，学堂总办改称堂长，张鸿逵为首任堂长。原军官学堂第三期学生因为辛亥革命的爆发而延至 1913 年 11 月在北京毕业。民国建立后陆军预备大学即迁往北京西直门内崇元观并更名为陆军大学继续开办。

［**学堂生源、师资及其课程设置**］袁世凯既选中保定开办

---

① 天津图书馆、天津社科院历史研究所编：《袁世凯奏议》（下）（卷 39），天津古籍出版社 1987 年版，第 1320 页。

② 《练兵处档》见中国社科院近代史所编：《清末新军编统沿革》，中华书局 1978 年版，第 306 页。

军官学堂为“造就军官总汇之所”，教以高等兵学，培养高级军事人才。为实现这一目标，军官学堂对入选生源作了严格规定：“学员以品学超卓，才识优异，充当军官已能称职者为合格。”① 可见第一期学员只限于现役合格军官。1909年，陆军部对入堂学员生源和资格作了调整。生源“由京外各军队及陆军各局处堂所之军官内挑取”惟应考人员均须在本国武备学堂及相当之各学堂毕业或在东西各国士官学校毕业，均领有文凭，品行纯正者方可与选。② 军官学堂设速成和深造两科。其中，速成科学员主要从各武备学堂毕业生中考选，深造科学员具有武备毕业学历又当过两年军官的各镇军官中选考。学堂在保定招生三期，毕业生共228名。

军官学堂编制为督办、监督、提调、总教官、各科教官、翻译官等职位，各职守、职权分明。段祺瑞任学堂督办，隶于督练大臣，总理学堂一切事宜，凡教育，成务督同监督、提调等提纲挈领，详细考核，上对督练大臣负责。1910年，段祺瑞调任第六镇统制，督办职位暂时空缺。③ 赵理泰任监督，主持全学堂教育事宜。如稽查教员考校功课，管束学员、申明条规等，皆秉承督办，协同总教官悉心办理。提调负责所有堂内庶务。总教习官（寺内秀武，日本人步兵少佐）统领各科教习，协同各教官厘定教程，划一功课，评定分数，考察品行，系各科教官的领袖、各教官分订课程，各任本科教授。军官学

① 天津图书馆、天津社科院历史研究所编：《袁世凯奏议》（下），（卷39），天津古籍出版社1987年版，第1322页。

② 刘锦藻撰：《清朝续文献通考》（二卷、一百十一、学校考十八），商务印书馆，1936年版。

③ 《大公报》（天津），1910年2月23日。

堂对师资要求极为严格，“则师资必属高明之士。是以各科教员，无论中外，务求上乘，必须专门，学堂暨陆军大学堂曾经毕业，而又确有经验者方与斯选”。为提高师资的教学水平，还广聘外教尤其是日本教习。除总教习外，日籍教习还有：工兵大尉中寸正一，炮兵大尉间室直义，步兵大尉樱井文雄等十多位日本教习。课程设置方面，基本仿照日德等国陆军大学的教学内容。

［**学堂成就与影响**］军官学堂作为当时国家高等军事学堂，对于吸收近代资本主义国家的建军经验和军事理论，丰富和发展我国的军事学、建设中国的近代军事学具有重要意义。同时该学堂培养了一批活跃于近现代史上的军政要人，加速了中国军事现代化的步伐，在中国近现代史上影响深远。军官学堂是中国陆军大学的前身，在保定招生先后三期。第一期毕业的著名学生有陈调元、吴光新、吴新田、魏宗翰、熊炳奇、师景云、张联升、宫邦铎、王维城、张敬尧、靳云鹗、崔承炽、汪寿祺、陈文远、姚济仓、张辉瓒等。第二期著名学生有胡龙骧，孙岳、何遂、方本仁、王承斌等。第三期著名学生有李济深、齐燮元、王都庆、阮肇昌、刘光、钟体道、何思傅、魏旭初等。军官学堂不仅造就近代军事学人才，而且也客观上造就了革命的骨干。正如民主革命先驱，军官学堂第二期深造科学员何遂所说，到保定不久，结识了在北方的革命党人孙岳（同期学员）、王法勤、刘汝贤、耿毅、刘建藩、刘廷森、倪德勤、钱鼎、陈树藩、童保暄等。大家常在保定城内火神庙孙岳的住所聚会，饮酒谈心，讨论学问。保定了除了陆大，还有一所陆军速成学堂、革命党人方声涛、吕公望、林知渊等都在该校，我们是互通声气的。方声涛在日本时早已入了同盟会，

因此我们又和日本同盟会总部有了联系。①

（五）北洋陆军各专业学堂的开办及北洋六镇的编成

[**北洋陆军师范学堂**] 1904年9月，清政府正式颁布《陆军学堂办法》规定陆军学堂分为陆军小学堂、陆军中学堂，陆军兵营学堂，陆军大学堂四等。并提出首先加紧进行陆军小学堂的建设。这样各省武备小学堂的师资问题便迫在眉睫。同年冯国璋致函练兵处，拟在北洋武备学堂内挑选出优等学生一百名改为陆军师范生。加习师范课程，备充各省陆军小学堂教习。1904年12月北洋师范学堂成立，由冯国璋兼任总办。该党设在北洋陆军速成学堂内。以八个月为一期。试办一期后学堂撤销。该堂创办的时间短，但对于清末军事学堂的开办和常备军建设起了不小的作用。后来北洋军队中的一些著名将领如：张国溶、钱家驹、施祖荫、郑俊彦、耿锡龄，宁双安、吴中英、任耀武、王耀梓、邱震、李济臣、王典型、白鹤鸣、刘洵等均就读于该堂。

[**北洋军械学堂**] 军械学堂也是1905年经袁世凯奏准清廷，在直隶省会保定创办的一所专门培养军事武器，弹药和其他军械装备保管、检验和使用的专业技术学堂。其培养目标为正副军械官，军械长。校址设在北洋军械局军械库内。首任主任为罗开榜。监督一员由军械局提调充派，秉承总办一切庶务，并稽查学员等功过，初创时仅招收速成学员40名，主要由军械司、北洋各镇选派，一部由本省候补及候选人员中考取。年龄自二十五岁以上，三十五岁之内，以文理通顺、明敏

① 见何遂：《辛亥革命亲历纪实》，载何达等主编：《何遂遗踪》，人民出版社2012年版，第15页。

健壮为合格。主要课程为各种武器的制造原理、构造和使用方法等技术知识，由各教官对学生进行逐械研求，逐件讲解①学堂原定每期为一年。因办学条件限制奉命与北洋速成武备学堂军械科合并。根据袁世凯的指令军械科的毕业生主要用于充实兵工厂及组建各部队修械所之用。零散分配到各部队从事枪械维护管理的不多。毕业于军械科的著名学生有陈光逵（直隶武清二班军械生），陈鸿勋（直隶静海、二班军械生）王世杰、文斌、满书绅、蔡普治、沈寿常等人。

［**北洋马医学堂**］20 世纪以来，西兽医学传入中国的时间可以追溯到鸦片战争之际。但系统的引进学习则是北洋马医学堂在保定的开办。1905 年由直隶总督北洋大臣袁世凯奏准而兴办近代兽医学堂。这是一所专门培养陆军兽医人才和军马管理人员的专业技术学堂。开办之初有速成和正科两种班级，招收学生 100 名，其中速成和正科班各 40 名，自费生 20 名。首届速成班 40 名，都是从北洋一镇、二镇、三镇中调取的目兵，正科班 40 名都是招收的社会知识青年。学堂延聘日本人野口次三郎为总教习，条原保熊、伊藤浪三、浅见正吉、中田醇等为教习。1907 年 6 月改隶陆军部，称为陆军马医学堂。民国又改称陆军兽医学校，由学医出身的姜文熙担任校长，由日籍兽医专家多人担任教习，兽医正科学制通常为四年，畜牧科学制为三年到民国四年（1915 年）已有六期学员。第一期毕业于光绪三十四年（1908 年），是年毕业学员 36 人，其中上等 27 人，中等 9 人。1908 年 12 月，学堂还从正科毕业生中挑选 16 名成绩优良的学生赴日留学之后又从第二期毕业生挑选不

① 朱寿朋：《光绪朝东华录》，第 5317 页。

少优秀学员到日本学习一年或二年。回国后一部分被派充为马医学堂各科的教官，以逐步替代原日籍教习。一部分则被派充到陆军各部队充任兽医职务。

学堂所开设的课程主要是有关兽医学的理论和技术知识，如“捆扎疗法”等。这在当时已完全达到了“高等专门程度”。[①] 学生毕业后，先派到各镇见习，然后再派到各陆军部队任正副兽医官和兽医长。北洋时代各师编有骑兵，每师设立正兽医官 1 人，副兽医官 2 人，兽医长和兽医若干。民国八年 (1919 年) 北洋政府又将天津军医学校及保定的陆军马医学堂合并迁址北京，1936 年又迁址南京，抗战时期学校又迁至安顺。1949 年国民党撤退到台湾，又将图书设备运台，新中国成立后该校更名西南军区兽医学校，后合并到中国人民解放军兽医大学。

［**北洋经理学堂**］北洋经理学堂亦为 1905 年经袁世凯奏准清廷在直隶保定开设的一所专业技术学堂。主要培养陆军军需人员，“以储正、副军需官、军需长之选。”开办时，附设在北洋陆军速成学堂内，由罗开榜兼任总办。第一期招收学员 40 名，学员大都是从北洋各镇军需人员中挑选，学制为一年，毕业后各回原部队酌量委用。后又增设一个正科班，学制为两年，于是便产生了高级班和普通班之别。高级班授以高等军需学识。普通班则授以初等军需之教育[②]，该校创办初期，曾聘任一名日本教习，由于学识较浅，在第一期速成班毕业后即予辞退，后又高薪聘请了日本大坪恭三为教习，大坪毕业于日本

① 张侠等编：《北洋陆军史料》，天津人民出版社 1987 年版，第356 页。
② 张侠等编：《北洋陆军史料》，天津人民出版社 1987 年版，第353 页。

经理学校，曾任陆军一等主计官，学有专长，因此受到学生尊敬。1910 年，该堂裁撤。毕业于经理学堂著名的学生有苏荣全、宋文焕、金成荫、刘冠军、李敬尧、白廷贵、马灿文、胡宝香、田汝霖、李宗德、曲受丰、张凤仪、任书琴、史云龙、彭德寅、王典文、袁家禄、李凤鸣等。

［**北洋宪兵学堂**］宪兵学堂是一所专门培养宪兵官兵的专门学堂。1905 年，北洋六镇常备军已次第建成，行为尚多不检，该管上官，耳目既有难周；行政警察，权宪亦非及，计惟特置宪兵、庶几杜渐防微冀臻完善。① 为此，1905 年 9 月袁世凯在保定东关利用原清廷老炮队营房开办了北洋宪兵学堂。学堂总办为张文元、教育长王子甄、同时聘日人梅津正德（宪兵少佐）藤林富、东元三郎、高桥寅治等为教习。

第一期学员从北洋陆军学堂毕业生和北洋六镇初级军官中共挑选 50 名，组成学员班，后又从北洋六镇中挑选精干士兵百余名，组成学兵班，入堂学习，学制一年。1906 年夏，第一届学生本应毕业，因举办河间、彰德两秋操，袁世凯将宪兵学堂第一届学生调去维持治安，迁延了时日，一直拖到年底才毕业，分配到各镇组成宪兵部队。后奉陆军部令迁往天津郊区大沽口与原由赵秉钧任总办的天津巡警学堂合并，更名为陆军警察学堂。成为既培养陆军宪兵，又培养行政警察的综合性军警学堂。随后又将学堂从大沽口迁到北京东城兵学馆旧址。1910 年第二届学生毕业时，陆军部即将学员班的学生分派到各部队充当警察营副官或队官，学兵班学

① 中国社科院、近代史所编：《清末新军编练沿革》，中华书局 1978 年版，第 306 页。

生由京畿宪兵营分别委用。[①] 北洋陆军的一些将领如颜斌、张辅汉、王文清、那玉连、王国桢、孙臣升、张福臣、马国栋、张宗林、崔树森、董延辉、刘秉钧、何尚志、郭玉树等均出自于该学堂。

［**电信信号学队**］军事交通与通讯、轮船、铁路、电报、电话等近代交通通讯手段用于军事领域，是军事近代化的重要标志。电报、电话等先进的通讯手段随各国商人的进入而传入中国并首先应用于军事。在洋务运动中，清廷在各地设电报局，并设电政大臣，同时还废驿行邮。在中法、甲午战争中，清廷已使用电报、电话作为信息传递的主要手段。但整体来看，晚清的近代军事交通运输还比较落后。

电信信号学队是专门培养军事通讯人员与军队旗语信号人员的训练机构。1905 年，袁世凯购买了马可尼式无线电机 7 架，分装于北京南苑、天津、保定三处行营及海圻、海容、海筹、海琛 4 艘军舰上。是年 6 月，袁世凯鉴于军事通讯工作的重要性，上通情报，下传命令，全依赖通讯工作人员的素质，若非业务训练有素，必然会贻误军国大事，于是在保定练兵营院内，利用其房舍开办电信信号队招收速成班学生。从北洋六镇中挑选了一些护号兵、编队学习，开设一些有关灯号、旗语知识的课程，八个月毕业，然后发回各镇、执掌信号工作。电信队常年开办费白银一万二千两，信号队白银五千两。电信信号队开办不久，袁将电信队迁到天津郊区开办。信号队在保定开办三年后停办。

---

① 张侠等编：《北洋陆军史料》，天津人民出版社 1987 年版，第 357 页。

［**北洋军医学堂**］军政司下设军医局，该局主要负责北洋新军医务工作并培养军队专门的医务人员。军医局总办是徐华清、姜文熙。

军医局设立以后，便根据新军编练的需要着手创办军医学堂。袁世凯对学堂的开办十分重视。他特委天津府凌太守负责招考学生，军医局总办徐华清负责总理该堂事宜。考生要求“十五岁以上，二十岁以下者，通达华文略谙英文，方能选入学堂肄业”。[①] 报考者“均须开明年貌、三代、籍贯、取具、妥保”，并于1902年12月1日“在辅仁书院当堂会考”。[②] 会考之时“总办徐观察华清、天津府凌太守并日本教习诣场监试，投考学生百余名。兹将各题录下：汉文题——直隶海口及内地防疫办法愿闻，英文题——祝军医学堂文一篇，日文题——水学化学翻译一篇”。[③] 经过报名审核、考试、阅卷，最后根据成绩录取46名学员，是刘雋声、黄作胙、徐涛、孙凤铭、杨春林、田佩秋、何铨、满邦彦、赵宝箴、潘承禄、常兆霖、李华藻、孙瑞增、金振中、王瀛、郑菡、刘寿萱、刘世棻、陆文郊、田括田、郭启新、郭增铭、史忠志、宁潜鸿、徐鼐庚、李绍良、华以恪、王乃选、黄冀卿、刘梦庚、赵宝符、张用魁、倪印良、李树藩、陈国珍、纪书元、王景元、刘国庆、杨学涛、薛子铭、另有备取生王文焯、张鸿林、陶鸿谟、金新齐、乔凤歧、梁文忠。[④] 学堂对成绩在前五名考生分别给予物资奖赏。

① 《大公报》（天津），1902年11月6日。
② 《大公报》（天津），1902年12月24日。
③ 《大公报》（天津），1902年12月6日。
④ 《大公报》（天津），1902年12月9日。

军医学堂开办之初“暂在浙江海运局内设立”，后迁入南斜街。学堂设总办、会办、总教习各一员和分教习八员。经费由北洋筹拨，每年拨款二万两银。教授科目主要有生理学、药理学、诊断学、病理学、化学、物理学、日文、汉文。学堂管理严格，实行四季考试。学生经过两年多学习，头班学生于1905年3月被派往军营，授以副医官及医长之职。副医官每月薪水120两银，医长每月薪水银80两。头班学生毕业后又招第二班学生八十人。报考人数增至八九百人。为保证学生质量，招生实行两轮淘汰制，初试考察文理知识，确定参加复试的人员。复试由学堂总办主持，为录取真材，防止冒名顶替，学堂令所取诸生十人一班照相一片，学生入堂时，查验照片，“倘有容貌不符之生，当堂斥退”。① 至1905年北洋六镇相继编成，各专业技术人需求骤增，为此袁世凯于光绪三十一年二月二十三日（1905年3月28日）奏设各专门学堂，其中提出军医学堂计挑取满汉学生共140名，分班毕业，分年授课，以储正副军医官医长之选。袁世凯奏准后，便在省城保定开办军医学堂。堂址设在东关外酱院内“有学生以140名为定额，并陆军各营军医谘送肄习西医，该堂一切事宜系马医学堂监督姜太令兼理”。② 是年六月，该学堂按计划招收学生140名，后合并于天津军医学堂，并在天津建造了新校舍。

1906年11月陆军部设立，该堂归陆军部管辖。清政府对军医学堂加大了经费投入，并颁布了《军医学堂试办章程》。该章程规定，所招收学员必须是：“质敏体健、文理通顺者。”

① 《大公报》（天津），1905年2月9日。

② 《大公报》（天津），1905年6月25日。

学制定为四年。设置医学专业和药剂专业。课程设置第一年学习物理学、化学、动植物学、组织学及实习、胎生学、算学、汉文、日文、英文等；第二年学习解剖学、生理学及实习、病理学、病理解剖学、诊断学、外科总论、药物学、汉文、日文、绷带学、药方学、内科总论等；第三年学习内科学、外科总论、眼科、产科、妇科、婴科、传染病科、普通卫生科、内外科诊验、汉文、日文、军阵外科学、军阵卫生学等；第四年学习内科学、外科总论、眼科、皮肤病学、耳鼻喉科学、产科实习细菌学、法医学、精神病学、内外眼、婴妇科诊验、军队卫生事务、军事学、汉文、日文、学堂卫生学、工业卫生学等。

陆军军医学堂采取优胜劣汰制，师资水平比较高，保证了学堂质量。头班学员经毕业考核，16 人被授予同副军校官佐，17 人被授予同协军校。第二班毕业生，8 人被授予同副军校，9 人被授予同协军校。第三班毕业生中有 18 人被授予军医副军校，30 人被授予军医协军校。军医学堂毕业生少部分留在陆军部，大部分到新军各镇中任军医官职，成为新军的军医骨干。

除了袁世凯创办的这些军事技术学堂以外，这一时期随着全国新军的普练，其他地区也先后建立了一些如军医、测绘、宪兵等专业技术学堂和军乐学队、医兵学队等。仅 1905 年，全国各地新设立的军医学堂就有五六所之多，分布于保定、武汉、江宁、成都、广州等地。至 1908 年，各地的测绘学堂将近有 10 所之多。所有这些军事技术学堂，不仅极大地丰富了中国近代军事教育的内容，而且有力地推动了常备军建设和中国军队近代化的进程。

（六）通国速成学堂的开办与全国新军之编练

［**通国速成武备学堂开办的背景**］通国速成武备学堂又称陆军部速成学堂。它的产生是有历史因缘的。八国联军之役清廷因受战败之刺激，同时又是为了维持其封建专制统治之需要，开始大力实施新政，编练新军便是新政的重要内容。鉴于对外战争失败的教训，清统治者对选拔和培养新式军事人才进行军制改革的重要性有了较为深刻地认识，认为创设各类近代军事学堂是造就新式军事人才的主要途径以“设立军事学堂为练兵第一要务。”① 于是各类军事学堂如同雨后春笋般的涌现。1902 年以来，仅在直隶一省先后创设的有北洋行营将弁学堂、参谋学堂、测绘学堂、经理学堂、军械学堂、北洋陆军讲武堂、宪兵学堂、电信信号学队，北洋军官学堂等。尤其是北洋陆军速成武备学堂成效显著，至 1906 年前后三期共培养 1400 名各类近代军事人才。北洋陆军速成武备学堂成为国内继天津武备学堂之后又一所大型的著名军事学堂。随着全国各地军事学堂的开办和新军的编练，地方督抚实力的膨胀（如直隶的袁世凯和湖北的张之洞等）必然引起清廷的警觉和疑虑。为了统一兵制，将兵权收归中央，1906 年 11 月 6 日，清廷在中央正式设立陆军部。该部将兵部、练兵处、太仆寺合并而成。陆军部成立后，由奕劻管理部务。铁良首任尚书、寿勋、荫昌分任左右侍郎。荫昌未到任前，由王士珍署理。建立二厅（承政厅、参议厅）十司（军衡司、军乘司、军计司、军实司、军制司、军需司、军学司、军医司、军法司、军牧

① 来新夏主编：《中国近代史资料丛刊、北洋军阀》（一），上海人民出版社 1988 年版，第 38 页。

司）和二处（军谘处、海军处）之编制，并规定在设立海军部及军谘府之前，暂归陆军部管辖办理。所有各省军队，均归该部统辖，包括“各该省应练之兵应酬之饷，如何扩张，如何储备，以及裁汰缘营，兴立学堂。”等事宜。[①] 陆军部陆军速成学堂便是陆军部成立后的重要举措之一。它是适应全国编练新军三十六镇的需要而产生的。

［**学堂的招生、师资与学科设置**］通国陆军速成学堂先后举办两期。1907 年 8 月，第一期招生人数额定为 1140 名，招生范围由北洋势力所控制的各省扩大至全国。1909 年第二期又招生 400 余名，两期共招 1400 余名。陆军部将招生名额分配给全国各省，分配情况如下：京兆 80 名；直隶、江苏、湖北、四川和广东各 60 名，计 300 名；顺天、奉天、山东、河南、安徽、江西、浙江、福建、湖南和云南各 40 名，计 400 名；山西、陕西、甘肃、新疆、广西、贵州、吉林、黑龙江各 30 名、计 240 名；江宁、杭州，福州、成都、荆州、广州、绥远、热河和察哈尔各 10 名，计 90 名；密云、青州、西安各 8 名，计 24 名；宁夏 6 名。实际上的各省招生数额虽然与上述计划有所差异，但从各省毕业学生人数的统计来看，大体反映了学堂生源“通国”的一面，通国名副其实。

通国陆军速成学堂生源主要来自于各省、旗武备学堂或陆军小学堂肄业生，也有不少来自各省、旗讲武堂或陆师学堂及各镇的随营学堂，另有少量文理精通的良家子弟考取其中，学堂对学生有严格的要求。年龄要求在 18—20 岁之间，相貌魁梧、体格强壮，文理通顺，有志于兵学者。素行不修及染嗜好

---

① 朱寿朋：《光绪朝东华录》，中华书局 1958 年版，第 5600—5601 页。

者，不予录取。新生入学三个月后还要严加甄别一次，对所授课程进行考试，如果有不遵约束及不敦品行者，或资质过钝、口齿不灵不堪造就者，概不留堂。

蒋介石是通国速成武备学堂最著名的学生，我们以他为例略述该学堂之招生、教学以及派留学生去日本学习军事的情况。

蒋介石，名中正（1887—1975）浙江奉化人。入通国速成武备学堂时学名蒋志清。早年的蒋介石曾是一个忧国忧民的爱国青年，蒋看到日本在明治维新后短短三十年内，国家军事实力和综合实力即大大提升，就在一系列近代化改革后不久的甲午年，中国与日本发生了战争。当时海内外大都认为日本此举是螳臂当车，不自量力。可是战争一开始，胜负就已分明。结果东瀛一小岛国日本打败了老大的大清帝国，引起了全世界的震惊，奠定了日本在国际上的地位，之后又在日俄战争中一举战胜了沙俄帝国，跃居世界列强之林。“向日本看齐”，成为蒋介石等大多数热血青年的一致口号，蒋介石在1906年4月就曾赴日，想进日本军校学习军事，他说：“我在本县龙津中学肄业的当时，因为痛愤乡里土豪劣绅的横行，目击我们国家遭受帝国主义者的压迫，尤其是那时看到日本以一个弱小的国家，能够奋发图强，战败帝俄，予我精神上以最大的刺激，所以我在龙津中学肄业不到半年，就请求家母准许我到日本去学军事来尽到我国民一分子的义务，促进我们国家的雪耻自强。[①]”“但当时日本规定中国学生要入日本军队受训，必须由

① （日）古屋奎二：《蒋总统秘录》（二册），（台北）中央日报社1975年版，第36页。

中国陆军部保送，我既非政府保送，自然不能入伍。"① 因此，蒋不得不于是年冬返回国内。

翌年，清廷陆军部在保定成立通国陆军速战武备学堂，向各省招考学生，规定一般每省考选 40 人。可是浙江 40 个名额，大多数已被清廷设立的武备学堂与弁目学堂保送入学的学生占去，剩下来仅 14 个名额，却有千余人报名投考。结果，蒋介石从千余名学生中脱颖而出。被通国陆军速成学堂录取。虽然蒋介石当时年近二十，但他的志向十分远大。正如他说："我的目的是要借此机会东渡日本，去学陆军。因为在保定军校，才能有机会达成去日本学习陆军的希望。"② 入学后，蒋决定选学炮科，因为炮科在当时的陆军中是需要具备最新知识和技术的兵种，而且对于战争的胜败，具有能够发挥决定作用的威力。如日俄战争中的旅顺攻防战，日军两次攻击，都被俄军的优势火力所遏阻、付出了重大的伤亡。为增强火力，日军将安装在国内海岸要塞的 18 门旋转式 28 公分榴弹炮运到战场，占领了 203 高地，用大炮俯轰旅顺内的俄国太平洋舰队，给其毁灭性的打击。显示了炮兵的巨大威力。这是蒋选定炮兵科的根本原因之所在。

通国速成武备学堂师资选聘面向全国，学历和文化素质比较高。首先，学堂建立了一支学科比较齐全的师资队伍。有兵学教官 12 人，战术军制教官 7 人，地形筑城教官 4 人，兵器教官 2 人、马学教习 2 人、旗语教习 11 人，体操教习 4 人，击刺

---

① （日）古屋奎二：《蒋总统秘录》（二册），（台北）中央日报社 1975 年版，第 40 页。

② （日）古屋奎二：《蒋总统秘录》（二册），（台北）中央日报社 1975 年版，第 44 页。

教习9人，马术教习12人。军用文牍教员1人，国文教员7人、满文、英文、德文、法文、俄文各一员，日文教员2人，算术教员7人、理化教员2人，生理学教员2人，卫生教员2人，图画教员6人，上述教官与教员计104人，除俄文、日文由外籍教习承担外，其余均从国内学堂及军事留学生中选聘。

从督办、总办、监督、提调至各兵科科长、各队各科排官、各兵科学长共计97人。全堂教职员二百余人，如此规模师资队伍在国内尚属空前。正如该堂第一期辎重科毕业生周维纲所说："除施以适切之军事教育外，复授以必要之普通科学。以期造就健全将校，俾作部队基干。因学期具定三年、时间原极充裕也。其设备之完善，规模之宏大，及管教之认真，以视各国实无多让。而吾国之有全国统一军事学校，尤以此为嚆矢。"①

该堂学生所学课程分为普通学和军事学两类。普通学包括国文、经史、地理、算学、医学、测绘、理化、及满、蒙、英、德、法、俄、日等学科。军事学包括步、马、炮、工、辎重等学科。学生分为两班，如有普通学科程度者归第一班，习军事专科一年半毕业；如普通学尚未熟悉者归第二班先学普通学一年，再习军事专科一年半，共两年半毕业。学堂的教育方式，主要是采取日本振武学校的办法，一律施以普通军事训练。学科仅学典范令和普通学科，术科着重制式教练（场操）。三个月分科后是采用日本士官学校教育的方式，除教以各专科的学术外，兼习四大教程、兵学、战史、着重应用战法，野外演习及各种实习，例如测绘，筑垒、爆破、架桥等类

① 周维纲：《重印本录缘起》，见陆军部陆军速成学堂同学录，（中华民国二十五年三月重刊）。

学生毕业后，需实习三个月，经陆军部考核合格后，再分配至各新军中任职。

［**学堂毕业生及其影响**］陆军部曾颁布《奏定补官章程》，其主要内容是："凡在国内正式陆军学堂毕业者为三等毕业生；留学日本士官学校者为二等毕业生；留学西洋陆军学校者为一等毕业生，都按等第奏补官阶。陆军部陆军学堂毕业者，属于三等毕业生，考列上等者，由部奏补副军校（即中尉），考列中等者，由部奏补协军校（即少尉）；留日士官毕业者，奏补正军校（即上尉）；留学西洋陆军毕业者，奏补协参领（即少校）；均各发给文凭。凡在文科高级学校毕业者，则给予举人出身等。"

按陆军部定章，通国速成学堂毕业生须分发到近畿各镇见习。自到部队入营之日起，均要书写日记，记载起居操行与部队教育情形之得失，以及批评建议等，于见习期满时呈报陆军部。同时，部队长官于学生见习期满后，对于见习学生的操行成绩加以评语，呈报陆军部（双方各自保密）。作为军事教育改进之参考资料。见习期满后，学生均咨回原省旗侯差。通国速成学堂是清廷举办的一所军事学堂。它是为适应在全国编练常备军的需要而开设的。该校只存在四个年头，先后招收了两期学员，但对全国政治、军事影响是巨大的。它是我国之有全国统一的陆军学校之始。它使各省军队教育渐趋统一改善。[①] 该校共举办两期，培养了 1281 名新式军事人才。[②] 这些军事人才，分布在全国二十二个省区，对于全国军事教育的统一和

① 周维纲：《重印本录缘起》，载陆军部陆军速成学堂同学录，（中华民国二十五年三月重刊）

② 周维纲：《重印本录缘起》，载陆军部陆军速成学堂同学录，（中华民国二十五年三月重刊）。周维纲说两期 1400 余人。同学录共计 1281 人。

进步具有重要作用。据统计至1936年该校毕业生中有140名获旅长（含文职考员）以上军政要职，其中有相当数量获得省军以上职务，重要的有陈树藩、吕公望、张钫、刘建藩、蒋介石、张群、王柏龄、杨杰、李景林、马登瀛、林振雄、李润发、李韫珩、陈健、方声涛、袁绩熙、陈日升、王莩、党仲昭、王翰鸣、瞿寿禔、黄实、周维纲等人。由此可见，该学堂毕业生对中国近代政治军事影响非同一般。同时该校还建有革命组织，著名的民主革命先行者何遂先生回忆："保定除了陆大、还有一所陆军速成学堂，革命党人方声涛、吕公望、林知渊等都在该校，我们是互通声气的。方声涛在日本时早已入了同盟会，因此我们又和日本同盟会总部有了联系。""于是由方声涛主盟，用针刺破手指，写了血书，烧成灰后置于酒内，痛饮一番。在保定，前后加盟的有72人。"① 周维纲（1886—1962）系该堂第一期辎重科毕业，别号旅丞，江西会昌人，官至国民党中将。他在重印同学录的序言中说："故自本校同学毕业回省任职后，各省军官教育，渐趋统一改善，旋值辛亥起义，各省闻风响应。本校同学原多夙志革命，至是，遂本革命之素怀，而作壮烈之举动，因而牺牲生命，卓著奇勋者，大有人在。共和告成，民国底定，本校同学，与有力焉，匪特此也。即厥后护国护法及北伐诸役，本校同学、效命其间，多所建树者，亦难胜数。是则本校同学之于党国，所关殊重，已彰彰然矣。"② 应当说这个评述是符合实际的。

---

① 何达等主编：《何遂遗踪》，人民出版社2012年版，第15—16页

② 见周维纲：《重印本录缘起》，陆军部陆军速成学堂同学录1936年3月重印。

其次，培养了许多军事教育的骨干，推动了军事教育的发展和新军的编练。该学堂毕业生中有许多人从事专门的军事教育与研究。如杨杰，石杰、朝敬铭、曲严、赵世鑫、欧阳振、张开宇、萨贞豫、肖之干、蒋益元、盛国桢、潘毅、何祖列等。他们对于中国近现代军事教育的发展和军事研究的进步作出了重要贡献。刘士毅著有《日本军队教育概况》《中国军事教育概况》《国防要义》、杨杰著有《国防新论》、《国防军事必读》、《苏联国防政策》、《战争抉要》、《孙子浅谈》等。这些著作在很大程度上推动了中国近代军事理论的发展。

通国陆军速成学堂在全国军事近代化过程中发挥了积极作用。它是当时全国规模最大，设备最完善的军事学堂，为以后全国军事学堂的开办提供了经验，奠定了基础。

［**军事留学生的派遣**］1904 年（光绪三十年），练兵处奏订选派陆军游学章程，规定每年派出一班，拟以四班为一轮每班 100 名。选派学生各省须有定额，如京兆，直隶等省旗各 6 名，奉天、山东等省 4 名。如各省有愿多派者也可，但不得有倍于原派之数；凡已设武备学堂各省旗，其学生应在该学堂内选派；学生川资、学费，由练兵处筹五成余五成由各省旗筹备；学习兵事，专为国家振武之用，自应由官派遣，不得私自往学，其有现时业经在习武之自费生，由驻日大臣及监督考察后，随时咨明练兵处，贴给旅费，改为官费生，以资造就。自此次定章后，凡赴日本学习武备之自费生，即行禁止，以归一律。[1] 自陆军部成立后，为了更有效地集中权力，规定以后各

---

① 《大清光绪新法令》（第 14 册）。

省的学生必须从陆军部速成学堂中选派不得另自选送，舆昭画一。另外，它还在该学堂专门设有留学生预备班，全国留学生必须在此培训，经过考试合格后方可派遣出国。后来一大批才学俱优的留学人员。如1907年底蒋介石、杨杰、张群、马晓军、马登瀛、杨侃、林志雄、项鹏、王柏龄等65人都是在该学堂读完预备班后留学日本的。据《蒋介石日记》载1907年初，赴保定通国速成武备学堂报到，从浙江溪口到直隶保定整整步行了一个月时间。入校后，被编入炮兵科德语班。1908年初，学校从日语班中选拔赴日留学生，自然不会考虑在德语班学习的蒋介石。为此，蒋介石找到校方，据理力争。他说："我曾在日本清华学校学习日语半年之多，经再三请求，学校答应了他的要求，将其推荐给陆军部。临考前一天晚上朦胧入睡的蒋介石被一个自称赵总办派来的人"① 通知特准参加考试（还包括张群等共40人）。蒋介石考试顺利过关，终于实现了赴日学习军事的梦想，被保送到日本振武学校。是年春节过后，22岁的蒋介石来不及告别家人即匆匆启程前往日本，临行前，童保暄与林子英，叶朋西，陈伯令，王醉青、林达生、蒋叔南等9人，于正月十三日，在保定城内的庆珏饭店，为蒋介石、项朋等浙江籍同窗老乡设宴饯行，童保暄于席间吟诵七律一首：

四面劫尘唤梦回，少年世界少年为。
东岛环湖春色早，中邦接陆日光回。

---

① （日）古屋奎二：《蒋总统秘录》（二册），（台北）中央日报社1977年版，第50页。

钱塘浪满瀛洲近，辽渤帆圆沧海来。

花开文明留意采，好扶祖国上竞台。

根据有关统计，通国陆军速成武备学堂选派到日本的学约65人，其中年龄最大的是26岁，最小的是18岁，学生的籍贯分布也比较广，有22个省份，体现了通国的一面。其中人数最多的直隶和京兆，这些留日陆军学生，对中国近现代政治、军事影响甚大。

首先，在中国近代军事领域有“保定系”，“日本士官生系”、“黄埔系”之分。保定系是由保定诸军校出身的将领构成；“黄埔系”是由黄埔军校出身的国民党将领为主构成。日本士官生系就是以留学日本士官学校的毕业生为主。中国自古就重视同学关系，各系的同学在政治上互相联络形成一股势力，蒋介石在前两系之中，可以算得上是资格较老的一个，他在1907年考入保定陆军通国速成学堂，次年二月，留学日本振武学校三年，1911年在日本陆军炮兵部队实习即将期满时，辛亥革命爆发，他回国参加起义，被日本方面开除，失去了在日本士官学校学习的机会，但也能算得上“半个士官生”，蒋介石与“保定系”和“日本士官生系”都有比较密切的联系，他们凭借这两大派系又培养出庞大的“黄埔系”，为他的军事发展打下了重要基础。

留学日本时期是蒋介石人生的一个重要时期。他在日本结识了陈其美，并结为金兰兄弟，陈介绍他加入了同盟会，认识了很多革命家，蒋追随陈其美参加革命，在辛亥革命中成为陈的得力部下。陈其美是孙中山最信赖的同志之一，1910年6月，陈其美引见蒋介石结识了孙中山，并得到了孙的赏识。孙中山曾对陈其美说过“我们的革命运动，实在需要像这样的人，在同盟会来说，是很难得的人才，他一定会成为革命的实行家。”此后蒋介石追随孙中山，在孙中山的扶持下，政治上很快飞黄腾达。

其次，这65人的留日学生是分多批去日本的。其中蒋介石、张群、王柏龄、杨杰等人是同一批于1907年去的日本振武学校。所以他们的关系显得更加亲密，这些人后来大都得到了蒋介石的重用。王柏龄曾任国民革命军第一师长、国民党中央委员等职。张群曾任湖北省主席，外交部长，中央委员等职。张群等人在长期的政治生涯中，一直追随蒋介石，成为他的得力助手。这批留学生在日本学习期间和日本很多人建立了比较密切的关系。这些人中不少人成为后来的军政要人。蒋介石在日本时期，就认识了日本间谍铃木贞一，此后日本参谋本部派铃木贞一陪蒋从上海南下，为蒋介石出谋划策，直至发动四一二政变。日本人头山满更与蒋介石关系匪浅，蒋第一次下野后寻找新靠山，在日本追求宋美龄，与日本政要会谈，都离不开头山满的鼎力相助。黑龙会会长内田良平也给蒋介石帮了不少的忙。日本人成了这批留日学生的社会关系的一个重要方面。

总之，这些留日学生在民国政坛上形成一股重要的政治力量，也和日本的关系打下了基础，对民国的政治产生了深远的影响。

［**全国编练三十六镇新军之规划**］陆军部成立后，即接管了全国练兵事务，将兵权收于中央，并于1906年作了两件大事：其一，同年11月20日将北洋陆军第一、第三、第五、第六镇收归陆军部统辖、并成立近畿督练公所，专门负责此四镇

的编练工作；北洋第二、第四镇暂由直隶总督袁世凯调遣训练。准袁世凯开去各项兼差，以专责成而符新制。[①] 其二，12月15日令各省督抚将军全力编练新军，收各省军队全归陆军部管辖。同时执行练兵处既定政策，派遣陆军学生七十人赴日本留学。翌日，改陆军部印信：1907年8月29日，陆军部决定分省限年编练陆军三十六镇，其章程规定：（1）近畿四镇，已编成（第一、三、五、六镇）。（2）直隶两镇已编成（第二、四镇）。山东一镇，策划中，限三年编成。（3）江苏两镇，已编成一镇（第九镇），另一镇已成步防一协、炮、马队各二队，工兵一队，限三年编成。（4）江北一镇，已成步队一协。炮队两营，限四年编成。（5）安徽、江西、河南、湖南各一镇，皆成步队一协，炮马队一至二营，限四年编成。（6）湖北两镇，已编成一镇（第八镇）。另一镇已成一混成协，限三年编成。（7）浙江福建各一镇，皆成步队一协，限三年编成。（8）广东两镇，广西一镇，广东已成一混成协，广西已成步队三营，炮队一营，限五年编成。（9）云南两镇，已成步队一协，炮队两营，限五年编成（10）贵州一镇，已成步队一协，限五年编成。（11）四川三镇，已成步队一协，限三年编成两镇，另一镇由度支、陆军两部协商，给予期限编成。（12）山西、陕西各一镇，山西已成步队一协，陕西已成步队一协，炮队一队，限三年编成。（13）甘肃两镇、新疆一镇，甘肃已成步队一协，马队二营，炮、工队各一营，限五年编成。新疆已成步队一协，马队二营，炮队一营限三年完成。

---

① （清）世续：卢润痒等编：《大清德宗景（光绪）皇帝实录》（卷565），第5页。

（14）热河一镇，筹划中，限四年完成。（15）奉天、吉林、黑龙江各一镇，其中吉林已成步队一协，其他尚未编设，统限二年完成。[①] 编练新军所需饷项，除由部筹之镇另外办理外，其余均责成该省将军督抚就地筹款，悉心经画均自奉旨之日起，按照奏定年限，限期满一律编练足额。这是陆军部在编练新军方面的最大成就之一。

（七）陆军讲武堂与学兵营的兴办

练兵处和兵部在会奏的《陆军学堂办法》第十三和第十九条规定："各省设计讲武堂一所，为带兵者研究武学之外……全省带队各官，均须分班轮流到堂讲习武备。"各营头目亦须粗知兵学，应由各省各军在营队内考选聪颖兵丁，聚集一处，作为学兵营。专派教员，授以浅近兵学暨训练新兵各法，专备拔充头目之选。[②]

［**北洋陆军讲武堂与学兵营**］1906年袁世凯在天津韩家墅创办了北洋陆军讲武堂。讲武堂占地400亩，斥资48万两白银。坐北朝南，分东西两大院，门楼上方均镶嵌袁世凯题写的石匾，东院石匾书"陆军第一讲武堂"，西院石匾书"陆军部队学兵营。院内设营房、讲堂、食堂、浴室等，可容纳3000人居住。两院中间有弹药库，院外设有靶场。宣统元年（1909年）讲武堂改为营盘。"[③] 该堂编制为总办蒋雁行，以

---

① 《政治官板》光绪三十三年十一月十日，第五十号，《电报奏咨类》第四至五页，《陆军部奏拟订全国陆军镇数立限编配折（补签）》，刘凤翰：《晚清新军编练及指挥机构的组织与变迁》第229页。

② 天津图书馆、天津社科院历史研究所编：《袁世凯奏议》（下）（卷39），天津古籍出版社1987年版，第1328页。

③ 该堂旧址成为营盘后1947年被拆毁。

下设有监督总教习，教练官和教习（其中包括日籍教习步兵少佐鹫见荣治，炮兵中尉渡濑二郎，步兵少佐龟井甲子藏等）执事官、副军需官、正军医官、书记官、司药官、司事生、医目、医兵、马弁、护目、护兵、伙夫、夫役等若干各司其职。学堂分为学科和术科，均就实事实物研究新法新理。其中学科有战术学、军制学、兵器学、地形学、测绘学、筑垒学、交通学、军人卫生学、马学、服务提要、军用武术法式等；术科有场操，野操、体操、剑术、马术、打靶术等。术科中又以场操、野操、打靶等项为主，以体操、剑术为辅。学堂每年常额经费银二万八千七百余两，活支经费银一万一千五百余两，总计常年需费银四万三百余两。“学员分为上下两级，自统领至管带为上级学员，专习兵事大纲并考求外场利弊；自督队官至司务长为下级学员，内堂外场均须实行演习。”① 各镇官长分班轮流到讲堂讲学，每期额定学员 180 名，分成三个班，每三个月为一期，周而复始，依次递进。该堂先后举办六期，毕业学员七百四十名。学员期满后，由总办禀请督练公所派员会同考试，评定优劣并分别榜示。归队后如办事勤奋，则准予提前升阶名次，迁有应升缺出，尽先拔补；如在堂时曾有惰学犯规情节，即分别停升降用。

学兵营全称为北洋陆军学兵营。学员系从北洋各镇正副兵内，考选聪颖兵丁来营学习编为步队一营，设管带（隶于讲武堂、卢金山、田中玉曾先后担任）督队官、队官、排长，司务长，学习官、正目副目，正副兵、军需长、书记长、军医

---

① 天津图书馆、天津社科院历史研究所编：《袁世凯奏议》（下）（卷39），天津古籍出版社 1987 年版，第 1331—1336 页。

长、司书兼司事长，医生、号目、护目、号兵、护兵、匠目、枪匠、皮匠、医兵、伙夫、驾车兵、喂养夫等若干名各司其职。该堂课程分为学、术两科，必须实地指陈，不得凭空演说。其中学科有步兵操法、弹击教范（摘要）、工作教范、野外勤务书（摘要）测图学（摘要）、算术学、军器保存学、军人卫生学等；术科有单人教练、体操、弹击实施、大排教练、一队教练、一营教练、刺枪术、工作实施、游泳、赛船、野外演习、自（目）测实施等。每年额支需银一万七千二百余两，活支银需二万一千八百余两，总计常年共需银约三万九千余两。学员均是各镇正副兵内之聪颖兵丁四百名，每班以一年为限，授以各种战时实用技术及新兵训练方法，以期养成头目为教练新兵之用。该营要求学兵品行为上，学术次之。将来选充头目，有表率兵丁之责，关系綦重，任教育之官长，必须“详加勖勉，俾知明耻教战之义，养其忠爱奋发之忱。”① 学兵学习期间，其饷米、军衣柴价等项均由该管各镇按月知会饷局拨营转发。毕业考试合格，由教练处给予凭照。其成绩优异者，由总办另具切实考语。呈报督练公所存记，俟该兵升充头目后，名次序列在前，遇有司务长缺出将尽先提补；各镇所选学兵，凡成绩优异在四成以上，由讲武堂总办禀明督练公所将该统带、管带分别给奖。讲武堂和学兵营因袁世凯调任京职而停办。

［云南陆军讲武堂］ 如前所述，晚清编练新军计划在全国编三十六镇，其中第十九镇建于云南，新军编练亟须新型军

① 天津图书馆、天津社科院历史研究所编：《袁世凯奏议》（下）（卷39），天津古籍出版社1987年版，第1333页。

官，清政府为适应这一形势的需要，作出统一的规定：“各省应于省垣设立讲武堂一处，为现带兵者研究武学之所。”1908年（光绪三十四年）护理云贵总督兼云南藩台沈秉经向清廷奏准，筹办云南陆军讲武堂。校址设在昆明原明朝沐国公练兵处，占地7万余平方米。现今还存在着一幢米黄色砖结构的四合院的二层建筑。由东、西、南、北四座楼房组成，各楼对称衔接并设有通廊，楼端各设拱券门一道。占地面积1390平方米。主楼西南尚存有大课堂（礼堂）和兵器库一幢。南楼中部设阅操练，高约15米，宽13米。楼前即当年宽大操场，不亚于两个足球场面积不过今天已为云南省科技馆等高大建筑所替代，宣统六年八月十五日（1909年9月28日），云南讲武堂正式开学。高尔登任总办，后由留日士官生李根源继任。开办之初，设甲、乙、丙三班，分别由李伯庚、赵康时、方声涛任班主任。甲班学员选调陆军第十九镇管带（营长）、督队官（副营长）队官（连长）、排长共120人；乙班学员选调巡防营管带、帮带（副营长）哨官（连长）哨长（排长）共100人；丙班学生则在社会上招收16岁—22岁的具有中等文化以上，品行端正，文理清顺、身体强健者200人。不久又将第十九镇随营学堂的200名学生并入丙班。1910年7月，鉴于当时云南新军军官严重缺乏，急待补充，于是又从丙班中“选其年龄稍长学识较优者编为特别班，以期速成。”① 特别班学生100名，酌分兵科，专授军事，缩短学期提前半年毕业。朱德曾以云南蒙自籍考入讲武堂丙班学习，由于成绩优异被选到

① 素庵适生：《云南陆军讲武堂的概况》，科学出版社1959年版，第17页。

特别班学习。辛亥革命前云南陆军讲武堂为云南陆军培养了600余名合格中下级军官。

学堂开办之初分步、骑、炮、工四个兵科，设甲、乙、丙三班。课程仿照日本士官学校加以调整而成，分为学科、术科两项。讲武堂聘用了一批国内武备学堂毕业生和日本士官学校中国留学生任教。云南陆军讲武堂开办之际，正好是日本陆军士官学校第六期中国留日学生毕业回国，云南当权者便从中物色人才，任命大批回国留日学生为讲武堂的骨干和教官。在这批人中同盟会员占相当大的比例，如李根源、李烈钧、张开儒、方声涛、赵康时、沈汪度、唐继尧、庾恩旸、顾品珍、刘祖武、李鸿祥、李伯庚、罗佩金等。据统计，在云南陆军讲武堂开办之初的47名教职员中，同盟会员就有17人，革命分子11人，倾向革命者8人，政治态度不明者11人。该堂为同盟会提供了重要的活动场所，革命党人事实上掌握了讲武堂的大权，使之成为云南革命的重要据点，成为西南地区团结革命力量的核心。

学堂的校训是“坚忍刻苦”。讲武堂还制作了军歌，歌词慷慨激昂，富有感染力。辛亥革命后，该学堂改名为云南陆军讲武学校。在辛亥云南起义和护国运动中，云南陆军讲武堂发挥了重要作用。辛亥革命爆发后，云南革命党人深受鼓舞，蔡锷、李根源等多次举行秘密会议。决定10月30日晚在昆明发动起义，并推举蔡锷为起义军总司令，李根源为副司令。是晚，以讲武堂学生军为骨干的起义军向总督署等地发动攻击，经过10个小时的激烈战斗，起义军占领昆明，即通电全省、全国成立中华军都督府。辛亥云南起义的成功，推翻了清政府在云南的统治，支援了武昌起义，推动辛亥革命在全国的发展。以云南讲武堂师生为骨干组建的滇军，在护国、护法战争中战绩辉煌，故学校声誉日隆威名远扬。邻省甚至邻国许多有志青年纷纷来昆明求学。据不完全统计，从第十一期至十七期，朝鲜、越南来留学的青年达200余名。至1928年学校停办。1930年，龙云在讲武学校成立滇军教导团，龙自兼团长，除步、骑、炮、工四兵科外，增设宪兵、经理、交通三个区队以培养专业军官。教导团共办三期。此至，云南陆军讲武堂（校）共办22期，包括校内举办的各种培训队、班，共培养各类军官、军士约9000人。讲武堂师生在北伐、抗日战争以及解放战争中继续发挥巨大作用，为了中国人民以及世界人民解放事业，作出了重大贡献。云南陆军讲武堂（校）走出了两位元帅，二十多位上将。更令人惊奇的是有三个国家军队的总司令和一个国家的国防部长出自这里。从这里先后走出数百名将军，中将以上的高级将领有数十人，他们在中国近现代史上占有重要地位，其中较著名的教官有：李根源（上将陕西省省长、粤滇军总司令）、顾品珍（上将，云南督军、省长）、唐继尧（上将，云南督军兼省长、靖国军总司令建国联军总司令）、李烈钧（上将、江西都督、护法军政府总参谋长）、张开儒（上将、滇军总司令、广州大元帅府参谋总长）、罗佩金（上将，护理四川督军，靖国军第一军总司令）刘存厚（上将，四川督军，四川陆军检阅使）、赵又新（上将、川滇黔靖国军第二军总司令）、杨杰（上将，陆军大学校长、代理参谋总长）。毕业生著名的主要有朱德（元帅、中国人民解放军总司令、全国人大委员长）、叶剑英（元帅、中华人民共和国国防部长、人大常委委员长）、崔庸健（次帅、朝鲜人民军总司令、朝鲜最高人民会议常委会委员长）、武元甲（大将，越南国防部部长，兼越南人民军总司令）、朱培德（一级上将、参谋总长、代训练总监)、金汉鼎（上将、代理滇军总司令、国民革命军第九军军长)、范石生（上将、滇军第二军长、国民革命军第十六军军长)、胡瑛（上将、云南戒严司令部司令)、盛世才（上将，新疆临时边防督办，第八战区副司令长官）赖心辉（上将四川边防军总指挥、四川省省长、第二十二军军长)、龙云（二级上将陆军副总司令、军事参议院院长、国防委员会副主席)，卢汉（上将、第一方面军总司令、云南省主席)。云南陆军讲武堂在中央近现代史上有着光辉的历史，朱德称之为“中国革命的熔炉”。

［**东北陆军讲武堂**］东北讲武堂最初称东三省讲武堂，建立于光绪三十三年（1907 年）[①] 八月。东三省总督徐世昌根据编练新军的需要，遵照陆军奏定：“各省应在省垣设立讲武堂，作为带兵者研究武学之所。”遂借用奉天陆军小学堂房舍设立东三省讲武堂，后移至奉天省城小东边门外。张作霖主政东北后，改名为东北讲武堂。讲武堂设立之时即颁布《东三省讲武堂暂行章程》，规定本堂为“三省各营现带兵官长研究武学之所”，“全堂设总办一员，监督一员，分科教练官四员，总教习一员，分科教习四员，分科助教习二十员，执事官一员”。俱以陆军学堂毕业学生出身人员充当，同时聘请各部队长官来堂讲习。培养对象分为两科，第一科为新编陆军军官。第二科为巡防、捕盗各营军官。每期名额，第一期 100 名，学期半年，第二期 200 名，学期一年。学员由均由各镇、协、标、营选送。教学内容分为学科、术科两类。学科为战术、军制、兵器、地形、筑垒、交通、卫生、马学、服务刚要，军用

① 徐世昌:《东三省政略》，吉林文史出版社 1989 年版，第 733 页。

文牍等项，术科为各兵科操练，野操，体操、剑术、射击等项。

1908 年 10 月始开设陆军巡防两个班，学期六个月，共举办三期。1911 年辛亥革命爆发后，东三省讲武堂停办。

1918 年末，张作霖任东三省巡阅使，为解决军官素质问题，1919 年 3 月重开讲武堂改名为东三省陆军讲武堂，隶属东三省巡阅使署，先后举办八期。1928 年皇姑屯事件后，张学良任东北保安司令，改校名为东北讲武堂，堂长一职取消，张学良仍任监督，鲍文樾为教育长。为了统一东北军事教育机构，所有东北军事教育机构统归讲武堂监督管辖。东北讲武堂从第一期至十一期止（九一八事变止），除第七期在北京外，其他各期均在沈阳，总计毕业学员万名，另有各种专科班，研究班毕业学员 1000 余人。

东北讲武堂课程的内容主要分为学科和术科。教官主要来自日本陆军士官学校的中国留学生和保定陆军军官学校毕业生。据统计先后有 132 名保定军校生在东北讲武堂任教。①

（八）海军部的设立与海军学堂之恢复

［**海军部的设立**］从 19 世纪 60 年代以后，清政府开始筹建近代海军，同治二年（1863 年）曾花费 107 万两白银通过总税务司英国人李泰国从英国购置了八艘轮船，由一名英国海军上校阿思本招募 600 名英国海军官兵来华，阿思本对舰队有完全指挥权。清政府未接受李泰国与阿思本签订的协议，决定予以遣散。清政府白白耗费了 67 万两银，却一无所获。同治五年（1866 年）清政府创办了马尾船政局，自制兵轮，筹建

① 任牧辛：《保定军校六讲》，中国文史出版社 2012 年版，第 351—495 页。

海军，被称为“中国海军萌芽之始”，同治八年（1869 年）造出了第一艘轮船“万年青”号，至同治十三年（1874 年）制造轮船 15 艘。同时江南制造总局也开始制造到同治十年（1871）造兵舰 6 艘。但造船价格昂贵且多系旧式。因此清廷又采纳了向外国订购军舰的建议，光绪元年（1875 年）北洋和南洋分别向英国订购了共 8 艘炮舰，命名为“龙骧”，“虎威”，“飞霆”、“策电”、“镇东”，“镇西”、“镇南”、“镇北”，与此同时，广东福建两省也从英、德、法、美购进一些军舰，准备在十年内建成南洋、北洋、粤海三支舰队。

中法战争爆发后，福建海军在马尾受到毁灭性打击。戒于外患，群臣竞奏，请练海军，备款三千万，思练一劲旅。①清廷遂集中力量加强北洋海军建设。光绪十一年（1885 年），李鸿章从德国订购了“定远”“镇远”两艘 7000 吨级的铁甲舰和“经远”、“来远”两舰，又从英国订购了“致远”、“靖远”两艘巡洋舰。10 月 13 日设海军衙门，以醇亲王奕環为总理海军大臣，奕劻李鸿章为会办大臣善庆曾纪泽为帮办。以海军衙门统一海军指挥权，总管海军、海防事宜。这样清政府由单一的陆军兵种发展到陆海两种，这是军制建设方面的突破。至光绪十四年（1888 年），北洋海军正式成军。同年海军衙门编写并颁发《北洋海军章程》，章程主要采用英制，同时也参考了德国海军章程，内容详尽有利于中国近代海军的发展。

甲午战后，北洋海军全军覆没，这是海军建设的一大挫折，无所事事的海军衙门，也随之于光绪二十一年被裁撤。海

① 梁启超：《瓜分危言》，《饮冰室文集》（之四）。

军事务由陆军部门代理。光绪二十二年（1896 年）清政府决定重建北洋海军，至光绪二十五年（1899 年）共有巡洋舰 5 艘，驱逐舰 2 艘、鱼雷 8 艘。任命叶祖珪为统领。宣统元年（1909 年）、清政府设立筹办海军事务处，以宗室载洵、提督萨镇冰为筹办海军大臣，把海军划分为巡洋和长江两个舰队。巡洋舰队负责海防，以程壁光为统领；长江舰队负责江河，以沈寿堃为统领。宣统二年（1910 年）十一月，清政府又把筹办海军处改为海军部，以载洵为海军大臣，并任命萨镇冰为海军统制（即海军司令员）当时全国总计舰艇 135 艘，共 51627 吨，但大多是小舰艇，且设备陈旧，很难出洋作战，捍卫海疆。

［**海军学堂之恢复**］甲午战后，海军学堂教育也遭重创，旅顺、威海两校，因两地失守而停办。昆明湖水师学堂也于甲午战前停办。其余的学堂也处于不景气状态。清廷不久又决定重建北洋海军，因海军人才稀缺，清政府确定了“整理水师武备学堂，简选练习、以储将才”的方针，整顿海军教育、培养人才成了重振海军的重点，前北洋海军将领叶祖珪、萨镇冰等恢复原职。令其统带新购各军舰。同时清廷又整顿水师各学堂恢复招生办学，1897 年福州船政学堂恢复招生，接着天津、江南、广州、黄埔等水师学堂亦陆续恢复招生。在整顿原有学院的基础上清政府又先后创建了烟台海军学堂、湖北海军学堂等。其中以烟台海军学堂最为有名。1903 年在海军提督萨镇冰的策划下，由谢葆璋负责筹建。1908 年春校舍落成。是年在津沪招生各 90 名。该学堂参照英国学堂章程。入学年龄 13 至 16 岁为限，学制 3 年，至 1928 年该校并入福建马尾海军校，同年冬校址毁于大火。该校共毕业 18 届、540 余人。

毕业生先后派至日本英国留学。烟台海校历届毕业生成为中国近代海军中坚力量。如国民党海军将领郭寿生，中山舰长李之龙，重庆舰长邓兆祥。

总之晚清时清政府为培养海军人才，自办海军学校有十余所，培养出1799名海军人才。[①] 晚清的海军学校，按人才培养目标可分六类：培养驾驶和管轮人才的学校有福州船政学堂后学堂、天津水师学堂、黄埔水师学堂、江南水师学堂、威海海军学校、烟台海军学校和湖北海军学校等7所，培养出驾驶人才879人，管轮人才415人。培养制造设计军舰的科技人才的学校只有福州船政学堂前学堂一家，毕业生共178人，培养水雷专业人才的学校，有黄埔水雷局、旅顺口鱼雷学校和南洋海军雷电学堂，有毕业生42人。海军内部的训练机构，为士官提供训练和进修的场所，主要有马尾海军练营，广东海军练营，旅顺海军枪炮学堂。此外还有专门培养军医的天津海军军医学校和培养高级指挥人才也就是专为培训舰长的昆明湖水师学堂，学员主要是旗人。福州船政学堂开创近代海军教育模式，天津水师学堂，江南水师学堂在此基础上补充和完善，这三所学堂的教育制度，代表了整个晚清海军教育状况。

（九）《战争论》等世界军事学名著的翻译出版

德国近代军事理论家克劳塞维茨名著《战争论》自1832年问世以来，先后被英法日俄等译成多种文字，在世界上广为流传，成为世界近代兵学的奠基之作，对世界军事发展产生了

---

① 张墨、程嘉禾：《中国近代海军史略》，北京海军出版社1989年版，第172页。

极其深远的影响。

甲午中日战争以后，随着军事学堂的设立，武备研究机构的初创，以及对甲午战争和反八国联军侵略战争失败的经验教训的反思和总结，人们对西方军事书籍翻译的重点也随之转移，一些理论层次较高的军事著作，便逐渐被引进到中国并翻译成中文。《战争论》1903 年在日本出版日文版，随后传入中国。1908 年的《战略学》教科书，该书有应雄图著任衣洲翻译。该书糅合了克劳塞维茨《战争论》的基本思想，这是《战争论》进入中国的最早记载。1910 年冬之前，保定陆军部速成学堂第二期骑科学生潘毅等延请同学何润珊、瞿寿禔补译，1911 年 3 月中国第一部《战争论》完整译本由陆军教育研究社刊印，起名《大战学理》。该书前六篇是由清廷军咨府翻译，其余部分由潘毅等补译完成。还有两江督练公所排印的《日本陆军大学战术讲义》等。

军事学研究团体的建立是军事学深入发展的重要条件。在西方“每遇困难学科，辄立学会广招同志，工矢研究，故能交广见闻，拓张知识，其新理、新器、日出不穷，多半由此。”[①] 可见学术团体对于学科的建设和发展的重要地位。《军华》创刊于 1911 年，它是北京军国学社所办专门研究军事战略和军事技术的刊物。该刊所载《对于西北边防之研究》、《统计与军事关系》等具有一定的学术水平，至今仍有参考价值。《武学》创办于日本东京。该刊集中反映了弥漫于留学界的军事国民教育思潮。大力宣传“以军强国人人皆兵的政治

① 《本会纪实，总理傅详咨部案》，载《地学杂志》，第 1 期第 3 号，1910 年 4 月。

观念”。同时还着力进行军事教育、军事技术、军事武器和战略战术的研究。如《骑兵战术论》、《步兵教育之绪论》、《海军之战术论》、《炮兵使用之原则》、《说宪兵》、《军舰之类别性能概论》、《战时给养说》等都有很高的学术价值，表明清末军事学研究已经达到一定的水平。

第四章　保定陆军军官学校的建制与教学状况

一、保定陆军军官学校的建立

清末制定的四级制军事学堂体系，因辛亥革命的爆发，陆军兵官学堂尚未建立。辛亥革命最伟大的成果是推翻封建帝制，建立了中华民国。民国元年四月二十一日，临时政府的第一届内阁唐绍仪内阁正式成立，段祺瑞出任陆军总长。内阁成立后，陆军部即开始筹划前清陆军兵官学堂的规复工作。六月六日，陆军部即正式通告将原名兵官学堂改为军官学校，[①] 陆军中学堂改为陆军预备学校，[②] 废除陆军小学，采用三级制。六月十日，陆军部通告各省，请各省督署召集散处各地的原陆军兵官学堂入伍生及陆军中学堂未毕业学生，于八月一日到十五日之间，送到北京以便入堂。与此同时，袁世凯令赵理泰和周符麟负责筹办军校事宜，包括确定领导人员，延聘教官及管理人员，提出学校财政预算，筹备教学设备、武器、马匹等，并在北京设立了军校筹备处。1912 年 7 月 3 日，陆军部决定移校址于直隶保定清季陆军速成学堂内，因此通称为“保定

① 见陆军部军学司出文处理有关文书，陆军部档全宋号 1011，案卷号 1887。

② 《政府公报》1912 年 6 月 10 日，第 41 号。

陆军军官学校"，这便是中华民国第一所中央陆军军官学校创立的开始。

当时的陆军部迫切开办陆军军官学校的主要理由有二：首先，中华民国建立后，原先清政府所设立的陆军兵官学堂入伍生及陆军中学学生均散处全国各地，学业未成，若不加以召集复学而任其荒废学业，必将是人才的浪费，诚有失国家作育人才之本意。

其次，民国政府本身也需要创办一所军官学校，以培养陆军基层军官。上述的理由，在陆军部给袁世凯的呈文中均有详尽的说明。内云："民国初建，自以培植将才为整顿军队，力图自强之基础，是近月以来，督饬部中各员悉心筹划，规复陆军各项学校。"[①] 陆军部决定开办保定陆军军官学校亦说："民国建始，需才孔殷，造就将才之地，不容一日或无。"[②] 曾任陆军总长的张绍曾也指出："余维国势之盛衰，系乎人才。学校者，人才所自出，而陆军军官学校，则国家之军事教育机关也，举凡人才之隆替，军事之盈虚消长，均将于此觇之，则其系乎国势之盛衰者，不綦重欤！[③]" 由此可以看出民国政府对于举办军事学校已有深刻认识，并有迫切要求。民国北洋政府对于前清陆军四级教育体制进行了继承和改进，将陆军兵官学堂改名为陆军军官学校，陆军中学改名为陆军预备学校，废止陆军小学堂。这种改进使教育体制更适合中国国情，并日趋完善。

---

① 《政府公报》1912 年 10 月 18 日，第 170 号。
② 《政府公报》1912 年 6 月 10 日，第 41 号。
③ 见《保定陆军军官学校同学录》序一。

陆军部曾发文说明改名理由，文中说：“（陆军）中学所教，除三十分之一系浅近军学外，其余尽属普通学，故德国不设此校。兵官学校学生尽由文中学校而来，日本虽设此校，仅称中央幼年学校，并不称中学，我国将来军国民教育倘能普及，此项学校自应仿照德国，实行裁撤，现在仍应暂行办理，惟名称应改为陆军预备学校，以示此项学校专为升入军官学校而设。又军官学校原名兵官学校，在普遍沿用之兵语，则皆称军官而不称兵官，今宜改称军官以符名实，“兵官学堂应改称陆军军官学校”。[①] 同时把总办改称校长，并颁布学校关防，民国元年九月二十一日陆军部公布“陆军军官学校条例”四十条（含总纲、职掌、经费、附则），其第一条则明确规定：“陆军军官学校为造就初级军官之所，专收各兵科军官候补生，教以初级军官必修之教育。”第三条规定“学生之教育分为教授及训育”，对于教育之次数、教练课目、日课时限均有详细的规定。[②] 第五条规定军官学校校长、教育长、校副官、科长、教员、学生连长、学生排长等机构之设置。第六条规定了“学生之修学期为二年”。[③] 至此，保定陆军军官学校的名称和体制均告正式确定。

二、学校的机构设置与职掌

保定陆军军官学校以校长为最高负责人，统辖教育长、各

---

① 《陆军部札军官预备学校颁发该校关防文》，《政府公报》1912年6月。

② 《政府公报》命令第170号，民国元年10月18日。

③ 河北政协文史委员会编：《保定陆军军官学校》，河北人民出版社1987年版，第211—214页。

兵科科长、各科教员、学生连长、学生排长及其教职员。行政系统方面校长之下分设四处，即本处、教授处、训育处、马术处。本处所统率的是一般文职人员即军需、军医、兽医、文书及其他杂役；教授处负责教学任务，课程以军事课程为主，一般课程为辅；训育处是训导部门，专门负责学生军纪风纪的维持；马术处负责马术教育的教授。兹将学校的组织系统列表如下：

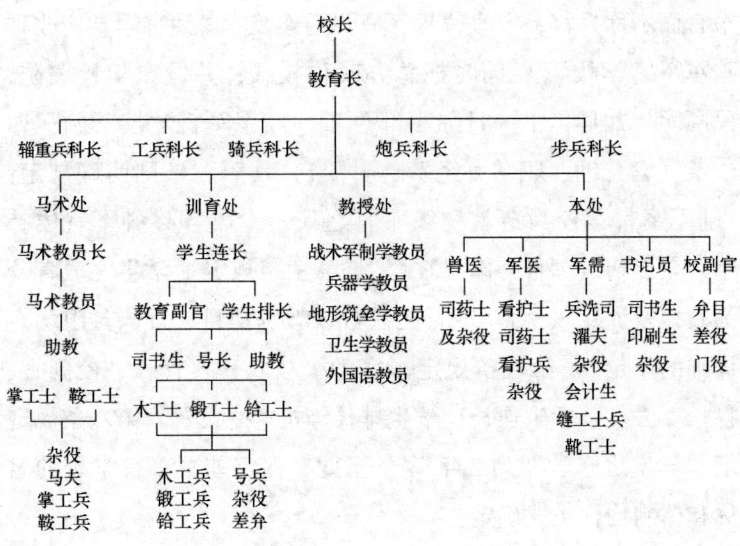

校长之军阶是陆军少将，对陆军部负责，其职责是统辖全校教员，综理全校一切事宜。

教育长之军阶是陆军少将或上校，其职责是禀承校长，指挥各科科长及教授处、训育处、马术处之官长，负统一教育之责。教育长之下分设步兵、炮兵、骑兵、工兵、辎军五科，每科设科长一人，其军阶是陆军上校或中校，其职责是督率教授处、训育处及马术处之各科官长，制定各该科之教育计划、编纂课程并研究教学方法，有时直接教授功课，负各科之完全教育之责任。

本处直隶于校长，主要人员是校副官、书记、军需、军医、兽医。校副官分一等校副官及二等校副官，前者军阶为陆军少校，后者之军阶为陆军上尉，其职责是禀承校长，处理全校一切庶务。书记分正副书记员，前者为陆军少校之文官，后者为陆军上尉之文官，其职责是专司学校之公牍文件，书记之下有司书生、印刷生等。军需分二等军需正、三等军需正及一等军需，二等、三等军需正，前者为陆军中校之文官，后者为少校文官。一等军需为上尉之文官。其职责是专司现金、物品、出纳及会计等事。二等军需正须教授经理学。军需之下有会计生及缝工士等。军医分四等，即二等军医正、三等军医正、一等军医及二等军医。二等军医正为职同陆军中校之文官，三等军医正为职同陆军少校之文官，一等军医为职同陆军上尉之文官，二等军医为职同陆军上尉或中尉之文官。军医之职责是专司治疗疾病，二等军医正需教授卫生学。军医之下有看护士、司药士等。兽医分二等，即三等兽医正和一等兽医，前者为职同陆军少校之文官，后者为职同陆军上尉之文官，兽医之职责是专司马匹的治疗和查验蹄铁。三等兽医正需要教授马学。兽医之下有司药士。

教授处由各学科教官组成，主要有战术军制学教员，兵器学教员，地形筑垒学教员、经理学教员（军需兼）、卫生学教员（军医兼）、马学教员（兽医兼）、外国语教员。另有杂役37人。

训育处为训导和管理部门，由学生连长和学生排长组成。各兵科皆按学生人数之多寡分成若干连，连之下又分成若干排。学生连长之军阶为陆军少校，其职责是禀承教育长和各科科长，督率所属学生排长，担任全连学生之训育，考查学生之品行和才能及一切内务，学生排长之军阶为陆军上尉和中尉，其职责是承连长之指示，维持学生之军纪和风纪，实行训育并整理连中内务兼管本科器具材料。排长之外另有教育副官，军阶同排长，其职责是帮同校副官，佐理教授、训育、马术等三处之庶务。排长之下有助教和号长，两者之军阶都是陆军准尉，助教之职责是帮同排长处理庶务，并承连长、排长之指示，分任操练、体操和击刺之指导。号长辖号兵若干人，职责是负责全校起居作息的吹号工作。此外训育处另有钤工士，缎工士、木工士、兵及杂役等项人员。

马术处专门负责马术教导和马匹的管理，由马术教员负主要之责。其军阶为陆军少校，职责是马术教育之责，兼管马厩一切事宜，以及调教马匹，马术教员长之下，有马术教员若干人，其军阶为陆军少校，职责是帮同马术教员长，分任马术教育之责，并管理马夫和马匹．马术教员之下设有助教，军阶是陆军准尉，其职责是承马术教员之指示，助理一切事务。此外，另有掌工士、鞍工士、掌工兵、鞍工兵、马夫、杂役等人员。

上述是保定陆军军官学校初期的机构设置状况。但是，这种组织机构到民国八年五月，即因为陆军部修改该校条例而发生变更，变更的主要内容主要有三条：

第一，废除各兵科科长，新设军事学教育长，以军事专门学科为名，分设战术教员长、兵器教员长、筑垒教员长等，各教员长仍上承教育长、分任各学科教育之责。[①]

第二，学生连长改为军官生队长、学生排长改为军官生分队长。[②]

第三，军需独立。[③] 原来由校长直辖的军需改为陆军部之军需司管辖。

以上变更都是为了使学校办得更加完善，比如第一项变更便是针对学校原组织之缺点而发的。因为该校虽分成步、马、炮、工、辎等五个兵科，但有些课程如战术学、地形学等，便是各兵科学生都得修习科目，而各兵科各设科长，对于不属本科之教育，便无法负起督饬的责任，对于别兵科的连排长，也没有管辖之权，上下隔阂由此而生，也将影响教学效果，为消除此等弊端，乃有该项变更。第二项变更的出发点乃是为了提高训育部门之主要干部的素质，使名实相符。因为连排长的名称与军队同，但在军队中的连、排长有升迁之机会，而军校中之连排长则无，致使许多优秀者不愿担任，为了克服此等弊端将连长改为队长，排长改为分队长。

第三项变更则更是为了免除校长分心于财务之事，使其专心学校教育。

保定陆军军官学校之经费分为额支、活支两项。前者是固定的经费，凡是薪水、伙食杂支等项为额支，初开办之时，由

---

① 《陆军总长靳云鹏呈大总统拟清改订陆军军官学校条例文》，《政府公报》1919 年 5 月 19 日，第 1181 号。

② 《陆军总长靳云鹏呈大总统拟清改订陆军军官学校条例文》，《政府公报》1919 年 5 月 19 日，第 1181 号。

③ 《陆军总长靳云鹏呈大总统拟清改订陆军军官学校条例文》，《政府公报》1919 年 5 月 19 日，第 1181 号。

校长禀明陆军部批准。嗣后按季具领。学校常年额支经费为483876两银元。

三、学校的课程设置与考核

［**课程设置**］学校初创时，其课程之安排如下：平时课业的学科部分，计有军事学中的战术学、兵器学、地形学、筑垒学、军制学、马学、卫生学、经理学等八科；一般课程则有外国语学（主要是指英文、德文、日文、俄文）和典令勤务书；术科方面区分为教练与技术两种，前者又分为校内教练和野外教练，后者则包括马术、劈刺术、体操；特别课业方面除了入学考试；学期考试和毕业考试外还有、工兵作业见习、野外战术演习，野外演习及野外筑垒实习、兵器及火药制造见习、炮扛操法、手枪操法、兵棋等八门。兹将课程名称及施行次数列表如下：

保定军校第八期以后课程表

校内课业					终日课业		
科别	课目		次数	共计	课目	日数	共计
学科	军事	战术学	223	761	作业	10	112
		兵器学	150		现地讲话	4	
		筑垒学	150		现地战术	33	
		地形学	72		测图演习	23	
		军制学	50		作业见习	1	
		交通学	50		野营见习	30	
		马学	33		兵器制造见习	5	
		卫生学	33		兵器保存见习	1	
	国文		128	128	兵通兵队见习	5	

续表

校内课业					终日课业		
科别	课目		次数	共计	课目	日数	共计
	外国语文		170	170			
	典范令服务提要		140	140			
本科	教练及野外勤务（校内校外）		195	403			
	马术		70				
	技术	武技 劈刺 体操	138				
附记	每次上课时间，军事学及校内教练为一时半，国文、外国语文、武技、典范令，服务提要各为一时。						

从课程表可以看出，四大教程的战术学、兵器学、地形学、筑垒学，其上课的总次数共计 595 次，占军事学课程总次数的 80.95%，分量最重；而术科上课总次数为 635 次，与学科的军事课程仅相差 100 次，可见该校课程系学科与术科并重外语分英、日、俄、德、法五种供学生选修，其上课次数达 425 节，比重较大，可见该校重视外语教育之一斑。

上述课程至民国八年五月时，作了若干修改。此时保定军官学校因改招普通中学毕业生，学校条例曾作了部分修订，课程乃随之修改。学科课程方面，新增交通学，而废除经理学，典令勤务书改为典范令服务提要；术科方面，则校内、校外教练合并为教练及野外勤务；马术独立于技术之外，自成一科。技术课程则新增武技一门。特别在课业方面，新增现地讲话及交通兵队见习，废去兵棋，炮、操法及手枪操法。

在授课次数方面，四大教程仍为 595 次，惟外国语从 425 次减至 170 次，特别课业则由 71 日增至 112 日，并改称终日课业，由此显示该校之逐渐重视实地见习。另外，教练时数从 425 次减为 195 次，兹将其课程及其上课次数列表如下：

保定军校第八期以后课程表

<table>
<tr><th colspan="5">校内课业</th><th colspan="3">终日课业</th></tr>
<tr><th>科别</th><th>课目</th><th></th><th>次数</th><th>共计</th><th>课目</th><th>日数</th><th>共计</th></tr>
<tr><td rowspan="11">学科</td><td rowspan="8">军事</td><td>战术学</td><td>223</td><td rowspan="8">761</td><td>作业</td><td>10</td><td rowspan="11">112</td></tr>
<tr><td>兵器学</td><td>150</td><td>现地讲话</td><td>4</td></tr>
<tr><td>筑垒学</td><td>150</td><td>现地战术</td><td>33</td></tr>
<tr><td>地形学</td><td>72</td><td>测图演习</td><td>23</td></tr>
<tr><td>军制学</td><td>50</td><td>作业见习</td><td>1</td></tr>
<tr><td>交通学</td><td>50</td><td>野营见习</td><td>30</td></tr>
<tr><td>马学</td><td>33</td><td>兵器制造见习</td><td>5</td></tr>
<tr><td>卫生学</td><td>33</td><td>兵器保存见习</td><td>1</td></tr>
<tr><td colspan="2">国文</td><td>128</td><td>128</td><td rowspan="3">兵通兵队见习</td><td rowspan="3">5</td></tr>
<tr><td colspan="2">外国语文</td><td>170</td><td>170</td></tr>
<tr><td colspan="2">典范令服务提要</td><td>140</td><td>140</td></tr>
<tr><td rowspan="3">本科</td><td colspan="2">教练及野外勤务
（校内校外）</td><td>195</td><td rowspan="3">403</td><td rowspan="3" colspan="3"></td></tr>
<tr><td>马术</td><td></td><td>70</td></tr>
<tr><td>技术</td><td>武技
劈刺
体操</td><td>138</td></tr>
<tr><td>附记</td><td colspan="7">每次上课时间，军事学及校内教练为一时半，国文、外国语文、武技、典范令，服务提要各为一时。</td></tr>
</table>

［**学生之考核**］保定军校对学生之考核，主要是针对学生之品行和课业成绩而言。关于品行方面，如学生所犯校规属于应令退学之事者校方即予开除；课业方面，如学生成绩未达升级或毕业之标准时，亦予开除。对于紊乱（军纪）屡犯规则者；品行不正，无悛改之望者。退学以后须将历年学费及所领津贴、衣服、书籍、小学校预备学校毕业证书一律追缴清楚。①

品行一科之考核由教授部及训育部主持，二者相加取其平均数，一学期评定一次。② 学业成绩之考核初分为入学考试、学期考试、毕业考试三种。至民国八年五月改为四种，即新增加平常考试一种，并把入学考试改称核定考试。平常考试分成笔记和口述二类，主要考查学生平日的成绩；毕业考试于最后一学期举行，两科不及格者得降班就读，若连降二次，则开除之。

保定军校对学生之考试要求甚严，但是给分标准却因教官而异、宽严殊难一致。据保定军校第三期步兵科毕业生黄绍竑回忆有些教官曾说："只要你不交白卷，总可以给及格的分数""他们的目的，只谋课程，纸面上成绩的好看，对于学生真正的学业，根本是不负责的。③" 当然并非每一位教官都是如此。从总体上来看军校的考核还是严格的，如第一期学生毕业考试由陆军部组成一个十人考试委员会来校监考。④

［**学生之起居作息**］保定军校规定学生全部住校。其起居

---

① 《保定军官学校条例》、《政府公报》1912 年 10 月 15 日第 170 号。

② 《陆军军官学校教育细则》第六十条，县《政府公报》1919 年 6 月 23 日。

③ 黄绍竑：《五十年回忆》，上册，上海世界书局 1945 年 12 月版，第 30 页。

④ 刘华园：《记保定陆军军官学校》载河北政协编《保定陆军军官学校》。

作息时间，按气候分成温季、热季及寒季，各季皆不同。温季指三、四、五、九、十、十一等六个月。在此季节内，每天早上五点半起床，随即集合整队点名，点名后至六点之间为盥漱时间，六点半吃早餐，七时十分检查服装仪容，七时四十分开始上课。一节课一般为九十分钟，（外语、技术及典范令为六十分钟，后增加中文）每两节课之间有十分钟休息。中午十二点吃午餐，饭后休息，下午一时开始上课，至四时四十分钟下课，五时五十分晚餐，饭后为入浴时间。晚上七点开始自习，九时三十分晚点名，完后熄灯就寝。

热季指六、七、八三个月，除每天早晨五点起床外，其余同温季。寒季指十二、一、二等月，除每早晨六点起床外，其余同温季。[①] 至民国八年五月，军校之起居作息时间有部分更改，热季每天五点起床，随即点名，六时三十分吃早饭，八时开始上课，十二时吃午餐，下午自一时开始上课，五时下课，六时吃晚餐，饭后为入浴时间，九点晚点名，随即熄灯就寝。温季早五点半起床，六点四十分吃早餐，其余同热季。寒季早六点起床，六点四十分吃早餐，下午十二时四十分开始上课，四时下课，晚上十时晚点名，随即熄灯就寝[②]。暑假为三个星期，年假为四天，另有国庆日、秋节、冬节、祭孔、祭关岳各放假一日，星期日休息[③]。至民国五年，陆军部下令除祭礼关

① 《陆军军官学校日课时限基准表》、《政府公报》1912 年 10 月 18 日第 170 号

② 《陆军军官学校日晾晒时限基准表》、《政府公报》1912 年 10 月 18 日第 170 页。

③ 《陆军军官学校日晾晒时限基准表》、《政府公报》1919 年 6 月 23 日第 215 页。

公外，学校便取消了相关假日。

保定军校系国民政府所经办，其生活用品和学习用具皆由学校提供。保定陆军军官学校条例第七条明确规定："学生在学时所需被服、书籍、笔墨、纸张及必不可少之用具，皆有校中分别货与支给。"另外还发放一定数量的津贴，"由学生排长按名分发，均以签押盖章为据"。据第九期步科张寿龄回忆："学生入学，学校发给每名学生棉被两床（薄厚各一）、棉褥一条、白布单两条、草床垫一条、枕头一个、冬季发灰布棉军衣一套、秋季发灰布军衣两套、夏季发浅色单军衣两套，另发内衣内裤、帆布鞋及白布袜子，节假日外出服为军官装，冬季为黄尼子料，夏季为灰斜纹布军装。学校为学生均披带军官大檐帽，帽箍由红、黄、蓝、白、黑五种颜色组成。"另外还定期向学生发放日常生活用品如洗脸盆、毛巾、肥皂、擦脚布、牙刷、牙膏、针线包等；学习用品如文具纸张、笔、墨及兵科书本教材等。

军校食堂分为小灶和大灶两部分。小灶供学校官长用餐，大灶供学生用餐。学生食堂的主食以细粮为主，米面搭配，副食则荤素搭配以菜蔬为主。学生用餐时，集体排队进入饭厅，每四人一桌。早餐为稀饭、馒头，佐以学校伙房腌制的小菜或槐茂酱菜，午饭和晚饭的副食为四菜一汤，主食为大米饭、小米饭、大饼、花卷、馒头等。军官灶则比较丰盛。总之，学校伙食满足了教职员工生大运动量操练的需要，保证了身体健康和教学活动的开展。

四、军校师资状况

保定陆军军官学校自 1912 年 10 月开办至 1924 年停办，

历经十三年。前后共历八位校长，分别是赵理泰、蒋百里、曲同丰、王汝贤、杨祖德、贾德耀、张鸿绪、孙树林等。就任期来说，八位校长之任期各有长短，最长的是杨祖德，任期为二年七个月，最短的是赵理泰，任期只有二个月。从学历上来看，第一任校长赵理泰、第四任的王汝贤和第七任校长张鸿绪均毕业于天津武备学堂，其余五位则出身于日本士官学校，特别是第二任校长蒋百里，1905 年以步科第一名的优异成绩毕业于该校，并荣获天皇亲赐军刀。1906 年 9 月，奉命赴德深造军事，当时德国是欧洲头等军事强国，蒋百里在德国第七军任实习连长，统帅为举世闻名的兴登堡元帅，在德期间，“欲遍谒当世之兵学家”，最后乃得见普法战争之普军大本营作战课课长、著名军事著作《战争论》作者伯卢麦。倾谈之下，对公颇为激赏说：“拿破仑有言，百年后，东方将有兵略家出，以继承其古昔教训之原则，为欧人之大敌也。于好为之矣！”① 德人且以“东方的军略家相誉”，由此可见蒋百里兵学造诣之深。其学历为八位校长之冠。

由于各位才具之不同，以及对推动军事教育和培养军事人才的热情，也有程度上的差别，再加上民初十余年，亦即保定陆军军官学校建设的十二年间，国内政局，特别是北京政局的紊乱和变动频繁，常影响到学校的正常发展。上述诸因素导致八位校长的成就之互异，对学校的贡献和对学生的影响，也有较大的差别。

八位校长中，以第二任的蒋百里成就最大，对学校的贡献和对学生的影响也最深远。一部分原因是由于他的学历和才能

---

① 蒋復璁、薛光前主编：《蒋百里先生全集》第六辑，第 26 页。

较高，无论对军事学或其他学问均有相当修养，这从他日后的许多著作中可以看出，如《裁兵计划书》、《国防论》、《欧洲文艺复兴史》等名著。但是更重要的原因还是他对军事教育的重视和执着，以及赤诚的爱国精神。他认为军官学校乃是培养军事人才的重要机关，必须将全部精力贯注于学校，"军事非至善之目的不能成功"。[①] 没有世界一流的军事教育"则军事永无振兴之日"。[②] 由此上述原因，蒋百里在学校的任期虽然只有短暂的半年，但保定军校的许多制度，特别是军校精神，却都在他任内奠定下来，并且影响深远。

兹分别叙述八位校长的学历和建树

[第一任校长赵理泰] 赵理泰（1868—1925）安徽合肥人，字康候。早年入淮军。天津武备学堂毕业。清末曾任安徽混成协统及通国陆军速成学堂总办，后又参与筹备保定军校事宜。民国元年十月五日被任命为保定陆军军官学校的第一任校长。[③]

就赵理泰的简历来看，他出身淮军，与当时的陆军总长段祺瑞关系很密切。第一，他与段祺瑞早年都参加淮军，年龄相差无几，又是同乡都是安徽合肥人；第二，他毕业于天津北洋武备学堂，段祺瑞也是此校的第一期毕业，为前后期同学；第三，他任通国陆军速成学堂总办时段祺瑞任该学堂的督办，是他的上级，同学、同乡、同事加上长官部属这三重关系，显得

---

① 蒋百里：《致保定军校教育长张耀亭遗书》1912 年 6 月，见《蒋百里先生全集》第 1 集第 73 页。

② 蒋百里：《致保定军校教育长张耀亭遗书》1912 年 6 月，见《蒋百里先生全集》第 1 集第 73 页。

③ 《政府公报》1912 年 10 月 6 日，第 159 号。

格外密切。应当说赵理泰有一定的办学经验和军事素养，在这种情况下赵理泰出任保定军校第一任校长。

一所军事学校的校长对于学校和学生的影响是很大的，而首任校长的作用更是重要，肩负日后学校规模和制度学风建设的重任，赵理泰作为首任校长并未尽到责任。政府发表赵理泰为保定军校第一任校长是民国元年十月五日，这之前他是筹备处的负责人，实际上他在九月时即已到校。当时他主持下的保定军校是怎样情况？陶菊隐记道："自他受命校长以来，炮队没有炮，马队没有马，校坪里长满着深没踝的荆棘和草菜。"①客观地讲，民国之初，百废待兴，财政困难，一个新成立的军官学校在经费上面临着的困难是可以理解的。炮队里没有炮，马棚里没有马固然不能由校长负全责。但草坪里的野草和学校环境如此之坏，校长是应有不可推卸之责任。在管理学生和延聘师资方面更令人失望。据该校学生回忆："当我们报了到，发现学校一切都没有上轨道似乎是赵理泰校长骤膺重寄，他正手忙脚乱，东奔西走，一时还拿不出个如何管理教育 1500 名学生的办法来，报了到的学生既不编队，也没有分班正式上课，看起来遥遥无期。"② 可是校方之毫无计划。而聘任教师，则除了少数的日本陆军士官学校毕业生外，尽是"不能胜任的陆军速成生。"③ 讲课则是"按本宣科，恹恹无生气"。④ 在这种情形下，学生乃推举代表晋见校长，请求改良师资。就学

① 陶菊隐：《蒋百里先生传》，中华书局 1942 年版，第 36 页。

② 《李宗黄回忆录》，第二册，台北中国地方自治会，1972 年 1 月，第 26 页。

③ 陶菊隐：《蒋百里先生传》，中华书局 1942 年版，第 36 页。

④ 孙震：《楙园笔记》之二，引自《李宗黄回忆录》，第二册，第 27 页。

生的立场而言，请求改良师资的动机是单纯的，可以说完全是为了求知上进的目的。校方如能妥善解决并虚心改善，则或许能化风潮于无形。但赵理泰非但不采纳建议，谋求改善，反而实行高压政策，借故开除学生，终于酿成了轰动全国的军校学生风潮，以至被撤换。从赵理泰出任校长，时值壮年，又有办军校之经历，可看不出他对保定陆军军官学校有何建树和成就。赵氏离职后，任将军府事务厅长，民国十四年病逝。

［**第二任校长蒋百里**］蒋百里（1882—1938），名方震，字百里，晚号澹宁，以字闻名于世。他是浙江海宁县硖石镇人，生于清光绪八年（1882）九月二日，病逝于民国二十七年（1938）十一月四日，享年五十七岁。关于蒋百里对军校的贡献，详见第五章《蒋百里掌军校军事学术之奠基》。

［**第三任校长曲同丰**］曲同丰（1873—1929），字伟卿，山东福山（今属烟台）人。1873 年生，16 岁投泰安军舰，习轮机驾驶，嗣调定远军舰二等轮机员，参加甲午之战，后任测绘员。1901 年 3 月被直隶总督署保送日本留学，入振武学校。旋入日本陆军士官学校第三期步科毕业，与前任校长蒋百里同期同科，毕业后回国，在北洋陆军速成学堂任教，又曾任驻云南的新军第十九镇三十八协协统。民国二年九月三日受命为保定军校之第三任校长，至民国四年九月一日调京，任职为二年。离开校长职务后，当民国六年七月张勋拥宣统复辟时，他担任段祺瑞讨逆军的军事参谋，民国八年六月任段祺瑞边防军之第一师师长，至 1920 年直皖战争爆发，皖系失败，他亦下野。1925 年 8 月，出任北京政府之航空署署长及航空总司令，[①] 至

---

① 《政府公报》，1915 年 8 月 14 日，第 3365 号。

民国十八年（1929）在天津遇刺而逝。

就曲同丰的简历看，他与段祺瑞的关系是相当密切的，有“段系四大金刚”之称。① 他出任保定军校校长，适值袁世凯讨平国民党的二次革命、逐渐实行中央集权之际。在两年校长任期内，曲同丰治校以严格著名，他上任后建立各项规章制度，一切按制度办事，严格校风校纪，针对当时学生中流行押宝、赌博的现象，他亲自率领卫队抓赌并严厉惩戒。他坚持原则，任何人违纪违规，处理一视同仁，无厚此薄彼之分，该校第三期步兵科毕业的秦德纯说他：“对于学生的管理和教育，都非常严格。”就严格的另一方面来说，他曾开除参与二次革命的学生三百九十名，② 对延迟陆军部规定之返校时间的学生，也一律勒令退学，人数亦达七十多名，总计开除学生达460名。第一期学生总数为1500余名，经此开除后，毕业时仅余1114名。对学生之管理，他特别注重品行，规定品行一门的成绩占学科、术科成绩总平均的二分之一。

在学校师资方面，他继续留任蒋百里任内的师资骨干，凡是教官们想要离去的，“他都能低声下气，委曲求全，苦苦地拉住他们，决不放走。”③ 做为校长无官气，忍辱负重求人才其精神十分可贵。这也是办好学校的关键所在。另外，经过袁世凯批准而后为蒋百里制定的“教育设施方案”也在继续施行。大体上来说，曲同丰尚能继承前任校长蒋百里所创下的事业。就开除参与二次革命的390名学生而言，他乃是奉政府之

---

① 陶菊隐：《蒋百里先生传》，中华书局1942年版，第48页。

② 《政府公报》，1913年10月27日，第532号。

③ 《李宗黄回忆录》，第二册，（台北）中国地方自治会，1972年1月，第60页。

命而行，盖袁世凯视国民党之二次革命为叛逆，罪及学生乃是当然之事。然而，学生们却认为他只知服从上级而不知体恤学生。又因为参与二次革命之学生，大半是南方诸省籍，所以他对南方省籍学生又格外严厉。虽然曲同丰主持校务以严格闻名，但民国四年五月该校还是发生了一次罢课风潮，起因于学生们之反对政府签订对日二十一条。当风潮高潮之时，第二期炮兵科学生陈增荣（即陈孝威）曾咬破手指，写血书以示抗争到底。由于曲同情学生爱国运动，罢课持续较久，政府以曲身为校长，责无旁贷，乃至五月二十八日下令撤去他的少将军衔，[①] 同年九月一日将他调离校长职务。

总之，曲同丰在二年的校长任内，保定军校大致称得上在稳中有发展，其任内毕业了一期学生，即第一期学生于民国三年十月二十七日毕业，受过他教育的还有第二期及第三期。

[**第四任校长王汝贤**] 王汝贤（1874—1919），字少甫，直隶密云（今北京密云县）县人，天津北洋武备学堂毕业。1903 年任新建陆军骑兵营队官、帮带，北洋常备军第一镇骑马标统、混成协协统，辛亥革命时任湖广巡防统领，武卫右军步兵旅统制等职。1912 年 10 月授少将加中将军衔。1913 年 8 月晋升陆军中将，任第八师师长。民国四年九月一日被任命为保定军官学校第四任校长。[②] 离开校长职务后，再任第八师师长、北京政府陆军援湘军总司令，后任湖南督军公署军务帮办。逝于民国八年。关于王汝贤在任时的业绩，该校第三期步科毕业的黄绍竑记道："王校长不学无术，而且有十足官派，

---

① 《政府公报》1915 年 5 月 29 日，第 1098 号。

② 《政府公报》，1915 年 9 月 2 日，第 1193 号。

初到学校，很想讨好学生，对于伙食十分注意，稍有不好，即行棍责厨司，在那时饭食一项，真可谓空前绝后的，是值得我们赞美的。[①]”应当说黄绍竑的回忆是客观的。他赞美了王汝贤校长对学校伙食的改进，同时指出他不学无术，而且有十足的“官派”。不学无术再加官僚习气，是军事教育之大敌。由此可以看出他任内建树之一斑了。

王汝贤担任保定军校校长期间，适值袁世凯筹备洪宪帝制到更改国号、年号，以迄众叛亲离之际，时保定军校已从陆军部军学司改隶于民国四年七月成立的陆军训练总监，直隶于大总统之下。王汝贤原是袁世凯的亲信，为配合袁世凯之推行帝制，曾在校内实行高压，取缔反帝制的各种活动，例如曾有学生阅读反帝制的《顺天时报》，被他看到，而遭受军棍处分。[②]此事件引起全校师生的不满而起风潮，他竟调动军队荷枪实弹开到学校，如临大敌地监视了一个星期，并把学校里的枪炮全部缴械，[③]学校大门和后门均架着机关枪，不准学生外出和看报，直到学生没有异动迹象时，才撤回军队。至袁世凯死，王汝贤亦随之调离。北京政府渐渐进入军人干政和派系纷争的混乱局面。保定军校遂走下坡之势。王汝贤任内毕业了第二期和第三期两期学生。

［第五任校长杨祖德］杨祖德（1880—1919），字子荫，

---

① 黄绍竑：《五十回忆》，上海世界书局1945年12月再版，上册，第28页。

② 黄绍竑：《五十回忆》，上海世界书局1945年12月再版，上册，第29页。

③ 黄绍竑：《五十回忆》，上海世界书局1945年12月再版，上册，第29页。

山东莱州人（一说临清，一说潍坊）1902 年 10 月获官费留学日本，先入日本陆军成城学校，继入日本陆军士官学校，1904 年 8 月毕业回国，历任通国陆军速成学堂辎重科教务长、科长，兼任战术教官等职。1915 年 10 月任军官学校教务长，1917 年 1 月任保定陆军军官学校第五任校长。1919 年初获少将军阶，同年 10 月授陆军中将衔。1918 年 12 月因病离职，1919 年 11 月在北京逝世。杨祖德自民国六年一月十一日[①]至民国八年八月二十三日止[②]在任期为二年七个月。杨在执掌保定军校期间，继承了蒋百里、曲同丰的改革精神，他身为校长经常深入课堂、操场、学生及教职工员工宿舍，了解情况，解决问题和改进工作。特别是他重视团结，善于协调教职员之间的关系、师生之间的关系、校内上下级之间的关系。他与教育长刘汝贤、炮兵科长张基、校副官长梁清泉、骑兵教务长安俊才，骑兵队长何柱国、工兵教官蔡玉标等人团结一致，使保定陆军军官学校进入稳定发展的重要时期。

［**第六任校长贾德耀**］贾德耀（1880—1941），安徽庐州人，字昆庭，号昆亭，晚年自号俭斋。1902 年春保送日本留学，日本陆军士官学校第三期步科毕业。曾任北洋军第二镇正参谋官，马二标标统、北京政府将军府参军。后自民国八年八月二十三日起，至民国九年十一月十日止任保定陆军军官学校校长，在任一年又一个月。贾德耀担任校长不久便爆发了民国九年七月的直皖战争，战场在北京和保定之间。曹锟率军驻守

---

① 杨祖德于民国六年一月十一日被任命为校长，见《政府公报》，1917 年 1 月 12 日，第 362 号。

② 杨祖德因病请辞见《政府公报》1919 年 8 月 24 日，第 1275 号。

直隶总督署所在地保定，保定陆军军官学校教学训练的新式大炮被曹军征用。直皖战争结束后，曹锟命令将皖系十五师俘虏官兵收容于军校校舍，被押皖军在直军的高压逼迫下哗变，对军校肆行掠夺，被服、军装、图书、仪器等被乱兵洗劫一空，随后纵火烧毁军校房屋。曹锟闻信派重兵弹压直军占领军校，乘机抢掠训练步枪2000余支和骡马300匹，[①] 这是保定军校建校以来前所未有的巨大破坏。陆军部乃于战争结束后的八月正式通告暂时停课，当时在校学生为第八期，为此学校停课一年之久。1920年11月贾德耀调任北京政府陆军部军学司长，在其干预和努力下，保定军校经过一年的整顿恢复，于1921年10月再度开学。贾德耀任内无学生毕业。

贾德耀离开保定军官学校后，即充任陆军部军学司司长、民国十四年十二月任北京政府之陆军总长，民国十五年三月出任北京政府之国务总理，在保定军校前后八位校长中，其是离任后晋升最快、职位最高的一位。

［**第七位校长张鸿绪**］张鸿绪（1880—1928），字绍先，直隶天津人。天津北洋武备学堂毕业。曾任北洋陆军将弁学堂教习，北洋陆军速成武备学堂提调。保定陆军军官学校自民国九年七月直皖战争爆发之后，事实上已处在停顿状态。自校长贾德耀调升陆军部军学司后，校长一职竟悬缺达半年之久，至民国十年六月三十日始命张鸿绪为校长。[②] 此时校方情况不妙，由于军费短缺，酿成教员索薪风潮。北京政府的财政收入

① 董升堂：《保定军校被洗劫焚毁纪实》，见河北政协交资委编《保定陆军军官学校》。

② 董升堂：《保定军校被洗劫焚毁纪实》，见河北政协文资重编《保定陆军军官学校》，河北人民出版社1987年版，156—157。

已被各省军阀控制，欠薪已成为普遍现象。原陆军军官学校的常年经费相当于一个步兵师的经费，自第八期入校后，编制紧缩，[①] 张鸿绪是直系首领曹锟的同乡，又是天津武备学堂的同学关系，非常密切。于是借缩编之机排除异己，撤换了两个队长，即戴联玺（直隶正定人），和杨正治（湖南桃源人），这两位队长均是日本士官学校第十二期毕业生，在学生中威信很高。而他所聘任的教官多是年龄编高，思想保守，学术水平不高。因此八期学员对"张鸿绪印象很坏"。[②] 办学校、搞宗派显然不利学术的发展。

［**第八任校长孙树林**］孙树林（1880—1948）字少荃，直隶大城人，清光绪六年十月十一日生于迸庄村。少时就读于本村私塾，青年时入小站德文武备学堂，后被曹锟荐入日本陆军士官学校第三期步科。曾任北洋陆军速成武备学堂教官，陆军部陆军速成学堂步兵科长。民国十一年十月二十六日被任命为保定军官学校第八任校长。[③] 孙在任职期间毕业了第九期学生，这也是保定军校最后一期正期学生。此后该校不再招正期学生而改招短期性质的军官特别班，至民国十三年十二月，军官特别班亦宣告停招新生。[④] 保定军官学校乃告正式停办，结束了它短暂的十二年历程。

---

① 齐向明，刘海波：《回忆保定军校第八期》载《保定陆军军官学校》第 148 页，第 151 页。

② 齐向明，刘海波：《回忆保定军校第八期》载《保定陆军军官学校》第 148 页，第 151 页。

③ 《政府公报》1922 年，10 月 27 日第 2387 号。

④ 见《陆军总长吴光新呈临时执政为陆军军官学校特别班学生现拟停办请鉴示》《政府公报》1924 年 12 月 10 日，第 3130 号。

历任教育长。保定陆军军官学校条例中规定教育长的职掌为“禀承校长指挥各科长及教授、训育、马术、各处官长齐一教育之责，并指挥马辎两专科官长，整理两科之教育。”由此可见教育长之重要。保定军校前后共有五位教育长，第一位教育长为毛继成，山东武定人，日本陆军士官学校第三期辎重科毕业，民国元年十月五日任命。[①] 军校第一次风潮后，随校长赵理泰离职，其后于民国三年八月出任陆军第一预备学校校长。

第二任教育长张承礼，字耀庭，浙江杭州人，日本士官学校第四期步兵科毕业，民国元年十二月十二日任命，[②] 民国二年九月十三日辞职。蒋百里任校长后，因与教育长毛继成不合，指名其继任教育长。张承礼协助蒋百里积极整顿校风，受到学生拥戴。

第三任教育长杨祖德，山东莱州人，日本陆军士官学校第三期辎重兵科毕业，民国二年九月十三日任命。[③] 其后出任该校校长，已如前述。

第四任教育长程长发，字其祥，河南沈丘人，北洋陆军速成武备学堂头班步科。陆军少将衔，获三等文虎章，曾任参战军第一师第二旅旅长、陆军军官学校步兵科科长、教育长。[④] 程长发系北洋陆军速成武备学堂头班步科毕业，长期从事军事教育，非常重视研究学问，品德修养也好，在学生中有很高的威望。正如第二期学员张治中在回忆录中所说：“一个主持教

---

① 《政府公报》，1912 年 10 月 6 日，第 159 号。

② 《民立报》，（上海）1912 年 12 月 14 日。

③ 《政府公报》，1913 年 9 月 14 日，第 489 号。

④ 见《北洋陆军速成武备学堂同学录》，1919 年印。

育的人，一定是要一个有学问，有能力，有品格而能为人师的人。这样才可教学生，才可以担负教育的责任。那个时候，我们同学在全体官长和先生中，最佩服的只有一位，就是步兵科长程长发——即程其祥先生，他品格好，野外演习的讲评好。一般同学很佩服他，尊敬他，有什么问题经他一讲，同学就没有什么意见了。”参加抗日战争，官至中将。

第五任教育长赵协彰，字秀升，安徽宿县人，保定北洋陆军速成学堂第一期辎重科毕业。长期从事军事教育。民国十二年一月二十九日任命为保定军校第五任教育长。

教育长以外的其他师资，在蒋百里担任校长时期，军事学教官及学生连长、排长等人员，其学历以日本陆军士官学校出身者为主。蒋百里以前，即赵理泰任校长时期，则以陆军速成学堂出身为主，师资质量不高，为此引起了学校第一次风潮，已如前述。至民国十一年十二月孙树林担任校长时，军事学方面的战术及筑垒教官其出身以陆军大学毕业者为主，日本陆军士官学校毕业者已经减少，教育干部则几乎全部由保定军校毕业生担任。从保定陆军军官学校职员录①可以看出，军校教官全部由本国教员担任（包括英文、法文、俄文、日文等文教官），这表明中国近代军事教育水平有了较大的提高。清末自十九世纪60年代开始创办新式军事学堂以来，大多数军事学堂都聘请了不少外籍教官，尤其是早期的水师学堂、北洋武备学堂等各主要军事学堂。有的甚至是总教官和教学管理人员都

---

① 见《民国二年保定军校教职员情况简表》，载《李宗黄回忆录》第二册，第44—45页；《保定陆军军官学校前期职员录》，载《保定陆军军官学校同学录》，《第九期职员录》载《保定陆军军官学校同学录》。

聘用外籍人员，其中陆军教习主要聘自德国和日本，也有英法等国的。不可否认，外籍教习许多人都忠于职守，对于促进中国军事近代化起到了一定的积极作用。经过清末的军事留学和开办军事学堂已培养了一批近代军事人才，这就为开办保定军校准备了师资条件。比如中国近现代军事史上著名的方鼎英、何柱国、钱大钧、朱绶光、陈调元、张翼鹏、楚溪春、欧阳震、周思诚等都曾担任过军校的教官。另外军事教育是一种特殊的教育，有一定的军事保密性，各国为着本国的安全和政治经济的需要，对军事教育的内容进行一定的限制。大量聘用外籍教习容易将中国的军事力量暴露给外国，更何况外籍教习中还有一些狂热的侵略分子。保定军校全部聘用本国教官，这在中国近代军事教育史上还是第一次，它是中国军事教育进步和军事教育水平提高的重要标志。

第五章　蒋百里掌军校、军事学术之奠基

一、军校开办之初的风潮

保定军校是中华民国成立后开办的第一所正规陆军军事学校。袁世凯篡夺辛亥革命的果实后，1912 年 3 月 10 日正式于北京就任临时大总统，临时参议院旋即北迁。4 月 21 日临时政府唐绍仪内阁正式成立，袁世凯任命其亲信段祺瑞为陆军总长，企图通过他控制军队，以便实行独裁统治。内阁成立后，陆军部即开始筹划前清陆军兵官学堂和陆军中学堂的恢复工作，6 月初经陆军部呈准设立兵官学堂，先设筹备处于北京，14 日改称陆军军官学堂，7 月 3 日移至保定。① 在速成武备学堂旧址开办陆军军官学校，为“造就初级军官之所”。这就是中华民国第一所中央陆军军官学校创办的开始。

保定军校第一任校长是段祺瑞亲信赵理泰，赵是安徽合肥人，清末曾任安徽混成协协统及通国陆军速成学堂总办，是一个地地道道的旧式军官。他的“旧官僚习气很深，能力薄弱，又嗜吸鸦片。”② 主要因是段祺瑞的同乡、同学和下属，才取得保定军校的第一任校长的重要职位。这就使民国以来第一所

---

① 张侠等：《北洋陆军史料》，天津人民出版社 1987 年版。

② 河北政协文史委员会等编：《保定陆军军官学校》，河北人民出版社 1987 年版，第 123 页。

正规军事学校预伏着危机，官僚宗派势力严重影响了学校的健康发展。

他所聘请的师资几乎全部是北洋陆军速成学堂的毕业生，其中包括教官及连、排长，只有少数兵科教官为速成学堂毕业生不能担任者，才由留日士官生出身者担任。根据陆军部颁发的学校条例，该校为“造就初级军官之所，专收各兵科军官候补生。”① 而此时的军官候补生多是经过陆军小学三年、陆军中学二年，又经过军官候补生的历练，总共经五年多的军事教育，大多具有中等以上的文化水平，是近代中国“一批史无前例的陆军学生”。而赵所聘的多是速成学堂毕业的部下或亲信，而速成学堂的肄业不过二、三年，他们的学识和能力率多无法胜任教学工作。于是就出现了教官大多数教课则是“按本宣科，恹恹无生气”，更有甚者“连课本也断不了句。”对于这种情况，学生大为不满，各兵科一千多人遂推举代表，请求校长改良师资，军校第一次风潮便由此而生。但是学生的正当请求不仅未受到重视，反而遭到压制和打击，校长赵理泰竟然宣布开除请愿的学生代表，致使矛盾激化，学生的斗争遂由原来的请求改良师资发展成为向陆军部请求撤换校长，撤换不合格师资的全面请愿运动。但段祺瑞为维护其帮派体系，完全支持赵理泰，并亲临学校，妄图压服学生。然而，令段意想不到是，青年学生在他的淫威面前并没有屈服，提出不答复他们的正当要求就拒绝出席他亲自主持的开学典礼，致使段祺瑞愤而回京。经过策划后，陆军部决定采取更加严厉的手段处置

① 河北政协等编：《保定陆军军官学校》，河北人民出版社 1987 年版，第 211 页。

学生。10月4日，陆军部改派军法司司长施而常会同第二师师长王占元及第十二旅旅长鲍贵卿带兵到学校进行弹压，强迫学生接受“官长全部不动，已革之学生立即出校，查明为首学生重办”等内容的所谓陆军部“命令”。[①] 凡服从部令的则留在学校继续学习，不服从者则被除名，并由荷枪实弹的士兵逐个对学生进行审查，在这种高压和恐怖的气势下，竟有1056名学生作出了不服从部令的抉择，[②] 占了全校学生的绝大多数。此至，陆军部的高压手段亦宣告失败。随后，气急败坏的陆军总长段祺瑞竟下达了解散学校的命令。后经学校、学生坚持不懈的斗争和全国各界力量的声援，一向以刚愎自用著称的段祺瑞被迫放弃解散学校的成命。

综上所述可以看出，保定军校创办伊始就面临着激烈的斗争，学生请求改良师资无疑是正当的，但改良师资必然触及袁世凯的统治基础——北洋速成武备系，削弱北洋军阀对军校的控制，必然为袁、段所不容，这也正是学生的正当请求不为军政当局接受的症结所在。

二、蒋百里急流勇上锐意改革

保定军校第一次风潮在全国各界的关注和斡旋下暂告平息，前任校长赵理泰因学养不够而去职。这时校长人选却成了问题。“在过去，一般奔竞钻营的官僚都认为这个职位是个好差使，逐鹿的人是不少的。至此这班人又认为这批学生不好对付，这个学校不容易办，因而也不再有人问津了。那时蒋百里

---

① 《民立报》1912年10月13日。

② 《民立报》1912年10月13日。

(方震) 先生正在陆军部任高等顾问，同时也是总统府的顾问，他就挺身而出，自告奋勇。”① 时荫昌为袁世凯侍从武官长，又亲自向袁世凯推荐蒋百里为保定军校校长。于是 1912 年 12 月 15 日国民政府发布蒋百里为保定军校第二任校长。

蒋百里，名方震，浙江海宁人。他出任校长，无论学历、经历、素质均可称为上乘人选。就学历而言，蒋百里早年曾求学于杭州著名的求是书院，1901 年东渡日本学习军事，1904 年经梁启超介绍入日本士官学校，并以第一名的优异成绩毕业于该校步科第三期，获得日本天皇赐军刀的荣誉。后又留学德国，成绩也很优异，得到兴登堡元帅的赏识，称之为东方一位难得的将才。从经历来看，蒋百里曾任清末新军管带及督练公所总参议。

蒋百里曾任清末新军管带及督练公所总参议。他深知东北在国防上的重要地位，1906 年从日学成归国后，便辞谢浙江巡抚张曾扬请他留乡练兵的要求，离乡背井，到东北督练新军。留德归国后，他又排除阻力，再次到东北任职。蒋百里“到东北后的第一课，就是建立东北第一线国防”。② 他明确指出，东北国防以日俄威胁为最大，故派干将李小川负责防俄事宜，自己则主持防日的各项举措。③ 由此可以看出，他的国防思想是很有远见的。

蒋百里具有强烈的民族意识和真诚的爱国思想。他“耻于甲午之役，于读书外留心国事，常中夜呜呜，矢为国自救。”④

① 季方:《辛亥革命时期的保定军校》，见《保定军校学校》第 84 页。
② 陶菊隐:《蒋百里先生传》，中华书局 1942 年版，第 31 页。
③ 同上，第 31 页。
④ 《民立报》1912 年 10 月 13 日。

在日本学习期间，他不仅刻苦学习军事，还多方了解日本民俗风情，特别是关注日本军国主义的动向。1903 年他在日本东京主编《浙江潮》杂志，宣传革命思想，开辛亥革命前留学生创办革命刊物之先河。时人称："蒋百里军事学识、经验阅历不特为吾国军界之泰斗，亦为外人所钦佩，且富爱国心，尤为他人所不及。"①

蒋百里于 1912 年 12 月 17 日就职保定军校校长那一天起，即以全部心血，所有精力贯注在军事教育事业上。为了使军校迅速走上轨道，蒋百里单身住校，日夜操劳"竟忙得没有功夫剃须，睡眠时间也大为减少。"他的任职时间虽然不长，但却为军校的建设做出了重要贡献。

首先，整顿校风，严格纪律。蒋百里就职前学校管理不严、纪律松懈。正如第一期学生刘莘园所说："1912 年学生初入校后，虽然已经分科编连，但连、排长对生活管理还没有正规化，学生们就大赌特赌起来，麻将、扑克、单双宝，中外的赌法五花八门，应有尽有"。② 每逢节假日的夜晚"打荣围的军校学生熙熙攘攘，出入保定'八大胡同'。校内则是一片狼藉，炮队无炮，马棚无马，校坪里长着深可没颈的荆棘和草。"蒋百里深知组织和纪律是维系军队的纽带，也是衡量军队强弱优劣的重要标志，所以在就职演说中，他就严厉地告诫学生"对于本校的军风、军纪教育训练及一切命令与计划，必须严格遵守，绝对服从，凡有违背，我将予以严厉的惩罚，绝不徇情宽假。"③ 任职后，蒋百里就立即着手整顿校风，严

① 《民立报》1912 年 10 月 13 日。

② 河北政协文史委员会等编：《保定陆军军官学校》河北人民出版社 1987 年版，第 96 页。

③ 李宗黄：《李宗黄回忆录》第二册，（台北）中国地方自治会 1972 年 1 月

格组织纪律。他的第一训就是清洁与严肃，蒋百里认为这是一国盛衰的重要标志，不清洁意味着民族的衰老，不严肃代表国家散漫而无组织。因此，他非常重视学生的服装仪表，凡是帽子未戴正，纽扣未扣好，皮带未扎紧的，他必令其止步，亲手替他们纠正。身为校长，他是遵守各种规章制度和纪律的表率，坚持每天必带副官进行巡视指导，这种以身作则和忠于职守的工作作风对于转变校风，严肃校纪起了重要作用。

他提出了正确的办校主旨。蒋百里在吸收了东西方各国军事教育经验的基础上，从国情出发提出军事教育的两个主旨，即一为精神教育，一为学问教育。所谓精神教育的主旨即为一致之行动也。① 他认为甲午一役，不能集中全国力量，团结一致，共同对敌是中国战败的重要原因之一。因此，他十分重视团结一致精神的教育。他说："今试问十人与百人战，则孰胜？必曰：百人胜矣。然此十人苟相约，一致行动，而彼百人各事其事，不相救，则以十人攻二三人而胜，攻五六人亦胜，不上数次可以歼尽此百人矣。"② 蒋百里非常注重团结的精神教育，认为只有团结一致，共赴国难，才能战无不胜，攻无不克。所谓学问教育的主旨是热心研究学问。任职之初他就告诫学生，日德两国陆军之所以强大，科学技术之所以先进，不是上帝神仙特授给他们的，而是热心研究的结果。我们"苟热心焉，今日虽不如人，终有胜人之日！"。③

---

① 《申报》1913 年 6 月 24 日。

② 《申报》1913 年 6 月 24 日。

③ 《申报》1913 年 6 月 24 日。

因此，他要求学生要有热心研究学问之心和做事业的诚心，只有这样中国才能超过世界最强大的国家。蒋百里在吸收日德两国军事教育经验的基础上，又以凌欧驾日的气概，向学生提出了新的目标和要求，这就为学校注入了新的生机和活力。

改良师资，愿牺牲一身以排除各种陋习，选聘优秀教职员。蒋百里把执掌保定军校看成是实现建军的大事，这也是他多年的夙愿。他对军事教育有独到的见解，认为："国家之强弱视军队之良否，而军队之良否又以将校为枢纽。军官学校为铸就将校之机关，关系军队之将来，既重且钜。"[①] 为了缩小中国与世界军事强国的巨大差距，改变国家积贫积弱状况，创建一流的军事学校，蒋百里非常重视改良师资，选聘优秀教员。蒋百里就职之初，排除各种宗派势力，对校内不称职的教员予以解聘，而另选聘优秀者担任。值得称道的是他虽然出身于日本士官学校，确不以此做为选聘的唯一条件，而是按照学识优良，能够热心研究军事学的原则来选聘。正如他自己所说："至用人一途，校长尤无新旧南北之分，且愿牺牲一身，以排此陋习。"[②] 蒋百里言行一致，他出任校长之时，保定军校之师资既有日本陆军士官学校毕业者，也有陆军速成学堂优秀者。如教育长张承礼，炮兵科长谭学夔、步兵科长邹致权都是日本士官学校的毕业生；辎重兵科科长赵协彰则是陆军速成学堂的毕业生。蒋百里深知，聚结优秀人才是创办世界一流名校的重要条件。为了实现这一目标，在任职之初便大刀阔斧，

---

① 《申报》1913 年 6 月 24 日。

② 《民立报》1913 年 6 月 25 日。

着手校务改革，将原有教官和队长中资历不足，学识浅薄，能力较差而不孚众望者，大部撤换，改聘德日等国留学和资历、学历较高的人担任。学校编制和课程都仿照日德的成例，同时向陆军部建议充实学校设备，增拨军械，马匹等，达到完善之目标。只有建设世界一流的军事院校才能有立足世界的强大军队。

蒋百里除亲自任课外，为改进教学，提高教学质量，还经常到各兵科去听课，并关注学生课程作业、操练、自修和课外活动，甚至生活起居等。他以诚待人，对学生循循善诱，注重启发，常以古今中外许多生动有趣的事例作为引证，深得全校学生的爱戴与敬仰。通过蒋百里的不懈努力，保定军校初具规模，"一时校内学术研究之风甚盛，校风丕变，壁垒一新。"[①]蒋百里的改革及办学理念成为军校之奠基。在保定军校发展史上，蒋百里任内堪称全盛时期。

三、校长之楷模、军事学术之奠基

蒋百里对军校进行改革，要创办世界一流军校，这完全符合国家民族的利益，但实施过程并非一帆风顺，而是"阻力横生，困难愈甚"。最终导致了 1913 年 6 月 18 日他愤而自杀悲剧的发生。是日晨集学生千余人训话，谓："我所要求于诸生者，皆能做到。诸生所企求于我者，不能如期实践。教育为国家生命所託，不容一日落后，今日贻误青年者，即贻误国家将来，我身负神圣重责，不能尽职，冀以一死争之。"语毕转身举枪自杀。斯时血染

① 许云逸：《蒋百里年谱》，团结出版社 1991 年版。

坛阶，员生環哭，声震屋瓦，幸救治速，得庆复苏，先生之风烈，诚足以贯日月，泣鬼神而无愧。[①] 这就是蒋百里自杀殉国事件。当时各报对其自杀原因众说纷纭，有的称：陆军部军学司长魏宗瀚、科长丁锦的种种掣肘是主要原因；有的讲：蒋百里不忍小忿则乱大谋。那么蒋百里自杀的主要原因究竟是什么？笔者认为：北洋军政当局段祺瑞幕后指使，陆军部军学司司长魏宗瀚、科长丁锦对改革的种种掣肘是蒋百里自杀的主要原因。

众所周知，清末袁世凯通过创办军事学堂，编练新军，控制清军的主力——北洋新军，他正是依靠这支武装逼迫清帝退位，并篡夺了中华民国临时大总统之位。此时袁世凯为巩固其统治地位，更加重视对军队特别是军事学校的控制。因此，保定军校开办伊始，他就委派其亲信及其帮派体系控制了学校的大权。遂后袁段又萌发了权力之争。蒋百里出任校长后，要创办第一流的军事学校，聘请高素质的师资，必然要冲击段帮派体系。正如第一期学生杜伟所说“不料蒋方震因撤换人事的问题，引起段祺瑞的反感。蒋对段原非有意识反对，但因被撤换的人中，多数是段的陆军速成学堂的学生和北洋旧部，段对保定军校本有操纵的野心，今见自己的私人势力大都被调走，心中十分不快。”段乃暗示陆军部军学司司长魏宗瀚赴加以留难。”[②] 魏宗瀚为讨好其主子，便依仗职权肆无忌惮地频频掣肘，阻挠蒋百里改革的顺利进行。第一，取消校长聘任师资权。某马术教官不尽职守，不到五个月马匹倒毙三分之一，为

---

① 龚浩：《怀蒋百里先生并序》载蒋璁等编《蒋百里先生全集》第六册，第268页。

② 河北政协文史委员会等编：《保定陆军军官学校》，河北人民出版社1987年版，第124页。

逃避职责向校长行贿，被蒋百里斥责后辞职。军校报军学司审批，军学司长非但不准其辞职，反而褒奖其有“功”。[①] 第二，干涉学校行政。经陆军部明令颁发的学校所需之典范令、书籍，学校多次呈领，军学司则迟迟不发，以致影响教学；对违反学校规定被开除之学生，则故意刁难，不予核准，而且批词严峻，凌辱并加。[②] 第三，对学校设备各方面则凡是学校所请则予以拒绝。正如《保定军校教职员报告政府》文中所说：“请求材料也不理、请求器具也不问，请求武器一切万不可少之设备，均故置不闻。”致使校中出现“骑科马匹不足，炮兵兵器不完（备），工科工作器具未备，辎重科器具全无”[③] 的局面。另外，在陆军部的唆使下，校内反对改革的人也乘机关兴风作浪。正如蒋百里所说，一部指摘瑕疵，横加非议，使能者受毁既深、阴萌退志，而教育遂生散漫之现象，致使“学生遂亦丧气灰心，去留参半。”[④] 面对保定军校濒临夭折的境地，自认“自维菲材，无术挽救”的蒋百里遂向袁世凯提出辞呈，但又为袁所不准。这样在辞职不允，改革无望的情况下，就把不愿尸位素餐，误人误国的蒋百里推上了绝路。

蒋百里被逼自戕，在国内引起了巨大反响，震动了整个朝野。他的密友云南都督蔡锷率先致电，要求北京政府查明原因，追究责任；湖南名流熊希龄则声称“此案不水落石出，誓不甘休。”[⑤] 国会议员、各省公法团体纷纷来函，致电要求

① 《申报》1913 年 6 月 25 日。

② 《申报》1913 年 6 月 25 日。

③ 《民立报》1913 年 6 月 30 日。

④ 《民立报》1913 年 6 月 25 日。

⑤ 《民立报》1913 年 6 月 25 日。

迅速查明此案。在全国各界的强大压力之下，1913 年 6 月 22 日，袁世凯被迫下令调查此案，派荫昌、陈宧二人进行所谓“秉公”查办。经过半个多月的调查，抛出了一份所谓调查报告，该报告竭力为军学司司长魏宗瀚等开脱罪责，诬称蒋百里“热血所激，忽发厌世之想”。[①] 报告撕破了袁世凯的伪装，更暴露了他对魏宗瀚和丁锦的袒护。袁、段虽有矛盾，但在维护北洋宗派体系上又是一致的。由此可以看出，袁世凯的宗派势力是扼杀蒋百里的元凶。

综上所述蒋百里的学历、军学理论以及人品实为校长之楷模。时人提出：“先生诚为民国军魂典型的创始者，亦即唤起国魂的领导者，读先生遗著，必有无数青年军人继先生之精神于不死。”[②]“唤起军魂撼八荒”，这正是蒋百里能作为军校之奠基根本所在。

---

① 《民立报》1913 年 8 月 29 日。

② 龚浩：《怀蒋百里先生并序》载蒋復璁等编：《蒋百里先生全集》第六辑第 267 页。

第六章　军校各期学生状况之分析

一、招生制度的变更

清末创设了陆军小学、陆军中学、陆军兵官、陆军大学等四级教育体制。这种陆军教育体制实施不到十年，到了民国初年又变成三级制即分成预备阶段、正规阶段和深造阶段，各个阶段的任务分别由陆军预备学校、保定陆军军官学校，陆军大学担任，但是这种三级制的教育体制到了民国七年五月便因保定军校开始招收普通中学毕业生而被打破，三级制成了二级制。

早在民国初年，陆军部便有意实行二级制的教育体制，亦即不设陆军预备学校。为何不设预备学校？当时决策者认为：（陆军）中学（按即预备学校）所教，除三十分之一系浅近军事学外，其余尽属普通学，故德国不设此较，兵官学校学生尽由文中学校而来。① 但当时所面临着四级制如何向二级制转变问题。民国之初各陆军小学生有 4000 名，国民政府准许各陆军小学继续开办，直到在校学生全部毕业时止，这样每年都有 1000 余名毕业生。清政府被推翻后，各陆军中学一律停办，失学学生约为 3000 人，另有陆军入伍生 1000 名，这些都是辛

---

① 《陆军部答军官、预备学校颁发该校关防文》，《政府公报》1912 年 6 月 18 日，第 49 号。

亥革命以后急待处理的善后问题，如果不及时处理任其闲散在社会，必将造成严重的社会问题，并造成军事人才的严重浪费。因为这些学生已经过国家多年的公费培养，经过严格的考核，具有一定的军事素养，其中部分学生在辛亥革命时还参加过各地的起义，或加入民军的反清行列，具有革命首功。面对这种状况，设立陆军预备学校也就成了解决社会遗留问题的权宜之策。因此，1912 年 6 月时陆军部在决定开设保定陆军军官学校的同时也将清末的陆军中学改称陆军预备学校。①

于是，第一陆军预备学校招收各陆军中学在校生和陆军小学毕业生计 882 名，招收陆军贵胄学校学生 124 名作为“附课生”一并入校学习。第二、第三预备学校又招收陆军小学毕业生 887 名，附军军士学生 53 名作为“附课生”与二期学生一并入学。第二预备学校第一期招收南京临时政府时期拟设的陆军军官学校新招生学生和入伍生 755 名，湖北第三陆军中学学生 233 名作为“附课生”一并入学。第二期招收陆军小学生 984 名，至 1915 年。这些遗留问题已基本解决，各陆军小学在校生也全部毕业。

至民国七年五月陆军部正式通告，保定军校招收文中（即普通）毕业生，② 这是一项重要制度改革，是保定陆军军官学校第一次招考普通中学毕业生。当时，规定年龄在二十岁至二十五岁之间，身体健康者；或是中学毕业之间年龄的士兵

① 《陆军部军学习公文处理有关文书》，陆军部档全宗号 1011，案卷号 1887。

② 《政府公报》1918 年 6 月 30 日，第 874 号。

也可报考。报名时要在同乡荐任京官二人之保证，报名日期是民国七年八月一日至二十五日，考试日期是九月一日，考试时先检查体格，然后再举行笔试。考试科目计有国文修身、地理、历史、外语、代数、平面几何、三角、物理、化学、图绘十二科。① 录取后规定入伍九个月，期满后在北京考试一次，合格者始准进入保定军官学校就读。② 保定陆军军官学校第八期全部是普通中学毕业生，第九期仅有部分是普通中学毕业生。

陆军部拟定新招生办法在于清除毕业生与军队的隔阂，试图把录取新生分发部队，入伍九个月，期满合格者升入保定军校就读。毕业后仍回原入伍部队见习候差，这样“既可免去学生习气，且与军队官兵感情素洽，自不至有摈弃之虞，而军队下级官兵亦可冀收得人之效。”③

正是在上述背景下，保定陆军官学校招生制度发生了变化，即从民国七年八月招考普通中学毕业生，陆军军事教育体制便由三级制度变为二级军制。

二、各期学生之来源籍贯及肄业期限

保定军校，前后共有九期学生，毕业生 6574 个（见附表 1）。各期学生之来源不尽相同，在校肄业时间也小有差异，兹逐期叙述如下：

---

① 《政府公报》1918 年 6 月 30 日，第 874 号。

② 《政府公报》1918 年 6 月 30 日，第 874 号。

③ 《陆军总兵段芝贵呈大总统试办陆军军官学校招考新生办法附具简章呈鉴文》，《政府公报》1918 年 6 月 29 日，第 873 号。

数量　科别 期别	合计	步科兵	骑兵科	炮兵科	工兵科	辎重兵科
第一期	1114	565	189	185	94	81
第二期	956	555	137	118	80	66
第三期	801	505	90	127	41	38
第四期	209	209				
第五期	630	382	79	91	38	40
第六期	1333	875	141	148	88	81
第七期	191	146	45			
第八期	638	411	65	97	37	28
第九期	702	423	76	121	40	42
总计	6574	4071	822	887	418	376

第一期学生之来源，是清末陆军兵官学堂的入伍生员、及陆军第二中学之第一期学生，陆军第一、第三、第四中学之第二期学生。[①] 入学时间是民国元年九月，依据民国元年九月二十一日公布之陆军官学校条例，学生肄业时间为二年[②]，第一期学生本应在民国三年九月毕业，因第一次风潮，学校停课一个月之久。民国二年六月又发生第二次风潮，学校再度停课，故本期至民国三年十月二十七日才正式毕业。[③] 在校肄业整整二年，毕业人数为1114人。共分12个连，其中步科6个连计565人；骑兵科2个连，计189人；炮兵科2个连，计185人；工后科1个连，94人；辎重科1个连，81人。学生地区分布

① 见陆军部通告，《政府公报》1912年7月28日，第89号

② 见《陆军军官学校条例》（民国元年九月）第六条。

③ 《袁世凯窃国记》第211—212页。

除台湾、西藏、新疆外，主要分布于直隶（今河北）、山东、河南、四川、湖南、福建、奉天、山西等22个省区，其中直隶籍学员数量为最多，达201人占第一期学员总数的18%，最少的省为云南，有7人，约占总数0.6%。学员籍贯分布状况详见附表。学员之分配：“除少数派到中央所属陆军各师见习外，大部分学生都分发回各省见习。我们广西的毕业生都回到南宁督军署报到。”①

第一期各省毕业学生人数统计表

科别 人数 省区	步科						骑科		炮科		工兵科	辎重	合计
	一连	二连	三连	四连	五连	六连	一连	二连	一连	二连	一连	一连	
安徽	5	3	6	1		2	6	1	4	4	2	2	36
京兆	3	13	2						3		1	1	23
福建	12	14		3	3	3	5	3	7		5	4	59
奉天				9	4	2		20	9	9		3	56
甘肃	3	3	3	3	1	6	1	3	1	1	3	3	31
广东	6	1	8	4	4	2	1	5	4	7	8	4	54
广西				3	4	7		12		10	2	2	40
贵州	4	3	3		2	9	1	2	2	6	3	2	37
河南	5	1	2	7	10	8	2	20	3	6	4	4	72
湖北	5	7	9	6	8	2	3	1	5	6	1	1	54
湖南	2	6	1		7	10	5	10	4	6	7	3	61
黑龙江				4	5	3		1		2		1	16
吉林					3	1		5		6	1	1	17

① 保定陆军军官学校第一期学生李晋阶回忆，载中国黄埔军校网。

续表

科别 人数 省区	步科						骑科		炮科		工兵科	辎重	合计
	一连	二连	三连	四连	五连	六连	一连	二连	一连	二连	一连	一连	
江西	1	1		1		3				5	13	5	29
江苏	3	2	9	3	2	2	4	3	4	4	8	3	47
山东	15	7		15	10	7	4	5	9	9	6	11	98
山西	2	7	10	6	7	5	2	6	5	2		3	55
陕西	3	2	4	5	8	4	1	6	1	1		7	42
四川	4	8	2	5	10	7	2	10	4	9	5	2	68
新疆													0
云南	2	1	2				1				1		7
直隶	13	10	26	16	11	12	18	22	22	11	22	18	201
浙江	1	1					1	1	1	2	1	1	9
合计	89	89	95	97	99	95	52	136	79	106	94	81	

该表制作依据《保定陆军军官学校同学录》第一期名录制作。

第二期学生之来源是保定入伍生及陆军第一预备学校第一期毕业生，[①] 入学时间是民国三年十一月，[②] 于民国五年五月毕业，[③] 在校一年六个月，[④] 毕业人数956人。共分九个连，其中步科六个连，计555人；骑科1个连，计137人；炮科1个连，计118人，工科和辎重各一个连，分别是80人与66

① 《陆军各学校毕业及在校学生统计表》，见陆军行政纪要（民国五年六月），第327页。

② 同上。

③ 同上。

④ 同上。

人。学生地区分布为直隶（今河北）、福建、四川、山东、江苏、湖南、河南等22个省区。其中直隶籍学员数量仍然最多，达236人，占第二期学员总数的24.7%，最少的省区是新疆，只有2人。学员籍贯分布状况详见附表。第二期学员毕业时正是袁世凯帝制自为失败之际，南方反袁诸省纷纷独立，全国政局混乱。北京政府所发命令对南方诸省实际等于空文。只有“令各回原籍，自谋出路”。① 正如二期学员李家白所说：“有些地方军阀趁机收买为他们自己植党营私，如袁世凯派其心腹陈宧出任四川督军，即带去大批军校第一期学生。也有不少同学先后投入孙中山麾下，参加革命。有些同学回到原籍不能立身，又辗转投向别处，如广西都督陆荣廷原系绿林出身，根本不许军校生插足，他们许多人就跑到湖南。湖南督军谭延闿本来没有基本部队，于是容纳了不少军校生，一经任用就当连长、营长”。②

第二期各省毕业学生人数统计表

科别／人数／省区	步科						骑科	炮科	工兵科	辎重	合计
	一连	二连	三连	四连	五连	六连					
安徽	3	3	8	4	10		5	5	1	2	41
福建	13		6	2	24		7	3	11	4	70
奉天		1	1	1	1		3	3	1		11
甘肃	1		1	1	1		5	1	1	2	13

① 参见《保定军官学校第二期李家白自撰：保定陆军军官学校二期校史》

② 同上。

续表

科别／人数／省区	步科						骑科	炮科	工兵科	辎重	合计
	一连	二连	三连	四连	五连	六连					
广东	5		1	9	1		5	2	6	3	32
广西	4			10	1		7	1	4	2	29
贵州	5	3	3	5			3	5	3		27
河南	15	1	2	8	14		4		3	1	48
湖北	3	2	13		10		2	1	5		36
湖南	14	3	4	3	4		9	8	6	7	58
黑龙江		3					4		1		8
吉林		3	4	4	8		2	1	2	1	25
江西	2	15	3	1			2	5	1	1	30
江苏	4	11	4	4	3		9	8	8	5	56
山东		26	3	3	1		8	7	5	5	58
山西	16		1	5	2		5	4	2	2	37
陕西	1		11	1	4		8	2	1	3	31
四川	1	4	9	6	12		9	11	6	4	62
新疆	1				1						2
云南		3	2	5	1		2	3	3	1	20
直隶	14	29	32	40	16		34	41	9	21	236
浙江	5	1	7	4	3		4	7	1	2	29
合计	107	108	115	108	117		137	118	80	66	956

根据《保定军官学校同学录·第二期名录》制作。

第三期学生之来源是陆军第二预备学校第一期毕业生①及陆军第一预备学校之附课第一期毕业生。民国四年六月入学，

① 《陆军各学校毕业及在校学生统计表》，见陆军行政纪要（民国九年三月），第229—230页。

民国五年十一月毕业。① 在校一年六个月，毕业人数 801 人。共分九个连，其中步科五个连，计 505 人；骑科一个连，计 90 人；炮科一个连，计 127 人；工兵科一个连，计 51 人；辎重科一个连，计 38 人。学生地区分布浙江、湖南、江苏、福建、安徽、直隶等二十一个省区。最多的省区是浙江，有 163 人，约占学生总数的 20%，最少的是山西和黑龙江，只有两名。蒙古 3 名（其中内蒙一名、外蒙 2 名）。第三期军官生多是由文转武，投笔从武的，年龄比其他各期偏大。“1916 年冬，第三期学生举行毕业典礼。黎元洪亲自到校发给毕业证书，当时报纸认为这是前所未有的事。毕业后，我们有三十几个同学要求到新疆部队里见习，因为总统和总长争执不休，我们在学校等待分发命令。张绍曾说，这本来是我们训练总监部的事，反倒弄得解决不了，听这个的就得罪那个，不如命令各省籍的学生各回本省，这样拙劣的分配遂使各省的见习军官太不平均。”②

第三期各省毕业生人数统计表

科别 / 人数 / 省区	步科					骑科	炮科	工兵科	辎重	合计
	一连	二连	三连	四连	五连	一连	一连	一连	一连	
安徽	5	10	13	7	5	3	10		1	54
福建	29	6	18	9	3	12	15	9	5	106
奉天		2		3		1	3	4		13

① 《陆军各学校毕业及在校学生统计表》，见陆军行政纪要（民国九年三月），第 229—230 页。

② 杨樵谷：《回忆第三期进步学生片断》，载河北政协编：《保定陆军军官学校》，河北人民出版社 1987 年，第 121 页。

续表

科别/人数/省区	步科					骑科	炮科	工兵科	辎重	合计
	一连	二连	三连	四连	五连	一连	一连	一连	一连	
甘肃										
广东			2	2	4	5			2	15
广西	1	5	4	6	7	4	4	1	1	33
贵州	2			2	1		1			6
河南		2			3	2			1	8
湖北	4	4	5	3	2	2	5		1	26
湖南	12	26	13	20	30	12	24	3	6	146
黑龙江				1			1			2
吉林		1			1	1				3
江西	1	2	7		5	3	8	5	3	34
江苏	8	7	19	22	17	14	17	3	3	110
山东			1	2	1		2			4
山西					1			1		2
陕西		1	1			2	2		1	7
四川	1		1	1	1	2	1		1	8
新疆										
云南		1		1	2	1	2			7
直隶	1	9		15	3	8	8	3	4	51
浙江	34	18	15	17	15	18	24	12	9	163
合计	98	98	100	107	101	90	127	41	38	801

第四期学生之来源是陆军第二预备学校之附课生①。民国

① 三期步二连98人内有内蒙古人，蒙古2人。

五年一月入学，民国六年六月毕业，① 在校一年六个月，毕业人数209人。学生全部为步科，分为二个连，第一连107人，第二连102人。其学生地区分布主要是湖北地区，其学员数为190人，占学员总数的91%，湖南、安徽、福建、四川、浙江、广西、贵州等只有少数学员。

科别 人数 省区	步科一连	步科二连	合计
安徽	1	3	4
福建	3	1	4
广西	1		1
贵州	1		1
湖北	98	92	190
湖南	1	4	5
四川		2	2
浙江	2		2
合计	107	102	209

本表根据《保定陆军军官学校同学录》制作。

第五期学员之来源是陆军第一预备学校第二期毕业生，②民国六年三月入学，民国七年九月毕业，③ 在校一年六个月，毕业人数为630人。共分八个连，其中步科四个连，计382人；骑兵科一个连，计79人；炮兵一个连，计91人；工兵和

① 《陆军各学校毕业及在校学生统计表》，见陆军行政纪要（民国九年三月），第229—230页。

② 同上。

③ 同上。

辎重各一个连，分别是38人和40人。学员籍贯分布（详见附表）。最多的省份是直隶，有232人，其次是奉天92人，山西72人，安徽58人。另外还有吉林、山东、黑龙江、河南、湖北、浙江等十五个省区。

第五期各省学生统计表

科别/人数/省区	步科				骑科	炮科	工科	辎重	合计
	三连	四连	五连	六连	一连	一连	一连	一连	
安徽	22	5	4	4	7	4	9	3	58
奉天	13	13	17	17	13	15	2	2	92
广东	1								1
归绥		1	1		1				3
河南		2	4	2	3	5	3	3	22
湖北		1	3	1		1	1	2	9
湖南	1		1	2					4
黑龙江	2	2	6		3	7		1	21
吉林		13		9	10	8	4	4	48
江苏	2	2		4	1	5	1		15
山东	2	16	12	3	5	5	1	3	47
山西	4	20	15	2	10	9	5	7	72
四川							1		1
直隶	51	18	33	49	26	30	11	14	232
浙江		2		1		2		1	6
合计	98	95	95	94	79	91	38	40	630

本表根据《保定陆军军官学校·第五期同学录》整理制作。

第六期学生之来源是陆军第一预备学校第三期毕业生及陆军第二预备学校第二期毕业生，和模范团之毕业生，① 民国六年十一月入学，民国八年一月毕业，② 在校一年三个月，毕业人数 1333 人。计步科九个连（即六期七连—六期十五连），骑科两个连，炮科一个连，工科和辎重科各一个连。学生分布在湖北、直隶、广东、河南、江苏、山东、福建等二十二个省（详参见附表）。其中以湖北 267 人为最多，约占学生总数约 20%，其次是直隶为 238 人。约占六期总人数 18%，其他省区人数多寡不等。“当年保定军校毕业生的出路主要不外乎两个方面；一是到各省军阀处任职，二是南下参加孙中山领导的民主革命，而以前者占绝大多数。”③

第六期各省学生统计表

科别 / 人数 / 省区	步科									骑科		炮科	工科	辎重	合计
	七连	八连	九连	十连	十一连	十二连	十三连	十四连	十五连	二连	三连	二连	一连		
安徽	4	1	3	2	2	6	6	1	3	4		8	2	4	46
福建	12	16	2		5	4		2		3		4	4		52
奉天				1	2	1	2				1		1		8

① 陆军部行政纪要《民国九年三月》误记为第六期毕业于民国七年十一月。按《政府公报》民国八年一月载有大总统派荫昌前往保定军校监临第六期毕业考试的命令，（见公报民国八年一月六日，命令，第 1051 号）。并且《陆军行政纪要》也记载第六期学生于民国八年七月见习期满，故知该期是八月一日，方符合见习六个月之规定。

②《陆军各学校毕业及在校学生统计表》，见陆军行政纪要（民国九年三月）第 229—230 页。

③ 杜伟:《保定军校二三事》，见《保定陆军军官学校》第 127 页。

续表

科别/人数/省区	步科									骑科		炮科	工科	辎重	合计
	七连	八连	九连	十连	十一连	十二连	十三连	十四连	十五连	二连	三连	二连	一连	一连	
甘肃	3	10	5		5	2		1		6		6	2	1	41
广东	4	3		49	10	4		7		13		9	6	17	122
广西	4		10		2	3				4		1		5	29
贵州	4							1						2	7
河南		1	1			30	21	5	10	1	13	14	5	8	109
湖北	39	58	41	8	24	8		7		31	1	31	13	6	267
湖南	3					2		11		7		1	1	2	27
黑龙江															
吉林			1				1				3				5
江西	13	10	1		3			12		7		4	6	2	48
江苏	6	6	4	10		12	1	12	2	3	1	9	8	4	78
山东	10	1	4	10	1	8	6	3	3	4	1	10	5	4	70
山西					1			4	1					2	8
陕西								1		1				1	3
四川	5	3	11	8	3	1				5		6	5		47
新疆															
云南	3		13		1	4				2		7	5	1	36
直隶	3	3	5	1	4	45	59	2	29	5	13	31	19	15	238
浙江	2	3	9	23	9	4			3	11		7	6	7	84
青海	1														1
归绥											1				1
合计	116	115	110	112	72	134	96	69	51	107	34	148	88	81	1333

第七期学生之来源，是此前各期中途辍学以及降班者，[1]民国六年十二月入学，民国八年四月毕业，[2] 在校一年四个月，毕业人数191人。其中步科两个连（即步科七期十五连、十六连），骑科一个连（即骑科七期三连）。学生地区分布为福建、河南、直隶、安徽等十五个省区。其中以福建籍学员人数为最多，计有92人，占本期学生总数47%，其次是河南，学生人数为65人，占总数34%。

第七期学生各省人数统计表

科别 人数 省区	步科		骑科	合计
	七期十五连	七期十六连	七期三连	
安徽	3	4	1	8
福建	39	33	20	92
甘肃	1		1	2
广东				
广西		1		1
奉天			1	1
河南		49	16	65
湖北	1	1		2
湖南	1		1	2
江西	1			1
江苏			1	
山西		2		2

① 《陆军各学校毕业及在校学生统计表》，见陆军行政纪要（民国九年三月）第229—230页。

② 《陆军各学校毕业及在校学生统计表》，见陆军行政纪要（民国九年三月）第229—230页。

续表

科别／人数／省区	步科		骑科	合计
	七期十五连	七期十六连	七期三连	
山东		1		1
直隶	2	4	4	10
四川	2			2
云南	1			1
归绥			1	1
合计	51	95	45	191

本表依据《保定陆军军官学校，第七期同学录》制作。

第八期学生之来源是普通中学毕业生，陆军部于民国七年六月修改保定军校之招生办法，开始招考文中学毕业生，[①] 第八期学生即此新办法的第一届学生。民国七年九月一日举行入学考试，录取者入伍九个月，于民国八年七月入学，民国十一年七月毕业，[②] 在校二年，[③] 毕业人数为638人。共分八队，其中步科4个队，即八期一队、二队、三队、四队；骑科八期一队；炮科八期；工科八期；辎重八期。学生地区分布为直隶（今河北）、河南、山东、山西、浙江、奉天、安徽、陕西等21个省区（详看八期学生籍贯状况附表）。其中直隶学生数最多301人，占八期总人数的47%，其次是河南，学生数为48人，占总约数的7.5%，其余各省零星分布，最少是1人。

---

① 《政府公报》1918年6月30日，第874号。

② 《政府公报》1922年4月28日，第2210号。

③ 保定军校于民国九年七月，固有皖战争之破坏、暂停课一年至民国十年十月才复校，第八期肄业期限仍为两年。

第八期学生各省分布统计表

科别 / 人数 / 省区	步科八期				骑科	炮科	工科	辎重科	合计
	一队	二队	三队	四队	一队				
安徽	5	4	2	4	1	8	2	1	26
福建	2	2	2	3					9
奉天	4	4	6	7	8	2			31
甘肃			1						1
广东		1		1	1	4	2	1	10
广西	1		1						2
贵州									
河南	9	10	10	12	2	3	2		48
湖北	1	2	3		1				7
湖南	5	3	3	3	1	2			17
黑龙江									
吉林		1	1		1	2			5
江西	3	4	1	2			1	1	12
江苏	3	2	2	3	1	2			13
山东	7	8	7	6		7	3	2	40
山西	6	6		8	6	9	1	2	38
陕西	7	5	4	2	1		1	1	21
四川	4	2		1	2	2			11
新疆									
云南						1			1
直隶	44	44	53	37	32	54	22	15	301
浙江	5	4	4	9	2	1	3	4	32
察哈尔				1					1
热河								1	1
合计	106	102	100	99	64	97	37	28	638

本表依据《保定陆军军官学校第八期同学录》制作。

第九期学生之来源是陆军第一预备学校第四期和第五期毕业生及部分普通中学毕业生，民国九年七月本应入学，因直皖战争而延缓，至民国十年九月才入学[①]，民国十二年八月毕业，[②] 在校一年又十一个月，毕业人数702人。共分八个队，其中步科四个队，即九期一队、二队、三队、四队；骑科一个队；马科一个队；工科一个队和辎重科一个队。学生地区分布为直隶（今河北）河南安徽、湖南、奉天等22个省区（详参见附表）。其中以直隶学生数量为最多，达406人，占本期学生总数的57.9%。

第九期学生各省毕业人数统计表

科别／人数／省区	步科九期				骑科	炮科	工科	辎重科	合计
	一队	二队	三队	四队	一队	九期	九期	九期	
安徽	8	6	7	11	6	12	5	1	56
福建	1	1		1					3
奉天	6	4	8	3	2	8	1	2	34
甘肃				1			1		2
广东				3		2	3		8
广西				1	1	1			3
贵州	2	1							3
河南	1	26	8	6	1	12		5	59
湖北		2	4	1	1	2	2		14

① 《政府公报》1921年8月23日，第1975号。

② 陈亚芳：《张将军许行烈士传》页三云第九期于民国十一年毕业，又(保定)陆军军官学校同学录序二，校长孙树林云“今年九期毕业在即”，序文著日期为民国十一年十二月。据第九期学生回忆毕业日期是1923年8月。

续表

科别 人数 省区	步科九期				骑科	炮科	工科	辎重科	合计
	一队	二队	三队	四队	一队	九期	九期	九期	
湖南	4	2	13	2	8	4	5	5	43
黑龙江			1						1
吉林	1		1		2	1			5
江西	2	1		4	1		1	1	10
江苏	3	1	1	3	1	3	2	1	15
山东	2	8	6	4	1	3		1	25
山西	1							1	2
陕西	1			2			1	1	5
四川				1	1	1			3
新疆									
云南				1					1
直隶	75	53	54	57	51	73	19	24	406
浙江	4			2					6
热河	1								1
合计	112	105	103	103	76	122	40	42	703

本表依据资料来源《保定陆军军官学校同学录》。

三、各兵科人数和比例的分析

在晚清至北洋政府时代的军事院校中，规模最大、最正规化、培养人才最多的是保定陆军军官学校，它于 1912 年 10 月正式开学到 1923 年停止全国招生，历时十二年，共办九期，主要培养了步兵、炮兵、骑兵、工兵、辎重兵五科，毕业生总数达 6574 人，其中步科 4071 人，炮科 887 人，骑科 882，工科418人，辎重科376人。从上述统计数字可以看出步科在学校中占据重要地位。之所以出现这种情况，是因为步兵是陆军的最基本兵种，也是最主要兵种，是新军合成兵种中的主力军，军队需要的步兵军官数量最多，所以保定军校应此需要培养的步科学生最多，体现了新式陆军构成状况。

炮兵是陆军中重要性仅次于步兵的兵种，也是步兵的辅助兵。炮兵具有较高的机动能力，强大的火力，良好的精度和较远的射程，能突然、集中连续地对地面和水面的目标实施火力突击，在历史上被称为“战争之神”。在战争中往往是先施以炮击，摧毁敌人的设施和武力，步兵再攻占阵地；同时它又是远程交战的重要兵种，对战争的胜败具有非常重要的作用，所以炮科的人数仅次于步科，处于第二位。

至于骑兵，由于其速度快且灵活性较强，在二十世纪初期的战术应用中，往往起到出奇制胜的作用，在当时仍是一个有重要地位的兵种。所以，骑科的人数和比例也不低，与炮科的人数和比例相差无几。

四、学生地区分布状况及其社会影响

保定陆军军官学校的建立是清末四级制军校教育体制的发展和完善，自此中国形成了一套从低级到高级层垒递进的军事教育体制，因此它可堪称中国军校教育发展的重要阶段。

保定军校又是当时全国规模最大，设备最完善、师资力量最强的一所“造就初级军官之所”，自1912年10月正式开办到1924年撤销建制共存在了十二年，其军事教育之经验是丰富的，是值得认真总结的。

时人曾说：“国势之盛衰，系乎人才。”保定军校在存续的十二年之中，共招九期正规学生，毕业学生计6574人。其毕业人数之多，在清末至北洋时代的诸军校是无与伦比的。这部分学生如按籍贯来划分则主要来自直隶、湖北、河南、福建、湖南、山东、江苏、奉天、浙江、山西等二十七个省区，其中以直隶学生人数为最多，为各省之冠达1698人，占毕业学生总数的27%；其次是湖北，人数为605人，约占毕业总人数的9%。（其学生省区分布见附表）。全国除台湾、西藏外，其余各省都有数量不同的学生毕业于保定军校。

各期学生省区分布状况统计表

科别 人数 省区	第一期	第二期	第三期	第四期	第五期	第六期	第七期	第八期	第九期	合计
安徽	36	41	54	4	58	46	8	26	56	329
福建	59	70	106	4		52	92	9	3	395
奉天	56	11	13		92	8	1	31	34	246
甘肃	31	13				41	2	1	2	90
广东	54	32	15		1	122		10	8	242
广西	40	29	33	1		24	1	2	3	133
贵州	37	27	6	1		7			3	81
河南	72	48	8		2	109	65	48	59	411
湖北	54	36	26	190	9	267	2	7	14	605
湖南	61	58	146	5	4	27	2	17	43	363
黑龙江	16	8	2		21				1	48
吉林	17	25	3		48	5		5	5	108
江西	29	30	34			48	1	12	10	164
江苏	47	56	110		15	78		13	15	334
山东	98	58	4		47	70	1	40	25	343

续表

科别 人数 省区	第一期	第二期	第三期	第四期	第五期	第六期	第七期	第八期	第九期	合计
山西	55	37	2		72	8	2	38	2	216
陕西	42	31	7			3		21	5	109
四川	68	62	8	2	1	47	2	11	3	204
新疆		2								2
云南	7	20	7			36	1	1	1	73
直隶	224	236	51		232	238	10	301	406	1698
浙江	9	29	163	2	6	34		32	6	281
内外蒙古			3							3
归绥					3	1	1			5
青海						1				1
察哈尔								1		1
热河								1	1	2
合计	1114	956	801	209	630	1333	191	638	703	

依据保定陆军军官学校同学录制作

从上表可以看出，保定陆军军官学校学生分布极不平衡，差别非常之大。为何直隶，湖北籍学生比重如此之大？当然原因是多方面，但其主要原因是与两省的军事学基础及两省督抚军事政治地位息息相关。直隶湖北是陆军军事教育开展比较早的地区，又被清政府视为全国的典范，命令全国各省督抚积极推广北洋袁世凯，南洋张之洞编练新军的经验，特别是直隶总督兼北洋大臣位居中枢，从李鸿章到袁世凯都非常重视新式军事教育。李鸿章身为淮军统帅，率先开创的天津北洋武备学堂培育上千新式军事人才，积累了经验，成为各地武备学堂的楷模。甲午中日战争之后袁世凯又在直隶天津小站编练新军，开办新军随营学堂四所，使新军编练和军事学堂开办紧密结合，创新军官佐源自学堂之新制。特别是他继李鸿章之后任直隶总督兼北洋大臣，又在保定大规模地开办各类军事学堂，编练新军，造成了比较厚实的军事学基础和尚武之风。军校尚武堂厅门两侧有幅楹联“尚父阴符，武侯韬略，简练揣摩传一派；报国有志，束发从戎，莘莘学子法千秋”。这正是当时爱国、尚武风气的真实写照。以上史实可以看出，中国近代陆军军校教育始于直隶，系统地陆军军事教育体制成于直隶，这是不容置疑的。另外从历史上看，这与直隶武风素盛是分不开的。清代的武举考试，直隶出的武状元最多，几占三分之一，武榜眼、探花也比别的省多。由此来看直隶、湖北学生人数居多就不足为奇了。

保定军校的这批毕业生率多是经过普遍小学、陆军小学、陆军中学（后改为陆军预备学校），毕业后再入部队训练半年，方可进入保定陆军军官学校的。这是一批史无前例的优秀军事人才，特别是这批毕业生是在甲午中日战争、八国联军侵华战争后所造成的民族危机和辛亥革命战斗洗礼的时代条件下走进军校的。从军校的教学内容上来看，它借鉴吸收了近代西方各国先进的军队建设和军事教育的经验，由中国独立承担军事学的主要课程，进行系统而严格的教学和训练，这是前所未有的，是历史的进步。

军学泰斗蒋百里是该校第二任校长，他任职伊始“一时校内学术研究之风甚盛，校风丕变壁垒一新。”① 他的军学理论、高尚的人品以及敬业之精神，均可称之为教师之代表，校

① 许云逸：《蒋百里年谱》，团结出版社 1991 年版。

长之楷模。时人提出蒋百里“诚为民国军魂典型的创始者，亦即唤起国魂的领导者。”就蒋百里军事学贡献及其影响来看，这种提法不为过之，是符合实际的。正是由于上述诸多因素，保定军校的教育对学生的影响是巨大的。正如著名民主人士张治中先所所说“军校”培植了我的科学基础，培植了我的军事学基础，培植了我的人格修养基础，对于我一生的事业具有重大意义。①

① 张治中：《张治中回忆录》，文史资料出版社1985年版，第37页。

第七章　保定陆军军官学校走出来的抗日将领

一、保定陆军军官学校毕业生获将衔人员之统计①

著名学者、中国近代史专家蒋廷黻先生说："要研究近代史，尤其中华民国近代史，必须先研究保定军校史。"② 这一论断是符合实际的。国民党的高级将领率多出身于保定陆军诸堂（校），尤其是保定陆军军官学校毕业生为最多。这些千名以上的国民党高级将领其影响作用是巨大的，甚至可以说这一群体左右了中国现代军事政治的进程，这一现象被时人称作保定军校生现象。兹根据历史资料整理列举出各期获少将以上职衔的军政人物。

第一期学生共毕业 1114 人，其中获少将以上职衔见附表一所计共 378 人（含肄业生和少将相当的职务）。其中有一级上将唐生智，二级上将孙震、李品仙、杨爱源等 3 人，上将邓锡侯、田颂尧、冯宝桢、曹浩森、杨澄源、王缵绪等人，另有魏益三、刘文岛、孙楚等 98 位中将。

---

① 本书统计以抗日将领为主。汪伪、伪满授衔概不列入。下限一般至 1949 年底。

② 转引自陈三井：《走过历史让历史复活——访保定军校旧址抒感》，见《传记文学》第 72 卷第六期，第 82 页。

第二期学生毕业人数956人，获少将以上职衔见附表二所计共245人（含肄业生和挂少将衔），其中二级上将有熊式辉，上将有叶琪、刘兴、刘峙、刘文辉、秦德纯、秦绍观、廖磊、赖世璜等8人，另有周爛、鲍文樾等55名中将。

第三期军校生实际毕业人数801人，其中获少将以上职衔见附表三所计共263人（含肄业生和与少将相当的职务），其中一级上将有白崇禧，二级上将有张治中、何健、徐培根、徐庭瑶等4人，上将有刘建绪、张贞、张定番，追赠上将张国威、陈安宝、周岩等3人，另有中将加上将黄绍竑、夏威2人以及中将吴石、吴仲禧、俞作柏等78人。

第四期学生毕业209人，其中获少将以上职衔见附表四所计共66人，其中陶钧、程汝怀、朱怀冰、郑重、尹呈辅、石毓灵、何竞武、汪之斌、胡宗铎、钱振亚、彭进之获中将职衔。

第五期学生毕业人数630人，其中获少将以上职衔见附表五所计共156人，其中傅作义、邹作华为二级上将，周濂为上将，李生达为追赠上将，乔明礼、吴克仁、董英斌、楚溪春等36人为中将。

第六期学生毕业人数1333人，获少将以上职衔见附表六所计共338人（含肄业生和少将相当的职务）。其中顾祝同为一级上将，薛岳、黄镇球为二级上将，余汉谋为上将，郝梦龄、周浑元、胡祖玉等3人为追赠上将。钱大钧、李汉魂、黄琪翔为中将加上将衔。另有叶挺、上官云相、李文田等93名中将。

第七期学生毕业人数191人，其中获少将以上职衔见附表七所计共41人，其中有陈长捷、叶启杰、林兰生获中将职衔，黄维纲、刘尧宸追赠中将。

第八期学生毕业638人，获少将以上职衔者见附表八所计共203人（含肄业生和与少将相当的职务）。其中有陈诚、周至柔2人为陆军一级上将，罗卓英为上将，邹洪追赠为上将，另有王以哲、马法五等58名中将。

第九期学生毕业人数为702人。获少将以上职衔见附表九所计共188人。其中郭寄峤为二级上将，曹延桢追赠上将，刘光中将加上将衔，中将有何基沣、张克侠、陈宝仓等38人。

综上各期保定陆军军官学校毕业生（含肄业生）共走出了1878名将领，其中有5人获一级上将，14人获二级上将，24人获上将衔，5人中将加上将衔，445人获中将衔。值得提出的是保定陆军军官学校还涌现了一批为民主革命，社会主义革命和建设做出杰出贡献的著名人士。他们当中有中国人民解放军创建人之一、军事家叶挺；有国家领导人张治中、季方等；有中国人民解放军高级将领边章五、王长江、魏镇等；有著名爱国将领邓演达、陈铭枢、蒋光鼐、唐生智、黄琪翔、傅作义、邓锡侯等；有国民党起义将领张克侠、何基沣、楚溪春、黄绍竑、吴奇伟等；有在抗日战争中为国捐躯的国民党爱国将领郝梦龄、陈安宝、刘家麒、赵锡章、李必蕃、夏国璋、萧山令、林英灿、张谞行、朱耀华等；有新中国成立后任民主党派领导人的裴昌会、李章达、刘文辉等。还有一大批国民党中央或地方军政首脑及其高级将领：陈诚、顾祝同、白崇禧、刘峙、周至柔、陈继承、钱大钧、薛岳、罗卓英、余汉谋、熊式辉、万耀煌、刘文岛、刘建绪、祝绍周、夏威、秦德纯、徐庭瑶、曹浩森、刘士毅、孙震、张卓、郭寄峤、徐培根、刘兴、李品仙等。

资料来源

1. 军事科学院、北京大学编《中华军事人物大辞典》，军事科学出版社 1989 年版。

2. 《辞海》(中国现代史分册)，1984 年版。

3. 徐友春主编《民国人物大辞典》，河北人民出版社 1991 年版。

4. 刘国铭主编《中国国民党九千名将领》，中国工商联合出版社 1993 年版。

5. 《保定陆军军官学校同学录》。

6. 陈予欢《保定军校将帅录》，广州出版社 2006 年版。

7. 郑志廷等《保定陆军学堂暨军官学校史略》，人民出版社 2005 年版。

8. 任牧辛《保定军校人物志略》，保定军校研究会印制 2010 年版。

9. 尤文远等《保定军校千名将领录》，方志出版社 2001 年版。

10. 任方明等《保定陆军军官学校将军录》，人民日报出版社 2007 年版。

11. 各地文史资料。

二、局部抗战时期的保定军校出身将帅

近代以来作为中日两国的战争有两次：一次是甲午中日战争，一次是发生在二十世纪三十年代的抗日战争，又称第二次中日战争。众所周知全国规模的抗日战争始于 1937 年卢沟桥

事变，但是从1931年九一八事变起，日本就开始以武力侵占中国东北。从九一八事变到卢沟桥事变，日本发动过多次对中国内地的进攻，中国军队也先后进行过程度不同的抵抗，由于这些战争就中日两国来说尚只是局部的，并多以签订不平等条约而告终，故这一时期的抗日称之为局部抗战时期。如前所述保定陆军官学校产生于民族危亡之际，“今中国积弱，列强眈眈，彼为刀俎，我为鱼肉，若非讲求军政，必不能生存于竞争之中。”[①]“强权之世，非尚武不足以立国”。[②] 因此全国各界极力鼓荡尚武主义，主张全社会都来推崇武力，铸造新的军魂。在这样的历史背景下，中国第一流的人才许多都进了军校，加入了军队，这种状况对中国后来的历史进程无疑有着莫大的影响。保定军校所培养的六千多名毕业生，在中国近代军事教育史上是空前的，由于有严格正规的层垒递进的军事教育，又经过辛亥革命的战斗洗礼，多数学生是刻苦向上、纯洁爱国的。这些学生中不少人出现在东征、北伐、抗日战场上。兹将局部抗战时期保定陆军军官学校出身的将帅抗日爱国活动略述如下：

（一）谢珂打响江桥抗日第一枪

谢珂（1891—1974），河北徐水人。保定陆军军官学校第一期工兵科毕业。1919年12月考入北京陆军大学第六期学习。毕业后赴东北奉军服务，后任黑龙江省国防处参谋长、督军公署参谋长。

九一八事变后，东北局势一片混乱，沈阳和长春先后沦

① 陈凤翔：《军制学》“弁言”，清光绪末年铅印本。

② 《中国军人教育之现象》，见《东方杂志》第一卷（1904）第10期。

陷，黑龙江省会齐齐哈尔军政当局关于和战举棋不定。马占山不在省城，参谋长谢珂挺身而出，立即召开黑龙江省军政会议，严词痛斥投降论调，号召全省军民齐心合力，抗击强敌，并进行抗击日伪军事部署，急调齐齐哈尔周围驻防的林炳珊（保定军校五期炮科毕业）团、朱凤阳团、吴松林旅等部，集中省城布防。令原在齐齐哈尔驻防的徐宝珍团前往江桥构筑阵地，准备御敌，并击溃伪军的进攻。

江桥之战始于 1931 年 11 月 4 日，止于同月 19 日，历时 16 天，分为江桥第一线战斗和三间房战斗两个阶段。双方投入的兵力总数达四五万之多。十一月四日，日军悍然以飞机轰炸为配合，在步兵第十六联队长滨本和关东军司令部作战主任参谋石原莞尔的指挥下，以两个步兵大队，一个炮兵大队的兵力，向中国军队江桥阵地发动攻击，中国守军奉马占山命令实行自卫反击。江桥守军浴血奋战，日本的滨本联队伤亡惨重，江桥阵地被炸毁，守军也付出了相当大的代价。6 日晚马占山下令守桥部队主力撤至三间房阵地狙击敌人。战至 19 日在日伪优势兵力的攻击下，守军损失严重，为保存实力决定放弃阵地，撤至海伦继续斗争。在江桥抗战期间，谢珂是前期的指挥者和协助马占山指挥抗战的主要骨干，他为马占山谋划方略，亲临前线指挥，展示了卓越的军事才能。马占山在江桥抗战重创不可一世的日本侵略军与谢珂的正确指挥是分不开的。在江桥抗战中，爱国军民在敌众我寡，敌强我弱的情况下顽强击退了侵略者的多次进攻，给敌伪以重创。作为黑龙江副司令长官公署参谋长的谢珂将军以国家利益、民族利益为重，积极布防，首战江桥大捷，给日伪沉重打击。马占山将军到省城后，谢珂将军积极主动全力配合，支持马占山将军主战江桥，表现了中国军人应有的气质和品质。

1932年9月，保定军校第一期步科毕业的苏炳文，时任黑龙江省防军步兵第二旅旅长，驻守在黑龙江西北部海拉尔和满洲里地区，在人民群众的抗日热情鼓舞下，率部抗日，十月一日，在海拉尔誓师通电，宣布成立东北民众救国军，进行抗日活动。

（二）一二八淞沪抗战中的保定军校将帅

九一八事变后，日本帝国主义企图把上海作为进攻中国内陆的基地。1932年1月28日夜，日本侵略军由所占的上海日租界向闸北江湾、吴淞等区域进攻。驻守在上海的国民党19路军在全国人民抗日高潮的影响和推动下，奋起抵抗，与中央第五军协同作战。蒋光鼐（保定军校第一期步科肄业）为十九路军总指挥，戴戟（保定军校第三期步科毕业）为淞沪警备司令，十九路军军长兼右翼指挥官蔡廷锴、参谋长黄强是保定陆军速成学堂第一期炮科肄业。十九路军的实际领导者是陈铭枢[①]时任京沪卫戍司令长官。陈铭枢是保定军校第1期炮科肄业，因参加“二次革命”被学校当局除名。[②] 第5军军长兼左翼指挥官为张治中，是保定军校第三期步科毕业。中央军第五军参谋长为祝绍周，浙江杭州人。他是保定军校第二期步科毕业。由此可以来看一二八淞沪抗战主要统帅多源自保定。

一二八淞沪抗战从1932年1月28日开始至3月1日结束，主要有闸北巷战、吴淞要塞战、八字桥之战、蕴藻浜战

① 军事科学院编：《中国抗日战争史》（上），解放军出版社1991年版，第185页。

② 郑志廷等：《保定陆军学堂暨军官学校史略》，人民出版社2005年版，第346页。

斗、江湾庙行战斗、庙行浏会战斗。庙行方面，原十九路军防地于二月十六日起为增援的第五军接防，第五军下辖第87师、第88师和南京中央陆军军官学校教导总队，全军二万多人。张治中请缨出战，被任命为第五军军长，担任胡家庄沿蕴藻浜北岸经曹家桥至吴淞以西，以及由江湾北端经庙行镇、周巷至蕴藻浜南岸之线的作战任务。两军密切合作，共同抗敌。上海抗战血战了三十三天，中国军队仅以五万之兵力抵抗众多之强敌，迫使日军三易主帅，死伤枕藉。据日方资料，在此次战事中日本陆军战死620名，伤1622名；海军战死149名，伤700名①。面对日军飞机、大炮、军舰联合攻击之下，十九路军和第五军也付出了巨大牺牲，"壮烈牺牲四千四百余人，负伤约七千余人"。② 无辜平民死伤更重。

一二八淞沪之战是规模空前，也是异常惨烈的一场战争。"日军错误估计了对手，以为十九路军和东北军一样一触即溃，不料战局的发展完全与侵占中国东北时相反，日军一直处于恶战苦斗中，他不仅受到中国军队的顽强抗击，而且还受到全上海民众的顽强抵抗，取得其所预期的侵略成果的希望被彻底粉碎了。"③ 一二八淞沪抗战的军民是可歌可泣的，但国民党军政当局的问题是不容否认的。首先是军事上消极防御的作战方针。2月13日，何应钦致电蒋光鼐转达了蒋介石的命令：

---

① （日）参谋本部：《满洲事变作战经过概要》第1卷，中华书局1981年中译本，第176页。

② 全国政协编：《文史资料选辑》第三十七辑，中华书局1963年版，第49页。

③ ［日］历史学研究会编：《太平洋战争史》第1卷，商务印书馆1959年版。

"蒋公之意，我军进攻，无论如何牺牲，亦不能达到任何目的，在全盘计划未定以前，仍取攻势防御为要。"① 从军事学上来讲"用兵之道，最贵为制人，而不制于人，古今中外，无专守的战术，专守的必然失败。"上海的抵抗而不反攻，只能是消极抵抗，是单纯防御，使自己处在被动挨打之地位。从整个事件的过程来看，最高军政当局"事前不战，不和、不准备，事后忽战忽和，忽和忽战，又皆听从敌方的操纵，凡此种种皆给日本以便利，将淞沪土地送断，运输艰难、后援不济的痛语中，这是宋襄公之仁，实为任何国家所不取的对敌方法"。这个评述是符合实际的。

其次是最高军政当局的攘外必先安内的政治方针是错误的。一·二八事变爆发的第二天，国民党中央政治委员会召开会议，讨论并确定了针对这一事变应采取的原则，即"一面预备交涉，一面积极抵抗。"② 这就成为南京政府对淞沪战争的指导方针，正是这个方针决定了淞沪抗战妥协退让的结局。为何在外敌入侵之际最高当局采取如此荒谬的政策呢？归根结底是为一党一己之私利而忘记民族利益。当时蒋介石等认为"共产党是心腹之患"，而日本的入侵则是如同皮肤小病，无关大局。他说："日本不配做我们的敌人。我们当前的敌人还是赤匪。如果我们在内部把赤匪的祸乱消除了，对日是没有问题的。"③ 这实际上是白日说梦话。正是基于这种认识，提出攘外

---

① 《蒋介石手订对日交涉的原则和方法》《中华民国重要史料初编——对日抗战时期绪编》（一） 第431页。

② 《蒋介石手订对日交涉的原则和方法》，《中华民国重要史料初编——对日抗时期绪编（一）》，第431页。

③ 《蒋总统全集》第一册，台北版，第606页。匪、赤匪——系对中共领导的革命军队的诬称。

必先安内总政策、总方针。事实证明这是一个误国的政策。

（三）长城抗战中的保定军校将帅

日本占领东北并建立伪满洲国后，又把侵略的矛头指向热河。热河省位于辽宁、河北、察哈尔之间，为华北屏障。日本进占热河的目的是试图逼迫南京政府承认长城沿线为满洲国的边界线，并在长城以南制造一个非武装地带。这样既可巩固其在东北的殖民统治，又为全面进攻华北乃至整个中国打开方便之门。日军进攻热河是由榆关之战拉开序幕。1933 年 1 月 1 日，日军制造事端，向榆关（即山海关）中国守军发动进攻。3 日日军增派兵力，在飞机、军舰和坦克的掩护下向东南城角和南门附近发起重点进攻，中国守军与之展开激战，第九旅第 606 团第一营营长安德馨以下 300 余人阵亡，榆关失陷。热河形势危急。2 月 21 日，日军兵分三路发起对热河的总攻，近十万人的东北军犹如乌合之众，一触即溃，省城承德一片混乱。第二集团军总司令张作相指挥不灵，3 月 3 日仓促撤往古北口，副总司令汤玉麟置战争于不顾，竟将供前线运输的载重汽车全部扣留，向天津租界抢运私产。他本人在 4 日凌晨率部逃往滦平，同日 10 时许，日军挺进队 128 人，兵不血刃占领承德。之后日军按计划向长城线上各军事要塞发动进攻。南京国民政府迫于国内外的舆论压力决定抵抗。热河失陷，张学良于 1933 年 3 月 11 日正式通电下野。何应钦接任张学良的职务，根据“一面抵抗，一面交涉”的方针，沿长城线布防，以阻止日军入关。日本参战的兵力有两个师团，两个混成旅团和飞行队等共约 8 万人，另有伪满军数万人配合。何应钦代北平军分会委员长后，以黄绍竑为参谋长，至 1933 年 3 月 15 日编成滦东长城战斗序列，调动兵力计 7 个军团，13 个军（含骑兵军1），36个师（含骑兵师6），15个旅（含骑兵旅2，炮兵旅3）及各军师直属部，共约25万人。据笔者粗略统计，参加长城抗战并担任师职次上职务的保定陆军军官学校毕业的将帅有黄绍竑（三期步科）、傅作义（五期步科）、何柱国(第六期入伍生队)、徐庭瑶（三期步科）、王以哲（八期步科）董英斌（五期步科）李振唐（五期步科）杜继武（五期工科）黄光华（二期工科）、李杏村（六期步科）、姚东藩(六期步科)、赵承绶（五期骑）、王奇峰（八期骑科）等，虽不占多数，但却是长城抗战的主要将领，担负着长城抗战的主要作战任务。当时划分的防区是中央军徐庭瑶的17军古北口方面；傅作义59军为独石口方面；晋军商震为冷口方面；商震1905年考入保定陆军速成武备学堂洋文班，后因“煽动革命”被校方开除；宋哲元为喜峰口方面，以阻止日军进入关内。

[古北口附近之战斗] 古北口又称虎北口，是长城上一个重要关口，是由承德到北平最近的关口，为平北之门户，有京师锁钥之称。地形险要，易守难攻。

日军占领承德后，即以第八师团主力向古北口方向追击。东北军王以哲（保定军校八期步科毕业）第67军第107师败退至古北口待援。3月10日，北上之徐庭瑶第17军第25师赶到，王以哲即以所部112师防守长城第一线，将25师布置在古北口南城东西两侧高地，为第二道防线。

11日拂晓，日军发动进攻，112师未尽力抵抗即放弃阵地，日军很快占领古北关口，乘势向25师右翼龙儿峪阵地包围进攻，守卫该处的73旅145团伤亡严重，师长关麟征率75旅支援，将敌击退。12日，日军在飞机、重炮配合下发动全面进攻，战况异常激烈，中国守军伤亡严重，被迫撤至南天门及其左右阵地。145团的一个军事哨因远离主力未及撤退，毙伤百余名日军后全部牺牲。该战斗守军第25师伤亡达4000余人，毙伤日军2000余人。

3月13日，徐庭瑶第17军以第2师黄杰部接替第25师防守南天门421高地。4月20夜，日军第16旅团以一个大队的兵力攻占南天门左翼制高点八道楼子。23日，日军陆空军联合向421高地攻击。第二师顽强抵抗，苦战数昼夜，打退日军四次进攻，伤亡甚大。25日，其防御阵地由第83师接替。26日，日军再次向421高地发动疯狂进攻，守军工事悉数被毁，因伤亡过大，被迫放弃阵地，至28日晚南天门陷入敌手。

古北口之役历时两月余，守军将士以窳劣之武器御数倍之敌，毙伤日军五千余名，抗战将士亦有近八千人伤亡。

［**冷口、界岭口之战斗**］冷口位于长城东段的凹部，日军若占领该处，既可威胁滦东中国各军的侧翼，又可陷冷口以西各口中国守军腹背受敌的不利境地。

担任冷口方向防御任务的是第32军商震部。3月5日该军第139师黄光华部赶往冷口防地时，冷口已被日军占领。6日，保定军校出身的黄光华奉命收复冷口，当天他就率部由驻地卢龙出发，赶到冷口以南约五公里的建昌营集结。黄光华决定以蒋纪珂（保定军校八期工科毕业）717团为主攻，其他两路为助攻，于8日下午太阳落山时向冷口发起进攻，骄纵的日军没有认真布防，而忙于晚炊。此时我717团战士如同猛虎下山之势冲入敌营，大刀、刺刀大显神威，几个回合下来，砍杀日军上百人，残敌败阵溃逃。战斗仅有两个小时，被日军占领4天的冷口就被我军夺回。之后守军便在冷口修筑工事，强固阵地。3月下旬，日第6师团一个步兵旅团抵达冷口，在大炮、坦克的配合下向冷口发起进攻，双方肉搏厮杀三天，打退了敌之进攻，遂后形成对峙局面。之后日军又多次发动攻击，守军利用有利的地形和防御工事进行抵抗，由子敌火力凶猛，守军付出了大量伤亡。4 月 11 日守卫在冷口以西 10 公里白羊峪关城的郭藩 721 团第三营经数日苦战，伤亡殆尽，日突破防线，杀进关口。此时我冷口守军随时有被日军包抄后路的危险，只有撤退长城一线了。

［**傅作义怀柔之抗战**］1933 年 1 月 5 日，日本侵略军进犯山海关，危及华北，傅作义便通电阎锡山、张学良、蒋介石请缨抗日杀敌。15 日，他以省主席名义发表《告全省民众书》，“希望全省同胞檩于困难的严重和绥远的危机，一致奋发，奋起救国御侮”。25 日，率领第 35 军（临时番号为华北军第 59 军）由绥远开赴察哈尔、热河。2 月上旬，所部在张家口组成华北军第七军团，陈炳谦（保定军校五期步科毕业）为总参谋长，下辖三个军。傅令第 61 军李服膺部开往独石口、张北一带。李服膺是保定军校五期步科毕业。第 59 军到昌平一带增防。5 月 14 日夜晚，第 59 军奉命开至怀柔以西牛栏山一带，并在平古大道怀柔西北高地经石广、高各店之线占领阵地，构筑工事，准备阻击来犯之敌。

23 日凌晨 4 时，日军第 8 师团的铃木旅团及川原旅团的福田支队，在十几辆坦克，十多门野炮、山炮及十架飞机的掩护下，向傅部前沿阵地发起猛烈进攻，激战三小时，双方均损失惨重。至下午八时奉命撤退，此役傅部牺牲 367 人，日军阵亡 246 人，长城抗战最后的一场恶战就此宣告结束。

长城抗战是九一八事变后中国国民党军队在华北所进行的第一次大规模的抗击日本侵略者的战役。在这次战役中广大爱国官兵，不惧敌人的优势炮火，顽强抗击了三个月，给骄横一时的日军以沉重打击。据日本参谋部统计，连同热河作战在内共死伤2400人。① 其中关内作战死163人，伤838人。② 参加长城抗战的将士也作出了重大牺牲。据第17、第29、第32、第53、第67五个军的统计，伤亡就达18325人。③

长城抗战最后失败并非偶然，这与国民党军政当局确定的长城抗战的方针密切相关。这正如国民党长城抗战指挥部参谋长黄绍竑所说："何应钦和我秉承南京政府'一面抵抗，一面交涉'的既定方针，想守住长城各口，阻止日军进入关内。"④ 一面抵抗，一面交涉，当然不是坚决抵抗，是消极抵抗。这样方针指导下'长城沿线军事部署只是单纯的守住各口，分兵把口处处设防，在优势敌人的攻击下，只能使自己处于被动挨打之地。武器装备和日本差不多的17军，三个师轮番上阵阻挡日军，使自己受到重大伤亡。反观第29军，所装备的武器中汉阳造步枪和毛瑟枪各占三分之一，还有一些是土造枪，步枪没有刺刀，士兵背的是大刀，全军仅有野炮、山炮十几门，重机枪不过百挺，轻机枪每连只有两挺。但他们敢以劣势武器同日军搏斗，以"夜战近战策略，使敌之大炮（及）一切武器无所逞其能。"终于取得了胜利，给不可一世的日军以相当大的打击。这还不是有力的证明吗！应当说被动防守是失败的

---

① 关东军参谋本部作战机密日志，关东军作战命令第473号。

② （日）参谋本部：《满洲事变作战经过概要》第2卷，中华书局1982年版，第114—115页。

③ 国民党军史研究编纂会编：《抗战胜利40周年论文集》（上），台北1986年版，第565页。

④ 黄绍竑：《长城抗战概述》，并见中国黄埔军校网。

直接原因。攘外必先安内的总政策是失败的重要原因。

（四）抗日反内战的宁都起义

一九三一年十二月十四日，被蒋介石派往江西围剿中国工农红军的国民革命军第二十六路军在宁都举行起义，加入红军，被编为中国工农红军第五军团。这就是中国革命史上著名的宁都起义。

国民革命军第二十六路军原为冯玉祥所辖国民军的一部分，中原大战冯玉祥国民军土崩瓦解，大部投向蒋介石，以高树勋为师长的第十二师，董振堂为师长的十三师，季振同为师长的十四师，李松昆为师长的十五师和两个骑兵旅，被蒋介石改编为二十六路军，以孙连仲为总指挥。二十六路军广大士兵和中下级中官多为陕、甘、青、宁等省区贫苦农民和小资产阶级分子。由于大革命时期受过共产党的影响，中原大战又和蒋介石的军队打过仗，1931 年初蒋介石命令二十六路军由山东开赴江西“剿共”，在“剿共”过程中屡屡遭到重创，再加上广大士兵水土不服，思想厌战之情与日俱增。

九一八事变后，全国立即出现了抗日救亡高潮。二十六路军广大官兵在全国抗日救亡浪潮的推动下，提出了“回北方，打日本”的强烈要求，并致电蒋介石要求北上抗日，并以第七十三旅为先头部队，开始向北行动。但蒋介石违背民心军心，严令部队立即退回原防，死守宁都。

宁都起义的核心人物是赵博生，董振堂、季振同。赵博生（1898—1933），河北盐山县东慈庄人。1917 年毕业于保定陆军军官学校第六期步科十二连。1922 年加入西北军，历任旅、师、军参谋长等职务，五原誓师后，在刘伯坚等共产党人的教育影响下，拥护中共政治主张。1927 年宁汉分裂后，对冯玉祥清党反共不满，产生追随共产党的思想。中原大战后，应孙连仲之聘任二十六军总参谋长。到江西后渴望找到共产党，并在起义前夕加入共产党。

董振堂（1895—1937），字绍仲。河北新河县李家庄人。1923年毕业于保定陆军军官学校九期炮科。历任西北军营、团、师等职。为人正直，富有正义感，反对军阀混战，在官兵中有较高的威信。在第二次围剿中，为避免与红军交战故意谎报军情，拒绝蒋介石的调遣，受到蒋介石的电责。九一八事变后，积极主张北上抗日，他和赵博生的关系密切，除政治观点相同外，又是同乡、同学的关系，能进行推心置腹交谈。当赵博生将所谓的“行营来电”给董看后，董立即表示“你说怎么办就怎么办，我听你的!”① 在关键时刻赞同起义，加入红军。

季振同（1901—1934），原名振佟，字汉卿，号异之，河北沧县人。保定陆军军官学校五期步科肄业，在西北军服务。为人爽直好胜，有魄力。原为冯玉祥卫队旅旅长，此旅是二十六路军武器装备最好的一个旅。他与赵博生为邻县同乡，又是保定陆军军官学校前后期同学，他敬佩赵博生的德才。和董振堂相识已久，亦敬佩董之为人。在赵博生、董振堂的说服帮助下季振同赞同起义的主张。季振同的态度对争取全军起义起了重要作用。

1930年12月14日，参加对中央根据地第三次“围剿”的驻江西宁都第二十六路军因不满国民党的反动统治和蒋介石对日本帝国主义的不抵抗政策，在中国共产党的影响和指导下，在保定军校毕业生，中共党员军参谋长赵博生，保定

---

① 《回忆宁都起义》，人民出版社1982年版，第32页。

军校毕业生董振堂和肄业生季振同的率领下，全军一个军直，二个师直，六个旅直，十一个整团，共17000余人，携带两万件武器，举行起义。[①] 起义按照毛泽东的指示，在王稼祥、刘伯坚、左权等同志的联络指导下取得圆满成功。起义后，部队改编为中国工农红军第一方面军红五军团辖三个军，董振堂任军团副总指挥兼第十三军军长；赵博生任军团参谋长兼第十四军军长；季振同任红五军团总指挥。黄中岳任第十五军长。

宁都起义沉重地打击了蒋介石攘外必先安内政策，鼓舞了全国人民抗日反内战的热情，壮大了红军的力量。在第四次、第五次反围剿中，在二万五千里长征中，红五军团发挥了重要作用，建立了不朽的功勋。毛泽东对宁都起义给予很高评价，曾于1938年12月接见宁都起义的部分指战员，并题词："以宁都起义的精神用于反对日本帝国主义，我们是战无不胜的。"新中国成立后，从宁都起义部队走出的姬鹏飞、黄镇、王幼平、袁血卒、刘向三、张永励、周骏鸣、李廷赞等担任了国家和中央部委的领导人。在解放军中则有上将李达、中将王秉璋、孙毅、孙继先、李雪三、韩振纪及王谦、王振祥、王蕴瑞等24位少将。

（五）保定军校将帅傅作义指挥绥远抗战

绥远抗战是1936年11月至12月中国军队在绥远省东部、北部地区抗击日伪侵略的著名战役，是继一二八淞沪抗战、长城抗战以后中国军队在局部抗战时期又一次抗击日军侵略的著名战役。

---

① 《回忆宁都起义》，人民出版社1982年，第146页。

一九三六年秋冬，蒙古族上层叛国分子德穆楚克栋鲁普（即德王）组织伪蒙古军，在日本关东军的支持下，向绥东、绥北地区大举进犯。绥远驻军傅作义部在中国共产党抗日民族统一战线的影响和全国人民抗日救亡运动的推动下奋起抵抗。绥远抗战从1936年11月15日开始到12月19日结束。整个抗战又分为红格图保卫战、百灵庙战斗和锡拉木楞庙战斗。其中尤以百灵庙战斗影响最大，因而人们通常把绥远抗战称作百灵庙战役或百灵庙大捷。

绥远战役中方参战部队有晋绥军和中央军一部分。主力由傅作义的第35军和赵承绶的骑兵军组成。赵承绶（1892—1966），别号印甫，山西五台人。保定陆军军官学校第五期骑科毕业。1918年9月毕业，分发山西陆军服务。1928年夏参与组织第三集团军骑兵教练所（设于山西大同），任教育长。主持晋绥军骑兵部队组成及训练事宜。后任第三集团军骑兵司令。中原大战后受东北军改编，仍任晋绥军骑兵司令。1936年1月任陆军中将。11月率部参加绥远抗战。

1936年11月15日，王英所部伪军1500人进抵红格尔图附近的阳坡村，与驻绥军前哨部队接触。次日，伪军向红格尔图猛攻，守军据垒抗击，打退日伪之进攻。16日，傅作义根据敌情决定采取“守点以抑留敌人，集中主力进攻”的作战方针，遂命令骑兵第一师师长彭毓斌（保定军校六期骑科毕业）率骑兵4个团，由步兵第218旅旅长董其武率步兵两个团及炮兵1个营，在彭毓斌、董其武的统一指挥下，以秘密、迅速的行动歼击红格尔图附近之敌，并限于17日夜发起袭击。①

① 傅作义：《绥战经过详记》，载《军事杂志》第100期。

当日夜，董其武旅长所率步兵出其不意，将日伪指挥部包围，彭毓斌师长率骑兵迂回敌后，截击援敌。至十九日，进犯红格尔图之敌被晋绥军彻底击溃。

傅作义于红格尔图初战告捷的当晚，根据上级的意图，决定先发制人，立即发起百灵庙战役。百灵庙位于绥远北部，是乌兰察布盟草原上著名的寺庙，距省城归绥约 160 公里，距武川 120 公里，四周群山环抱，为喇嘛、蒙牧民聚集中心。有公路北达外蒙古库伦（乌兰巴托），东通化德，西南接包头，东南接归绥。百灵庙名义上是国民政府的蒙政会所在地，实际上日本和德王把它经营成进行侵绥战争的后方基地。驻守有伪第 7 师（骑兵）约 1800 人，德王直属骑兵 1000 余人，另有专任指导的日本军官四五十人，总计约为 3000 人。同时存有大批的粮秣和装备。针对百灵庙四周环山，易守难攻的特点，傅作义制定了隐蔽接敌，正面攻击与迂回包抄相结合“以强袭之准备作奇袭之行为”对百灵庙发起进攻。1936 年 11 月 24 日凌晨 1 时，进攻百灵庙的战斗全面展开。经过激烈战斗终于突破敌阵，攻入庙内。至当天上午 9 时 30 分，收复了百灵庙。此役毙伤伪军七八百人，俘虏 300 余人，缴获炮 3 门，重机枪 5 挺，步枪 400 支，电台 3 架，还缴获了弹药一批，面粉 2 万袋和大量汽油，晋绥军伤亡官兵 300 余人。之后又制定了退兵诱敌，守庙打援的方针，收复了锡拉木楞庙。

绥远抗战的胜利振奋了全国人民，为中华民族争了一口气，为中国军人争了一口气。绥远抗战采取了主动出击，集中兵力各个击敌的作战方针是正确的。正如傅作义在战后总结中所说：“以绥省现有之兵力，若分路迎击，必致兵力分散，处处薄弱，重蹈过去长城抗战各不相及之覆辙，难期成果，必须集结优势兵力先击一路，再及其他，期能各个击破。”①

采用奇袭战术也是获胜的重要原因之一。百灵庙之战时，各部队昼伏夜行，竭力秘密逼近敌阵地，迨全部攻击部队进入战斗位置时，百灵庙守敌仍在酣睡，竟一点也未发觉。② 另外重视心理战，采取军事打击和政治攻势相结合的策略，争取伪军反正，亦为获胜的原因。不可否认绥远抗战的前线指挥官军事素养是比较高的。

三、全面抗战时期的保定军校出身将师

（一）保定陆军军官学校毕业生在抗日将官中所占的比例

在全面抗战时期，中国形成了两个战场即正面战场和敌后战场。正面战场是国民党南京政府通过全国政权，利用全国资源和 170 余万正规军，③ 担负正面战场的作战。敌后战场是中国共产党及其领导的军队深入敌后建立根据地，实行人民战争，坚持持久战，执行基本的游击战，但不放松有利条件下的运动战的战略方针，担负敌后抗战的战略任务。以国共合作为基础的抗日民族统一战线是形成两个战场的前提。没有统一战线不可能有举国一致的全面抗战，因此也就不可能出现统一战线目标下各自独立的两个战场。由于历史的原因，保定陆军军官学校毕业生在国民党军队中任职占大多数，参加共产党和其他民主党派的也不乏其人。比如叶挺就是参加共产党的杰出代

---

① 傅作义：《绥战经过详记》，载《军事杂志》第 100 期。

② 董其武：《傅作义先生生平概述》，载《傅作义生平》，文史出版社 1985 年版，第 22 页。

③ 参见陈诚：《八年抗战经过概述》，何应钦《八年抗战之经过》。

表。总体上来看数量不多，这是不争的史实。但保定陆军军官学校所承载的中国近代军事学却是两党两军共同的财富。保定陆军军官学校毕业生在正面战场国民党军队中任职的军官，特别是高级军官，占相当大的比重，成为正面战场将帅的主要来源。兹将正面战场国民党高级军官的出身背景列表作一量化分析，从中可以看出保定陆军军官学校毕业生的任职情况。

表1　战前（1936年）国民党陆军高级军官出身统计

衔级 / 出身	总计（%）	上将（%）	中将（%）	少将（%）
保定陆军军官学校	388（31.1%）	8（26%）	95（32%）	285（31%）
黄埔军校	92（7.4%）	0	17（6%）	75（8%）
国外军校	159（12.8%）	6（19%）	51（17%）	102（11%）
陆军大学	215（17.2%）	2（6%）	13（14%）	170（19%）
地方军校及行伍	393（31.5%）	15（48%）	95（32%）	283（31%）
总计	1247（100%）	31（100%）	301（100%）	915（100%）

从该表可以看出，全面抗战爆发前夕国民党军陆军将官出身保定陆军军官学校的共有388人，占全部将官的31%。出身地方军校及行伍的将官人数，仅比保定陆军军官学校毕业生多0.4个百分点，而这部分是一个综合群体，它包括云南讲武堂、东北讲武堂以及各地军阀所办的诸多军校。实际上，就独立的军事院校而言，保定陆军军官学校的毕业生在战前国民党陆军军官中的比例是第一位的。

卢沟桥事变后，日本侵略者大举进攻中国本部。南京国民政府军政当局迅速制订计划，调整军事部署，组建统帅机构。8月12日，国民党召开国防最高会议及党政联席会议，决定蒋介石为海陆空军大元帅，以军事委员会为最高统帅部。8月

20 日，国民政府颁布了《战争指导方案》和《作战指导计划》，同时决定将全国划分为 5 个战区。于是战区便成为国民政府对日作战的最重要战略单位。此时各战区司令长官、参谋长共计 33 人次，保定军校生占 11 次次（33.3%）。各预备军司长官，南京卫戍司令部司令长官共 11 人，保定军校生占 5 人（45.5%）。1938 年 1 月 17 日，国民政府为适应作战需要，改组军事委员会。至 1939 年 1 月各战区司令长官、参谋长共 33 人次，保定军校生占 16 人次（48.5%）。至 1944 年保定军校毕业生在正面战场陆军军官中的比重处于增长的趋势。

表 2　战时（1944 年）陆军高级军官出身统计①

军职 / 出身院校	战区正副司令长官（%）	集团军正副总司令（%）	军长（%）	师长（%）
保定陆军军官学校	18（50%）	36（36%）	37（33%）	48（15%）
黄埔军校	1（3%）	31（33%）	40（36%）	132（42%）
国外留学	4（11%）	5（5%）	0	0
地方军校及行伍	13（36%）	23（24%）	34（31%）	101（32%）
出身不详	0	0	0	33（11%）
总计	36（100%）	95（100%）	111（100%）	314（100%）

从该表可以看出，在抗日战争后期出身保定陆军军官学校的将官在全部将官中所占的比重是很高的。其中，战区正副司令长官 18 人，占同级别总人数的 50%；集团军正副总司令 36 人，占同级别总人数的 38%。在这两项重要军职中，保定陆

① 转引张瑞德（台）所著《抗战时期国军各阶层成员出身背景及素质的分析》，载《抗日战争研究》1993 年第 3 期。

军军官学校毕业生独占鳌头，位居第一，远远超过了其他军校的毕业生以及来自行伍出身者。

通过对上述资料的分析，我们不难看出，全面抗战时期保定陆军军官学校毕业生在国民革命军陆军军官中占居很大比例，在较高级别的军官中，则始终占据第一位。而陆军一向是国民革命军的主力，尽管其他兵种的高级军官也有不少出身保定陆军军官学校者，比如保定陆军军官学校第八期步科四连学生周至柔出任航空委员会空军作战前敌总指挥。但保定陆军军官学校毕业生在正面战场陆军中的任职情况足以说明正面战场中的高级官军多来自于保定陆军军官学校。

众所周知，民国北洋军阀时代，名气较大军事院校有23所之多。[①] 为何保定陆军军官学校能够独占鳌头？走出这么多抗日将领固然与军事力量的优劣以及物质基础密切相关，但是军队战斗力能否充分发挥，则直接取决于各级军官指挥效能的高低。在整个抗日战场上，虽然中方武器装备处于劣势的条件，但因指挥员的高超艺术而形成局部优势和战场主动，并进而取得胜利的战例并不鲜见；相反，在兵力及战场态势均占优势的情况下，由于指挥失当而造成作战失败的战例也不少见。可见各级军官，尤其是高级军官的素质高低对于一支军队战斗力的发挥至关重要。总体来看保定陆军军官学校的毕业生的军事素养是比较高的，这正是正面战场将帅多源自保定之根本所在。

“保定军校生现象”，以无可辩驳的事实向人们昭示：保

---

① 据薛连壁等：《中国军事教育史》，国防大学出版社1991年版，刘国铭主编《中国国民党九千将领》，中华工商联合出版社1993年附录三统计。

定陆军军官学校不愧为抗日将帅的摇篮。那么，又是什么原因使保定陆军军官学校成为抗日将帅的摇篮呢？笔者认为主要有以下几个原因。

［**师资力量比较雄厚**］保定陆军军官学校教职员基本上聘自国内，多为日本士官学校留学生，而非清末诸军事学堂德日籍教习占主导地位。[①] 笔者查阅保定陆军军官学校前期职员录以及第九期职员录均未发现有外籍教习的记载（也包括英文、法文、德文、俄文、日文等语教官）。日本士官学校留学生受过系统的军事教育，有比较扎实的军事理论和军事技术，了解世界近代军事学，对中外军事差距有切身感受。他们严于律己，教学有方，鼓励学生奋发学习，争取早日赶上世界先进水平。[②] 这是教职员构成的重大变化，是中国近代军事教育发展的结果，是历史的进步。

校长是学校的最高领导，在教育管理中掌握方向。办好军事学校的关键是选择校长和教员，当然第一位的是校长。著名教育家陶行知说："校长是学校的灵魂。"一个好的校长是办好学校的关键。保定陆军军官学校前后共有八任校长，其第一、第四和第七任校长分别是赵理泰、王汝贤、张鸿绪，他们均出自北洋武备学堂，学历不高，军事学知识不丰富，又有旧军人习气，教育经验欠佳，以致军校屡屡动荡，毫无生色，所幸他们任期都很短，最短的只有二个月，加在一起不到两年。另外五任校长均都毕业于日本士官学校，现代军事学素质比较高，如蒋百里、曲同丰、杨祖德、贾德耀、孙树林等经验丰

---

① 汪向荣：《日本教习》，三联书店 1988 年版，第 74 页。

② 王桂主编：《中日教育关系史》，山东教育出版社 1993 年版，第492 页。

富，办学有方，深受学生敬仰。特别是第二任校长蒋百里对学校贡献最大，被称为校长之楷模，军学之泰斗。

教务长是负责学校教学事务的中坚，亦占有举足轻重的地位。该校教育长毛继承、张承礼等都毕业于日本士官学校，受过系统的正规化军事教育。张承礼曾与蒋方震同学，能力过人，蒋上任后大胆改革，速见成效，与张的得力相助不无关系。程长发曾任学校步兵科长，后任教育长，他的学历虽然不高，但他刻苦研读军事学，精于战略战术，擅讲四大教程，因此深受学生欢迎。至于科长、队长、区队长及一般教官，除了赵理泰任内聘一些速成学堂的毕业生，其他校长任内聘任日本士官学校出身者较多。如蒋百里任内，炮兵科长谭学夔、步兵科长邱志龙、骑兵科邹志权以及教官涂永、杨言昌、臧式毅等，都毕业于日本士官学校，是蒋百里精心挑选出来的军学界新秀，他们教学认真负责，学生受益匪浅。保定军校到第九期尽管已大不如从前，但教官队伍仍比较齐整，留日和陆大出身的仍比较多。在中国近现代史上声名卓著的方鼎英、何柱国、钱大钧、陈调元、张翼鹏、楚溪春、欧阳震等都曾任保定陆军军官学校教职。由此可见，保定军校的师资力量的确不凡，从而为培养军事人才奠定了良好的师资基础。

保定军校的资金、教学设备和学生待遇等物质条件方面比较优越。物质条件是办学的基础。该校隶属于陆军部，所以与其他军校相比还是比较好的。孙中山 1924 年创办黄埔军校时，也曾自叹弗如。①

---

① 孙中山：《在陆军军官学校开学典礼上的演说》，《孙中山选集》，人民出版社 1981 年版。

陆军部规定保定军校的经费，不管额支、活支均由陆军部批发，马匹、枪弹等也由陆军部发给。① 军校的各类物质条件是比较优裕的。如教学设备比较齐全：术科上需要的体操器具及劈刺场的器械，应有尽有。步科使用的步枪多是上海兵工厂制造的八六口径步枪。骑兵科配备有相当数量的军马、马鞍、马刀、马枪，军马大多数是优质的蒙古马和新疆伊犁马。炮科使用的大炮既有德国克虏伯厂制造的，法国克鲁苏厂制造的，也有日本制造的，还有上海兵工厂仿造的。都是比较先进的武器。

兵工科用的定式架桥材料船只，辎重用的大车，挽马等也都比较齐备。② 学生学习费用完全官费。《陆军军官学校条例规定》："学生在学时所需被服、书籍、笔墨、纸张及必不可少之用具，皆由校中分别待遇支出。"③ 学生用的学习用具、日常生活服务品及饮食都比较丰富。所有这些都为保定军校的发展奠定了物质基础。

[严格的递进招生制] 保定军校生源素质之高是它最具特色的优点。清政府在 1904 年颁布陆军学堂办法以后，陆续创办了陆军小学堂和陆军中学堂，到 1910 年前后共建陆军小学 29 所，陆军中学四所。1912 年民国成立后，虽然陆小停止招生，1915 年陆中也合并为直隶清河第一陆军预备学校和武昌第二陆军预备学校。但在校的陆小、陆中学生仍继续升学，形成严格的递进招生制度即四级制教育体系。陆小、陆中学生先

---

① 《政府公报》1912 年 10 月 8 日，第 170 号。

② 参见刘莘园：《保定陆军军官学校生活回忆》，《文史集萃》第 5 期。

③ 《政府公报》1912 年 10 月 8 日，第 170 号。

后升入保定陆军军学校的有一、二、四、五、六、七期。

陆小、陆中的入校考试非常严格，录取率很低，如1909湖南武冈县500余名高小学生报考湖南陆小，经过体格检查及学科考试，仅取10名送省参加复试。到省后，复试合格才1人。① 又如1910年四川陆军小学招考，各县经过考试，将1万余名高小学生送去省城复试，正式录取100名，录取率仅为1%。陆小学生入学后学习不合格将逐渐被淘汰。湖南陆小第一期学生200余人，最后取得陆军中学升学考试资格的才72人，淘汰率达到64%②，可见，保定陆军军官学校从高小升入陆小、陆中就经历了激烈竞争和严格筛选。

学生经过陆小、陆中，为升入保定军校作了军事理论与实践的充分准备。陆小期限为3年，课程分为学科、术科两类。术科主要练习劈刺、器械操练及野外演习。学科方面，即有军事学课程，又有普通知识课，军事学主要是步兵操典、射击教范、阵中勤务令、野外勤务，测绘学等。③ 陆中期限两年，其教育宗旨与陆小是一致的，只是所设课程比陆小深些。

陆中毕业合格者，编成军校入伍生队。入伍生队分散在连队，在实践中体验士兵的生活及职责。从最基本的步伐动作到复杂的野外训练，都经过严格的训练。半年后，入伍生经过各种考试，合格后才能升入保定军校。在正式编队之前，为了防止冒名顶替，校方还要作最后的鉴定检查，6名考官认为无误后才算通过。

---

① 戴凤翔:《湖南陆军小学》,《湖南文史资料》第2辑

② 同上

③ 王少游:《在四川陆军小学的一段回忆》,《四川文史资料选集》第37辑。

总之，保定军校一、二、四、五、六、七期学生都是经过逐级的严格训练、考核，最后精选上来的。第三期学生的素质也是相当高的。1911 年很多在校的陆小学生、高校学生及中学生等组成学生军参加辛亥革命。民国成立后，孙中山命令各地学生军至南京会考，合格者编为陆军部入伍生团，数万人参加会考共录取 2000 人，意在训练三个月后升入保定军校，但陆军部未批准入伍生团生入保定军校，而是让他们转入武昌陆军第二预备学校学习。入伍生在此学习两年受益匪浅，成绩优秀。[①] 毕业后，又经过半年入伍生训练，最后才进入保定军校第三期。

第八期的素质也是不错的。1918 年保定军校第八期招生，因为已无陆军预备学校毕业生，只得招普通中学生。报名的很多，考试科目除术科外，其他均与预备学校相同，考试也相当严格，有严密的防弊措施。考取者编成入伍生队，训练时间延长至九个月。第九期的学生入学前也有较好的军事教育基础。这批学生是由中学生考入清河陆军预备学校的，然后经过入伍生训练，于 1921 年 10 月升入保定陆军军官学校。无疑，学生素质的优良是保定军校培育军事人才的重要保证。

［理论与实践相结合的教学方法］中国军事近代化与其他社会领域一样，是学习强国，仿效强国，理论创新的过程。保定军校的校长、教育长及其教职员多留学日本，在教学方法上也基本承袭了日本的那一套。

保定军校的课程与陆小、陆中一脉相承，仍设学科和术科两大类。学科主要有战术、兵器、工程建设、地形、交通、通

---

① 《黄绍竑回忆录》，广西人民出版社 1991 年版，第 25 页。

讯、典范令、马学卫生等军事学课程；也有理化、数学、外语等普通知识课程。术科包括器械、体操、刺枪、劈剑、马术等。所有课程中最重要的是战术学、战术训练学、工程建筑学、地形学、兵器学和通讯学，教材多译自日本陆军士官学校的最新出版物。但已有中国自编的中国近代军事学教材。

教授方法是由教官口讲指画，或用实际动作一点一滴地注入学生脑中。教授地点分内场与外场，内场就是课堂教学，每天至少有半天。外场就是在操场或野外实地演习。以战术学为例，教官讲授完基本原则以后，由教官出题，假想一种敌情，让学生根据所学原理，用军事符号在地图上标明敌我情势，并将作战方法绘制成图，最后由教官评改。最初是一个连的兵力，随着课程的进度，逐渐加到一个营、一个团、一个旅，还由单纯的步兵不断加进骑兵、炮兵、工程兵等成为混成支队，直到一个师为止。然后，再定期到野外去作几个星期或几个月的实地战术演习，每期学生毕业时，还要进行各种联合军事演习。这种注重内场和外场，理论与实践相结合的教学方法，对于丰富学生知识，提高学生技能是十分有效的。这种技能表现在抗日战场上就比黄埔等军校出身的将领技高一筹。曾任台总司令行政院长郝柏村说："黄埔一期仅受到六个月，完成一个排长的教育……故黄埔一期为主的高级将领，对于战略、战术素养，尤其是大军的指挥能力，普遍不足……他们在第一线的指挥都是失败的。"①

［**严格学生管理**］学校建立了严格的执勤制度，检查制度、考试制度和放假制度。执勤制度分军官和学生值日两

---

① 杨津涛：《台陆军统帅谈蒋介石丢失大陆》，《短史记》第143期。

种。学生值日，主要负责连排集合，检查人数，维持课堂纪律，包括武器检查，服装检查，身体检查以及检阅的综合性检查。放假制度规定，星期日放假一天，逢节也放假，还有暑假。除此以外，学生必须在校学习。考试制度规定，考试形式有临时考、月考、季考、期考和毕业考五种。考试相当严格，如第一期学生毕业考试，由陆军部组成一个考试委员会来校监考。

校方还规定了各种惩罚制度，如在训练中对达不到要求的学生，往往要打军棍，关禁闭，搞疲劳训练。对犯有以下错误之一者，则勒令退学，即学术缺乏，无毕业之望者；紊乱军纪，屡犯军纪，屡犯规则者；品行不正，无悔改之望者；带有伤病，不堪修学者；考试落第者。其中，对屡违军纪，品行不端者，还特别规定退学后必须将历年学费及所领津贴、衣服、书籍，乃至陆小、陆中毕业证书一律追缴。①

由此可见，师资力量的雄厚，物质条件的充裕，学生素质的优良以及有效的教学方法和严格的学生管理，相互作用、相互制约，形成了一个培育人才的有机整体。所有这些是保定陆军军官学校能够成为近代军事人才摇篮的奥秘。

（二）保定陆军军官学校毕业生与正面战场的重大战役

在抗日战争中，保定陆军军官学校毕业生参与指挥了正面战场几乎所有的重大战役。他们运筹帷幄，披挂上阵，督率所部同日寇浴血奋战，为捍卫国家主权和民族独立作出了不朽的贡献。

卢沟桥事变是八年抗日战争的始点。在卢沟桥事变发生之

---

① 《保定陆军军官学校条例》，《政府公报》第170号，1912年10月18日。

前，卢沟桥一带的中国驻军是国民革命军的 29 军 37 师 110 旅。正是以 29 军副军长兼北平市长秦德纯、29 军副参谋长张克侠（中共秘密党员）和 110 旅旅长何基沣为代表的保定陆军军官学校毕业生，指挥官兵拉开了伟大的民族解放战争的帷幕。

秦德纯，1916 年毕业于保定陆军军官学校步科 2 期 2 连。1937 年 2 月底，军长宋哲元请假回山东乐陵原籍为其父修墓。离平之际，他把对日交涉之责全权交予秦德纯。“自此至 7 月 19 日宋哲元由鲁返平，北平对日战和悉归秦德纯定夺。”① 受宋哲元“应战不求战”既定原则的限制，秦德纯军事措施并非无可指责，但他始终坚持了严正的民族立场，以谈对谈，以打对打。7 月 8 日凌晨当日军向卢沟桥和宛平县城进攻之际秦德纯立即命令前线官兵“牺牲奋斗，坚守阵地，即以宛平县城与卢沟桥为我军坟墓。”② 誓死保卫国土。中国守军正是遵循这道命令奋起抗战。

张克侠与何基沣同于 1923 年毕业于保定陆军军官学校第 9 期步科，分别属 2 队和 1 队学员。张克侠是直隶献县人，何基沣是直隶藁城，可谓同乡加同学。两人具有强烈的民族正义感，力主抗战，保家卫国。在卢沟桥事变前夕，张克侠提出“以攻为守”的方案，事变后他又一次为 29 军拟定了集中兵力，采取主动攻势作战的计划。③ 他还进行了一系列抗战准备

---

① 王铁群等：《保定陆军军官学校毕业生与抗日战争》，《河北大学学报》2003 年第 2 期。

② 秦德纯：《七七事变·原国民党将领抗日战争亲历记》，当代中国出版社 1986 年版，见《秦德纯回忆录》第 9 页。

③ 何基沣：《“七七”事实纪实》，《文史资料精选》，中国文史出版社 1990 年版。

工作，如聘请中共地下党员张友渔、朱军等，对29军加强抗日思想教育和组织工作，派中共特殊党员靖任秋深入日军后方，了解其兵力部署和动向，争取伪军反正等措施。与张克侠筹划战略相表里，何基沣则披坚执锐，在卢沟桥率所部奋起抗击，经过一昼夜激战，于9日晨收复失地，完全恢复了永定河东岸的态势。25日又率部猛攻丰台之敌，一度收复丰台。王冷斋，福建闽侯人，保定陆军军官学校第二期步科毕业。时任河北省第三区行政督察专员兼任宛平县长，管辖宛平、大兴、通县、昌平四县。1937年6月兼任宛平城防司令部司令，曾作为北平方面中方首席代表参与卢沟桥事变前后与日军谈判交涉事宜。抗日战争爆发后，参加宛平城抗击日军的作战。后任第29军政治部主任兼任宣传处处长。

秦德纯、张克侠、何基沣的筹划指挥，直接推动了卢沟桥抗战的发生和进展。在中国历史进入抗日战争时期的这一关头，保定陆军军官学校毕业生起了关键的作用。

淞沪会战是我国由局部转向全国抗战的历史转折点。在这次重大战役中，国民党政府先后投入精锐部队30个师，而这些部队的长官则多是保定陆军军官学校毕业生，从这个意义上可以说，保定陆军军官学校毕业生是淞沪抗战的主要指挥者。

在参加淞沪会战的中国军队中，担任集团军总司令以上高级职务的军人70%以上出身于保定陆军军官学校。淞沪会战中，中国军队前线的最高指挥官是顾祝同，他曾是保定陆军军官学校第6期步12连学生。第三战区划定后，战区司令官先为冯玉祥担任，后为蒋介石兼任，顾祝同担任战区副司令长官，实际上负责整个战场的军事指挥。淞沪战役打响后，最先投入抗战的是以张治中为首的部队。如前所述张治中毕业于保定陆军军官学校步科第三期。淞沪会战爆发前，他先是担任京沪警备司令兼前敌总指挥，旋任第九集团军总司令，中央军总司令。他提出的“先发制敌”的战役思想为军政当局所采纳。但由于蒋介石的动摇犹豫而错失良机。遂后率兵参战的保定陆军军官学校毕业生主要有第8期炮科毕业生陈诚，他先后担任第15集团总司令、左翼军总司令；第十集团军总司令廖磊是军校2期步科四连毕业生；左翼第15集团军总司令罗卓英毕业于保定陆军军官学校炮科第8期。可以说，淞沪抗战是保定陆军军官学校出身将帅荟萃报国的一次战役。淞沪地区是中国的经济中心和首都的门户，日本帝国主义早已虎视眈眈。因此在淞沪地区进行一战势必难免，但在淞沪地区进行多大规模和多长时间的作战，要从中日双方的特点及中国长期抗战的全局利益考虑。淞沪会战从1937年8月13日开始，至11月12日中国军队西撤，历时三个月。日本投入兵力共约28万。① 中国先后调集中央部队和驻广东、广西、湖南、四川、云南、贵州等地部队总计兵力约70余师，约70余万人。② 在无制海权和制空权的条件下，与有优势装备的日军拼搏，毙伤日军4万多人。③“大约27万中国军队——整整60%的国民党防卫力量和蒋介石现代化陆军的核心——或死或伤。”著名抗日名将孙立人认为淞沪之战，战略是错误的，无谓牺牲，结果把整个精锐部队都失掉，将帅无谋，累死千军。李宗仁在检讨京沪会战

① 军事科学军事历史研究部：《中国抗日战争史》（中卷），解放军出版社1994年版，第151页。

② 同上，第152页。

③ 同上，第151页。

得失时曾说："我们不能不承认我们的最高统帅犯了战略上的严重错误。我们极不应以全国兵力的精华在淞沪三角地带作孤注的一掷。蒋先生作此次决定的动因，第一可能是意气用事，不惜和日本军阀一拼，以争一日的短长；第二可能是他对国际局势判断的错误。在蒋先生想来，上海是一个国际都市，欧美人士在此投下大量资金，如在上海和敌人全力火并一番，不特可以转变西人一向轻华之心，且可能引起欧美国家居间调停，甚或武装干涉。谁知此点完全错误。第三便是由于蒋先生不知兵，此匹夫之勇来从事国际大规模战争。兵法有云，知己知彼，百战百胜。我敢说，蒋先生固不知彼，连自己也茫然不知。竭泽而渔，自丧元气。"①这个评述是符合实际的，也是科学求实的。淞沪抗战虽因国民党统帅部最高当局指挥失当而遭受挫折，但他的顽强抵抗粉碎了日军速战速决征服中国的企图，给了日军一定的打击，此役中国军人"牺牲的壮烈在中华民族抵御外侮的历史上，鲜有前例。"②

台儿庄大捷是抗日战争爆发后正面战场取得的第一个大胜利，当年中共中央机关报《新中华报》评价这次战役是"写下了我军抗战史上最光荣的一页。"国民党第5战区司令长官李宗仁指挥国民党军在台儿庄作战。蒋介石令军委会副总参谋长白崇禧（保定军校步科三期）协助李宗仁指挥。另外参加台儿庄战役，任集团军总司令以上职务的保定陆军军官学校毕业生有：第五战区副司令长官兼第十一集团军总司令李品仙（步科1期）、第五战区参谋

① （美）费正清、黄维恺编：《剑桥中华民国史》（1912—1949年）（下卷），第628页。

② 《李宗仁回忆录》，广西人民出版社1980年版。

长徐祖诒（炮科三期）、第二十二集团军总司令孙震（步科1期）、第二十一集团军总司令廖磊（步科二期）、第二十四集团军总司令韩德勤（步科六期）。率部参加指挥这一著名战役的还有顾祝同、上官云相、邓锡侯、王静轩、薛岳、周至柔、黄镇球、马法五、吕济、周喦、黄光华等保定陆军军官学校出身将领。在台儿庄战役中，劣势装备的国民党军“以十师之众对师半之敌”英勇作战，取得了歼灭日军11984人的重大胜利。

纵观台儿庄战役之前正面战场各大战役，基本上以阵地战为主，消极防御，与日军进行旷日持久的消耗战。这种缺乏主动性、灵活性的战略方针，在整体上敌强我弱的条件，使正面战场经常处于被动挨打的地位，战争之伤亡往往是敌之六倍以至更多倍。台儿庄战役之所以获胜，一个至关重要的原因是采取了攻势防御战略，即把阵地战的守势与运动战的攻势结合起来。而这一方针的实施，则是与白崇禧的努力分不开。1938年3月初，白崇禧奉命去徐州协助第五战区司令长官李宗仁指挥作战。临行之前他特意向周恩来和叶剑英请教作战方针。周恩来、叶剑英向他建议：应在“津浦线南段，采取以运动战为主，游击战为辅的联合行动”而“在徐州以北，又必须采取阵地战与运动战相结合的方针，守点打援，以达到各个击破的目的。”① 台儿庄战役的目的是阻止华东日军与华北日军相汇合，共产党人的这一建议切中要害，白崇禧对此十分赞赏，他到徐州后即是参考此建议与李宗仁制订了该战役的作战方针。实践证明，这个战略方针对台儿庄战役的胜利起了关键作用。

滕县、临沂两役是台儿庄战役的组成部分。滕县一战，孙

---

① 程思远：《政坛回忆录》，广西人民出版社1986年版，第116页。

震督率川军以寡敌众，阻击矶谷师团南下，终于以巨大的牺牲完成了作战任务，保证了战役的胜利，写下了川军抗战史上最光荣的一页。

忻口会战是抗战初期正面战场一次重要战役。忻口会战中的保定陆军军官学校出身将帅表现十分突出。

在华北日军占领平津之后，为巩固、扩大战果，1937 年 10 月便把进攻的矛头指向山西。山西地处黄土高原，雁门关以南娘子关以西多山地带，居高临下，直接威胁日军平津地区的军事重地，故山西为敌我必争之战略要地。10 月初，日军疯狂进攻山西北部的忻口地区，欲长驱直入，占领山西省会太原。自 10 月 13 日至 11 月 3 日，国民党军在忻口以约 14 个师的兵力与日军板垣征四郎直接指挥的第 5 师团，独立混成第 1、第 2、第 15 旅团等部展开激烈战斗。由于国民党守军英勇顽强作战和八路军在敌后的有力配合，忻口战役取得了歼敌近万人的重大胜利，创华北战场上大举歼敌的最高纪录。前线指挥官中的保定陆军军官学校出身的将帅有郝梦龄、刘家麒、陶钧、赵承绶、王靖国、袁庆曾、刘茂恩、郭寄峤等为这一胜利做出了积极贡献。不幸的是，忻口战役的胜利被晋东战线的失败所冲淡，防守娘子关的国民党守军放弃阵地，致使日军越娘子关、直逼太原。这样参加忻口作战的部队相继撤出阵地。11 月 8 日，日军对太原发动猛攻，傅作义率部撤出太原，太原遂沦于敌手。

1938 年 6 月初，日军主力沿长江向华中地区攻击，企图夺取华中重镇武汉（当时国民党政治、军事中心实际在武汉）。试图“将蒋政权逐出中原，压迫到边陲地区，以取得战略政略的有利态势。”超过一百万的国民党军队在蒋介石的指挥下，抗击畑俊六指挥的日本陆军约 35 万人疯狂进攻。武汉保卫战，日称武汉攻略战，从日军攻占安庆开始到武汉失守为止，历时4个半月、毙伤敌近4万人。国民党军队伤亡243800人[①]。此役打破了日军妄想迫使中国屈服，早日结束战争的计划，从此中国抗日战争开始进入战略相持阶段。参加这一战役的保定陆军军官学校出身的将帅有薛岳、顾祝同、刘峙、邓锡侯、上官云相、周至柔、黄镇球、陈诚、刘多荃、周喦、白崇禧、罗卓英、王士琦等。此间在薛岳指挥万家岭之役最为著名。9月下旬，日军106师团进入薛岳的口袋阵万家岭，薛岳及时令6个师对敌实施合围，10月9日发动攻击，当晚攻占万家岭等阵地。此役毙敌3000，伤敌更多，俘虏30多人[②]。时称万家岭大捷。新四军军长盛赞万家岭大捷："挽洪都于垂危，作江汉之保障，并与平型关、台儿庄鼎足三立，威名当永垂不朽。"

日军在占据武汉、广州之后，由于其军事力量不断往内地和沿海扩展，在铁路要道和重要城市分散了许多兵力，已渐感军力不支。日本华中军畑俊六认为虽然日本占领了武汉，但蒋介石还有几百万军队"而日本已经用尽全力，国内只剩下一个师团了。战局不可避免地走向日本最感痛苦的长期消耗战。"1938年12月15日，畑俊六被召回大本营，转任军事参议官，后任陆军大臣。1939年初，日本华中派遣军对日第11集团军进行了扩充与调整，成为机动能力最强的一支军队。日军采取以攻为守，先发制人，各个击破的方针，打击国民党在

---

① 《大本营陆军部》日本帝国主义侵华资料长编，四川人民出版社1987年版，（上集）第424页。

② 军事科学院军事历史研究部：《中国抗日战争史》（中册），第198页。

武汉周围的军队，以动摇其抗战意志，促使国民政府妥协屈服。是年 3 月、5 月、9 月先后发动南昌作战、襄东作战（即随枣会战）和赣湘作战（即第一次长沙会战）。保定军校出身将帅都出现在各个战场上，顽强抗击日军的进攻。1939 年 9 月 14 日，日军开始第一次长沙会战，这是欧洲大战发生后日军对中国正面战场的第一次大攻势。日军集中 10 万之众兵力，劳师南征，未能达到歼灭第九战区第 15 集团军的作战目的，伤亡 2 万余人①。日方承认“此次会战与南昌、襄东两次会战相比，颇有决战之势。在部分战场上，部分战况之激烈超过了诺门坎。”② 中国军队伤亡 3 万余人。

薛岳指挥的第二次长沙会战以其独创的“天炉战法”，即后退决战，诱敌深入至纵深伏击区，四面八方以强大火力构成天然熔炉，将敌聚歼，烧为灰烬，歼敌第十一军 2 万余人。第三次长沙会战以正面抵抗，侧翼埋伏，切断后路包抄突击为方针，此役共毙伤敌 5 万余人，俘日军 139 人，取得长沙会战大捷。在美、英等国军队于太平洋接连失利的形势下，中国军队取得这次长沙会战的胜利引起了强烈的国际反响，英国《泰晤士报》发表评论“12 月 7 日以来，同盟军唯一决定性之胜利系华军之长沙大捷。”伦敦《每日电讯报》说：“际此远东阴雾密布中，惟长沙上空之云彩确见光辉夺目。”

八年抗战，中国军人义无反顾，血洒疆场。据不完全统计，为国捐躯的保定陆军军官学校出身的将帅就有 43 人。他

---

① 军事科学院军事历史研究部：《中国抗日战争》（中卷），解放军出版社 1994 年版，第 499 页。

②（日）防卫厅防卫研修所战史部《本本营陆军部》（1）朝云新闻社 1969 年增印，第 619 页。

们是张树桢、郝梦龄、刘家麒、吴克仁、曾泽寰、朱芝荣、夏国璋、萧山令、罗策群、司徒非、赵锡璋、黄启东、李必蕃、朱家麟、邓佐虞、范荩、梁耀章、江煌、陈芝馨、林英粲、张谞行、陈安宝、陈世番、廖磊、刘文正、田温其、戴民权、俞星槎、何平、李世昌、刘克信、史振京、张庆澍、黄维纲、胡式禹、余子武、徐亚杰，史蔚馥、郭贻珩、王家让、陈克球、罗树甲、邹洪等。①

其中郝梦龄是全国抗战爆发后第一位战场阵亡的军长。郝别号锡九，河北藁城人，魏益三表弟，自幼乡间读私塾三年。入陆军小学学习，1919 年 3 月保定陆军军官学校毕业。始为奉军军官，后入冯玉祥国民革命军，先后任旅长、师长、军长等职。卢沟桥事变发生后毅然要参加抗战。自贵阳水陆兼程赶赴石家庄前线，归第 14 集团军司令卫立煌指挥。参加过太原保卫战。在忻口战役中，他负责中央兵团，亲临前线指挥督战，与日展开激战。10 月 16 日在前线指挥作战时中弹牺牲。郝将军于火线上留给夫人剧纫秋的最后遗嘱，情真意切。他说此次抗战乃民族国家生存最后关头。抱定牺牲决心，不能成功即成仁，为争取最后胜利，使中华民族永存世界上，故成功不必在我，我先牺牲。为军人者，对国家战亡，死可谓得其所矣！② 1938 年 3 月 12 日，延安举行纪念孙总理逝世 13 周年及追悼抗敌阵亡将士大会。毛泽东在演说词中代表中共对抗战牺牲的国民党将领表示钦敬和怀念。他说："八个月中，

---

① 参见马永详：《保定军校抗日烈士》，中国文史出版社 2014 年版。

② 马永祥：《保定军校抗日烈士》，中国文史出版社 2014 年版，第 10—11 页。

陆空两军都做了英勇的奋战，全国实现了伟大的团结，几百万军队与无数人民都加入了火线，其中几十万人就在执行他们的神圣任务中光荣地、壮烈地牺牲了。这些人中间，许多是国民党人，许多是共产党人，许多是其他党派和无党派的人。”称郝梦龄是“崇高伟大的模范”。[①] 1983 年 9 月 13 日，中华人民共和国民政部追认郝梦龄将军为烈士，并向家属颁发了烈士证书。

应当指出的是在正面战场作战的保定陆军军官学校出身的将帅还有一部分是中共特别党员。如张克侠、何基沣、吴仲禧、吴石、边章五、章琰、范荩等。他们为抗日及其民主运动的发展做出了重要贡献。

四、中国近代军事学的发展

保定陆军军官学校教官全部聘用本国军官充任，这在中国近代军事教育上的是一重大进步。因为清末自 19 世纪 60 年代创办新式学堂以来，几乎所有的军事学堂都聘用外籍教习，尤其是天津水师学堂，北洋武备学堂等各主要军事学堂，有的甚至总教官和教学管理人员也都聘用外籍人员，其中陆军教官主要聘自德国和日本，也有英法的。虽然这些教习许多人都忠于职守，有些在中国学生中留下了深刻影响，但大量聘用外籍教习，既有利，又有弊端。这一方面说明了本国军事教育落后，没有师资和办学经验，聘用外籍教师、照搬外国教材和办学模式，是近代化不可缺少的一步。另一方面来说军事教育是一种

① 中国革命博物馆编：《国民党将领传略》，新华出版社 1989 年版，320 页。

特殊教育，它与国防安全密切相关，具有一定的军事保密性，大量聘用外籍教习容易将中国军事力量暴露给外国，更何况有些外籍教习还是狂热的侵略分子。买人家的武器，用人家的军事教材和教习，反抗他们的侵略战争，无法摆脱屡战屡败的结局。保定陆军军官学校这样全国性的中央军校全部聘用本国教官，这还是第一次。这对于中国近代军事学的建立和发展有一定的积极作用。

保定陆军军官学校在其创办的十余年中，共培养了6574名毕业生，其中有一级上将唐生智、白崇禧、顾祝同、陈诚、周至柔等5人。二级上将有孙震、李品仙、杨爱源、熊式辉、何健、张治中、徐培根、徐庭瑶、邹作华、傅作义、黄镇球、薛岳、郭寄峤、周岩（追赠）。上将29人（含中将加上将5人）。中将432人。在这些高级将领中，不少成为著名的军事家和政治家。他们撰写了大量军事学论著，推动中国近代军事学发展。保定陆军军官学校是“国家之军事教育机关也，举凡人才之隆替，军事之盈虚消长，均将于此觇之。”① 白崇禧、徐庭瑶、薛岳、郭寄峤、黄镇球、黄绍竑、吴石等保定陆军军官学校毕业生都有军事学著述。军事学校的学生以及留学生成为第一代以生产近代军事科学为职业的专门家，也可以说就是近代军事学术的拓荒者。至抗日战争又为他们提供了广阔的舞台，推动了中国近代军事学的发展和先进的抗日理论的产生。兹将这一时期有代表性的军事理论家及其代表著作略述如下。

---

① 《保定陆军军官学校同学录》，第九期同学录序——中国近代史研究所藏

［蒋百里的军事著述和抗日思想］“蒋百里的军事学识可谓综罗百代，自成体系，且能随时代的进步，推陈出新，因时展布，不使本身的学力停滞于一定的阶段。”这个评述是符合实际的。蒋百里军事学著作丰厚，其重要著作有蒋方震、刘邦骥合著:《孙子浅说》，上海教育书店，1915 年 12 月出版；蒋方震:《军事常识》，商务印书馆，1917 年版；蒋方震著:《国防论》载蒋复璁、薛光前主编《蒋百里先生全集》第二辑，传记文学出版社 1971 年 6 月版；蒋方震著:《日本人——一个外国人的研究》，载《蒋百里先生全集》第三辑第 169 页—206 页；蒋方震著:《载兵计划画书》，上海商务印书馆 1922 年 1 月出版；蒋方震编译《新兵制与新兵法》，载《蒋百里先生全集》第四辑，第 221—424 页。

蒋百里博古通今，学贯中西，以其卓越的军事理论和军事教育成就而闻名于世。他精通日、德、英、法四种外文，热情关注欧洲和日本军事新技术、新理论、新制度，及时将相关书籍译出，在国内进行广泛传播和普及。他在中国传统兵学和西方军事理论之间进行沟通、融合，最终在古今中西之间构建起中国近代军事理论。他既注重对现实的应对，又致力于理论上的超越，既饱含民族热情，又富于科学理想。众所周知，在 20 世纪初叶，中国军事学正处在新旧转轨之际，国人所了解的西方军事学还只限于军事技术的某些方面，对军事学术，军事理论，军事思想的研究还极薄弱，蒋百里致力于中国近代军事学的创建。《孙子浅说》是对《孙子兵法》所作的校释和注解，该书最大的特点是改变了宋明以来的以校释为主的孙子学研究传统，突破只对字句校勘、注释的传统做法，不再过多地对原文校订和释义，转而注重对孙子思想原则的现代阐述。他大量引证战史和中西军事学理论，一方面印证孙子的思想，另一方面发挥孙子的兵学原理，开创了一种新的模式。在《孙子浅说》中，他所引用的西方军事著作就有克劳塞维茨的《大战原理》（即《战争论》），毛奇在普法战争和普奥战争中的思想，以及布鲁梅的《战略论》，并将这些军事著作的观点与《孙子兵法》细加比较，致力于融会中西军事学说。正如民国兵学研究者所说："蒋方震首以现代兵学为《孙子》作新释，""从此研究《孙子》者开一新途径，功殊不鲜。近来注释《孙子》之作，渐能温故知新者，殆多由蒋方震启之耳。"①《军事常识》是蒋百里出版的第一本军事专著，1917 年由商务印书馆出版，全书分八章，前七章分别从政略与战略、国力与武力与兵力、义务兵役制、兵器编制、教育军政管理等方面，介绍西方各国包括日本近代以来的军事理论和最近的军事国防现状，并结合当时中国的国情加以论述。第八章是中国近代以来军事纪要，概述自湘军兴起到护国战争的军事变革，并附录湘军以来世界变局年表。

《国防论》是蒋百里军事学代表作。最早于 1937 年由上海《大公报》出版，共分为 7 篇，计 10 万字。第一篇国防经济学，作者认为"生活条件与战斗条件之一致，即是国防经济学的本体"。② 强调根据中国的经济状况，建立一种既可以吃饭，又可以打仗的国防制度。第二篇最近世界之国防趋势。首先论述了世界军事之新趋势，指出"战斗力与经济力之不

① 陈启天：《孙子兵法校释》自序，上海中华书局 1944 年版。

② 蒋百里：《国防论》，载蒋复璁等主编：《蒋百里先生全集》，第二辑，传记文学出版社 1971 年版，第 155 页。

可分，这原理的实行就是‘自给自足’不仅是买外国军火，不可以同外国打仗，就是吃外国的米，也不配同人家打仗”①，指出了国防经济的重要性。其次讲“兵学革命与纪律进化”。其三，介绍贝当元帅序，杜黑制空论之战理。最后介绍了鲁登道夫总体战思想。

第三篇从历史上解释国防经济学之基本原则。首先从中国历史上解释。其次从欧洲历史上解释。极力推崇生活条件与战斗条件相一致的国防原则。第四篇二十年前之国防论。该篇首先讲了政略与战略（敌与兵）论战志之确定指出：“战争为政略冲突之结果，是为近世代战争之特性。”② 其次论述了国力与武力与兵力之间的关系。以及义务征兵制的内容，阐述了军事教育之要旨。第五篇十五年前之国防，说明了裁兵，军民防御的意义，对义务民兵制作了详细说明。第六篇中国国防论之始祖。该篇实际是蒋百里 1913 年所著《孙子新释》的内容。通过解说《孙子计篇》阐述现代国防理论。第七篇《现代文化之由来与新人生观之成立》是作者罗马之游的随笔。

《日本——一个外国人的研究》，一书是全国抗战爆发后，蒋百里奉令赴德国、意大利访问宣扬国策。“日本人一书”即写于柏林寓中。③ 此书是作者积数十年研究日本之结晶也。文中分析了日本战略的失败，断言中国抗战必胜的道理。特别是文章结尾借助于一位精通日本文化的仙人之口，郑重告诉国人

① 同上，第 167 页。

② 蒋复璁等主编：《蒋百里先生全集》第二辑，传论文学出版社 1971 年版，第 220 页。

③ 蒋复璁等主编：《蒋百里先生全集》第三辑，第 17 页。

“胜也罢，败也罢，就是不要同他讲和”。[①] 这是英雄的呼喊，民族灵魂之所在。文章在汉口报纸发表后，轰动一时，“余派人将单行本送至重庆发售，一时万人争购，洛阳纸贵。”[②]“此文对抗战精神之激发，有无比之力量。”[③]

［**白崇禧的军事著述及其抗日思想**］白崇禧（1893—1966），字健生，广西临桂人，回族。自幼接受传统的私塾教育，奠定了良好的国学基础。14 岁时入广西陆军小学，当时全省报名千余人，只取一百二十名，白崇禧成绩优秀，名列第六名。但入学不到 3 个月便因患疟疾离开小学堂。18 岁即参加广西学生敢死队，北上武汉参加辛亥革命。南北议和成功，各省之学生军奉命解散，编入南京入伍生队。至入伍训练半年期满，送入武昌陆军预备学校学习，毕业后派往北苑卢永祥之第十师入伍半年，期满后即升入保定陆军军官学校第三期步科四连学生，与广西的夏威、黄绍竑，安徽的张治中、徐庭瑶，浙江的徐培根为同期同科同连之学员。步科以学习战术、筑城、地形、兵器四大教程为主。在保定陆军军官学校学习期间，白崇禧对战术思想十分关注，他认真学习《阵中要务令》、《作战纲要详解》并做了大量的读书笔记，这是他一生军事生涯的起点。毕业时白崇禧与徐培根、陆权等 20 多个同学自愿到新疆当见习官，以便训练一支新军，巩固边防。[④] 他

---

① 蒋复璁等主编：《蒋百里先生全集》第三辑，第 206 页。

② 蒋复璁薛光前主编：《蒋百里先生全集》第六辑，第 223 页。

③ 蒋复璁薛光前主编：《蒋百里先生全集》第六辑，传记文学出版社 1971 年版，第 22 页。

④ 中国革命博物馆编：《国民党将领传略》，新华出版社 1989 年版，第 65 页。

们的要求得到北京政府训练总监部的批准，但由于交通遇阻，改派回原籍见习，在广西军队服务。1923 年任广西绥靖公署参谋长及桂军第二军参谋长，成为新桂系的核心成员之一。

北伐战争时，任国民革命军副总参谋长、东路军前敌总指挥。1927 年参与蒋介石在上海发动的四一二反革命政变。后任国民党第四集团军副总司令兼新编 13 军军长。1929 年桂系在蒋桂战争中失败后，与李宗仁等长期盘踞广西。1931 年任国民党中央执行委员。抗日战争爆发后复任军事委员会常务委员，并任副总参谋长兼任军事训练部部长。参与国民党最高统帅部军事谋划与指挥。1937 年淞沪会战时，白崇禧参与制订作战计划，并经常冒着炮火在前线督战。鉴于敌我力量的悬殊，白崇禧曾 2 次建议蒋介石下令撤兵，实行节节抵抗，但未被蒋介石采纳。[1] 致遭受重大损失。1938 年 3 月赴第五战区，协助李宗仁指挥台儿庄战役，围歼日军精锐二万余人。获抗战以来重大胜利。同年 7 月李宗仁因病离职，由白崇禧代理第五战区司令长官。继而参与指挥武汉会战，在武汉军事会议上提出“以游击战配合正规战，积小胜为大胜，以空间争取时间”的对日持久战略方针。并负责长江以北 23 个军协同作战。武汉会战历时近五个月，毙伤敌 4 万人，[2] 击沉敌舰百余艘，击落（伤）敌机逾百架。武汉会战消耗了日军的有生力量，打破了日军妄想迫使中国屈服，早日结束结束战争的计划，使形势发生重大变化，成为中日战争的重要转折点。1938 年 12 月

① 中国革命博物馆编：《国民党将领传略》，新华出版社 1989 年版，第 69 页。

② 军事科学院军事历史研究部：《中国抗日战争史》（中卷），解放军出版社 1994 年版，第 202 页。

中旬成立委员长桂林行营，任行营主任，管辖长江以南三、四、九各战区，至1940年5月桂林行营改组为桂林办公厅为止，在此期间，三、四、九各战区经过战役不下十余次，其最重要者为南昌、湘北、粤北、桂南四大会战。同时主持制定了第二期抗战计划，主张消耗战，持久战为原则，陆续发动防御与进攻态势，策应敌后游击战争，逼使日军局促于点线，为全面反攻作战略准备。1939年底应召返回最高统率部，襄助军事策划与指挥，直至抗战胜利。期间仍以副总参谋长及军事训练部长身份，兼任军事委员会监察委员会主席等职务，主持制定各级军官教育、各类军事学校教育、国民兵培训纲要，主持修订各兵科操典训令计46种。白崇禧的著述主要有《三自三寓政策》、《国民党之建设教育》、《军事抗战与政治抗战》、《全面战争与全面战术》、《游击战纲要》、《抗战中敌我战法之演变》、《现代陆军军事教育之趋势》等。这些著作反映了白崇禧的军事见解，对于研究民国军事历史提供了参考资料。特别是在抗日战争胜利之初，他编著的《现代陆军军事教育之趋势》一书，总结了他任国民党副总参谋长兼军训部长视察学校与部队所讲的意见。该书分几大部分进行阐述，（一）概论；（二）概论（续）；（三）军事教育之先决条件；（四）战场需要决定军事教育之内容；（五）基本教育；（六）战斗教育；（七）协同教育；（八）特种战教育；（九）教育组织与方法等。该书对于研究白崇禧军事思想有重要参考价值。

[**杨杰的军事著述及其抗日思想**] 杨杰（1889.1.25—1949.9.19），原名锦章，别号漱石，字耿光，云南大理人，白族。民国军事战略家。陆军上将。杨杰出生于大理城郊一个乡医贫寒家庭。1895年杨杰开始在大理读私塾，他天资聪慧，

所读之书，过目不忘。1905 年考入云南陆军速成学堂，从此便开始他的军事生涯，后被选入保定通国陆军速成学堂学习，因成绩优秀由清政府选送赴日本学习军事，先入日本陆军振武学校完成预科学业，在此认识了蒋介石。杨杰在振武毕业后，升入日本陆军士官学校第 10 期炮科学习。1909 年在日本加入同盟会，1911 年 12 月毕业回国，参加辛亥革命期间上海光复活动，任沪军第二营营长、第一团团长。后返回云南参加蔡锷领导的革命活动，参加组织“黔东战役”，率部击败黔军杨柏舟（贵州都督）部。1915 年 12 月在昆明参加蔡锷、李烈钧、唐继尧领导的云南独立活动，遂后参加护国战争，1916 年 6 月被云南军政府授予陆军中将衔。1921 年再次东渡日本，同年春为求国家“富强自立”自愿放弃陆军中将及云南留学生监督头衔，以中校军衔自费考入日本陆军大学第 15 期（中国学生班第 3 期）深造。在学习期间因学习考核第一名荣获日本天皇赐赠军刀，并会晤时在日本访问的法国陆军元帅霞飞，霞飞观摩了他任指挥官的军事演习，称誉其是东亚杰出军事人才。1924 年 12 月日本陆大毕业回国，应孙岳邀请任国民军第三军参谋长，旋任国民军第三军前敌总指挥。1926 年 3 月南下广州，历任国民革命军第六军总参议、师长、副军长和军长。第二次北伐战争开始后，出任国民党军事委员会常务委员、办公厅主任，1928 年 7 月任国民革命军总司令北平行营主任兼任北平宪兵学校校长。1929 年蒋桂战争期间任蒋介石陆海空总司令行营总参谋长，蒋冯战争期间任中央军南路军总参谋长。1930 年 5 月中原大战爆发后，任中央讨逆军第二炮兵集团总指挥，蒋介石总司令部参谋长。1931 年 11 月当选为国民党第四届中央执行委员，12 月任南京陆军大学校长。

1935年1月蒋介石兼任陆军大学校长，杨杰旋任陆大教育长。1935年4月授陆军中将衔。1935年8月任庐山中央训练团（团长蒋介石兼）团附，同年11月当选为国民党第五届中央执行委员。他通晓英、德、日、俄、拉丁等国语言，曾赴欧洲考察军事，结识丘吉尔、斯大林等外国首脑，深受器重，被斯大林称之谓“战略专家”。途经伦敦时会晤英国国防大臣，亦被赞誉为军学泰斗，成为国际知名的军事专家。1938年5月至1940年4月任中国驻苏全权大使，因不满蒋介石政府亲英美反苏政策被免职回国。1945年9月参与组织“三民主义同志联合会”，进行反对内战，争取民主活动。1948年1月发起成立中国国民党革命委员会，当选为中央执行委员，并负责民革西南执行部工作，先后策动重庆陆军大学留校人员及云南省政府主席卢汉率部起义。1949年夏被特邀为中国人民政治协商会议第一次全体会议代表，不幸于9月19日在香港轩尼诗道260号四楼寓所内，遭军统特务暗杀遇害。1982年6月5日民政部批准追认为革命烈士。

杨杰的一生中，曾长期从事军事教育和领兵打仗，对军事学说和军事教育理论进行了深入探讨和研究，出版大量论著。主要有：《蒙古骑兵之性质及其使用法》、《欧洲各国军事考察报告》、《战争抉要》（南京编刊社1933年6月出版）、《大军统帅学》、《25年吾人应有之觉悟》、《陆军大学学员入学应注意事项》、《第二次世界大战的观测》、《国民军事必读》（南京大陆印书馆1932年7月出版）、《现代战争之特征》（中央陆军军官学校1942年8月版）、《世界陆军军备》（上海正中书局1939年7月出版）、《统帅纲要草案》（南京中央陆军军官学校，1936年10月印行）、《国防讲话》（中央训练团党政训练班，1940 年 10 月初版）、《现代国防的基本条件是什么》（南京军用图书社，1935 年 8 月版）、《国防新论》（重庆中华书局 1943 年 12 月版）、《军事与国防》（重庆商务印馆 1944 年 6 月版）、《军事防空指导要领》（南京军用图书社，1935 年 6 月版）、《大军统帅讲话》（中央空军参谋学校，1942 年 9 月出版）、《运动战与阵地战》（重庆独立出版社，1938 年 11 月出版）、《保留城垣意见书〈附国府核定办法〉》（宁镇澄淞四路要塞司令部，1930 年 10 月印行）等。

［**毛泽东《论持久战》中国近代军事学的杰出代表**］在抗日战争这场伟大的民族解放战争中，毛泽东不断研究新情况，解决新问题，撰写了军事理论著述和作战文电，实现军事实践与军事创新发展的良性互动和完善结合，使中国近代军事学发展到一个新阶段。这个时期出现了一批关注中国命运和前途的军事学论著，如果从军事实践与军事创新发展的良性互动和完美结合上来考察，毛泽东的《论持久战》可堪称为这个时期军事学的杰出代表。《论持久战》这部不朽名著的产生不是偶然的，它首先是中国革命战争经验的科学总结。理论是实践经验的总结，而实践经验的积累需要一个过程。正如毛泽东所说："在民主革命时期，经过胜利、失败，再胜利、再失败，我们才认识了中国这个客观世界"。[①]"在抗日时期，我们才能制定了合乎情况的党的总路线和一套具体政策。这时候中国民主革命这个客观世界才被我们认识，我们才有了自由。[②]"他还说："在抗日战争前夜和抗日战争时期，我写了一些论文，

① 《毛泽东文集》第八卷，人民出版 1999 年版，第 299 页—300 页。
② 同上。

例如《中国革命战争的战略问题》、《论持久战》、《新民主主义论》、《（共产党人）发刊词》，替中央起草一些政策、策略的文件，都是革命经验的总结。那些文件，只有在那个时候才能产生，在以前不可能，因为没有经过大风大浪，没有两次胜利，两次失败的比较，还没有充分的经验，还不能充分认识中国革命的规律。”①

其次，《论持久战》吸收了近代军事学的营养。任何一种理论学说都不是凭空产生的，毛泽东的军事学理论也不例外。辛亥革命之际，毛泽东毅然投笔从戎，成为新军第 25 混成旅第 50 团第 1 营左队的一名士兵。这是毛泽东军事生涯的开始，虽然时间不长，但却打下了一名军人的起码素养。在中国共产党成立之初，就全党来看“不懂得直接准备战争和组织军队的重要性，一九二四年至一九二七年乃至在其后的一个时期，对此也还认识不足，但是从一九二四年参加黄埔军校开始，已进到了新的阶段，开始懂得军事的重要了。经过援助国民党的广东战争和北伐战争，党已掌握了一部分军队。革命失败得到了惨痛的教训，于是有了南昌起义，秋收起义和广州起义，进入了创造红军的新时期。这个时期是我们党彻底地认识军队的重要性的极端紧要时期。”② 此间造就了一支世界上少有的共产党领导的人民军队。宁都起义的部队参加了红军，壮大了人民军队的力量。通过宁都起义的保定军校出身将领，阅读了一部分保定军校编写的军事学教材。毛泽东不仅对西方资产阶级军事学代表作克劳塞维茨的《战争论》做过专门研究，而且

① 《毛泽东选集》第二卷，人民出版社 1991 年，第 547—548 页。

② 《毛泽东选集》第二卷，人民出版社 1991 年版，第 547—548 页。

其熟悉的程度令人惊讶。早在红军长征到达陕北后，毛泽东为总结中国革命战争的经验就读了克劳塞维茨的书。抗日战争爆发后，毛泽东着手研究抗日战争的战略方针时又明确提出要学习克劳塞维茨《战争论》并在延安组织克劳塞维茨《战争论》研究会。[①] 至1937年底毛泽东向研究军事战略的郭化若介绍的参考书就有“黄埔军校战略讲义，日本人的《论内外线作战》（在莫主任处），鲁登道夫的《全体性战争论》，蒋百里的《国防论》，苏联的野战条令等。其他可能找到的战略书……务必把军事理论问题弄出个头绪来。”[②] 可见毛泽东见识之广。毛泽东说过：“读书是学习，使用也是学习，而且是更重要的学习。从战争学习战争，这是我们的主要方法。”[③] 上述史实说明毛泽东的军事思想与资产阶级军事思想的相生关系。同时国外和港台学者研究毛泽东军事思想，也指出毛泽东借鉴了中国军事文化的精华和吸收了世界各国近代军事思想的养分。毛泽东也说因为要写《中国革命战争的战略问题》：“这本书倒是逼着研究了一下资产阶级的军事学”。[④] 同时还读了《孙子兵法》等书。上述史实说明毛泽东的《论持久战》批判地吸收了资产阶级军事学合理的养分是无疑的。

第三，适应战争的需要，亟待理论的创新。自卢沟桥事变以来到1938年5月，抗日战争已经进行十个月。这十个月的抗战在军事上，一方面日军采取速战速决战略，进攻势头凶

---

① 莫文骅：《终生难忘的怀念》，《中共党史参考资料》第41期，中共党史出版社1992年版，第13页。

② 1937年12月28日毛泽东给郭化若的信。

③ 《毛泽东选集》第一卷，人民出版社1991年版，第181页。

④ 陈晋著：《毛泽东阅读史》，三联书店2014年版，第80页。

猛，北京、天津、上海、太原、南京等相继失陷，武汉、广州危急。此期国民党在军事上的错误，也是丧军失地的重要原因。打的大半都是被动的仗，军事术语叫做“单纯防御”。这样的打法是没有可能取得胜利的。[①] 而积极防御的典型就是李宗仁指挥的台儿庄战役。但这样的战役却不多。另一方面中国红军改编国民革命军后，迅速开赴抗日前线。1937 年 11 月太原失守之前，八路军的主要任务是配合国民党正面战场作战，同时伺机深入敌人占领区，广泛开展游击战争。此时八路军第一一五师一举歼灭日军板垣师团的第二十一旅团一部一千余人，取得全国抗战以来第一次大胜利。太原失陷后，八路军各部大踏步向敌后挺进，开辟敌后战场。1938 年 1 月在阜平建立了第一个由共产党领导的统一战线的民主政权。在八路军开赴前线的过程中，南方湘赣等八省红军和游击队改编为新四军。也相继挺进敌后，开展游击战争。总的情况来看：“中国军队已经在战场节节败退。国民党依然坚持它的以土地获时间的逃亡政策，”“也没有其他国家站出来帮助中国共同抵御日本的侵略”。[②] 在全国抗战阵营中认识抗战是持久战大体是相同的，但对抗日持久战的理解和内涵却大相径庭。蒋介石国民党的持久战，基本上限定为一种军事上的指导方针，是单纯的军队和政府的行为，缺乏广泛的政治动员和全民抗战的群众基础。同时一些人，包括一些共产党人，他们拥护持久战，但对于抗日战争的客观规律和中日两国的实际情况、战争能力等缺乏正确的认识和科学的分析，因而对战争的发展趋势和结局缺

---

① 《毛泽东选集》第二卷，人民出版社 1991 年版，第 376 页。

② 《毛泽东论持久战的昨天和今天》，见《党史博采》2014 年第 3 期。

乏冷静的思考。抗日战争是持久战，最后胜利是中国的。“这个公式是对的，但有加以充实的必要。”①

宣传共产党的抗日路线方针政策，明确其军事战略方针，进一步批判亡国论和速胜论。为着动员并组织人民群众进行全面抗战，必须明确地提出抗战的军事战略方针。毛泽东根据中日战争的特点和规律，把抗日游击战放在战略地位来考察，这是对军事理论的重大发展。但在抗战初期，中国共产党内和党外许多人轻视游击战的重大作用，而把自己的希望寄托于正规战争，特别是国民党的作战。这种观点是必须批判的。

全面抗战开始之前，在国民党垒中一直存在着亡国论的思想。有人说：“中国武器不如人，战必败。”“如果抗战，必会作阿比西尼亚”。全国抗战开始后，公开的亡国论没有了，但暗地里是有的，而且很多。例如妥协的空气时起时伏，主张妥协者的根据是中国打不胜，再战必亡。国民党亲日派汪精卫集团是亡国论的突出代表。亲英美派蒋介石集团虽然已进行抗战，但抗战初期，军事上单纯防御的战术而导致军事上的严重的丧军失地的局势，也给某些中间阶层和一部分劳动人民带来一些悲观失望的情绪。正如毛泽东所说：“当此徐州失守，武汉紧张的时候，给这种亡国论痛驳一驳，我想不是无益的。”②

另外还有一种毫无根据的乐观倾向，他们把日本估计过低，甚至以为日本不能打到山西。有的武断认为中日战争只要打三个月，国际局势一定变化，苏联一定出兵，战争就可以解决。这代表一种希望依赖外力的援助迅速结束战争的思想。台

---

① 《毛泽东选集》第二卷，人民出版社1991年版，第440页。

② 《毛泽东选集》第二卷，人民出版社1991年版，第441页。

儿庄胜利之后，有些人主张徐州战役应是准决战，说过去的持久战方针应该改变，说什么这一战，就是敌人的最后挣扎。“我们胜了，日阀就在精神上失去了立场，只有静候末日审判”。上述一切统称为政治上、军事上的近视眼。这些话，讲起来好像有道理，实际上毫无根据，似是而非的空谈，扫除这些空谈，对于进行胜利的抗日战争，应该是有好处的。①

正是适应时代的需要，为了初步总结全国抗战经验，批驳当时流行的两种错误观点，系统阐述共产党的抗日持久战方针，毛泽东在1938年5月写了《论持久战》这篇重要论文。自5月26日至6月3日在延安抗日研究会上进行演讲，共写了21个问题，前9个问题为第一部分，主要说抗日战争为什么是持久战，为什么最后胜利是中国的，批判了亡国论和速胜论；后十二个问题为第二部分，主要论述怎样进行持久战，怎样争取胜利。看过著名军事学家的名著《国防论》的毛泽东，不会不关注该书扉页上的一句话“万语千言，只是告诉大家一句话，中国是有办法的’”。② 可以毫不夸张说，蒋百里的期盼，是由毛泽东给予科学回答的。这办法就是人民战争和人民战争的战略战术。在《论持久战》这部光辉著作中，毛泽东运用辩证唯物主义的立场观点和方法，对战争的根本问题作了精辟的论述，制订了指导抗日战争的正确路线方针政策和人民战争的战略战术。历史证明这是中国人民战胜日本帝国主义正确办法。

---

① 《毛泽东选集》第二卷，人民出版社1991年版，第442页。

② 蒋复璁、薛光前主编：《蒋百里先生全集》（第二辑）传记文学出版社1971年版，第131页。

提出持久战这个概念并不重要，因为稍有历史常识的人都知道，近代以来，清政府领导五次大规模的反抗外国资本帝国主义的战争，这五次反侵略战争的结局是相同的，都是以中国的失败和签订丧权辱国不平等条约而告终。

中国沦入半封建半殖民地的深渊。日本是一个工业化的帝国主义强国。因此中国不可能在短时间取胜的，必须是持久战。用蒋百里《日本人——一个外国人的研究》结尾的一句话中日战争“胜也罢，败也罢，就是不要同他讲和”。[①] 这就改变了以往对外战争一打就败，一败就签订丧权辱国条约的路径，而改为抗争到底。这就为这个国家和民族注入了灵魂，而毛泽东的《论持久战》则解决了斗争到底的路径。使这个民族有了灵魂，焕发了青春。伊斯雷尔·爱泼斯坦说：“中国共产党领导人毛泽东以丰富的实践经验为依据，详细地制定怎样对一个起初较强大的侵略者进行持久的人民战争的理论。蒋介石在他早期的抗战演说中借用了毛泽东的很多提法。”[②] 傅作义将军读了《论持久战》后，感到抗战中的重大问题，都在这本书里找到了明确的答案，他让军官们阅读，并指示在该部军政干部学校研究学习。

毛泽东的《论持久战》指出了抗战的前途和国家的命运，对知识界和青年学生指明了革命方向。著名的文艺家林默涵说：“我就是因为看了《论持久战》，才萌发了去延安的愿望。”“因为那时内心最焦虑的是抗战能不能胜利，喊口号都

① 蒋复璁、薛光前等主编：《蒋百里先生全集》（第三辑）传记文学出版社1971年版，第206页。

② 伊斯雷尔·爱泼斯坦：《中国未完成的革命》，新华出版社中译本1987年版，第101页。

是必胜，最后胜利是我们的，总感觉是空的，只有毛泽东讲的才是实实在在的，说服力很大。”① 陈志昆是一位真正救国的战士，他就是看了毛泽东论持久战，使他心灵受到极大震撼，因而作出一个大胆的决定，到延安去参加抗日。著名的民主人士梁漱溟在回忆同毛泽东会见时，说他分析了国内、国外，敌我友三方力量的对比，强弱的转化，战争的性质，人民的力量等等，最终又回到中国必胜，日本必败的结局，他说得头头是道，入情入理，使我很佩服。可以这样说，几年来对于抗战必胜，以至如何抗日，怎样发展还没有人对我做过这样使我信服的谈话，也没有看过这样的好文章。蒋介石的讲话、文告，我听过、看过多次，个别交谈也有若干次了，都没有像这一次毛泽东那样有这么大的吸引力和说服力。我说这些，毫不带主观上的随意褒贬，而是历史事实。②

《论持久战》由杨刚译成英文于 1938 年出版后，它的影响迅速在国内外扩大。日本军事研究者著文说抗日游击战“堪称为历史上规模最大，质量最高的游击战。”③ 日本东京大学教授近藤邦康说：“我很佩服《论持久战》。日本被中国打败是当然的，这样好的战略著作在日本是没有的。日本物资方面和科学方面都优于中国，武器优于中国，但没有这样以哲学为基础的宏远战略眼光，日本的军队是速战速决，中国的战略是持久战，结果日本被中国持久战打败了。”④ 世界著名军事

① 汪东林：《梁漱溟问答录》，湖北人民出版社 2004 年版。

② 汪东林：《梁漱溟回答录》，湖北人民出版社 2004 年版。

③ （日）《丸》1965 年 12 月号转引军科院《中国抗日战争史》中卷，解放军出版社 1994 年版，第 66 页。

④ 引自南开大学教授《毛泽东的军事思想讲座》，2014 年 7 月 14 日

战略家柯林斯在其代表作《大战略》中写道："毛泽东是现代最优秀的战略家，是公认的战略创新者。"美国前国防部长助理戴维逊说："毛泽东是一位伟大的战略家，在本世纪二十年代至三十年代初，他在一系列辉煌的游击战中把蒋介石及其国民党政府弄得苦恼不堪。十年后他的游击战和运动战相结合，在中国打败日本人，四十掉代后期，他在一系列得心应手的运动战中征服了中国。最后他的部队在朝鲜阵地战中顶住了美国。哪个领袖能像他这样有这么多的不同类型的冲突，长期立于不败之地?①

《论持久战》的发表使毛泽东赢得了全党同志发自内心的五体投地的赞许，佩服甚至崇拜，从而最终确立了在党内无可替代的领袖地位和崇高的威望。②《论持久战》这一名著其功至伟必将彪炳史册。

---

① 引自南开大学教授《毛泽东的军事思想讲座》，2014 年 7 月 14 日

② 《吴玉章回忆录》，中国青年出版社 1978 年版。

附录

表一　陆军军官学校第一期出身将帅名录[①]

以姓氏笔画为序

姓名	字号	生卒年月	籍贯	连(队)次	衔级	授衔时间	主要任职	官至	备注
丁士杰	纯荪	1885—1947	湖北襄阳	步科肄业	少将	1947年7月	粤汉铁路湘鄂段管理局长		
丁德成	实秋	1893—1942	江苏泗阳	工科一连	少将		峨眉山中央军官训练团校尉班副主任		
刁世杰	文俊	1892—1956	四川成都	炮科二连	少将	1935年4月	第95军副军长	中将	移居美国
万舞	熙春	1886—1945	江西临川	步科肄业	少将	1936年12月	河南省府委员兼财政厅长		
万世骧	伯龙	1891—?	河北景县	辎重二连	中将			中将	
万耀煌(早年名奇)	武樵	1891—1977	湖北黄冈	步科二连	中将	1935年4月	第15军团军团长	上将，省主席	1949年赴台
门炳岳	湘文	1891—1944	河北东光	骑兵科一连	少将	1935年4月	骑兵第六军军长	中将	1944年8月病逝
门致中	靖原	1886—1960	吉林汪青	步科五连	中将	1935年4月	冀察政务委员会委员，后降日充华北绥靖军总司令	中将	1946年后寓居香港
马飒	仲良	1891—1936	云南昆明	步科一连	追赠少将	1936年12月			
马骧	治安	1893—1957	四川德阳	步科五连	少将	1947年3月			1949年12月起义

① 见陆军军官学校第一期同学录。

续表

姓名	字号	生卒年月	籍贯	连(队)次	衔级	授衔时间	主要任职	官至	备注
马克常	仲侯，纪青	1894—?	甘肃皋兰	步一连	少将				
马龙文	锦堂	1889—1951	河北保定	工科一连	少将	1938年6月	陆大教官		1949年起义
王云	岫生	1890—?	四川成都	步三连	少将	1936年12月	成都中央军校交通教官		
王炎	晓轩	1890—?	河南修武	炮科一连	少将		五省联军第八路军司令		
王天培原名伦忠	字植之号东侠	1888—1927	贵州天柱	步六连	上将	1931年7月广州非常会议追赠上将		贵州省长	1927年9月在杭州遇害
王文显	叔远别号叙远	1899—?	河北密云	步一连	少将	1939年3月	任第三战区江防司令部高参		
王用宾	飞鹏	1889—?	河北鸡泽	骑科二连	少将		河北警察厅长		
王仲卓	潇尘	1891—?	江苏溧阳	骑科二连	少将				
王守中	执权，守忠	1891—?	辽宁新民	步四连	少将				
王应榆	菜庭	1891—1982	广东东莞	炮科二连	少将	1945年2月	广东东莞蒙藏委员会委员		
王若恒	任旃	1887—?	安徽怀宁	步一连	少将	1946年7月	军训部军事教材编委		
王定邦	静庵	1899—?	山西晋县	步科六连	少将	1935年5月	陕西督察专员		
王泽民	寿辉	1892—1965	江西玉山	工科一连	中将	1945年9月	桂林警备司令	中将，国大代表	1949年赴台定居
王荣灿	焕章	1891—?	山东枣庄	辎重科一连	少将		第42师少将参谋长		

续表

姓名	字号	生卒年月	籍贯	连(队)次	衔级	授衔时间	主要任职	官至	备注
王思忠	惠庵	1891—1963	四川崇宁	步科五连	少将	四川督军公署1942年授衔	任成都国际机场修造总监		1949年起义
王原鲁	砥寰	1890—1992	河南罗山	工科一连	少将	1947年11月	陆军大学参谋班兵学教官		
王捷俊	振环	1891—1931	湖南湘潭	步科五连			第18师第52旅旅长	中将	1930年12月围剿红军身亡
王景儒	雅堂	1889—1938	河北献县	步科四连	少将	1936年1月	第53军副军长		
王圉盘	鸿甫	1894—?	河北天津	步科五连	中将	1945年9月	军事参议院参议	中将	
王镇淮	桐生	1891—?	河北定县	骑科二连	中将		西北军第九军司令，抗战时任安徽督察专员并保安司令	中将	属西北军
王儒钦	肃斋	1889—1941	陕西蓝田	辎重科一连	追晋少将	1943年1月	第48军第43师参谋长。1941年8月抗日殉国。		
王懋功原名国华	字东成又字东臣	1891—1961	江苏铜山	步科肄业	中将	1940年4月	中将	江苏省主席	1949年3月赴台
王缵绪	治易	1885—1950	四川西充	炮科肄业	中将	1936年2月	重庆卫戍司令	四川省主席加上将	1949年投诚
韦韬	君六	1892—?	广西中渡	炮科二连	少将	1946年7月	广西民团地区司令		
韦道敏	树萱	1893—1969	广西桂林	辎重一连	少将	1943年	广西玉贵师管区代司令		
牛寿龄	介眉	1888—?	河北献县	骑科一连	少将	1936年9月	第一集团军高参		

续表

姓名	字号	生卒年月	籍贯	连(队)次	衔级	授衔时间	主要任职	官至	备注
文泽铣	原名道心	1889—?	四川金堂	炮科一连	少将	1946年7月	抗战后任第六战区司令长官部军务处长		
方济川	别号少海	1891—?	陕西西安（一说潼关）	骑科二连	少将	1935年4月	军事参议院参议		
邓绍熊原名刚	号君毅又绍雄	1891—1984	广东香山	骑科一连	中将	1946年7月	军委会参议	中将	1949年后去台
邓锡侯	晋康	1889—1964	四川营山	步科肄业	二级上将	1937年3月	第七战区司令长官	上将，中执委	属川军，民革1949年12月起义
邓演存	競生	1888—1966	广东惠阳	炮科一连	少将	1947年2月	兵工厂专职委员	中将	邓演达兄
尹承纲	振常	1887—1971	广西平乐	骑科二连	中将	1947年2月	桂柳警备司令	中将，国大代表	1949年春拒任伪职
艾青	競生	1893—?	湖北武昌	步科肄业	少将	1945年9月	第六战区干训团副教育长		
左世允	协中	1889—1960	陕西长安	步科四连	少将	1941年11月	第22军军长	中将，军长	1949年6月率部起义
石化龙	云正	1890—1948	广西腾县	步科肄业	少将	1940年7月	第五战区兵站总监	中将，国大代表	属新桂系
卢本棠	道生	1891—?	湖北汉川	步科二连	少将	1935年4月	第25军副军长	中将	
卢象荣	伯松	1891—?	广西桂林	炮科二连	中将	1947年11月	广西督察专员兼保安司令	中将	属新桂系

续表

姓名	字号	生卒年月	籍贯	连(队)次	衔级	授衔时间	主要任职	官至	备注
叶南帆又名勤	字焕舟	1890—1954	浙江青田	炮科一连	少将	1936年2月	军委会运输监办公室主任	中将	属民革
田泽民	润生	1890—?	河北遵化	炮科一连	少将	1946年7月	第31集团军副师长		
田济众	伯施	1892—?	四川秀山	骑科二连	少将				
田树梅名竟	字树梅	1891—?	山西阳曲	步科肄业	少将	1935年4月	第83军副军长		属晋绥军
田颂尧	见龙光祥	1888—1975	四川简州	一期肄业	上将	1923年9月	1936年任命为军委会上将参议	上将	参加彭县起义，属川军
史铸	仲容	1890—?	陕西临潼	步科三连	少将	1946年5月	陆军第10军高参等		
史长兴	文轩	1889—1986	山东商河	步科一连	中将		五省联军前敌指挥部参谋长	中将	参加达县起义
史国铭	宗铭，鼎新，宗鲁	1888—1954	甘肃狄道	工科一连	少将	1936年2月	第八战区司令部高参		甘肃政协委员，属中共
白云鹏	翼威	1891—1960	陕西西安	步科五连	少将				
那季卿	别号维周	1891—?	四川阆中	步科	少将	1936年12月			
成佚	畏不，畏可	1890—?	湖南宁乡	步科肄业	少将	1936年2月	军事参议院参议		
朱华	实秋	1892—1954	江苏东台	步科肄业			第三战区办公厅中将主任		
朱昌	觉僧	1890—?	江苏武进	骑科一连	少将	1936年2月	1943年11月任伪职		

续表

姓名	字号	生卒年月	籍贯	连(队)次	衔级	授衔时间	主要任职	官至	备注
朱嗣龙	十臣	1891—?	江西赣州	工科一连	少将	1935 年 9 月	中央军校三分校教务长		
向传义原名传意，又名伯言	育仁	1888—1950	四川仁寿	一期肄业	中将	1940 年 1 月	四川省议会议长	中将中执委员	国民党立法委员
白德恭	叔钦	1893—1950	河南开封	炮科一连	少将		中央军校兵器教官		
冯次淇	少田	1889—1954（62?）	广东东莞	步科	少将	1936 年 1 月	第二方面军南宁办事处主任	中将	
冯宝桢	秩裴	1891—1931	广东新会	步科三连			警卫军军长，1931 年 6 月令上将议恤。		
冯焯勋	鹤苏	1892—1944	广东顺德	炮科二连	少将	1936 年	广东江防司令部少将司令		
刘效	子伟	1892—?	河北武强	工科一连	少将	1947 年 11 月			
刘炜	沛高季炎	1890—1938	辽宁铁岭	骑科二连	少将	1936 年 1 月	第九战区第 52 师高级参谋		
刘桢	元豪	1888—1916	江西萍乡	步科肄业			二次革命在杭州的领导者，后被捕		1916 年 1 月牺牲
刘斌	季昭，眷藩	1891—1949	四川资中	炮科一连	少将	1936 年 1 月			1949 年病逝成都

续表

姓名	字号	生卒年月	籍贯	连(队)次	衔级	授衔时间	主要任职	官至	备注
刘文岛	尘苏	1893—1967	湖北广济	步科肄业	中将	1926 年	驻意大利大使，国防最高委员	国民党中监委常委，后补中执委	
刘达衡	达蘅	1891—？	广州香山	步科肄业	少将	1936 年 2 月	第四战区司令部军需处长		
刘永祚	绍卿	1891—1953	云南昆明	步科二连	中将	1947 年 6 月	中央军校第五分校副主任	中将	
刘运乾	子健	1891—？	湖北桃源	工科一连	中将	1946 年 7 月	陆军大学教官	中将	著《中国兵役史要》
刘自珍	智庵，知庵	1882—1976	河北天津	骑科肄业	少将	1936 年 2 月	第 77 军副军长		1948 年 11 月起义
刘志陆	伟军	1890—？	广东梅县	步科肄业			广东督察专员兼保安司令	师长	
刘孝虎	寓青	1891—1915	山东庆云	步科六连	追赠少将				
刘其贤	思齐	1887—1951	贵州沿河	炮科二连	中将		军事参议院谘议	中将	策动河县起义，土改时被错杀。1980 年平反。
刘砚池	石农	1890—？	河北武邑	工科一连	少将	1946 年 5 月	任第一战区工兵指挥部参谋长		
刘高槐	鸣九，荫浓	1891—？	四川德阳	工科一连	少将	1932 年	任川军旅长		
刘荫远		1890—1961	陕西大荔	步科肄业	少将	1946 年 7 月	军事委员会参议	国大代表	

续表

姓名	字号	生卒年月	籍贯	连(队)次	衔级	授衔时间	主要任职	官至	备注
刘炳寰	镜秋	1892—?	吉林省城	炮科二连	少将	1946 年 7 月	任炮兵第八旅旅长		
刘逢吉	迪卿	1890—?	山西崞县	步二连	少将	1937 年 2 月	任第二战区干部训练团教育长		
刘超常	光典	1890—1981	广东南海	步科肄业			第五军参谋长	中将	
刘维注	东泉	1890—?	山东岱北	辎重一连	少将		直鲁联军第 24 军参谋长		
刘滋庶	润民	1891—1966	陕西三原	步科六连	少将	1936 年 5 月	第四路军总指挥部高参		
刘端裳	后改莘园树苑，杏园，山樵，	1891—1977	贵州仁怀	步科六连	中将		任第 22 集团军高参	中将	
刘德裕	问芝	1880—1939	湖北长阳	步科肄业	少将		1936 年任第十军驻南京办事处处长		
刘翼经	铭吾	1890—?	湖南沅陵	步科六连	少将		桂林行营中将高级参谋	中将	
刘翼峰	止鹏	1889—1969	河北大城	步科肄业	少将	1935 年 4 月	第 87 军副军长	中将	
齐用宏	广业	1887—1960	山西定襄	步科一连	中将	1936 年 1 月	1940 年因病辞职		新中国成立任定襄政协委员等职
齐知政	天光	1895—?	辽宁开原	炮科肄业	少将	1925 年 4 月	直鲁联军代参谋长	中将	九一八事变后投日充伪职
关靖	振武	1888—?	吉林宁安	炮科二连	少将	1936 年 2 月	1946 年 7 月退役		
关则仁	醒尘	1890—?	辽宁沈阳	骑科二连	少将				

续表

姓名	字号	生卒年月	籍贯	连(队)次	衔级	授衔时间	主要任职	官至	备注
关福安	其山	1890—?	辽宁沈阳	步科肄业	中将	1931年4月	晋军第7军军长	中将	属晋绥军
江中如	名瑞煌号钟仪字中如	1893—?	湖北黄陂	步科五连	中将	1946年7月	任军事参议院参议	中将	
江同章	别号仝章	1890—?	江苏南汇	步科肄业	少将				
汤有光	号万宇	1892—1974	四川蓬安	步科四连	少将	1936年12月	抗战任第五战区第41军参谋长		
安典五	典五	1889—?	山西闻喜	步科三连	少将	1936年8月			
许希之原名国	牺亭	1893—?	江苏江宁	工科	少将	1946年7月	苏鲁战区总司令部参谋		
许金源	丽泉	1893—?	山东高唐	步科	少将	1936年1月	1940春附汪降日充伪职，任中将		
许宗武	继能	1890—?	广西临桂	骑科二连	少将	1943年8月	浙江任督察专员兼保安司令		
许泽宸	拱之	1889—?	河北安国	炮科二连	少将	1944年10月	任第五战区游击纵队参谋长		
许鸿林后改名鸿锴	号振鹏	1886—1969	河北肃宁	步科肄业	少将	1937年5月	22军军长，甘肃保安司令	中将	解放太原时被俘，属晋绥军
阮孔彰	仲亮	1890—?	浙江永嘉	骑科二连	少将	1947年11月	第三战区游击纵队司令		

续表

姓名	字号	生卒年月	籍贯	连(队)次	衔级	授衔时间	主要任职	官至	备注
孙楚	萃岩，萃崖	1892—1962	山西解虞(今运城)	步科六连	中将	1935年4月	第八集团军总司令	中将，兵团司令	1949年4月被俘，属晋绥军
孙震	德操，梦僧	1892—1985	四川成都	步科肄业	中将	1936年2月	第22集团军总司令	二级上将	1949年12月去台
孙乃彬	号质安字伯仁	1890—?	河北丰润	一说玉田	军校肄业	少将	陆军大学高级教官		
孙联甲	幼亭	1890—?	河北宁河	炮科一连	少将		齐燮六部参谋长	中将	
严兆丰	号秋田	1888—?	广西柳城	炮科二连	少将	1945年2月	抗战后任第六十军高参	中将	
苏荫森	陆明	1889—?	河北西宁一说阳原	步科二连	少将	1936年11月	1940年附汪降日充伪职		
苏炳文	翰章铁庵	1892—1975	辽宁新民	步科四连	中将	1936年1月	任战区风纪第三巡视团主任委员		黑龙江民革副主席，属民革
杜伟	时霞，幼泉	1891—?	浙江青田	炮科二连	少将	1937年5月	任浙江督察专员兼保安司令		任浙江政协常委
杜双禄	辅庭	1890—?	河北宛平	步科二连	少将		冀察战区参谋处长		1948年11月投诚
杜汉三又名杰三	号汉三	1887—1949	甘肃天水	骑科一连	少将	1947年8月	第八战区高参室高参，解放战场牺牲		革命烈士，属中共
杜吉卿	廷秀	1889—?	山东巨野	步科六连	少将				
杜荣臻	少甫	1891—1962	山东邹县	炮科二连	少将		炮兵署副监		

续表

姓名	字号	生卒年月	籍贯	连(队)次	衔级	授衔时间	主要任职	官至	备注
李因	正秋	1891—?	安徽巢县	步科肄业	少将	1946年7月	军事训练部军学编译处编辑		
李严		1888—?	河北望都	步科肄业	少将	1946年7月	第八战区兵站站长		
李奇	辉男	1890—1939	广东台山	步科四连			军务处处长，广东民众抗日自卫委员		1939年12月与日作战阵亡
李毅又名强生	为之	1890—1979	广西容县	步科肄业	少将	1946年7月	第35旅旅长		1949年去台
李铨	子衡	1893—?	辽宁沈阳	步科四连	少将	1936年2月	军政部兵工署副司长		1946年7月退役
李乐滨	甘泉	1890—1968	山东荣陵	工科一连	中将	1948年2月	任第二战区工兵训练班主任		属晋绥军
李必蕃	子奇	1892—1938	湖南嘉禾	工科一连	少将	1935年4月	1938年在山东对日作战中牺牲	追赠中将	
李芝田	秀三	1889—?	河北武清	辎重一连	少将	1936年2月	湖北保安处副处长		
李如荃	香伯	1891—?	广西乐平	骑科二连	中将	1947年11月	广西国民兵训委会参谋长	中将	
李兴中	时甫	1890—1962	河北宁河	炮科一连	中将	1936年5月	第96军军长	中将，集团军司令	起义，民革中委兼河北主委，属西北军
李宝章	善侯	1893—1927	河北清苑	步科一连			孙传芳五省联军第三军军长	军长	
李宗黄原名绍唐	伯英	1888—1978	云南鹤庆	一期肄业	中将	1923年11月	云南省代主席	中将中执委员	1949年去台

续表

姓名	字号	生卒年月	籍贯	连(队)次	衔级	授衔时间	主要任职	官至	备注
李郁焜	少炎	1891—1958	广东香山	工科一连	少将	1937年1月	任广东督察专员，保安司令		1946年退役，移居香港
李伴奎	若虚	1892—1974	广东兴宁	炮科二连	中将	1946年12月	军事参议院参议	中将	属民革
李松林又名粹山	号松林	1892—1949	湖北荆门	步科五连	少将	1946年7月	湖北省保安处副处长		1949年2月病故
李松年	志庸	1892—?	陕西长安	骑科二连	少将	1947年11月			
李明扬	师广	1890—1978	江苏萧县	肄业	中将	1945年2月	任第十战区副司令长官	中将	起义，任江苏政协副主席
李尚庸	永岑	1896—1966	江西乐平	炮科二连	少将	1935年5月	南昌市长		
李品仙	鹤龄	1890—1987	广西苍梧	步科六连	中将	1936年1月	第五战区副司令长官	二级上将省主席	1949年12月去台
李树春	荫轩	1889—1945	河北清苑	步科二连	中将	1936年11月	任第五战区第三集团军总参议，后降日		1945年4月以汉奸罪枪决
李章达	南溟	1891—1953	广东东莞	炮科肄业	少将	1922年大元帅府授	第四战区游击司令	中将	属民革
李梅溪	雪亭	1891—?	河北高阳	炮科二连			抗战后降日充伪职		
李赓铿	兰会	1891—?	福建闽侯	步科二连	少将	1937年2月	中央军校步兵科长		
李森春	字伯松	1892—?	云南昆明	炮科肄业	少将	1936年4月	军事参议院参议		参加革命被除名
李瑛华	朗庭	1892—?	山西浑源	步科二连	少将	1936年2月	军事参议院参议	中将	

续表

姓名	字号	生卒年月	籍贯	连(队)次	衔级	授衔时间	主要任职	官至	备注
李职韩	侃荆	1887—?	云南洱源	工兵科一连	少将	1937年5月	军事参议院参议		
李师勰	泉孙	1899—1963	江西抚州	炮科一连	少将	1945年2月	第六战区挺进纵队副司令	国大代表	1949年去台
李鸿涛		1890—?	四川巴县	步科肄业	少将		绥靖公署处长		
李漠枫	陛阶	1892—1953	湖南浏阳	步科六连	少将	1947年6月	长沙绥靖公署参议		
李蕴良	公笃	1901—?	四川新繁	步科五连	少将				
李德铭	鉴斋	1889—?	山东长清	步科二连	少将				
李嘉霖	春霆	1887—?	山东福山	工科一连	少将		陆军大学教官		
杨杰	俊卿，俊清	1883—?	四川成都	骑科二连	少将	1936年2月			1949年迁港
杨恕	仲明	1893—?	四川温江	步科五连	少将	1948年1月	成都中央军校教官		
杨怡	悦时	1893—?	江苏泰兴	工科一连	少将		军委会19新兵补充处副处长		
杨化昭	德敷	1890—?	河北容城	步科六连	少将	1935年5月	参谋本部高参		
杨成之名威	成之	1893—?	河北曲阳	工科一连	少将	1947年11月			
杨劲支	玉泉	1887—?	湖南长沙	炮科	少将	1935年5月		中将	
杨松茂	常青	1892—?	山西浑源	步科三连	少将	1947年11月			
杨凤麟	禅征	1891—?	河北新河	步科六连	少将	1936年1月	军令部高参室主任参谋		
杨俊卿名杰	号俊卿	1888—?	四川新都	骑科二连	少将	1936年2月			

续表

姓名	字号	生卒年月	籍贯	连(队)次	衔级	授衔时间	主要任职	官至	备注
杨维恒	炳枢	1890—?	山西浑源	骑科二连	少将	1937年5月			1948年12月被俘
杨爱源	号革非字星如	1886—1959	山西五台	步科二连	二级上将	1935年10月	第六集团军总司令	上将，国民党中执委	属晋绥军
杨澄源	龙泉	1889—1950	山西襄陵	步科肄业	中将	1936年1月	第39军军长	上将	
时宣昭	泳天	1899—?	河南新蔡	工科一连	少将		军委会驻豫训练团高级教官		
吴尚	棣庭	1892—1935	湖南益阳	步科四连			1928年任第八军军长	军长	
吴树	乐天	1890—?	福建长乐	步科肄业	少将	1935年5月	第42军军长		
吴士烈	瀛涛	1891—1952	湖南长沙	步科五连	少将		中央军校二分校战术教官		
吴文献	雪峰	1892—?	广东揭阳	炮科一连	少将	1939年4月	任广东海陆丰守备区副司令		
吴本景原名亦玠	号廉伯	1889—?	江苏武进	步科六连			南京四校同学总会理事		
吴德林	玉书	1890—?	辽宁新民	骑科二连	少将	1943年10月	第九战区第三旅旅长		
邱林	峙如	1891—?	湖北汉阳	炮科二连	少将	1936年10月	鄂豫皖第一绥靖区参谋长		
何彤	葵明	1892—1972	广东德顺	步科三连	少将	1937年1月	抗战初任第155师副师长	中将内政部代部长	1949年后去台
何荦	公卓	1891—1958	广东徐闻	炮科二连	中将		广东民众抗日自卫统率委员		1949年春赴台
何臧	绍九	1892—?	江西贵溪	步科肄业	少将	1936年2月	军事参议院参议		

续表

姓名	字号	生卒年月	籍贯	连(队)次	衔级	授衔时间	主要任职	官至	备注
何振藩	汉城	1890—1931	陕西长安	步科四连	中将	1931年12月		中将	
何维礼	仲庸	1888—?	湖南长沙	步科五连	少将		军委办公厅军务局处长		
佟永涵	子容	1891—?	福建闽侯	步科二连	少将	1936年2月	军事参议院参议		
余亚农	寿安	1886—1959	安徽寿县	炮科肄业	少将	1936年2月	安徽人民自卫军第五路司令		
余光武	用章	1891—?	四川永川	骑科一连	少将		川军旅长		
余道一	净凡	1892—?	湖北汉阳	步科肄业	中将	1946年7月	军委会北平分会处长	中将	
邹兢又名竞	别字学支公	1892—1963	江苏松江	步科肄业	少将	1945年			1951年到台北
汪翰	纪成	1889—?	安徽无为	步科一连	少将	1936年1月	第三战区第39军参谋长		
汪宗藩	自情	1889—?	湖北武昌	步科一连	少将	1946年7月	第六战区新兵训练处长		
沈祥	季良	1893—?	江苏太仓	工科一连	少将	1937年5月	任成都中央军校科长		
沈之犖又之荦	号晏陶	1869—?	广东番禺	辎重一连肄业	少将		任第四战区兵站指挥部参谋长		
沈邦达	养仁	1892—?	江苏清浦	工科一连	少将	1946年7月	浙赣边游击指挥部参谋长		
宋梅村	雪庵	1889—?	山东长清	炮科一连	少将	1937年4月	冀察绥靖公署处长		
张钺	秉虔	1892—?	河北献县	骑科一连	中将	1936年9月	任第一战区高参	中将	

续表

姓名	字号	生卒年月	籍贯	连(队)次	衔级	授衔时间	主要任职	官至	备注
张森	木亥	1891—1928	湖北麻城	步科三连	中将		第10军第2师师长		1928年9月病故，南京令按中将抚恤
张襄	仲昌	1893—?	福建福州	骑科一连	少将		任第九战区19兵团参谋长		大陆解放到港定居
张文斌	雅轩	1891—?	河北文城	步科五连	少将	1946年7月	陆军大学战术教官		
张为炯(名为)	号为炯	1888—1972	四川西昌	步科四连	少将	1936年9月	任西康省筹委委员		1949年12月起义
张壮生原名健	壮生	1889—?	广西柳州	步科六连	少将	1936年2月			属新桂系
张象元	敬兮	1892—?	湖南长沙	工科一连	少将	1937年5月			
张志澄	锡三	1891—?	河北丰润	步科三连	少将				
张樾亭	原名祖荫	1889—1972	河北蓟县	步科三连	中将	1946年7月	第33集团军参谋长	中将	新中国成立参加民革
张笃伦	伯常	1892—1958	湖北安陆	入伍生队	中将	1940年12月	川军后勤负责人	重庆市长	属川军
张登嵩	龙岩	1880—?	湖南龙山	步科	少将	1936年1月	湘西师管区参谋长		
张廼葳	雨亭	1893—?	陕西户县	步科四连	中将	1935年5月	军事参议院参事		
张韬安原名平	号陶庵，后改韬安	1890—?	甘肃武山	骑科二连	少将	1939年7月	第八战区后方勤务部参谋长		
张维藩	介人	1892—1963	河北丰润	辎重一连	少将	1939年7月	第29军参谋长	中将代理陕西省主席	1963年在北京去世

续表

姓名	字号	生卒年月	籍贯	连(队)次	衔级	授衔时间	主要任职	官至	备注
张循尹	任卿	1891—?	山东高苑	辎重一连	少将	1936年9月	任军风纪巡视团处长		
陆荫楫	西川	1891—1951	贵州盘县	炮科二连	少将	1936年1月	抗战后留守广西	中将	1952被捕，被判死刑，属新桂系
陈桂	彦卿	1891—?	广西桂林	骑科二连	少将	1936年2月	广西防空副司令		
陈光祖	织新	1893—?	江苏江宁	步科肄业	中将	1936年1月	驻鄂特派绥靖主任公署军事参议	中将	
陈自强	陛交	1888—1968	湖南祁阳	炮科一连	少将		江阴要塞炮兵司令		
陈以桑	号离生，灵亭	1889—1963	山东定陶	步科四连				军长	1957年人民革
陈汉吾又名德吉	号汉吾	1892—1968	广西容县	炮科二连	少将	1946年7月	第五战区军械处长		大陆解放赴港居
陈积善	庆余	1892—?	四川乐山	步科五连	少将	1946年7月			
陈钦若	筱秋	1892—1946	福建闽侯	炮科一连	少将	1936年1月	1940年降日充伪职		汉奸罪，被判枪决
陈棂钟	睎钟，涵洲	1893—1957	江西泰和	工科一连	少将		江西省府参议		
陈维远	近思	1890—1941	福建闽侯	步科二连	少将	1935年5月	1940年附汪降日任伪军政部次长		
陈硕儒	晓月	1891—?	福建闽侯	步科三连	中将	1938年6月	军事参议院参事		
陈渠珍	少云	1890—?	湖南沅陵	辎重科	中将	1946年7月	新编第34师师长		
陈毓辉	迪光	1892—1969	福建霞浦	步科肄业	少将		福建第一区行政督察专员		
陈应喜又名应禧	号欢堂	1892—?	山西闻喜	步科二连	少将	1936年8月	山西绥靖公署高参		

续表

姓名	字号	生卒年月	籍贯	连(队)次	衔级	授衔时间	主要任职	官至	备注
陈秉乾	育时	1888—?	江苏盐城	步科二连	少将	1945年4月	中央军校战术教官		
陈德言	汉吾	1892—?	广西容县	炮科二连	少将	1946年7月			
陈铭枢[①]	真如	1889—1965	广东合浦(今广西)	步科肄业	上将	1946年6月	在抗日期间从事抗日民主活动	代理行政院长	属民革
郑大章	彩庭	1891—1960	河北静海	骑科二连	中将	1936年9月	骑兵第三军军长，后降日充伪职		
郑西平	乃成	1885—1946	安徽合肥	步科肄业	少将	1940年4月	军事参议院参事		
郑昌璠	仲宽	1892—?	广西桂林	炮科二连	中将	1942年1月	第16集团军参谋长	中将	
郑承典原名林承典	兰生	1884—1959	广西柳江(来宾)	步科六连	中将	1947年6月	第四集团军参议	中将	1956年参加民革
郑润成	子霖	1892—1936	河北大兴	步科一连	少将		九一八事变后在东北坚持抗日，任旅长		1936年被盛世才杀害
苗玉田	蓝波，兰坡	1892—1981	河北肃宁	步科四连	少将	1935年4月	第八战区高参		参加北平和平解放
宗明	名杰	1890—?	湖北汉阳	炮科肄业	少将	1935年4月	陆大教务处长	中将	
林绍棠	乾初	1889—?	广东东莞	炮科肄业	少将		第78师参谋长	国大代表	
林拔萃		1892—?	湖南武冈	步科肄业	少将	1935年4月	抗战期间任师长		
林显扬	崇岩	1890—1949	浙江黄岩	炮科肄业	少将	1937年5月	第三战区镇江要塞司令		1949年2月病逝

① 陈铭枢因参加“二次革命”被当局开除

续表

姓名	字号	生卒年月	籍贯	连(队)次	衔级	授衔时间	主要任职	官至	备注
范宿钟	励凡	1892—?	江西萍乡	步科肄业	少将	1946年5月	江西督察专员兼保安司令		
范魁麟	玉书	1892—?	河北天津	步科四连	少将				
欧阳新	冠凡	1890—?	广东三水	工科一连	少将	1936年1月	第六十八师师长		
欧阳任	起莘	1890—?	湖南湘乡	骑科一连	少将	1936年1月	军事参议院参议		
罗邦	约经	1892—?	广东番禺	工科一连	少将		第四战区干训团战术教官		
罗张原名顺	伯谦伯骞	1890—1936	江西赣县	工科一连	少将	1935年4月	陆军大学高级教官		
李方	正成	1890—1987	江苏海门	步科肄业			苏中第4军分区司令员		农工党主席全国政协副主席
金汤	绍衡	1890—?	河北宛平	炮科一连	少将	1936年2月	第五战区高参，后充伪职		
金振中	幼樨	1890—?	福建福州	步科二连	少将	1836年2月	军事参议院参议		
周址	之础	1890—?	广东开平	步科四连	少将	1936年1月	第七战区参谋长	中将	
周南谱名有光	武遗(彝)	1888—1989	湖北广济	步科五连	少将	1936年1月	铁路局军事专员，办公室主任	中将	解放战争起义
周玳	号子梁字子良	1891—1972	山西代县	炮科二连	中将	1936年1月	第二战区炮兵司令	中将	建国后林业部专员
周纬黄	乾厉	1894—1930	湖南湘乡	骑科二连	少将		第十八师参谋长		围剿红军被俘，被处决
周维桢	芭诒	1890—?	四川铜梁	辎重科一连	少将		四川新兵训练总队长		
周昭俊原名镛	号乔松后改昭俊	1892—1952	湖南宁乡	步科六连	少将	1937年11月	中央军校第三分校教育长		

续表

姓名	字号	生卒年月	籍贯	连(队)次	衔级	授衔时间	主要任职	官至	备注
周荣光	昔元	1889—1928	湖南长沙	炮科一连	少将		1927年任长沙戒严司令		
周振亚	研武	1891—?	湖南湘乡	骑科二连	少将	1936年	军事参议院参议		
周原建	乾之	1889—1940	山东单县	步科一连	少将	1935年4月	任第33军代军长		病逝
周宗廉	经武	1893—?	湖南衡山	骑科二连	少将	1947年3月	滇军第八混成旅旅长		
周祖晃	敬生	1891—1959	广西桂县	骑科二连	少将	1936年1月	第16集团军副总司令	中将	1949年和平改编，属新桂系
周蔚文	质人	1890—?	湖北应城	步科	少将	1946年7月			
杲海润	原名春好	1891—?	江苏邳县	步科肄业	少将	1937年2月	任第五战区兵站总监		
孟兴富	文储	1890—?	山西太谷	步科五连	少将	1936年8月			
费东明	平如	1891—?	四川仁寿	步科五连	少将		四川省政府保安处长		
赵超	勇超	1888—1964	广东台山	步科肄业	少将	1937年5月	第四战区参议	中将	1949年移居香港
赵一清	逸清	1891—?	甘肃天水	步科肄业	少将	1946年10月	任第八战区高参		
赵兴宗	建业	1890—?	陕西兴平	步科一连	少将	1936年2月			
赵协中	和轩	1891—?	山西汾阳	步科五连	少将				
赵世鼎	一琴	1891—?	江苏松江	炮科二连	少将	1937年5月	军事委员会高参		

续表

姓名	字号	生卒年月	籍贯	连(队)次	衔级	授衔时间	主要任职	官至	备注
赵延绪	绍宗	1891—?	辽宁沈阳	步科五连	少将				
赵桂森	秋圃	1890—?	河北宛平	辎重一连	少将		联勤总司令部参谋长		
赵铭玺	和璧	1892—?	河南西平	步科五连	少将	1935 年 4 月	第十五军参谋长		
赵梦炎	绍文	1891—?	湖南邵阳	炮科肄业	少将	1936 年 2 月	第 3 战区高参		
荣臻	翕生	1889—1960	河北枣强	炮科二连	中将	1935 年 4 月	东北边防军参谋长	中将	在日伪任职时曾做过有益工作
荣鸿胪	甲三	1888—?	山西浑源	骑科一连	中将	1936 年 1 月	创建山西军官学校	中将	
胡开莹	玉笙	1889—?	四川新津	步科二连	少将	1936 年 9 月	第 29 军第二师副师长		
胡明扬	居仁	1892—?	江西上饶	步科三连肄业	少将	1935 年 5 月	第 19 军参谋长		
胡铭藻	德舆	1889—1975	广东开平	步科			广东余汉谋高级参谋		
胡恩煜	玉如	1892—?	河北天津	步科一连	少将		黄埔战术教官		
胡朝俊	章民	1889—1956	广东开平	步科一连	少将	1937 年 5 月	任广东广阳警备司令	中将	
拜伟	襄华	1889—1967	山东济南	步科六连	少将	1946 年 7 月	西北军政长官公署高参		1949 年脱离国民党军队
钟相毓	秀实，秀儒	1891—?	湖北汉川	步科三连	少将	1936 年 2 月	北平警备司令部处长		
贺对庭	丹墀	1895—1928	山东临朐	步科四连	少将	1927 年 12 月	第四集团军独立第二师师长	中将	
侯成	天士	1891—1974	江苏江宁	炮科肄业	少将	1936 年 2 月	国防部高参	中将	
侯守常	伯猷	1892—1968	山西繁峙	步科三连	中将	1936 年 8 月	第二战区军官教导团团长	中将	

续表

姓名	字号	生卒年月	籍贯	连(队)次	衔级	授衔时间	主要任职	官至	备注
晏勋甫	成猷	1892—1964	湖北汉川	炮科二连	中将	1938年3月	第一战区参谋长	中将武汉代市长	起义
晏道刚亦名殿翘	祖荣	1889—1973	湖北汉川	炮科一连	中将	1936年1月	军政部武汉办事处主任	中将	属民革
侯根常	子宗	1892—?	山西繁峙	炮科二连	少将	1947年3月	任第二战区司令部高参		
唐生智	孟潇	1889—1970	湖南东安	步科二连	一级上将	1935年4月	南京卫戍司令	一级上将，军事参议院院长	民革常委政协、人大常委
郭凤瑞	静一	1890—?	河北正定	工科一连			师参谋长，后投靠日伪任伪职少将		
郭达明原名权	号达成字达明	1888—?	浙江杭州	步科肄业	少将	1935年2月	军参谋长		
郭屏藩	翰卿	1889—1943	山西霍县	步科五连	少将				
郭绪中	荩臣	1892—?	河北宛平	步三连	少将		北洋第15师旅长		
段席珍	聘三	1890—?	辽宁义县	骑科二连	少将				
宫邦铎	遁夫	1887—1941	山东德平	步科肄业	少将				
凌苞如	遁夫	1891—?	安徽恒宁	工科一连	少将	1938年9月	军政部新兵训练处长		
闻其多	裕如	1890—?	辽宁新民	炮科二连	少将	1946年7月	中央骑兵学校教官		
原志诚	子明	1893—?	甘肃伏羌	骑科二连	少将				

续表

姓名	字号	生卒年月	籍贯	连(队)次	衔级	授衔时间	主要任职	官至	备注
原屏藩	价人	1888—?	山西解县	骑科一连	少将	1936年8月	军事参议院参议		
秦猷珠	谷焱和生	1893—?	广西桂林	炮科二连	少将	1947年11月	中央军校第一分校战术教官		
聂洸原名绍伟	怒夫	1891—1936	湖北应山	步科五连	少将		贵州督察专员兼保安司令		1936年与红军作战身亡
袁哲		1891—?	湖北黄陂	骑科肄业	少将	1936年3月			
袁洵又询	涤清	1890—?	贵州贞丰	步科一连	少将	1947年	第196师师长		
袁如骏	号筱如字小如	1891—?	四川仁寿	炮科一连	少将	1936年2月	四川第14旅旅长		
袁煦圻	煦圻	1891—?	广东东莞	步科肄业	少将	1946年7月	第四战区兵站指挥部所长		
徐康圣		1886—1972	浙江清暨	工科肄业	少将		兵工署研究员		
徐寿椿	延龄	1892—1931	河北安平	步科二连	少将	1924年春	第33军副参谋长		
徐雄士原名伟	号雄士	1892—?	江西赣县	辎重科一连	少将	1946年7月退役	第三战区风纪副处长		
徐岱毓	峨东	1893—?	山西五台	步科四连	少将	1935年4月	第三集团军师长		
徐景唐	赓陶	1892—1967	广东东莞	工科肄业	中将	1936年7月	第12集团军副司令	中将国民党陕候补执委	
高英才	奇之	1892—?	河北巨鹿	工科			新编第3旅旅长	中将	
高殿鳌	金坡	1889—?	河南鹿邑	步科五连	少将		第70师第208旅旅长		
涂直	刚夫	1892—?	湖北黄冈	炮科一连	少将	1946年7月			

续表

姓名	字号	生卒年月	籍贯	连(队)次	衔级	授衔时间	主要任职	官至	备注
涂治平	致屏，诚斋	1888—?	湖北武昌	炮科肄业	少将	1943年3月	岳州警备司令部参谋长		
涂维藩	屏周	1890—?	湖北武昌	步科三连	少将	1936年2月	军政部管理处办公室主任		
展书堂	秀文	1892—1941	河南西华	步科肄业	少将	1935年	第81师师长	中将	
梁春溥原名春浦，改名春溥	号慕周	1889—1947	山东荣成(文登)	炮科一连	中将	1947年7月	第二十三军军长	中将	
梁逢启	号迪吾，迪五	1889—?	江西赣县	步科一连	少将	1940年1月	军事训练部参事		
梁耀章	化南	1891—1938	河北满城	步科六连			第10军第95旅参谋长		武汉外围战中阵亡
常好仁	任甫	1888—?	河南开封	步科六连	少将				
黄固	志坚	1891—1962	广西桂林	骑科二连	少将	1939年11月	第四战区军官教导团教育长		定居广州
黄钺	叔雅	1892—?	江西玉山	工科一连	少将	1937年11月	陆大研究院研究员		
黄隐原名良忠	号一鸣逸民	1889—1969	四川华阴	炮科肄业	中将	1936年2月	第一二六师师长	中将军长	1949年12月起义，后任成都政协主席，全国人大代表
黄正贵	福堂	1891—?	四川金堂	步科二连			第19军第五师师长	师长	属川军
黄维汉	海青	1891—?	湖南长沙	步科四连	少将	1947年2月			
黄廷贵	道三	1891—1965	河北宛平	炮科一连	少将				

续表

姓名	字号	生卒年月	籍贯	连(队)次	衔级	授衔时间	主要任职	官至	备注
黄述钧	仲伟	1891—1970	四川广汉	工科一连	少将		第95军副参谋长		参加四川彭县起义
黄启东	霞鹤	1891—1938	湖南平江	骑科二连	少将	1936年3月	第一战区师参谋长，在山东对日作战中牺牲		
黄建平原名中汉，又名建平	号剑平	1890—?	广西平乐	步科四连	少将	1945年2月	第五战区军法执行监		
黄梦熊	彪若	1889—1967	广东新会	步科肄业	少将	1936年4月	军事参议院参事		
黄源衡	平泉	1890—?	湖北应城	炮科一连	少将	1947年11月	第26军副军长		
萧樾	影苍	1893—1946	广东香山	工科一连	少将		第四集团军参议		
萧祖强	号健行	1890—?	广东香山	工科一连	少将		军校四分校主任教官		
梅铸	号湘渔，相如，乡儒	1892—1965	湖北黄冈	步科三连	中将	1946年7月	陆军大学战术系主任	中将	属民革
崔邦伟	季平	1889—?	山东临淄	步科一连	少将	1946年7月	军事参议院参议		
崔镜吾原名庆旦，庆兰	镜吾	1891—1954	河南新蔡	炮科一连	少将	1946年7月	十五军军械处长		
龚浩	孟晞	1887—1982(72?)	湖南益阳	骑科二连	中将	1936年1月	第一战区参谋长	中将	1949年12月赴台

续表

姓名	字号	生卒年月	籍贯	连(队)次	衔级	授衔时间	主要任职	官至	备注
龚御众	吾修	1892—1970	河南罗山	步科肄业	少将	1936年1月	第十五军参谋长		
童琨	树熙	1891—1951	湖南浏阳	步科六连	少将	1947年7月	军事委员会参谋长		
曾正炎原名正焕	号松侠,号僧侠,字正炎	1889—1939	湖南耒阳	辎重一连	少将	1936年1月	军事参议院参议		
曾宪栋	号云程字南夫	1892—?	四川内江	骑科二连	中将	1937年5月	第41军第123师师长	中将	
税梯青	梯青	1892—1938	四川遂宁	步科四连	少将	1936年2月			病逝
董永孚	念周	1891—?	山东长山	工科一连	少将				
董宋行	长安	1890—1953	四川寿县	炮科肄业	少将	1936年2月	第16兵团司令	中将	起义
夏首勋	仲实	1890—1969	四川江津	步科五连	中将	1936年9月	四川补充兵训练总处副教育长	中将	属民革
钱宗泽	慕霖	1891—1940	浙江余杭	步科一连	中将	1940年8月	军委会后方勤务运输司令	中将	
曹士杰	汉臣	1888—?	河北天津	步科二连	中将	1923年9月	曹锟总统府卫队旅长		
曹浩森原名明魏	号善继字浩森	1886—1952	江西都昌	步科肄业	上将	1948年11月	军政部政务次长	上将	1949年3月赴台
曹振武(别名曲旦)	字士杰,士浩	1892—1964	湖北京山	就读军校一期	少将	1937年9月	军法执行总监部督察官	中将,国大代表	1949年10月去台
舒荣衔	鹏九	1892—?	四川德阳	骑科二连	少将	1948年1月	军事参议院参议		
续鹤廷	伯年	1890—?	山西淳县	步科六连	少将	1936年2月			
蒋纶	特生	1891—?	四川简阳	步科一连	少将				

续表

姓名	字号	生卒年月	籍贯	连(队)次	衔级	授衔时间	主要任职	官至	备注
蒋光鼐	憬然	1888—1967	广东东莞	骑科肄业	中将	1943 年 9 月	19 路军总指挥兼淞沪警备司令	中将	
蒋春湖	秋平	1890—?	湖南零陵	步科六连	少将	1936 年 2 月	军事参议院参议	中将	
谢珂	韵卿	1891—1974	河北徐水	工科一连	中将	1937 年 11 月	第五集团军参谋长		
谢履原名效许	号冰如字履	1890—1954	湖北黄安	步科三连	中将	1937 年 5 月		中将	
谢元圻	德堪	1889—?	四川华阳	炮科肄业	少将	1935 年 4 月	第 95 军第 126 师师长		
谢邦庆	庶扬	1891—?	安徽怀宁	步科三连	少将	1937 年 5 月	军政部陆军署科长		
谢婴白原名膺白	号卧子	1892—?	广东博罗	炮科肄业	中将	1946 年 7 月	中央军校第四分校教育长	中将	1949 年夏被俘
谢鸿勋	号绩兹，字炳南	1890—1926	贵州铜仁	步科三连			江浙联军第二路军司令		
彭宗佑	景生	1890—?	四川丹棱	步科肄业	少将	1936 年 2 月	刘湘参谋处长		
彭武杨	号公葳又公威	1891—1940	江西萍乡	炮科二连	少将	1935 年 4 月	中央军校第三分校副主任		
葛云龙	际盛	1892—1965	江苏泗阳(沭阳)	步科肄业	少将	1945 年 6 月	参加长城抗战第三战区少将参议		
葛润琴又名怀音	澄淑	1894—?	江苏怵阳	步科肄业	中将		第一战区中将军法处长		建国后任全国政协委员

续表

姓名	字号	生卒年月	籍贯	连(队)次	衔级	授衔时间	主要任职	官至	备注
韩文	俊章	1890—1948	贵州毕节	骑科二连	少将		中央军校高级教官		
韩建锟	任甫	1887—?	河南光山	工科一连	少将	1946 年 7 月	第三战区工兵指挥部参谋长		
韩辉荣	耀庵	1891—1939	福建龙溪	骑科一连	少将				
程璧	号良玉，字量字	1889—?	河北永年	炮科二连	少将	1936 年 2 月	陆军大学兵学教官		
程钟奇	悠圃，啸蒲	1892—1962	安徽怀宁	步科一连	少将	1939 年 11 月	中央军校教育处教官		1949 年 12 月起义
程绍岩	筱川	1890—1964	山西盂县	步科二连	中将	1946 年 10 月	第二战区代理军法总监		
傅汝钧	秉诚，秉承	1889—?	山西阳高	步科三连		1926 年 8 月	晋绥军第五军军长	军长	
傅汝龙	允臣	1891—?	山西阳高	骑科二连	少将	1936 年 3 月	军事参议院参议		
鲁渭平	道源	1893—?	湖南湘潭	辎重科一连	少将	1935 年 5 月			
赖人瑞	视贤	1889—?	江西龙南	工兵科一连	少将	1939 年 11 月	鄂陕边区警备区参谋长		
赖汝霖	宇苍宇昌	1891—1933	江西赣县	辎重科一连	少将				
蓝文蔚		1892—?	湖北黄陂	步科肄业	少将	1945 年 10 月			
廖刚	泰初	1893—?	四川富顺	骑科二连	少将		川军第 5 旅旅长		

续表

姓名	字号	生卒年月	籍贯	连(队)次	衔级	授衔时间	主要任职	官至	备注
廖士翘	卓如	1892—1951	江西义宁	工科肄业	少将	1936年10月	江西保安副司令	中将	
廖和清又名河清	号晏香	1892—?	湖北汉川	步科三连	少将	1946年7月	军事参议院参议		
臧卓(又名焯)	号濯躬，字勺波	1892—1975	江苏盐城	工科一连	中将	1936年1月	训练总监部厅长，后降日	中将	
谭兆熊	梦贤	1892—?	贵州贵定	步科肄业	少将	1937年4月	第三战区高参		
漆奇	觉民	1891—?	江西宜丰	步科肄业	少将	1936年10月			
熊震	号印圭字卿生	1887—1952	湖南宜阳	骑科二连	少将	1937年8月	军事参议院参议	中将	
秦献珠	和生	1894—?	广西桂林	炮科二连	少将	1947年11月			
潘大迥	壮达	1893—?	四川开县	炮科二连	少将	1936年2月	第45军师参谋长		1949年彭县起义
潘祖信	成之，诚之	1890—?	湖北宜昌	步科二连	少将	1935年4月	第五战区高参		属民建
戴岳原名哲人	号希鹏，又翌庭，翊庭	1888—1971	湖南邵阳	步科肄业	中将	1935年4月	湖南督察专员兼保安司令	中将	参加湖南起义
戴石孚	亦安	1890—?	江西吉安	步科肄业	少将	1936年2月			
戴斗垣	号金门字寄鸥	1890—1930	湖南凤凰	步科六连	中将	1930年12月	第三十五军师长	中将	
戴锡龄	介予	1892—?	福建闽侯	工科一连	少将	1936年3月	军政部兵工署副监		
魏益三	友仁	1887—1964	河北藁城	炮科一连	中将	1935年4月	军事参议院参议	中将	参加1948年12月昆明起义

表二　陆军军官学校第二期出身将帅名录

姓名	字号	生卒年月	籍贯	连(队)次	衔级	授衔时间	主要任职	官至	备注
于希贤	哲如	1894—?	河北沧县	步科五连	少将	1947年7月	任中央军校高级教官	主任教官	
于起鹏	会东	1888—?	河南开封	步科五连	少将	1946年7月			
马全仁	淳夷	1891—1950	河北保定	工科一连	少将	1937年5月	任旅长，兵工厂厂长		
马典符	瑞图	1889—1955	广西容县	工科一连	少将	1947年3月	第四集团军前敌总指挥部参谋长		
马瑞芹	冲生	1890—1927	河北蓟县	步科二连	追赠少将	1927年底	北伐战争任副旅长，作战阵亡		
王刚	毅夫	1892—?	四川德阳	骑科一连	少将				
王时	雨民	1889—1987	湖南永顺	骑科一连	少将	1936年2月	湘鄂川黔边区绥靖公署副主任	中将，国防部办公厅主任	1948年国大代表
王泽(原名若璧)	泠斋	1891—1960	福建闽侯	步科一连	二十九军高参	1937年	任河北督察专员兼宛平县长		
王之佑	立三	1892—1995	辽宁兴城	步科五连	中将	1928年	九一八事变后组织吉林抗日自卫军，后降日	中将	抗战胜利后被捕1961年特赦释放

续表

姓名	字号	生卒年月	籍贯	连(队)次	衔级	授衔时间	主要任职	官至	备注
王士俊(原名士俊,后改仕俊)	学姜	1892—1954	四川荥经	炮科一连	中将	1947年11月	第47军代军长	中将	1949年3月移台定居
王文熙	哲渔	1891—1976	广西上林	步科四连	少将	1936年1月	第7军参谋长		在贵阳病故
王式垣	树藩,树潘	1890—?	河北大城	炮科一连	少将	1935年4月	陆军大学兵学教官		
王庆余	积卿	1891—?	河北天津	炮科一连	少将				
王金波	耀如	1893—1951	河北清苑	步科五连			国民革命军中央步兵学校训练总教官		
王绍宗	述先	1893—?	河北满城	步科五连	少将	1946年7月	保安司令		
王承夔(原名黎泽)	别号理斋	1894—?	河北定县	步科五连	少将	1933年秋	陆大附设特别班兵学教官		
王振纲	瑞三	1889—?	山东高唐	步科二连	少将	1936年8月	第73师副师长		
王皞南	煦公	1891—1938	浙江黄岩	步科一连	少将	1936年1月	第十集团军宁波防守司令	中将	
王雍皞	文熙	1892—?	浙江嵊县	步科四连	少将		福建地政局长		
王履阶(又复阶)	升庭	1891—?	河南沁阳	步科四连	少将	1936年2月	西北军少将参议		

续表

姓名	字号	生卒年月	籍贯	连(队)次	衔级	授衔时间	主要任职	官至	备注
韦师洛	希程	1886—1948	安徽宣城	步科三连	少将		陆军大学训练委员会少将委员		
牛锡光(原名范九)	锡光	1887—1960	四川成都	骑科一连	少将	1936 年 10 月	第 45 军参谋长	中将	1949 年 12 月 9 日参加彭县起义
方书彪	炳彰	1888—?	广东惠来	骑科一连	中将		第一战区高参		
尹骥(又名时中)	君慈	1892—1977	广东惠阳	步科四连	十九路军高参		参加一二八淞沪抗战和福建事变		军委会桂杭办公厅高等顾问
邓和	寓吾	1887—?	四川邛崃	步科三连	少将	1940 年 7 月	抗战后任军委会预备军高参		
宁士毅	慎之	1893—?	河北宛平	骑科一连	少将	1946 年 7 月	抗战后任军委会高参		
冯鹏翥	号天娇，字运青	1888—1993	山西代县(雁门)	炮科一连	中将	1936 年 1 月	抗战后赞同共产党抗日主张	中将军长	
卢英	楚生，号蕙僧	1894—1951	湖北江陵	步科五连	中将		抗战前任暂编第 70 军第 12 师中将参谋长，八一三事变后投敌任伪上海特别市警察局局长	中将	1950 年 9 月被处决
司可庄	临之	1892—1993	河北迁安	炮科一连	中将	1946 年 12 月	抗战后任军委会后方勤务分监，陆大教育长	中将	后随校迁台

续表

姓名	字号	生卒年月	籍贯	连(队)次	衔级	授衔时间	主要任职	官至	备注
宁李泰	鲁岩	1887—1960	福建建宁	辎重科一连	少将	1946年7月	抗战后任军委会政治部设计委员		
左万雄	剑飞	1892—?	湖南醴陵	步科一连	少将				
叶琪	翠微	1896—1935	广西容县	骑科一连			第四集团军总参谋长	军长	属桂系核心之一
田竞（又名竟）	号树梅，字齐卿	1891—?	山西阳曲	步科肄业	少将	1935年4月	参加太原、大同、忻口等战役	副军长	属晋绥军
田金国	仲坚	1890—?	山东高唐	步科二连	少将	1945年6月	陆军大学教官		
田仲玉	润皋，潜仙	1889—?	河北辛集	步科二连	少将	1946年7月	第二战区高参，中央军校洛阳分校军官教育班少将主任		
白兆琮	字珂亭	1891—?	河北大兴（今北京）	步科三连	少将	1936年2月	交通部军运室副主任		参加新政权建设
危宿钟	励藩	1888—1951	江西萍乡	步二连	少将	1946年5月	第三战区少将高参兼干训班副教育长		
刘兴	铁夫	1887—1963	湖南祁阳	步科一连	中将	1935年4月	抗战后任第三战区第二十六集团军总司令	上将	参与策动湖南起义

续表

姓名	字号	生卒年月	籍贯	连(队)次	衔级	授衔时间	主要任职	官至	备注
刘峙	字经扶	1892—1971	江西吉安	步科一连	上将	1935 年 4 月	抗战开始任第一战区第二集团军总司令	第五战区司令长官	国民党中央军五虎之首
刘斌	字守刚，崇武	1892—?	河北深县	步科一连	少将	1937 年 2 月			
刘琛	佑珊	1890—?	河北滦县	步科五连	少将	1946 年 12 月	抗战后任第三战区第二十师副师长		
刘士恩	号圣威，字仲威	1891—?	广东南海	工科一连	少将	1946 年 7 月	军训部少将部附		建国后任广东参事室研究员
刘万福（原名万富，又万抚）	润之	1892—1948	四川越嶲（今越西）	步科五连	少将	1935 年 4 月	第四十五军一二五师少将师长，军事参谋长等		病逝
刘文辉	号自乾，字病虞	1895—1976	四川大邑	炮科一连	中将	1936 年 2 月	西康主席，第二十四军上将军长	上将，国民党中央执委	参加彭县起义，在全国政协和民革中央任职
刘永襄	赞廷又赞亭	1890—?	河北献县	辎重科一连	少将		军政部第三军官总队少将副总队长		
刘杰五（原名毓洲，又杰武）		1892—?	河北宁河	骑科一连	少将	1946 年 12 月	1928 年任中央军校教官，后任军马管教所所长		

续表

姓名	字号	生卒年月	籍贯	连(队)次	衔级	授衔时间	主要任职	官至	备注
刘邦俊	肇乾	1891—1957	四川简阳	步科四连	中将	1936年5月	军事参议院中将参议	中将	
刘尚志	士先	1893—?	安徽歙县	步科二连	中将	1947年7月	抗战后任第五战区副军长，参加淞沪、徐州等会战	中将	
刘炎藩	和宇	1892—?	福建闽侯	工科一连	少将	1946年7月	抗战后任第三战区高参		
刘树栋	云亭	1891—?	河北盐山	骑科一连	少将				
刘光斗	星垣	1890—?	山西临汾	步科四连	少将	1936年2月	山西晋南师管区少将司令		
刘覃馥	芗九	1890—?	河北高阳	步科三连	少将	1935年4月	抗战开始后任陆军第200师师长		
刘振川	化南	1880—?	河北蠡县	步科三连	少将	1947年7月	抗日爆发后充任伪职，平津战役被俘		1959年12月特赦释放
刘继光	绍先	1882—?	河北清苑	步科三连	少将	1948年4月	抗战爆发后曾任伪职		
刘著隽	克雄	1891—?	河北天津	步科四连	少将	1947年7月	军事参议院参议		
刘崇武	字斌	1892—?	河北深县	步科一连	少将		国民联军第三军第十五混旅少将团长		

续表

姓名	字号	生卒年月	籍贯	连(队)次	衔级	授衔时间	主要任职	官至	备注
刘维治	光宇	1890—?	山东德州	步科二连	少将	1946 年 7 月	训练总监部监员		
刘德芳	仲常	1893—?	江西清江	步科二连	中将	1936 年 10 月	抗战后任军委会开封行营参谋长	中将	
刘濯清	竹泉	1887—?	江西武进	步兵科一连	少将		军事参议院少将参议		
刘耀扬	师尚	1892—?	河南孟县	步兵三连	少将	1936 年 9 月	抗战后任最高国防会议总办公厅军事组副组长	中将，参谋长	解放战争间人民革
关义之	循章	1894—1944	湖北江陵	骑兵科一连	少将	1937 年 11 月	中央军校训练委员会委员	军事参议院参议	
关霆（又名之霆）	号寿维	1891—1953	河北大兴	步科四连	少将		广东第九军官总队少将队员		
关寿彰	幼如	1891—1953	北京大兴	骑科一连	少将	1935 年 8 月	河北冀南保安司令		
汤纪清	静涵	1891—?	江苏上海	步科五连	少将	1947 年 1 月			
安锡嘏	寿轩	1891—?	河北定县	炮科一连			第三集团军第十四军军长		
许彦杰	佐文	1891—?	广东番禺	步科四连	少将	1931 年	抗战前任军校教官，抗战后投敌充伪职		抗战胜利后居香港
许金源	丽泉	1893—?	山东高唐	步科二连	少将	1936 年 1 月	军事参议院参议，后附汪投日充伪职		

续表

姓名	字号	生卒年月	籍贯	连(队)次	衔级	授衔时间	主要任职	官至	备注
邢震南	霆如	1892—1942	浙江嵊县	步科四连	中将	1936年1月	抗战后任浙江省第七区行政督察专员兼保安司令	中将	因擅离职守被枪决
纪清奕	式久	1889—?	河北献县	步科一连	少将		保定军校九期分队长		
吕鹏翥		1893—?	山东菏泽	工科肄业	少将	1946年7月	军事参议院参议		
朱轶香(名棠)	字轶香	1892—?	江苏江都	步科五连	少将	1946年7月	参加北伐，历任团师等职，曾任国大代表		
朱维庄	希鲁	1892—?	福建闽侯	骑科一连	少将		中央步兵学校少将教育长兼学员总队长		
任箫亭[①]	子久	1889—1976	山东平原	步科二连	少将		军事参议院参议		1946年2月退为备役
孙文魁	冠伯	1893—1944	河北深泽	炮科一连	少将	1935年5月	南昌城防司令		
孙贤颂	幼农	1891—1951	四川成都	步科二连	少将	1936年2月	抗战后任军委会第三预备军第373旅旅长		
孙绳武	擎滔	1889—1927	山西孝义	步科一连	少将	1927年12月追赠			
伍驺	五洲	1889—1952	广东中山	步科四连	少将		第四战区第八挺进纵队司令		

① 任箫亭是中国现代哲学家、历史学家、学术泰斗任继愈之父。见梅晨著《人文大家访谈录》，中国文联出版社2005年版，第54页。

续表

姓名	字号	生卒年月	籍贯	连(队)次	衔级	授衔时间	主要任职	官至	备注
伍蕃	少裴	1889—1959	广东顺德	骑科一连	少将	1936年2月	抗战后第四战区军官训练团副教育长		
邱炜（原名望岑）	字躬景	1892—1934	浙江龙游	工科肄业	少将		北伐后任南京海陆空总司令部副处长	中将	
邱延薰	盥微，字涴薇	1891—1959	四川资中	步科五连	少将	1926年3月	第28军参谋长		1959年任四川省参事
沈凤翔（又名凤威）	号秋浦	1890—？	湖南临湘	辎重科一连	少将	1936年2月	抗战后任第九战区第十六军参谋长	中将	
沈鸣阁	丹文	1892—1946	福建诏安	步科五连	少将	1936年8月	第二集团军第十三师少将师长		
沈重熙	次云	1879—1954	广东罗定	步科四连	少将	1947年4月	十九路军少将参议，国防部编译局副局长		1949年到台
宋英仲（原名增馥）	英仲	1894—1955	湖南湘潭	骑科一连	少将	1937年5月	抗战后任国民政府武汉行营高参		属民革，参加湖南起义
杜守信（原名友梅）	守信	1886—1916	陕西兴平	步科三连			因反袁复辟帝制遇害，被誉为讨袁斗争的忠坚义士		

续表

姓名	字号	生卒年月	籍贯	连(队)次	衔级	授衔时间	主要任职	官至	备注
杜春沂	仙洲	1890—1967	山西五台	步科一连	中将	1937年11月	抗战后任第66师师长，参加忻口战役	军长中将	
李元	夫玄	1886—1939	广东曲江	步科一连	少将		广东军管区司令部少将参议		
李忻	显堂	1893—1977	四川安岳	步科肄业	少将	1936年3月	国民政府高参	中将	
李治	玉书	1893—?	四川重庆	步科四连			第24军旅长		
李悦	松夫	1890—?	湖南邵阳(宝庆)	炮科一连	少将	1947年11月	湖南邵阳第21集团军炮兵指挥官		
李纯	静一	1892—?	河北南皮	步科三连	少将				
李焱	鼎新	1889—?	河北晋县	步科二连	少将				
李毅	号强生，字为之，又伯郎	1891—1979	广西容县	骑科肄业	少将	1946年7月	第26军独立第三十五旅旅长		1949年秋赴台，1975年回广西任政协副主席
李云杰	俊三	1893—1936	湖南嘉禾	工科一连	中将	1935年4月	国民党第27军中将军长		
李世英	辉廷	1990—?	河南杞县	步科一连	少将		第65师参谋长		
李芳池	号滇芬，又号滇峰	1894—?	河北武强	步科肄业	少将	1936年2月			

续表

姓名	字号	生卒年月	籍贯	连(队)次	衔级	授衔时间	主要任职	官至	备注
李昌文	质彬	1888—?	四川安岳	骑科一连	少将	1946年5月	抗战后任第41军驻重庆办事处主任		
李泽民(原名陈心国)		1892—?	湖南邵阳(桃源)	步科一连	少将	1936年1月	任广西学生军编训委员,五战区高参	中将	
李彦彤	紫超	1890—?	河南辉县	步科一连	中将			中将	
李家白(原名家兴)	号笔青,又号仲青	1893—?	湖南长沙	骑科一连	少将	1935年4月	抗战后任第十军团司令部参谋长		49年参加湖南起义,建国后定居长沙
李鉴(原名镜澄)	字鉴三	1893—?	山西洪洞	步科四连	少将	1937年5月	抗战任第六十九师参谋长		
李鸿春	毓华	1891—?	江苏铜山	炮科一连	少将	1945年2月	第三战区兵站分监	中将	
李缙唐	拂尘	1890—?	河北平山	步科三连	少将				
李磊夫	昂重	1893—1959	广东番禺	工科一连	中将		军事参议院中将参议,黄埔军校教官	中将	
杨世荣	杏村	1893—?	河北安新	步科一连			直系军阀师长		
杨廷英	俊雄	1893—?	福建闽侯	步科一连	少将	1947年2月	抗战后任第一军司令部高参		新中国成立参加福建省政府工作
杨克岐	笙伯	1893—?	云南洱源	炮科一连	少将				

续表

姓名	字号	生卒年月	籍贯	连(队)次	衔级	授衔时间	主要任职	官至	备注
杨逢年	澄宇	1892—?	福建龙溪	步科一连	少将	1936年11月	第四十九师第一旅旅长，当选国大代表		
杨请缨	肇勋	1890—?	湖南常宁	步科四连	少将		西南战时干部训练团第一分团教育长		
杨晒轩	蕤生，晒轩	1892—1965	四川岳池	步科三连	少将	1936年2月	第95军中将副军长		参加四川彭县起义，解放后任四川省政协常委
吴景伯（原名有邻）	号景伯	1892—1958	四川成都	步科五连			任成都市长	成都市长，国大代表	民革四川副秘书长
何光烈	新一	1892—1928	四川阆中	步科二连			任川军师长	师长	
余斌	策全	1892—?	广东台山	步科一连			抗战时任第九战区司令长官部高参，后任伪职		
余柏良	干青	1889—1959	福建闽侯	步科一连			中央军校教育处少将高级教官兼办公室主任		迁台
张纲	伯纪	1890—?	浙江永嘉	辎重一连	少将	1939年3月	1940年10月被俘，后充伪职		
张英	肇权	1892—1920	贵州贵阳	步科四连			鄂西民军参谋长		
张铭	鑫馥	1889—?	甘肃平凉	骑科一连	少将		闽军第3旅旅长	驻尼泊尔大使	

续表

姓名	字号	生卒年月	籍贯	连(队)次	衔级	授衔时间	主要任职	官至	备注
张骧	千里	1888—1961	江西甄海	步科四连	少将	1936年3月	1946年12月任中将	中将	1949年5月策动卫队起义，新中国成立后任浙江省政协委员
张广厚	阔庭	1892—?	河北通县	炮科一连	少将		炮兵少将监员		
张甲弟	蓉轩	1891—1990	山西浑源	骑科一连	少将		第五战区炮兵指挥官		
张甲龄	寿朋	1888—1947	山西浑源	骑科一连	少将		太原绥靖公署高参		
张会诏	明甫	1886—?	山西五台	步科一连	少将	1926年11月	晋绥军第八军军长	中将	
张吉墉	幼青	1892—?	河北献县	步科肄业	少将	1935年5月	察哈尔高等法院院长		
张启堂	伯明	1892—?	河南项城	骑科一连	少将	1947年11月			
张任民	万年	1890—1985	广西柳州（一说马平）	步科肄业	中将	1936年1月	陆军中将，总统府国策顾问	中将，国民党中央监委，立法委员	建国后移居香港
张清平（又名志和）	光穌	1893—1975	四川邛涞	步科五连	少将	1939年8月	第三十集团军总司令部参谋长		1927年加入中共，1949年策动旧部起义
张树华	丽棠	1894—?	河北大兴	步科四连	少将				

续表

姓名	字号	生卒年月	籍贯	连(队)次	衔级	授衔时间	主要任职	官至	备注
张寄滨	绍曾	1891—?	河北清河	辎重一连	少将	1947年7月			
张鹤龄(原名辉)		1890—?	四川邛崃	步科三连	少将	1945年2月	国防部总务处长	总统府参军	
陈修	竹荪,竹孙	1890—?	湖北黄冈	步科三连	少将	1937年9月	军委会宜昌行营高参		
陈勉	伯嘉	1890—?	湖南常德	步科一连	少将				
陈骥	骧衢	1891—1974	广东顺德	步科四连	少将	1939年6月	第七战区总司令部中将高参	中将	
陈正权	顿顽	1893—?	湖南长沙	骑科一连	中将				
陈光斋	和中	1891—?	江西东乡	步科二连			军政部第三军官总队总教官		
陈孝威(原名增荣)	号向园,字向久	1893—1974	福建闽侯	炮科一连	少将	1923年12月		中将,制宪国大代表	福建总督署陆军处授中将
陈宗泽	翰卿	1888—?	湖南邵阳	辎重一连	少将	1946年7月	军事参议院参议		
陈洛新(又名裕新)		1890—1974	湖南涟源(一说安化)	步科肄业	少将	1936年1月	抗战后军委会驻闽绥靖公署参谋长	中将	参加湖南起义,新中国成立任湖南军区高参
陈定平(又名宗儒)	德士,字兰香	1891—1951	广东琼山	步科四连	少将	1936年7月	抗战后任第四战区兵站总监部办公室主任		在建国后镇反时被捕,1951年12月判死刑

续表

姓名	字号	生卒年月	籍贯	连(队)次	衔级	授衔时间	主要任职	官至	备注
陈翰誉	欣庸，字膺庸	1892—1934	广东番禺	工科一连	中将		北伐时任粤军参谋长，军事参议院参事	中将	因与陈济棠矛盾被杀
陈继承	武民	1893—1971	江苏靖江	步科三连	中将	1935 年 4 月	中央军校教育长，军训部次长等职，主持华北对日受降	中将，南京卫戍司令，国民党中执委	1950 年去台
陈鼎勋	书农	1892—1973	四川简阳	炮科一连	中将	1936 年 2 月	抗战爆发时任第四十五军副军长	中将绥靖公署副主任	1950 年移居香港，1954 年回成都，在省政协任职
林文椿	文春，萱庭	1893—1949	福建闽侯	步科一连	少将	1947 年 4 月	军委会桂林行营高参室高参		
林云根	泽伯	1892—1949	四川资中	步科五连			第 24 军高参	立法院立法委员	
尚学勤	字慎之	1892—?	山西孝义	步科一连	少将	1947 年 11 月			
易龙	见田	1892—1959	湖南湘乡	步科二连	少将	1935 年 4 月	军委会军训部第五督训处处长		
罗鹍	鸣举，字天骨	1889—?	四川三台	步科三连	少将	1937 年 5 月			
罗献祥	次黎，嗣黎	1892—1968	广东四会	步科四连	少将	1946 年 7 月	广东东区绥靖公署参谋处长，代参谋长		

续表

姓名	字号	生卒年月	籍贯	连(队)次	衔级	授衔时间	主要任职	官至	备注
金斌	秀庭，守庭	1892—1959	浙江青田	炮科一连	少将	1946年7月	军委会铨叙厅第二处处长		1949年春到台
金德麟	友风	1892—?	河北大兴	步科三连	少将	1947年7月			
周翰	权初	1895—?	湖南长沙	辎重科一连	少将	1946年7月	军事参议院参议，长沙公安局长		
周士廉	洁庵，字士廉	1890—?	山西代县	步科四连	少将	1936年8月	抗战后任第二战区司令长官部高参	中将	
周绍金	铭勋，铭农	1891—?	浙江松阳	步科三连	少将	1936年2月	陆军大学教官		
周绍宗（又名朝宗）	号甘尘	1891—1923	江苏东台	工科一连			孙中山大元帅府高参		讨伐陈炯明作战牺牲
周斓	叔祁	1891—1953	湖南祁阳	步科一连	少将	1936年1月	抗战爆发任南京卫戍司令部参谋长	中将	1949年通电起义
郑士琦	君伟	1893—?	河北天津	步科二连	少将				
郑子兆	瑞卿	1889—1963	湖北江陵	步科三连	少将	1947年11月	国防部抚恤处少将处长		
郑兆熙	叔崇	1892—1963	湖南长沙	步科五连	少将	1936年10月	军事参议院少将参议		
郑绍成	秀生	1891—?	河北永年	步科四连	少将	1946年7月	军令部少将高参		
郑瑞卿	子兆	1892—1963	湖北江陵	步科三连	少将	1942年11月	联合勤务司令部抚恤处长		

续表

姓名	字号	生卒年月	籍贯	连(队)次	衔级	授衔时间	主要任职	官至	备注
孟绍濂	希周	1890—1971	河北阜平	步科五连	少将	1943年8月	第59军副军长		1948年11月起义，在华东野战军任职
赵璞	太璞	1892—?	河北肥乡	步科	少将	1946年7月	开封行营参谋处处长		
赵濂	洁溪	1889—?	云南大理	炮科一连	少将				
赵铸之		1895—?	河北宁河	工科一连肄业	少将	1939年3月			
闻捷	凯臣，恺承	1892—?	河北沧县	步科二连	少将	1936年2月	军事参议院参议		
洪达	云五	1894—?	河北宛平	步科一连	少将	1947年11月			
祝绍周	莆南	1892—1976	浙江杭县	步科三连	少将	1935年4月	陕西省保安司令	中将，省主席	1949年去台
胡禄同	位三，字畏三	1891—?	贵州独山	炮科一连	中将	1947年3月	1932年任广东军事政治军校教育长，办公厅主任	中将	
胡德春	湘皋	1892—?	湖南凤凰	步科一连	少将	1936年2月	湖南绥靖总司令部警备师副师长		
段式毅（又式名）	号四默	1890—1936	安徽合肥	炮科一连	少将	段执政府授			
欧阳珍	紫亭	1891—1950	江西都昌	步科二连	少将	1948年9月	河南第十一区行政督察专员兼保安司令		

续表

姓名	字号	生卒年月	籍贯	连(队)次	衔级	授衔时间	主要任职	官至	备注
哈金镛	耀庭	1891—1957	河北河间	步科二连	少将				
俞嘉培	乐裁	1892—?	江苏无锡	炮科一连	少将	1935年4月			
姚继权	仲衡	1893—?	安徽桐城	步科五连	少将		参谋本部少将参谋		
贺保彝	尹吴	1889—?	河北武强	炮科一连	少将	1946年12月			
桂振远	筠碧	1890—?	安徽六安	步科三连	少将	1935年4月	军事训练部第三十八兵训处主任		
施北衡（原名机）	伯衡	1893—1961	浙江缙云	炮科一连	少将	1936年1月	中国远征军参谋长、副司令	中将	十八军参谋长
项致庄（又名宗羽）	志壮	1893—1946	浙江杭州	炮科一连	少将	1936年10月	抗战开始任浙江省保安厅处长，后附汪降日充伪职		1946年以汉奸罪判处死刑
秦绍观	筱游，郁酉	1893—1969	山西壶关	工科一连	中将	1936年1月	抗战后任第二战区司令长官部高参	上将	
秦德纯	绍文	1893—1963	山东沂水	步科二连	中将	1935年4月	长城抗战时任第三军团副总指挥	上将，省主席，国防部次长	
袁槿	梓材	1890—?	云南安宁	步科四连			云南蒙自边防守备师代理师长		

续表

姓名	字号	生卒年月	籍贯	连(队)次	衔级	授衔时间	主要任职	官至	备注
袁环汉(原名植)	号鳍伯	1891—1923	湖南平江	步科四连	追赠少将	1923 年 12 月			1923 年遇刺身亡
耿志介	景惠,子介	1889—?	陕西黄陵	工科一连	少将	1938 年 6 月	抗战后任第二战区第 49 旅旅长		
夏锡圭	璧如	1887—?	陕西蓝田	骑科一连	中将			中将	
夏余三	庆斋	1895—1959	河南开封	步科一连	少将	1935 年 4 月	任第八集团军参谋长		
聂元勋	渐由,荐犹	1891—?	贵州黄平	骑科一连	少将	1946 年 7 月	1939 年任骑兵上校	保安司令部副司令	
钱骏	叔骏	1890—1927	浙江嵊县	骑科一连	追赠少将		北伐攻打杭州时被捕遇害		
徐良	性生	1890—?	江苏六合	工科一连	少将				
徐亚杰	东主	1888—1944	河北蠡县	步科二连	少将		暂编第六军参谋长,1944 年湘西战役阵亡		
徐启明(原名成)	号启明	1894—1989	广西鹿寨(一说柳州)	步科一连	中将	1948 年 9 月	第七绥靖区中将副司令,抗战开始任第 170 师师长	中将	1950 年 3 月到香港
徐明山	蕴华	1891—?	黑龙江城垣	骑科一连	少将	1938 年 8 月	东北军骑兵副旅长,后投降日军任伪职		

续表

姓名	字号	生卒年月	籍贯	连(队)次	衔级	授衔时间	主要任职	官至	备注
徐承熙	寄为,缉文	1894—?	山东博山	步科三连	中将	1947年6月	滇缅路中将军法执行监		
翁辟	叔和	1891—1976	浙江泰顺	步科三连	少将		任第一区第3军参谋处长		
陶晋	右陵	1891—?	广西桂林	步科一连	少将				
陶庆海	云阶	1892—?	湖北黄冈	步科四连	少将	1935年4月	抗战开始后任第五战区第56军参谋长		
陶峙岳	字记常,号岷毓,又号锄	1892—1988	湖南宁乡	步科一连	中将	1935年4月	新疆警备总司令部司令,抗战始任第76军长	省政府主席	1955年授上将,1949年6月率部起义,1982年加入中共
陶继恺(原名泽凯,又继侃)	省三	1893—?	湖北黄冈	步科	少将	1936年2月	中央军校总务处长		
郭大荣	耀黄	1891—1936	江苏宿迁	步科二连	少将		江苏保安司令部中将高参	中将	
唐英	永晖	1890—1950	四川仁寿	炮科一连	中将		任军委会第138师师长		
唐生明	字俊德,又峻德	1888—1960	湖南石门	步科二连	少将	1935年4月	抗战始任第一战区司令长官部驻开封警备司令	中将	1949年去台

续表

姓名	字号	生卒年月	籍贯	连(队)次	衔级	授衔时间	主要任职	官至	备注
唐光霁	逸樵	1891—1938	安徽合肥	步科一连	少将	1935年4月	军事参议院咨议		
唐希卞	鹤琴	1891—1974	湖南宝庆	步科四连	少将	1936年2月	任第三战区第十集团军高参	中将	
唐维勤	勉之	1892—?	河北宛平	工科一连	少将	1946年7月	第一战区司令部参谋处科长		
唐灏青	翰湘	1892—?	福建闽侯	步科三连	少将	1936年1月	中央军校第六分校副主任	中将	
黄明	孟庐，孟卢	1892—1951	广东平远	工科一连	少将	1947年11月	抗战之初任第四战区高参		
黄钺	左扬	1892—?	福建莆田	步科	少将	1947年7月			
黄在玑	玉衡	1890—?	江西贵溪	辎重一连	少将				
黄钟麟（原名朝麒）	字钟麟	1891—?	江西大庚	步科二连	少将	1937年5月	任第五战区司令长官部高参		
黄光华	字刚毅，函夏	1892—?	安徽凤阳	工科一连	中将	1935年4月	商震部师长	中将	
萧子清	静庵	1890—?	湖北汉川	步科三连	中将	1947年6月	陆军大学兵学教官	中将	
萧文铎	震东	1891—1962	湖南宜章	步科五连	少将	1936年2月	抗战爆发时任师长，保安司令	中将	
曹伯闻	宝轩	1893—1971	湖南长沙	步科肄业			浙江督察专员		民革中央委员全国政协委员
龚志鎏	仲冕，仲晃	1892—1966	广东南海	步科四连	少将	1945年12月	抗战后任第四战区训练处副处长		

续表

姓名	字号	生卒年月	籍贯	连(队)次	衔级	授衔时间	主要任职	官至	备注
龚杰元	汉贤	1891—1965	广西容县	炮科一连	少将		广西绥靖主任公署梧州警备司令		
崔克俭	廉泉	1892—?	河南南乐	工科一连	少将	1946年7月	军委会北平分会陆军训练处副主任		
章伟	荣坤，威伯	1890—?	江西进贤	步科二连	少将	1946年7月	抗战开始后任第三战区直属炮旅副旅长		
章燮	字叔谐	1891—?	浙江青田	炮科一连	少将	1947年11月			
章拯宇	望符	1891—1976	河北通县	步科二连	少将	1937年11月	军事参议院少将参议		
梁华荃	建始	1894—?	广东新会	辎重一连	少将	1937年5月			
梁培璜	太璞	1891—1968	河南光山	步科一连	少将	1935年4月	第二战区第19军参谋长，61军军长		
梁鸿恩	惠民	1892—?	江苏沛县	工科一连	少将	1936年2月	抗战爆发后二战区第19军参谋长	集团军副司令，中将	
彭韩（又名友信）	诚孚	1889—1948	四川巴县	步科二连	少将	1936年2月	第二预备军第160师师长	中将	
斯铭石	介如，儒明，字儆吾	1893—?	浙江诸暨	步科	少将	1946年7月			
董志杰	兴斋	1892—1971	河北宛平	步科	少将	1939年8月	陆大兵学教官		1949年起义，参加人民军

续表

姓名	字号	生卒年月	籍贯	连(队)次	衔级	授衔时间	主要任职	官至	备注
景士奎	星五	1887—1950	云南晋宁(一说昆明)	骑科一连	少将				
辜勉	黾之	1893—?	四川仁寿	步科	少将	1946年7月	任第41军122师参谋长		
富占魁	星桥	1890—?	吉林永吉	骑科一连	中将	1936年12月			
富保恒(又保衡)	公权	1893—?	吉林永吉	骑科一连			安国军第十军参谋长		
谢杰	汉柱	1899—1950	江西长宁	步科肄业	少将	1936年12月	国大代表		
谢煜焘	军儒，君如	1889—1947	湖南邵阳	骑科一连	少将	1936年2月	军事参议院参议		
谢桢祥		1890—?	山西河津	步科一连	少将	1935年4月	抗战时任第八集团军参谋长		
赖世璜	兆周又号肇周	1889—1927	江西石城	步科四连			国民革命军第14军军长		1927年12月被白崇禧处决，蒋上台后明令照上将因公亡故例予以抚恤
甄纪印	铭章饬臣	1892—?	河北曲阳	步科四连		冯玉祥北路军参谋长	副军长		
虞典书	君石	1891—1954	江苏无锡	辎重一连	中将	1946年7月	抗战后任第三战区军法执行总监部监员		

续表

姓名	字号	生卒年月	籍贯	连(队)次	衔级	授衔时间	主要任职	官至	备注
鲍文樾(又文越)	志一	1892—1980	辽宁凤城	步科二连	中将	1935年4月	抗日后投敌任伪职		属满族镶白旗。抗战胜利被捕，判死刑，傅作义请求赦免死刑
蔡润生	泽民	1889—?	云南平彝	工科一连	少将				
廖磊	元戎，伯符，字燕农，又梦详	1890—1939	广西陆川	步科四连	中将	1936年1月	军事参议院参议	上将，省主席	1939年10月病逝
熊式辉	天翼	1839—1974	江西安义	步科三连	中将加上将	1937年9月	中国驻美军事代表团团长	二级上将，东北行营主任国民党中执委员	1949年移港
樊殿杰	子英	1888—?	河北河间	炮科一连	少将		北方军官学校炮兵科长		
樊宗迟	绍圣	1893—?	福建长乐	工科一连	少将	1936年2月	参加1932年淞沪抗战		
戴铭忠	良甫	1892—?	江苏如皋	步科二连	少将	1936年3月	军委会铨叙厅处长		
戴联璧	明轩	1891—?	河北青县	步科一连	少将				
魏树鸿	字功著，公辅	1887—1937	河北满城	工科一连	少将	1936年1月	参加长城抗战		
魏长林	荫轩	1891—1929	原籍河北滦县，出生辽宁铁岭		追赠中将		中东路战争阵亡		

表三　陆军军官学校第三期出身将帅名录

姓名	字号	生卒年月	籍贯	连(队)次	衔级	授衔时间	主要任职	官至	备注
丁果	公诚	1894—?	江苏仪征	炮科一连	少将	1947年7月	中央军校教官，陆大兵学研究院研究员		
丁友松	梅斋	1890—?	浙江嵊县	步科二连	少将	1945年9月	第八十军副军长		
丁振武	味樵	1889—?	安徽怀宁	步科二连	少将	1945年2月	军事参议院谘议		
于达(又名於达)	平元	1893—1985	浙江黄岩	步科五连	中将	1945年10月	新疆保安司令部参谋长，总统府参军	中将	
万世靖	士才	1892—1941	江西南昌	步科三连	少将		三战区浙赣边游击队司令		
马龙图	瑞羲	1892—?	辽宁沈阳	工科一连	少将				
马葆珩(·又名宝珩，保珩)	号大气，字晓庵	1891—1972	河北高阳	炮科一连	少将	1936年2月	江西第四行政督察专员兼保安司令	中将	
王戈	敬民	1892—?	江西安福	工科一连	少将	1947年11月	第九战区军官训练团副教育长		
王堉	育三	1892—1952	湖南临湘	骑科一连	少将	1939年3月	第62师师长		
王涛	葵之	1889—?	湖南长沙	骑科一连	少将	1948年9月	第六战区通讯兵团少将团长		

续表

姓名	字号	生卒年月	籍贯	连(队)次	衔级	授衔时间	主要任职	官至	备注
王文翰	镇城	1889—1941	浙江奉化	步科五连			军事参议院中将参议，1941年2月病逝		
王天鸣（原名雷）	号天鸣	1897—1972	山东单县	炮科一连	少将	1937年2月	军委会驻黔绥靖公署代理参谋长	中将，国大代表	参加湖南和平起义，后赴台
王尹西	云岩	1893—?	江西万安	步科二连			河南督察专员兼保安司令		
王永贵	宗洛	1891—1969	内蒙古喀拉沁东旗	步科二连	少将		1947年任内蒙古自治政府参事厅副厅长		
王炽昌	子英，字志隐	1892—1951	湖南衡阳	炮科一连	少将	1938年3月	湖南衡阳第二行政督察专员	中将	1951年在贵阳去世
王甲三（原名开第）	字甲三	1892—1949	江苏江宁	步科四连	少将	1945年9月	中央陆军军官学校教育长	中将	解放后在湖南人民政府任职
王邦述	荷彭，道盘，湘军	1895—1970	江苏江宁	步科三连	少将	1937年5月	军事参议院参议		
王芗庭（原名槐）	别号了空	1895—?	浙江临安	辎重一连	少将	1936年2月			
王保艾	阜轩，浮仙	1893—?	浙江黄岩	步科一连	少将	1937年5月	抗战爆发后任第三战区军官训练团副教育长		

续表

姓名	字号	生卒年月	籍贯	连(队)次	衔级	授衔时间	主要任职	官至	备注
王鸿韶	真吾	1898—1960	天津宝坻	炮科一连	少将	1940年7月	抗战初任汉中行营参谋长	中将	
王肇	膺励	1889—?	湖南安化	步科三连	少将		任第107师第一旅旅长		
韦希武	敬丹	1891—1962	浙江金华	工科一连	少将	1945年4月	中央军校任教		
毛侃	恕可	1895—1988	浙江黄岩	步科三连	少将	1936年2月	任第三战区军官训练团训练处长	中将	1949年春参加和平起义活动
毛炳文又秉文	次亨	1891—1970	湖南湘乡	步科四连	中将	1935年4月	湘西行署中将主任	中将	国民党后补中执委
毛镜仁	静如	1891—1974	浙江黄岩	炮科一连	少将	1947年4月	抗战后任第三战区军官训练团训练处长		1949年4月参加和平解放活动
文素松	丹虚,岫舒	1890—1941	江西萍乡	炮科一连	少将	1936年2月	训练总监部参事		
文俊逸	子才	1891—?	云南昆明	步科四连	少将	1946年7月	第43军参谋处长		
方钦	敬甫	1894—?	河南杞县	步科五连	少将	1946年7月	第五战区高参		
方其道(又名方兴)	字致之	1893—1946	江西定南	步科肄业	少将				
计宗汉	海珊	1892—?	浙江杭州	骑科一连	少将		军事委员会干三团高级教官		
尹作翰	剑秋,剑寒	1889—1954(96)	山东日照	步科四连	中将		冀察战区高级研究班副主任	中将,农林部长	1948年底赴台

续表

姓名	字号	生卒年月	籍贯	连(队)次	衔级	授衔时间	主要任职	官至	备注
孔庆桂(又名庆)	励丹	1894—1969	江苏仪征	炮科一连	中将	1948年9月	第六战区司令长官部炮兵指挥官	中将	1949年被俘
邓英	剑豪	1892—1953(1970)	湖北蕲春	步科四连			湘西行署主任	行宪国大代表	
叶新甫	莘夫	1891—1927	江西萍乡	骑科一连	少将	1927年4月			1927年10月与川军作战阵亡，按中将从优抚恤
石西卓	成达	1894—?	湖南宝庆	骑科一连	少将	1948年5月	第三战区第十集团军总司令部参谋处长		
史蔚馥	从吾	1891—1944	江苏溧阳	步科四连	少将		广西绥靖公署少将高参		桂柳战役被俘，后被害
厉圣溢	声海	1893—?	浙江永嘉	步科四连	少将	1947年1月			
厉鼎璋	幼严，幼岩	1893—1972	江苏仪征	炮科一连	少将	1939年11月	任第一战区师参谋长，副师长	中将	1955年参加民革
乐震东	济安	1892—?	江西东乡	炮科一连	少将	1946年7月	军事参议院参议		
白崇禧	剑生，健生	1893—1966	广西临桂(今桂林)	步科四连	一级上将	1945年10月	抗战爆发任南京副参谋总长兼军训部长	一级上将国防部长	属桂系核心之一

续表

姓名	字号	生卒年月	籍贯	连(队)次	衔级	授衔时间	主要任职	官至	备注
司徒非(又名荣曾)	字严克	1893—1937	广东开平	步科肄业	少将		第66军第160师参谋长		参加一二八淞沪抗战、福建事变,1937年12月南京突围中牺牲
吕梦雄	辛俶,辛叔	1890—1952	湖南常宁	步科一连	少将	1946年7月	军事参议院参议		1949年10月在湖南常宁参加起义
吕焕炎(又焕之)	光奎	1890—1930	广西陆川	炮科一连	中将	1930年6月	桂系新编第16师师长	广西省主席中将	
朱赤	近之	1893—?	安徽寿县	步科三连	少将		军事参议院参议		
朱镛	雄图	1896—?	广西桂林	步科五连	少将				
朱继先	迹仙	1896—1927	辽宁辽中	炮科一连	中将		安国军第一预备军军长	中将	1927年被刺身亡
朱傅经(又名传经)	伯林	1890—1950	安徽合肥	步科三连	少将	1936年1月	浙江省军管区参谋长	中将	
朱梓玖	良斌	1891—?	江苏江都	骑科一连	少将		第一战区第27军参谋处长,后在汪伪政权任职		抗战胜利后匿居
庄文枢	剑秋	1895—?	江苏武进	步科五连	少将	1939年11月	第九战区第57旅旅长		

续表

姓名	字号	生卒年月	籍贯	连(队)次	衔级	授衔时间	主要任职	官至	备注
朱耀华	强生	1892—1937	湖南长沙	步科五连	中将	1935年4月	抗战后任第三战区第十八师师长		淞沪战役殉国
向贤矩	护黄	1893—?	湖南宁乡	炮科一连	少将	1937年5月	第六战区军法执行副监		
刘刚德	剑辉	1893—1960	福建闽侯	工科一连	少将		中央通信兵学校教务处长		
刘应凯(原名荫楷)	范卿	1892—?	河北安平	骑科一连	少将	1946年7月	第十一战区少将高参		
刘和鼎	波鸣	1894—1969	安徽合肥	步科四连	中将	1936年1月	第十一集团军副总司令兼第39军军长		赴台
刘建常	慎染,炎钦	1896—?	湖南醴陵	骑科一连	少将		第84军第188师副师长		
刘建绪	恢先	1890—1978	湖南醴陵	炮科一连	上将	1936年9月	第十集团军总司令,第三战区副司令长官		
刘铭勋	希尧	1892—?	四川成都	辎重一连	少将	1948年3月			
刘绪福	介侯	1894—?	安徽太平	步科二连	少将		川南保安司令部少将副司令		
汤敏时	逊甫	1888—1958	浙江东阳	步科三连	少将	1939年10月	第七十二军副军长	中将	1949年拒赴台湾
许康	平洲	1895—1956	浙江黄岩	炮科一连	中将		第三战区司令长官部中将高参		

续表

姓名	字号	生卒年月	籍贯	连(队)次	衔级	授衔时间	主要任职	官至	备注
许寿恒	有常	1895—?	江苏无锡	步科三连	少将		中央工兵学校教务处高级教官		
许显时	成谋	1896—1986	福建闽侯	炮科一连	中将	1946年7月	第八战区经济作战处中将处长	中将	
孙绳	华佛	1890—?	湖北黄冈	步科一连	少将				
孙昌应	容鹤	1894—?	福建闽侯	步科四连	少将	1935年5月			
孙宝瑜	涤瑕	1891—?	江苏江都	骑科一连	少将	1936年2月	军委会高级参谋		
孙振纲		1886—?	河北景县	工科肄业	少将				
孙景潮	慕韩	1893—?	江苏无锡	步科一连	少将	1946年12月	南京中央军校教官、队长等职		
杜益谦	继武，灵武	1889—1958	广东南海	步科五连	少将	1936年1月	1940年附汪降日充任伪职		1949年3月移居香港
李英	南苏	1892—1941	湖南平江	炮科一连	少将	1935年4月	第37军师长	中将，副军长	
李佑民	卓吾	1893—?	湖南湘乡	骑科一连	少将	1948年9月			
李沛苍（原名益滋）	字沛苍	1894—1964	湖南宁乡（一说平江）	步科五连	中将	1936年1月	国防部中将参议	中将	1949年3月赴台
李朝芳	公泽	1892—?	广西武宣（一说桂平）	炮科一连	少将	1940年12月	广西绥靖公署办公室主任	中将	

续表

姓名	字号	生卒年月	籍贯	连(队)次	衔级	授衔时间	主要任职	官至	备注
李家鼎	倦尘	1895—?	浙江杭州	骑科一连	少将	1936年1月	中央陆军骑兵第十五旅长		
李健侯	建候	1894—?	湖北黄安	炮科一连	少将	1938年6月	军训部高级参谋		
李善侯	别号仲禹	1894—1951	湖南慈利	步科五连			国防部部员		
李端浩	养吾	1894—1950	江苏仪征	炮科一连	少将	1935年4月	军令部第三厅厅长		
李维翰（原名国藩）	价人	1889—1962	浙江禾清	步科一连	少将	1946年7月	第三战区赣浙边区第二游击挺进纵队司令		
杨杰	继三	1893—?	浙江嵊县	步科二连	少将				
杨振	蔚云	1893—?	湖北宜昌	步科四连	少将	1937年3月	1940年附汪降日		
杨特	岿山	1894—1928	湖南长沙	炮科一连	少将		第四十军炮兵团长，充伪职		抗战胜利后被捕判刑
杨子羽	澍农，子雨	1889—?	浙江诸暨	步科一连	少将				
杨光钰	桐之	1890—?	安徽石埭	步科五连	少将		兵工署少将副监		
杨荣先	春俶	1893—?	江苏海门	步科五连	少将	1946年7月	第三战区战时干部训练团高级教官		
杨效欧	毅如	1894—1937	湖北随州	炮科一连	中将	1935年8月	第三十四军军长		1937年5月遇刺身亡
杨鸿翔	横飞	1895—?	福建闽侯	步科一连	少将	1947年11月			

续表

姓名	字号	生卒年月	籍贯	连(队)次	衔级	授衔时间	主要任职	官至	备注
杨膺谓	孟言	1889—1939(1937)	湖南长沙	步科三连	少将		首都卫戍司令部高参，南京保卫战殉国		
吴石	虞薰	1894—1950	福建闽侯	炮科一连	中将	1942年1月	陆军第二方面军参谋长	台国防部次长	1950年在台北遇害，国务院追认为革命烈士
吴谦	周男	1894—?	浙江义乌	炮科一连	少将	1946年7月	中央军校第四期战术教官		
吴仲禧	奋飞	1895—1983	福建闽侯	步科一连	少将	1945年3月	南京军事参议院中将参议	中将	1937年6月参加中共，吴石的单线联系人
吴国桢	维周	1893—1948	江苏江都	炮科一连	少将		参谋本部少将研究员		
吴家禄(原名家㊄)	子耳	1893—?	湖南湘潭	步科五连	少将	1936年1月			
何宣	啸天	1891—1946	湖南益阳	步科四连	中将	1938年11月	第五战区集团军参谋长	中将，军长	
何健	云樵	1887—1956	湖南醴陵	步科五连	二级上将	1935年4月	抗战时任内政部长	省主席，国民党中执委	1949年春赴港，后到台
何志兴	洒振	1892—?	福建长乐	辎重科一连	少将	1947年3月	海军陆战队第33旅代理旅长		

续表

姓名	字号	生卒年月	籍贯	连(队)次	衔级	授衔时间	主要任职	官至	备注
何振纲	纪庭	1894—?	福建福州	辎重科一连	少将	1947年1月	福建省保安司令部参谋主任等职		
何培基	乾巽	1888—?	湖南宝庆	辎重科一连	少将	1936年1月	军委会办公厅少将高参		
何家驹	千里	1893—?	浙江杭县	步科四连	少将				
佟衡	欣伯	1896—?	北京	炮科一连	少将		1933年吉林抗日自卫军参议降日任伪职		1945年8月被捕，先押苏联后转抚顺战犯管理所,1964年12月获释
余泽笺	希彭	1895—1951	湖南长沙	步科四连	少将	1937年5月	第三战区第十集团军副参谋长	中将	
余玉琼	崐阳	1893—1951	浙江遂安	骑科一连	少将	1936年10月	军政部马政司长		1951年被捕
应征	字贵征	1890—?	浙江永康	步科二连	少将	1946年7月	1948年3月当选“国大代表”		
应鹏	字绍裳	1891—?	浙江黄岩	步科一连	少将	1936年12月			
应山三(原名振)	号时泮，字山三	1894—1929	浙江仙居	步科四连	追赠中将		国民革命军警卫司令部参谋长，作战阵亡	中将	

续表

姓名	字号	生卒年月	籍贯	连(队)次	衔级	授衔时间	主要任职	官至	备注
汪强	伯平	1893—1957	江苏上海	炮科一连	中将	1946 年 7 月	上海幼年空军学校中将教务长	中将	
汪以南	伯雅	1893—1971	湖北浠水	步科	少将	1940 年 7 月	湖北防控司令部参谋处长		
汪国栋	砥流	1893—?	江苏高邮	步科			江苏第 2 专员兼保安司令		
沈逊斋	醒哉	1888—1995	浙江东阳	步科三连	少将	1936 年 2 月	国民政府参军处中将参军	中将	
沈振亚	东平	1895—1975	浙江余姚	骑科一连	少将	1946 年 7 月	第三战区兵站参谋长		
宋澄（又名弘波）	字天吾	1894—?	浙江嵊县	步科一连	少将	1936 年 1 月	军事参议院参议		
宋广澍	润田	1894—?	江苏铜山	步科二连	少将	1947 年 11 月	山东保安司令部独立第一旅长		
张贞（原名桢，又名善兴）	号干之，字浩然	1884—1963	福建韶安	炮科一连	中将	1936 年		上将，国民党中执委员	1949 年 7 月到台
张琪	韵琮	1892—?	浙江嵊县	步科二连	少将	1935 年 4 月	任第三战区第六师副师长	中将	
张翰	墨林	1896—?	江苏江宁	辎重科一连	少将	1947 年 11 月	陆军辎重兵学校代理教务长		
张义纯	别字靖白，靖伯	1895—1982	安徽合肥	炮科一连	中将	1936 年 10 月	任第 48 军军长，集团军副总司令	中将省政府主席	1949 年投诚

续表

姓名	字号	生卒年月	籍贯	连(队)次	衔级	授衔时间	主要任职	官至	备注
张元祜	叔同	1894—1956	湖南湘乡	步科三连	中将	1936年1月	湖南省军管区高参	中将	1949年7月参加湖南和平起义
张订顽(原名振抟)	字订顽	1893—?	湖南醴陵	步科五连	少将	1936年2月	第62师参谋长，第三战区第28军高参		
张庆瀛	伯涛	1894—?	江苏吴县	步科三连	少将	1936年1月	西南战时干训团办公厅总务处长		
张其雄	沛乾	1889—?	湖南醴陵	骑科一连			湖南第七区保安司令		
张国华	介然	1893—1934	浙江黄岩	骑科一连	少将				
张国脉	文博	1893—1987	安徽泗县	步科三连	少将	1947年11月			
张国威(又名声传)	惕生，剑欧	1892—1927	湖南醴陵	步科三连	上将	1927年11月追赠		上将	
张治中	号文白，文伯，字警魄	1890—1969	安徽巢县	步科四连	中将	1935年4月	西北军政长官公署上将长官	二级上将，国民党五届中执委	
张定潘	伯璇	1891—1944	江西南昌	工科一连	中将	1939年5月	军政部中将常务次长	上将	上海特别市长
张效濂(又学濂)	一如	1891—?	江苏仪征	工科一连	少将		军政部兵役署司长		

续表

姓名	字号	生卒年月	籍贯	连(队)次	衔级	授衔时间	主要任职	官至	备注
张振汉	炎生	1893—1967	江苏铜山	炮科肄业	中将	1935年4月	参加过长征，红校教员[①]，抗战后致力于工商实业	中将	建国任湖南政协人大代表，全国政协委员
张振东		1896—1926	河北丰润	步科肄业	少将				
张振镛（又名振墉）	仁斋，真用	1893—?	江苏江宁	步科四连	少将	1935年2月	中央军校第四分校中将副主任	中将	
张登嵩（又名登菘）	岳仲	1891—?	湖南龙山	步科四连	少将	1936年1月	任湘西师管区司令部参谋长		
陆权	侔逊	1891—?	江苏昆山	步科四连	少将	1936年2月	陆大教官军委会高参	中将	
陆福廷	心亘	1891—1960	安徽灵璧	炮科一连	少将	1943年1月	陇海铁路管理局局长	中将，国民党中执委	
陈适	存甫	1881—1988	浙江平阳	步科一连	少将	1946年12月	军政部军事教育委员会委员		
陈庠	公序	1893—?	浙江瑞安	步科一连	少将	1946年12月	第三战区第34师参谋长		

① 见张天佑：《跟随红军长征的国民党将军》，见《朔选读》2015年第13期，第59页

续表

姓名	字号	生卒年月	籍贯	连(队)次	衔级	授衔时间	主要任职	官至	备注
陈焯	空如	1898—1950(1960)	浙江奉化	炮科一连	中将	1936年1月	军事委员会调查统计局副局长		
陈复	孔熙，孔西	1892—?	江苏海门	步科五连	少将	1947年7月	江苏省警官学校教育长		
陈敢	孝侯	1887—1956	福建闽侯	炮科一连	少将	1943年1月	安徽保安司令部少将副司令		
陈以忠	荩堂	1894—1974	江苏江都	炮科一连	少将	1938年5月	陆军总司令部办公厅主任	中将	
陈世潘	民器，世藩	1889—1959	江苏都昌	步科一连	追赠少将	1939年11月	参谋本部参谋，1939年8月日机轰炸殉国		
陈名扬	震环	1893—?	福建莆田	步科一连	少将				
陈时骥	子厚	1893—?	浙江诸暨	步科一连			中央军五十九师师长		曾任红大教员
陈安宝	善夫	1891—1939	浙江黄岩	步科五连	少将	1936年1月	29军军长兼37师师长，南昌会战中殉国	追赠上将	民政部追认革命烈士
陈俊三（又名廷杰）	俊三	1892—1952	江苏睢宁	步科一连	少将		川滇黔边绥靖司令部少将参议		
陈炼秋	心镕	1895—1952	湖北枝江	辎重科一连	少将	1945年9月	第九战区第四兵站少将总监		
陈连璧	星吾	1894—?	江苏江宁	步科四连	少将	1937年5月		中将	

续表

姓名	字号	生卒年月	籍贯	连(队)次	衔级	授衔时间	主要任职	官至	备注
陈维斌	仲巽	1892—?	湖南宝庆	工科一连	少将	1935年4月	长沙绥靖公署中将高参	中将	
陈鼎之	增栋	1894—?	福建闽侯	步科三连	少将	1946年7月	第九战区沅陵守备司令部司令		
茅乃功	伟勋	1894—?	江苏丹徒	炮科一连	少将	1946年7月	第三战区司令长官部副官处处长		
林忠	秉直	1892—?	福建福清	步科三连			海军陆战队独立第一旅旅长		
林荣	叔向	1891—?	福建闽侯	步科二连	少将	1946年11月	中央军校战术主任教官	中将	
林哲	道南	1892—1965	福建福州	步科四连	少将				
林昀	旭东	1894—?	福建仙游	骑科一连	少将				
林黄胄	羲民	1895—?	福建莆田	步科一连	少将		军政部军备司副司长		
林薰南	幼襄	1892—1982	湖北黄冈	步科二连	少将	1935年4月	第七战区长官部参谋长	中将	国民党驻日军事代表团顾问,在日定居
欧阳义	蒙三	1892—?	湖南衡州	步科二连	少将				

续表

姓名	字号	生卒年月	籍贯	连(队)次	衔级	授衔时间	主要任职	官至	备注
欧阳礼	金三，又号敬三	1893—？	湖南衡阳	步科二连	少将	1946年7月（1937年5月）	军委会桂林行营训练处科长		
欧阳新	瑞云	1895—？	湖南湘乡	步科四连	少将	1936年1月	淞沪警备司令部高参		1946年2月退役
易简	卫权	1890—1926	江西萍乡	步科二连	追赠中将		第14军暂编第一师师长，1926年10月攻抚州阵亡		民政部追认革命烈士
易振湘	松涛	1890—？	湖南长沙	步科五连	少将	1935年4月	军事参议院少将参议		
罗铁华（原名罗纬）	铁华	1892—？	江苏泗阳	步科四连	中将		军训部第二厅中将副厅长	中将	
罗藩瀛	秉坚	1893—？	湖南宝庆	炮科一连			陆军总司令部高级参谋		
罗星辉		1892—？		工科肄业	少将	1946年7月	1932年军政部陆军署工兵监科长		
季鼒	作梅	1891—？	安徽无为	步科五连	少将	1936年1月	军事参议院少将参议		
金元铮	西屏，希平	1894—？	直隶（今河北）大兴	步科四连	少将	1936年2月	国民政府军政部科长、附员		
周岩（嵒）	奉璋	1895—1953	浙江嵊县	炮科一连	中将	1935年4月	任第18军第6师师长	军长，省主席	1949年11月赴台，追赠二级上将

续表

姓名	字号	生卒年月	籍贯	连(队)次	衔级	授衔时间	主要任职	官至	备注
周磐	砥平	1895—1952	湖南宝庆(一说邵阳)	骑科一连	少将	1936年2月	第十四兵团中将副司令	中将	战败潜逃，1952年逮捕枪决
周濂	濂父	1888—?	湖南湘潭	步科三连	少将				
周之矣	忽声	1890—?	湖南浏阳	辎重科一连	少将	1946年7月			
周启植	涤尘	1889—1959	浙江诸暨	步科三连	少将				
周学海	北若，字苦苏，又若苏	1891—?	贵州安顺	炮科一连	少将	1943年2月	第三战区第八军参谋长	中将	
周德先	道存	1894—?	江西奉新	炮科一连	少将	1939年6月	江苏第一行政督察专员兼保安司令		
周济民(原名钟华)	伯岳	1890—?	浙江诸暨	肄业			参谋本部高参中将师管区司令	中将	
周维寅	恭甫	1895—1949	湖南沅江	炮科一连	中将	1936年1月	第十集团军参谋长	中将	
郑楷	巽甫	1892—?	广东揭阳	步科五连	少将	1946年7月	广东绥靖主任公署军事训练处长		
郑志澜	玩涛，字挽如	1892—?	浙江嵊县	步科三连	少将		任成都中央军校战术主任教官		
郑昌瑢(又名沧容)	海舟少	1894—?	广西桂林	骑科一连	少将	1945年2月	第48军第176师师长		
赵煜	熙民，熙明	1893—?	云南维西	骑科一连	少将	1946年7月	云南省军区司令部高参		

续表

姓名	字号	生卒年月	籍贯	连(队)次	衔级	授衔时间	主要任职	官至	备注
赵观涛	雪泉	1892—1977	浙江嵊县	步科一连	中将	1935 年 4 月	军事委员会中将参议	中将	解放前夕去台，1977 年台北去世
赵恩绶	绂鄉	1893—?	河北大兴	辎重科一连			第 8 战区高参		
贲襄	赞元	1887—1971	安徽当涂	辎重科一连	少将				
胡志锐		1899—?	浙江缙云	步科肄业	少将		武汉警备司令部参谋		
柯润	阜生	1893—1981	安徽贵池	炮科一连	少将				
侯成（原名世恩）	小方	1896—1974	江苏江宁	炮科一连	少将	1936 年 2 月	军委会中将高参	中将	
俞作柏	柏坚	1887—1959	广西北流	步科二连	少将	1936 年 12 月	军统局中将设计委员	中将	
俞星槎	咏裳	1894—1940	浙江东阳	步科四连	少将	1937 年 7 月	军委会办公厅高参室中将主任	中将	
俞遇期（原名过期）	影我	1893—?	浙江东阳	辎重科一连	少将	1946 年 12 月	军校战术教官		
饶树藩	次亘，茨垣	1891—1947	湖北荥阳	骑科一连	少将		军事参议院参议		
施泰桢	幼岳	1895—?	福建闽侯	步科一连	少将	1947 年 11 月			
姚纯	兼一	1894—1940	江西萍乡	步科二连	中将		第三十六军军长	中将	
姚唯	难先	1892—1927	江西萍乡	步科五连			任黄埔战术教官招办主任，第二十二师特别党部书记长		

续表

姓名	字号	生卒年月	籍贯	连(队)次	衔级	授衔时间	主要任职	官至	备注
姚藩	介垣	1893—1949	湖南醴陵	辎重科一连	少将	1937年9月	第三战区第十集团军副参谋长		
贺维珍	暄斑	1892—1963	江西永新	步科五连	少将	1937年3月	任四十八军173师师长	中将	属桂系，1949年7月赴台
骆伯康	本安	1891—1942	广东花县	骑科一连			粤东师管区少将司令		
秦靖(又镜)	寿光	1893—?	广西灵川	步科五连	少将				
贾康	宁庵	1893—?	湖南宜阳	步科四连	少将	1940年12月	第六军参谋处长		
夏威	钧善，煦苍	1892—1975	广西容县	步科四连	中将	1936年1月	第十一集团军总司令	加上将衔，省主席，国民党中执委	属桂系，1949年后去港
顾玉书	圣符	1887—?	山东济宁	步科四连	少将	1946年7月	第五战区第四游击挺进纵队副司令		
钱伦体	公强	1893—?	浙江嵊县	炮科一连	少将	1936年2月	1932年率部参加淞沪抗战	中将	
钱诒士(原名承德)	字诒士	1892—?	江苏仪征	骑科一连	少将	1936年2月	任军委会后方勤务部副处长	中将	
钱寿恒(又名福谦)	久孚，寿恒	1896—1971	浙江诸暨(一说抗县)	步科一连	少将	1945年6月	任第三战区十八军高参	中将	1949年3月去台
钱懋勋	达西	1893—?	安徽桐城	步科三连			中央军校战术教官		

续表

姓名	字号	生卒年月	籍贯	连(队)次	衔级	授衔时间	主要任职	官至	备注
徐权	与可	1894—1938	安徽桐城	炮科一连	少将	1935年4月	湖南省政府保安处长	中将	长沙大火，被追责枪决
徐鹏	负天	1893—?	江苏东台	工科一连	少将		1940年任第一战区游击第九纵队司令		
徐人杰	人吉，剑痴	1890—?	浙江嘉善	步科一连	少将	1946年7月	中央军校炮兵训练组长		
徐祖洪	小川	1894—?	江苏南京	步科三连	少将	1946年12月	中央军校洛阳分校教育科副科长		
徐祖贻	燕谋	1895—1976	江苏昆山	炮科一连	少将	1936年1月	陆大研究院主任	中将	
徐国镇	公辅	1893—1942	江苏仪征	步科四连	少将	1936年1月	军训部中将步兵监	中将	
徐培根	石城	1897—1991	浙江象山	步科四连	中将	1945年6月	陆大教育长，驻美军事代表团参谋长	二级上将，国大代表	被誉为近代兵学泰斗
徐庭瑶	月祥	1892—1974	安徽无为	步科四连	中将	1935年4月	抗战初任新编11军军长	二级上将	1949年3月去台
凌兆尧	兆垚，圭庵	1892—1986	湖南鄠县	步科五连	少将	1937年5月	抗战初任第一战区预备第八师师长	中将	
郭丹	亚青	1894—?	安徽丹徒	步科四连	少将	1946年12月	中央军校战术教官		
郭𩹉	绍阳	1894—?	江西上饶	步科三连	少将	1939年5月	江西第六区保安司令	中将	
郭钧	伯藩	1897—?	湖南衡山	步科五连	少将				

续表

姓名	字号	生卒年月	籍贯	连(队)次	衔级	授衔时间	主要任职	官至	备注
郭文经	宝廷，吾庭	1894—1952	福建莆田	步科一连	少将				
郭凤岗	凤冈，梧庭	1893—1936	广西桂平	步科三连	少将	1936年1月	桂系第四十五师师长		
唐光霞	丹城，春丞	1890—1949	安徽合肥	步科二连	少将	1947年	南京中央军校第一学员总队第二大队长		
唐承武	止戈	1890—?	湖北汉口	步科一连	少将	1936年1月	抗战任三十七军参谋长		
黄子戌（原名英）	子咸	1890—1937	湖南湘乡	步科四连	少将	1935年4月	军事参议院参议		
黄士桐	剑白	1894—?	江苏海门	骑科一连	少将	1942年8月	第二战区第61军副军长		
黄绍竑（又名绍雄）	季宽	1895—1966	广西容县	步科四连	陆军中将加上将衔	1937年9月	军委会作战部长，第二战区副司令长官	省主席，内政部长	建国后任政务院委员，全国人大常委，民革中央常委，政协全国委员，新桂系创建人三巨头之一
萧山令	铁农	1892—1937	湖南益阳	步科三连	少将	1937年5月	中央宪兵司令部副司令兼参谋长，京保卫战阵亡	追赠中将	民政部追认革命烈士

续表

姓名	字号	生卒年月	籍贯	连(队)次	衔级	授衔时间	主要任职	官至	备注
萧仁源	浚诚	1892—1971	湖南浏阳	工科一连	少将	1937年5月	参谋本部高级参谋		
曹滂	景港	1894—?	江苏无锡	步科四连			军令部第三厅厅附	中将	1940年附汪降日充伪职
曹万雄	馨林	1894—?	湖南衡山	步科一连	少将	1936年2月	任第二战区第86师参谋处长		
曹典江	启元	1891—?	湖南湘潭	工科一连	少将	1935年4月	第46师137旅旅长		
盛士恒	心农，莘农，世恒	1895—?	安徽合肥	步科五连	少将	1945年2月	河南第十区行政督察专员兼保安司令	中将	
康伯岷	字侠秋	1892—?	四川巴中	步科一连	少将	1948年1月			
章培	益栽	1893—1970	浙江青田	步科四连	少将	1938年8月	第三战区第75军参谋长	中将	新中国成立任南京军事学院教官
章亮深	亮琛，集虚	1888—?	湖南龙城	辎重科一连	少将	1936年7月	第三战区第九集团军		
梁达海	夔龙	1893—?	湖南安化	步科四连	少将	1947年7月			
梁朝玑	逖侼	1892—1969	广西北流	步科	中将	1936年1月	广西梧州民团总指挥兼行政监督	中将	
梁翰嵩	浩川	1890—?	广西滨阳	步科五连	中将	1946年12月	军事委员会高参	中将	

续表

姓名	字号	生卒年月	籍贯	连(队)次	衔级	授衔时间	主要任职	官至	备注
葛钟山	剑云	1891—1931	浙江天台	炮一连	少将				
蒋毅	任甫	1893—?	河北庆云	步科五连			任第31军第一师师长		
韩世儒	愽文	1893—?	河北宛平	步科四连	少将	1937年11月	第五战区第51军副参谋长		
喻镜渊	淡泉	1892—1952	湖南宁乡	炮科一连	少将	1937年5月	任宁乡第四防区主任		
程子宜(原名均)	均金	1889—?	安徽休宁	步科四连	少将	1936年2月	军事参议院参议		
程鸿烈	雪晴	1891—1968	湖南陵县	步科一连	少将	1945年9月	中央军校步兵科长		
傅剑豪	秉钧，字剑豪	1889—?	湖北英山	步科一连	少将	1946年7月	中央军校洛阳分校学员大队长		
曾广国	伯举，白举	1893—?	江西吉水	步科三连	少将	1946年7月	军事参议院少将参议		
曾致远	字子仁	1891—?	湖南宜章	步科二连	少将	1935年4月			
谢仁寿	子琳	1893—?	浙江萧山	骑科一连			1928年任江宁区炮台司令		
谢慕韩	浩群	1894—1972	湖南耒阳	炮科一连	少将	1936年1月	军事委员会桂林办公厅高参	保安司令	1949年8月参加湖南起义
裘守成	希文	1891—?	浙江天台	步科二连	少将	1947年1月	中央陆军辎重兵学校研究委员		

续表

姓名	字号	生卒年月	籍贯	连(队)次	衔级	授衔时间	主要任职	官至	备注
裘时杰	时杰	1891—?	浙江嵊县	骑兵一连	少将	1946年7月	第三战区第十集团军司令部高参	中将	
裘振豪	毓英，育英	1893—?	浙江慈溪	炮科一连	少将	1947年7月	中央军校炮科兵器教官		
赖伟英	波民	1894—1958	江西南康	步科三连	少将	1940年7月	中央军校第二分校筹委	中将	
雷飚	华醒，醒南	1894—?	广西南宁	步科三连	少将	1936年1月		中将	
詹宝艇	宝庭，良甫	1891—?	福建福州	骑科一连	少将	1946年7月	中央军校第三分校战术教官		
慎钱选	茂榆，字钱选	1891—?	浙江诸暨	步科二连	少将	1946年7月	江苏镇海防守司令部参谋长		
蔡邦俨	恪季	1893—?	江苏泰兴	步科五连	少将	1946年7月	军令部少将参议		
蔡忠笏	海臣，字挥尘	1892—1971	浙江东阳	炮科一连	少将	1936年2月	国防部炮署中将研究院	中将	
蔡绍疆	尧峰	1893—?	江苏宿迁	步科四连	少将				
翟瑾	季华	1895—?	安徽宁国	骑科一连	少将	1947年11月	第五战区第21集团军总务处高参		
缪梅亭	汝钧	1891—?	湖南长沙	步科五连	少将	1947年7月			
樊颐	如松	1892—?	浙江兰溪	骑科一连	少将	1947年11月	中央陆军骑兵学校筹备委员战术教官		

续表

姓名	字号	生卒年月	籍贯	连(队)次	衔级	授衔时间	主要任职	官至	备注
颜仁毅	百刚，又伯刚	1892—1951	湖南衡阳	步科四连	少将	1936年3月	第五战区司令长官部高参		解放战争被俘，1952年3月被镇压
潘宜之（谱名祖义）	铁民	1892—1946	原籍湖北广济，客籍江苏江宁	炮科肄业			1927年淞沪卫戍司令部政治部主任。国民党《中央日报》创刊者首任社长		1945年服安眠药过量逝世
戴戟	号孝悃，又号效坤光祖	1895—1973	安徽旌德，生于江苏苏州	步科一连	少将	1946年11月	1932年1月参加上海抗战，1946年任少将，联勤总部东南补给区司令	中将	1948年12月进行策反，建国后在政协、人大任职
戴武章	字民权，端甫	1890—1940	安徽无为，生于河南临汝	步科四连	中将	1936年1月	任第三战区第三十九军副军长	中将	
魏武襄	炼青，练青	1891—1945	湖北利川	步科三连	少将	1937年9月	1938年12月附汪降日充伪职		

表四　陆军军官学校第四期出身将帅名录

姓名	字号	生卒年月	籍贯	连(队)次	衔级	授衔时间	主要任职	官至	备注
王琳	操如	1889—1926	湖北麻城	步科一连	少将		北伐第九军参谋长		1926年8月桃源战役阵亡
王亚翘	楚瞻	1889—?	湖北汉阳	步科一连	少将	1946年7月	军事参议院参议		新中国成立后武汉文史研究馆员
王定安	焕轩	1893—?	湖北黄冈	步科一连	少将				
云瑞	黄纪	1892—?	湖北鄂城	步科二连	少将	1946年7月	湖北第三区保安司令部代司令		
尹呈辅	振支	1892—1976	湖北武昌	步科二连	少将	1936年2月	第三战区参谋处长，1948年国大代表	中将	1949年3月赴台
石毓灵	幼平	1891—1951	湖北黄安	步科二连	少将	1945年12月	军委会中将参议	中将	1949年被俘，1951年判处死刑
吕冠	怀冰	1891—?	湖北汉阳	步科二连	少将	1946年7月	军事参议院少将参议		
吕楚才	宜之	1889—?	湖北汉阳	步科一连	少将	1947年11月	第一七三师参谋长		

续表

姓名	字号	生卒年月	籍贯	连(队)次	衔级	授衔时间	主要任职	官至	备注
朱怀冰（原名荫冕）	岩生	1892—1968	湖北黄冈	步科一连	少将	1935年4月	第二战区师长，九十七军军长，后任总统府国策顾问	中将，国民党中执委	属于晋绥军，1949年撤台
刘鸿逵	达九	1892—?	湖北黄安	步科二连	少将	1946年7月	后勤部江南指挥部少将参谋长		
刘维诚	守信，伟诚	1892—?	湖北沔阳	步科一连	少将				
刘鹤皋（原名式谷）	鹤皋	1889—?	湖北鄂城	步科二连	少将	1944年10月			
许士奇（原名世伟）	士奇	1890—?	湖北黄冈	步科二连	少将	1946年7月	湖北战时干部训练团副教育长		
许续重	任兹	1891—?	湖北黄冈	步科一连	少将	1947年2月	驻鄂绥靖公署参谋处少将科长		
严敬	薪传	1893—1969	湖北汉阳	步科一连	中将	1946年7月		中将	1949年1月入民革
严光盛	继陵	1892—?	湖北沔阳	步科一连	少将		中央军校教育处兵科高级教官		
李芳	芬九	1890—1951	湖北沔阳	步科一连	少将	1937年4月			
李威	宣威，宜煊	1891—?	湖北黄陂	步科二连	少将		第五战区第21游击司令		
李伟英	达颖	1894—?	广西桂林	步科一连	少将				
李国盛	靖亚	1893—?	湖北监利	步科二连	少将	1947年2月	陆军大学教官		

续表

姓名	字号	生卒年月	籍贯	连（队）次	衔级	授衔时间	主要任职	官至	备注
李树荣	少垣	1893—?	湖北黄安	步科二连	少将				
李树棠		1895—?	广东梅县	步科肄业	少将				
李辉武	华屏	1892—1951	湖北咸宁	步科一连			湖北督察专员兼保安司令		
吴良琛	献之	1891—1979	湖北汉川	步科一连	少将	1936年2月	抗战爆发时任师长，参加武汉等战役		
吴杨善	叔庵	1892—?	湖北武昌	步科二连	少将	1947年6月	军政部参谋		
邱汉杰	继香	1893—?	湖北黄陂	步科一连	少将				
何竞武（原名堃）	竞武，镜武	1893—?	浙江诸暨	步科一连	中将	1936年1月	军事参议院参事，国大代表	中将	
佘端	希纯	1890—?	湖北黄冈	步科二连	少将				
邹竟	凡庸	1892—1963	江苏松江		少将	1945年2月	北伐时任副师长，军委会第一处处长晋升中将，1945年2月又降为少将		1951年去台
闵超	卓安	1892—?	湖北黄陂	步科一连	少将				
汪之斌	星垣	1891—1948	湖南永顺	步科一连	少将	1936年2月	率部参加淞沪、武汉等会战	中将	
汪献民	静仙，又宪民	1891—?	湖北黄冈	步科一连	少将				

续表

姓名	字号	生卒年月	籍贯	连(队)次	衔级	授衔时间	主要任职	官至	备注
张经	正黄	1889—?	安徽桐城	步科二连	少将	1946年2月	中央军校广州分校战术教官		
张亚一	筱范	1893—?	湖北黄陂	步科一连	少将		湖北督察专员		
陈范	树之	1887—?	湖北咸宁	步科一连	少将				
陈九畴	舜钦	1891—?	湖北大冶	步科二连	少将	1936年2月			
陈凤鸣	岐山	1890—?	湖北黄冈	步科一连	少将	1946年7月	任鄂豫皖边区游击总指挥部第三纵队代司令		
陈世杰	克球	1893—?	湖南宝庆	步科二连	少将	1945年2月	任中央军校第四分校教官		
欧阳勋	尚卿	1889—1951	湖北汉阳	步科一连	少将	1946年7月	中央军校第六分校战术主任教官		
郑重	亦舆	1890—?	湖北麻城	步科一连	少将	1946年7月	军事参议院参议	中将	
胡宗铎	经余，经予，今予	1892—1962	湖北黄梅	步科二连	中将	1945年2月	军委会战地党政委员会中将委员	中将，中政会武汉分会委员长	1949年4月赴港定居
胡昉虞	舜孙	1892—?	湖北鄂城	步科二连	少将				
侯鹏飞	羽钦	1891—1933	湖北黄陂	步科一连			第28军第43旅旅长		围剿红军被俘自杀

续表

姓名	字号	生卒年月	籍贯	连(队)次	衔级	授衔时间	主要任职	官至	备注
袁济安	巨骧	1894—1951	湖北沔阳	步科一连	少将	1942 年 8 月	湖北警察专员兼保安司令，国大代表		
夏鼎新	厚存，厚村	1891—1961	湖北麻城	步科一连	少将	1935 年 4 月	任第二十五军第十三师代师长		
钱镇亚	东藩	1897—?	湖北黄安	步科二连	中将		第五战区司令长官部高参	中将	
徐畅	达夫	1892—?	湖北黄陂	步科一连	少将				
徐毅	秉民	1890—?	湖北沔阳	步科二连	少将				
徐声玉	声玉，式如	1895—?	湖北天门	步科二连	少将	1946 年 7 月	军事参议院少将参议		
陶钧	仔钦	1891—1974	湖北蕲水	步科二连	少将	1936 年 1 月		中将	1949 年春赴台
陶薰	子轩	1890—?	湖北黄冈	步科一连	少将				
陶格光	献征	1893—?	湖北麻城	步科一连	少将				
黄骏	秀伯	1891—1957	四川成都	步科二连	少将	1936 年 5 月	第二战区司令长官部兵站分监		1956 年任文史研究馆员
黄调元又名才大	翰青	1892—1972	湖北嘉鱼	步科一连			成都警备副司令		随邓锡侯起义
曹毅	苓生	1893—?	湖南鄱阳	步科一连	少将				
程佐	又川	1891—?	湖北黄安	步科二连	少将				

续表

姓名	字号	生卒年月	籍贯	连(队)次	衔级	授衔时间	主要任职	官至	备注
程滨	筱波	1893—?	湖北黄冈	步科二连	少将				
程汝怀	重疏，仲苏，又号师辙	1890—1951	湖北黄安	步科一连	少将	1945年2月	湖北第二区督察专员兼保安司令	中将	1949年参加民革
彭进之（原名进，又名德森）	别字进之	1890—1950	湖北沔阳	步科二连	少将	1935年4月	第九十军军长	中将	
董南	慎勤	1892—?	湖北麻城	步科一连			随营军校校长		
傅光咸	剑侬	1891—1972	湖北石首	步科一连	少将	1946年9月	第五战区司令长官部高参		解放战争战败潜逃，1952年被捕关押，1957年因病提前释放
傅恒伯	希咸	1893—?	湖北安陆	步科二连	少将		军训部少将参事		
蒋章骥	少瑗	1891—1951	湖北孝感	步科二连			1940年任第五战区第十九游击纵队司令		
熊俊	位之	1892—?	湖北应城	步科二连	少将				
熊心汉	思九	1892—?	湖北黄冈	步科一连	少将				

表五　陆军军官学校第五期将帅名录

姓名	字号	生卒年月	籍贯	连(队)次	衔级	授衔时间	主要任职	官至	备注
丁慕韩	炳青，慕兰	1889—?	河南商城	步科五连	少将	1946 年 7 月			
于永泉	鋆生	1893—?	河北大兴	工科一连	少将		黄埔军校教官		
于泽霖（原名惠霖）	泽溥	1894—?	辽宁绥中	骑科一连			第 49 军 105 师师长		解放战争被俘
万宜（原名万一）	睡民	1896—?	安徽滁县	步科三连	少将		军政部交通司总务科少将科长		
马兆琦	效韩	1895—1960	河北保定	炮科一连	少将	1936 年 2 月	第十七集团军中将参谋长	中将	解放后聘为甘肃文史馆馆员。回族人
马秉仁	彝轩	1894—1951	河北清苑	步科	少将	1937 年 10 月	绥远游击军中将司令	中将	参加绥远、包头起义，1949 年 12 月因案被枪决
王子珍	静泊	1886—?	河北辛集	辎重科一连	少将		抗战爆发时任第 61 军新编第六旅旅长		
王云汉	志章	1892—?	河北静海	步科五连	少将	1947 年 8 月			

续表

姓名	字号	生卒年月	籍贯	连(队)次	衔级	授衔时间	主要任职	官至	备注
王文近	志远	1891—?	河北万全	骑科一连	少将				
王立序	立塀，殷民	1892—?	安徽安庆	工科一连	少将	1948年9月	空军总司令部督察处处长		1949年后赴台
王可全	为之	1893—1970	山东章丘	骑科一连	少将	1933年	任第七集团军骑兵旅少将参谋长		起义回乡，任县政协委员
王廷瑛	国琛	1893—?	山西晋城	步科四连	少将	1935年4月	任第一战区高级参谋，1943年降日任伪职		
王仲甫(原名廷元)	仲甫	1892—?	奉天沈阳	骑科一连	少将	1947年1月			
王宇章	先青	1889—1947	黑龙江太来	炮科一连	少将		中央军校工兵科高级教官		
王昌文	述周	1894—?	江苏高邮	炮科一连	少将		中央军校军械科长		
王振东	字伯唐	1889—1944	河南封邱	骑科一连	少将		军委会别动总队第十一纵队副司令		
王保忠	日新	1895—?	辽宁辽阳	步科五连	少将		第34军第88师师长		
王效曾	光甫	1896—?	河北大兴	步科三连	少将	1936年2月	抗日后附汪降日充任伪职		
王绍通	文宣	1893—?	黑龙江呼兰	骑科一连	少将				

续表

姓名	字号	生卒年月	籍贯	连(队)次	衔级	授衔时间	主要任职	官至	备注
王景录	樨生，巽臣，景绿，稚生	1893—?	安徽当涂	工科一连	少将	1936年2月	军政部交通司长	中将	
王靖国	治安	1893—1951	山西五台	步科五连	中将	1935年4月	第十三集团军总司令	中将	属晋绥军。太原战役被俘，1951年病亡
王静轩	仁仙	1889—1960	山东即墨	步科四连	少将	1936年2月	抗战爆发时任军参谋长	中将，国大代表	
王瑞华	颦尘	1891—1960	辽宁兴城	步科六连			东北讲武堂教育长后任伪职		建国后经查无大罪恶未追究
王德新	步汤	1894—?	河北清苑	工科一连	少将	1947年6月	国防部青年救国团少将大队长		
王锡符	契章	1897—?	河北高阳	炮科一连	少将	1936年3月	华北干训团副教育长		
牛元峰	抱奇	1891—1935	山东沂水	辎重科一连	少将		东北军辎重兵种早期指挥官		属东北军
孔繁经	健常	1891—?	安徽合肥	炮科一连	少将	1936年2月	军事参议院少将参议		
邓熙祺	伯岩	1890—?	河北大成	步科三连	中将		成都中央军校工兵科筑城主任教官	中将	

续表

姓名	字号	生卒年月	籍贯	连(队)次	衔级	授衔时间	主要任职	官至	备注
石光莹	器之	1893—?	安徽宿松	骑科一连	少将	1936年2月	骑兵第二军少将副师长		
石华年(又名荣熙)	字华严，别号钟秀	1895—?	湖北阳新	步科五连	中将	1936年1月	军委会高级参谋	中将	属晋绥军中央文史馆馆员
白震	镇东	1895—?	河北密云	骑科一连	少将				
白濡青	儒青，润甫	1893—?	山西灵丘	骑科一连	少将	1935年4月	军事参议院参议，骑兵第一军军长	中将	属晋绥军
朴炳珊	大同	1893—?	黑龙江呼兰县	炮科一连	少将		江苏第八区行政督察专员兼保安司令		属东北军
朱锡章	命三	1894—?	山西猗氏	骑科一连	少将	1936年10月			属晋绥军
朱焕文(原名章)	字焕文	1893—?	山西霍县	辎重科一连	少将	1947年			
朵珍	席儒	1893—?	山西阳曲	步科四连	少将	1936年2月	第二战区司令长官部行营军官教育团教育长		
乔方	芝轩	1893—?	黑龙江呼兰县	炮科一连	少将	1935年4月	炮兵旅长，军事参议院参议		属东北军系
乔明礼	节之	1894—1965	河北获鹿	步科六连	中将		1939年后任河北民军总指挥	中将军长	随高树勋起义

续表

姓名	字号	生卒年月	籍贯	连(队)次	衔级	授衔时间	主要任职	官至	备注
任广福	仲仁	1895—?	河北宛平	步科五连			在东北军任师参谋长，九一八事变后降日充伪军		抗日胜利后苏军扣押。1950年引渡关押在抚顺战犯管理所，1961年特赦释放
刘斌	慕飞	1890—?	辽宁铁岭	骑科一连			东北抗日救国军第五军军长		
刘允明	灼堂，一华	1894—?	河北丰润	步科三连	少将	1948年3月			
刘岺龄	高轩	1893—?	山西洪洞	炮科一连	少将	1947年11月	抗战开始时任第二战区山炮团团长	少将旅长	属晋绥军
刘忠干	孝同	1894—1986	山东潍县	步科三连	少将	1935年4月	九一八事变后任第五十一军参谋长	中将	属东北军系
刘宏宇	慧凡	1888—1940	湖北罗田	辎重科一连			武汉行营第三兵站部中将分监	中将	
刘诩尘	德扬	1892—?	安徽舒城	辎重科一连	少将	1948年3月	中央陆军军医学校军事科科长		
刘维勇	剑秋	1893—?	辽宁辽阳	步科五连	少将	1936年12月			

续表

姓名	字号	生卒年月	籍贯	连(队)次	衔级	授衔时间	主要任职	官至	备注
刘淑陶	景亮	1889—?	河南巩县	辎重科一连	少将	1947年7月	第五战区豫南挺进军总指挥部参谋长		
刘彭祖	绍先	1890—?	山西代县	辎重科一连	少将	1947年3月	任第二战区独立炮团团长		属晋绥军
刘翼飞（原名辅庭）	一飞，铸宇，号觉僧	1894—1968	辽宁铁岭	步科三连	中将	1935年4月	参加长城抗战，军事参议院参议	中将，省主席	属东北军系
孙麟	伯坚	1893—?	黑龙江呼兰	步科五连			1948年任嫩江保安司令部副司令		
孙少峰	秀岩	1894—?	安徽蒙城	工科一连	少将	1946年7月	第五战区司令长官部工兵副指挥长		
孙凤翼	绍九	1891—?	河北武邑	骑兵科一连	少将	1942年11月	骑兵教练所教育长		
孙明远	骥知，鹤霞	1892—?	河北天津	炮科一连	少将		重庆警备司令部高参		
严重	立三	1892—1944	湖北麻城	工科一连			军委会军政厅厅长，湖北省政府代理主席		
杜淑	默庵	1894—?	山东聊城	骑科一连	少将	1935年4月	任第一战区高参		
杜振	亚声	1893—1954	吉林永吉	工科一连			师长		

续表

姓名	字号	生卒年月	籍贯	连(队)次	衔级	授衔时间	主要任职	官至	备注
李万春	赓阳	1890—?	辽宁沈阳	步科三连	少将		辽沈战役时任东北剿总司令部总务处长	中将	
李大同又名文明	大通	1897—?	河北容城	炮科一连			河北民军参谋长		
李正言	致中	1892—?	北京房山	辎重科一连	中将		第11兵团参谋长	中将	
李正舆	英震	1892—1963	河南宜扬	步科五连	少将	1945年2月	任第二十九军第三十八师参谋长		
李世昌	敬俞	1896—1940	河北深县	步科四连			第三十八师代师长，1940年4月在湖北宜城对日作战中牺牲		
李世杰	北屏	1893—1979	甘肃皋兰	骑兵科一连	少将	1935年4月	任第八战区战干团教育长	中将	属晋绥军
李生达	舒民	1887—1936	山西晋城	步科五连	中将	1935年4月	陕甘宁青四省剿匪总指挥部副总指挥	追赠上将	属晋绥军
李廷秀	毓灵，又号庭秀	1890—?	山西浑源(一说崞县)	步科肄业	少将	1936年8月	山西保安司令部高参		
李服膺	慕颜	1896—1937	山西崞县	步科五连	中将	1935年4月	第六十一军军长	中将	属晋绥军丢失雁门关被枪决
李振唐	绍晟	1894—1976	辽宁辽阳	步科五连	中将	1935年4月	第五十一军副军长	中将	新中国时任天津政协委员

续表

姓名	字号	生卒年月	籍贯	连(队)次	衔级	授衔时间	主要任职	官至	备注
李景涛	众仰	1892—?	安徽颍上	步科三连	少将				
李鸿达	崐山，昆山	1893—	辽宁铁岭	炮科一连	少将	1947年6月	苏鲁战区总司令部副参谋长		
李俊功	恂忱	1893—?	山东邹平	步科五连	中将	1937年5月	任第六十一军副军长，军事参议院参议	中将	建国后撰回忆录
杨垦	积之	1895—1953	山西陵川	工科一连	少将	1936年1月	任第六集团军总司令部工兵指挥官		
杨团一（原名国杞）	楚材	1896—?	河南温县	步科五连			第八十四军少将副军长	副军长	
杨兆林（又兆麟）	济安	1891—?	河北大城	步科四连	少将	1936年8月	西北军骑兵第六师师长		
杨常林	希实	1891—?	吉林宁安	骑科一连	少将				
杨焕彩	配章，佩章	1890—1965	山东沂水	步科四连	少将	1936年2月	苏鲁豫边挺近总司令部高参		1948年12月被俘，1963年特赦
杨澍松（又名树松）	鲁光	1894—1952	安徽桐城	工科一连	少将	1937年11月	军政部中将工兵副监	中将	
杨耀芳	光甫	1895—1978	山西宁武	炮科一连	中将	1935年1月	第二战区司令长官部驻西安办事处处长	中将	建国后任山西省参事，政协委员

续表

姓名	字号	生卒年月	籍贯	连(队)次	衔级	授衔时间	主要任职	官至	备注
吴克仁	静山	1894—1937	吉林宁安	炮科一连	少将	1935年4月	抗日爆发后任第六十七军军长，淞沪抗战牺牲	中将	民政部追认革命烈士
吴荣堃	委公，仲华	1894—?	河北通县	步科六连	少将				
何立中	与权	1893—1935	辽宁新民	步科四连	少将	1935年4月	东北军第110师师长		属东北军系
何成璞	玉田，雨田	1891—1944	黑龙江双城	步科四连	少将	1935年4月	陆军大学西南参谋班主任	中将	
何绍章	绍南，赤南	1893—1954	江苏武进	炮科一连	少将	1936年1月	陕西行政督察专员兼保安司令，对陕北根据地实施经济封锁和事围剿	中将	建国后1954年被捕，旋判处死刑
邹作华	岳楼	1894—1973	吉林永吉	1916年夏考入伍生队，翌年春选送日本留学	少将	1935年	任军委会炮兵指挥部总指挥	二级上将	1949年赴台
汪仲勋(满族)	号云台	1893—1990	河北密云(今北京市密云)	步科六连			任秦皇岛行政督专员兼保安司令		参加傅作义北平起义

续表

姓名	字号	生卒年月	籍贯	连(队)次	衔级	授衔时间	主要任职	官至	备注
延宗山(原名毓琪,又名毓祺,亦名崇山)	仲珊	1894—1974	山东广饶	步科五连	少将	1946年7月	抗战后任第二战区装甲车队指挥官		解放后留居重庆,后迁回原籍
沈崇基	佩垚	1893—?	河北大兴(今北京市)	炮科一连	少将	1936年1月			
宋学礼	纯茹	1894—1937	吉林宾县	步科四连	少将				
张彦	英超	1893—?	黑龙江龙江	步科四连	少将				
张之元	怀黎	1892—?	江苏邳县	步科四连	少将		安徽皖南师管区司令部司令		
张广厚	思溥	1891—?	奉天辽中	步科六连	少将	1946年7月	任第五战区直属炮七团团长		
张中杰	一平	1892—?	河北平山	步科六连	少将	1946年7月	任第一战区交通处副处长		
张自强	健卿	1893—?	山西赵城	步科四连	少将		第十军少将旅长		
张秉均	大秉	1896—?	河北高阳	步科五连	少将	1937年11月	联勤总部中将副司令	中将	1949年秋赴台
张宗泽	慕霖	1895—?	河南密县	步科六连	少将	1947年11月	西北战干分团副教育长		
张国基	大气	1896—?	河北丰润	步科五连	少将				

续表

姓名	字号	生卒年月	籍贯	连(队)次	衔级	授衔时间	主要任职	官至	备注
张信成	仲孚	1894—?	河北天津	炮科一连	少将	1946年7月	抗战爆发时第五战区四十九师副师长		
张荫梧	相轩	1891—1949	河北博野	步科五连	中将	1936年1月	保定行营民训处长,河北民军总指挥	中将,北平特别市长	1949年2月被捕,同年5月殁于北平
张熙光	佩文	1896—1978	河北大城	步科三连	少将	1937年11月	任第五战区第114师代理副师长		
陈炳谦	鸣佛	1893—?	山西晋城	步科五连	少将		第三十五军副军长		1949年参加绥远起义
陈德建	文轩	1894—?	浙江绍兴	辎重科	少将				
邵文凯	仲则	1890—?	奉天辽阳	步科三连	少将	1936年1月	1940年附汪降日充任伪职,抗战胜利后被捕入狱		
武干城	屏如	1893—?	山西霍县	步科五连	少将	1936年2月	第三集团军第三军参谋处处长		
武尽侯	志豪志浩	1893—?	山西霍县	辎重科一连	少将	1936年8月	第二战区后方勤务司令部参谋长		
范浦江	绍安	1892—?	辽宁奉天	步科六连	少将	1925年夏	1925年任郭松龄部军长,1940年后附汪降日充伪职		

续表

姓名	字号	生卒年月	籍贯	连(队)次	衔级	授衔时间	主要任职	官至	备注
朴炳珊	大同	1893—1941	黑龙江呼兰县	炮科一连	少将		全国抗战后任57军副军长		
林家训	如诲	1894—?	吉林长春	炮科一连	少将	1943年12月	东北剿总少将高参		
金镜清	鉴秋	1892—?	辽宁本溪	炮科一连	少将	1936年2月	中央炮兵学校教育长		
周濂	让泉	1889—?	奉天开原	炮科一连	中将	1936年1月	东北讲武学堂教育长	上将	
周启铎	商农	1895—?	湖南长沙	步科六连	少将	1935年4月			
周承章	绍伯，成章	1894—?	河北南皮	骑科一连	少将	1946年5月	骑兵第七师副师长		
孟宪吉	英杰	1892—?	黑龙江呼兰	炮科一连	少将	1935年4月	任独立第三旅旅长，第十九军军长	中将	
房俊章	杰三	1889—?	安徽桐城	步科五连	少将	1946年7月			
赵凯	克雄	1892—?	黑龙江爱辉	步科五连	少将	1946年7月			
赵承绶	印甫	1892—1966	山西五台	骑科一连	中将	1936年1月	参加绥东抗战取得百灵大捷，骑兵第一军军长	中将	属于晋绥军1948年7月被俘，太原战役进行策反活动
赵春圃	莘田	1890—?	河北安新	炮科一连	少将	1936年2月			

续表

姓名	字号	生卒年月	籍贯	连(队)次	衔级	授衔时间	主要任职	官至	备注
赵德驹	昂若，怙农	1893—1948	安徽太平	步科三连	少将	1945年6月	西安行营第十一军团副参谋长		
胡振国	良弼	1891—?	山西五台	骑科一连	少将		军事委员会调查统计局晋陕区区长		
胡毓坤	凌凌，尘臣，灵臣	1891—1946	辽宁海城	步科四连	少将	1925年7月	1938年后参与汉奸活动充伪职	中将	汉奸，1946年5月枪决
胡颐龄	介眉	1894—?	辽宁辽阳，寄居吉林	步科四连	少将	1945年6月	军委会军令部高参		
柏桂林	雪岩	1892—1969	辽宁开原	工科一连	少将	1936年12月	1939年12月附汪降日充任伪职		
侯连瀛	步仙	1892—1968	河南通许	工科一连	少将	1946年7月	任第一战区第十四集团军高参		
俞鹤新（原名长鑫）	别号盍兴，字鹤新	1892—?	河北文安	辎重科一连	少将	1947年11月	历任保定、南京等军校教官		
姜宝德	志仁	1893—1942	辽宁营口	步科六连	少将	1935年4月	中央军校第三分校战术教官		1943年9月追赠中将
姚以侠	义庄	1893—?	山西河津	炮科一连	少将				
姚骊祥	珠浦	1895—?	山西垣曲	炮科一连	少将		军事参议院少将参议		

续表

姓名	字号	生卒年月	籍贯	连(队)次	衔级	授衔时间	主要任职	官至	备注
袁庆曾	祝三	1893—1975	河北河间	步科五连			晋绥第10军副军长	代军代	建国后北京政协供职
贾学明	愚如	1892—?	山西淳县	辎重科一连	少将	1935年4月	第61军副军长		属晋绥军
贾宗陆	星格	1892—?	河北辛集	炮科一连	少将	1936年8月	第19军第70师参谋长		
柴子尚	友文，绍文	1893—?	河北曲周	步科五连	少将	1935年4月	太原警备司令部参谋长		属晋绥军
钱大钧	慕尹	1892—1982	江苏昆山	第五期入伍生炮兵队	中将	1935年4月	上海特别市长	加上将、国民党中执常委	
徐子珍	席儒	1883—1951	山西五台	步科五连	少将	1936年2月	第二战区绥东五临警备旅长		
高展	志云	1890—?	辽宁铁岭	步科三连	少将				
高礼安	字勤	1894—?	湖北江夏	步科五连	少将	1943年2月	铁道部驻津浦铁路警察署长		
唐永良	古樵	1895—1958	河北宛平	骑科一连	少将	1936年2月	第32军军长	中将	
陶振武	镇华	1893—1979	安徽滁县	步科肄业	少将	1935年4月	军事参议院参议	中将	
黄瑞铭	子新	1895—?	河北任丘	步科六连	少将				
萧兆麟	仁圃	1894—?	吉林宾县	骑科一连	少将	1946年7月	第八战区骑兵第二军第六师副师长		
曹玉成	霁光	1892—1975	吉林永吉	炮科一连	少将	1946年7月	独立炮兵第六旅参谋长		

续表

姓名	字号	生卒年月	籍贯	连(队)次	衔级	授衔时间	主要任职	官至	备注
董英斌	宪章	1894—1960	辽宁沈阳	步科五连	少将	1935年4月	军委会高级参谋	中将，站区参谋长	属东北军系
蒋汉槎	仙客	1894—?	浙江海宁	步科六连	少将	1939年4月	军训部中将参军	中将	
傅作义	宜生	1895—1974	山西荣河（今万荣）	步科四连	二级上将	1935年4月	1936年抗日获百灵庙大捷，二战区北路前敌司令兼第35军长	二级上将省主席	属晋绥军
鲁英麟	锐锋	1893—1948	山西垣曲	步科四连	少将	1936年8月	山西保安副司令第35军军长	中将	属晋绥军
曾广麟	拔卿，绂卿	1891—1968	辽宁昌图	步科六连	少将	1936年2月	辽北保安司令		
曾延毅	仲宣	1893—1965	湖北黄冈	炮科一连	少将	1935年4月	抗战开始任第二战区第35军副军长	中将	
温玉如	润甫	1891—?	山西五台	炮科一连	少将	1935年4月	晋绥警备总司令部通讯处长		
富双英	跃天	1894—?	辽宁辽阳	步科五连			安国军第11军军长	军长	七七事变后投日的
渠金秀	琴堂	1899—?	河北衡水	步科六连	少将				
蓝腾蛟	香山	1896—1984	湖北黄陂	工科一连	少将	1936年2月	任第21集团军高参		
楚溪春	晴波	1896—1966	河北蠡县	步科五连	少将	1936年8月	晋绥军军官团教育长	中将，省主席	属晋绥军
廉壮秋原名绳燕	字壮秋	1893—?	河北河间	步科五连	少将	1936年2月			参加北平起义

续表

姓名	字号	生卒年月	籍贯	连(队)次	衔级	授衔时间	主要任职	官至	备注
樊赓灿	子英	1893—?	山西定襄	骑科一连	少将	1936年8月			
潘履达	敏三	1896—?	河北辛集	炮科一连	少将				
薛天古	孟祺，又梦琪	1893—?	河北清苑	炮科一连	少将	1947年7月	少将，军参谋长		
薛毓宾	文清	1891—?	河北天津	步科四连			第30军第三师师长		
冀逢霖	铸源	1894—?	河北宁晋	工科一连	少将		任陕西中央陆军特种兵联合分校工兵科长		

表六　陆军军官学校第六期出身将帅统名录

姓名	字号	生卒年月	籍贯	连(队)次	衔级	授衔时间	主要任职	官至	备注
万成章	文川	1896—?	湖北黄冈	步科九连	少将		东北航空处少将处长		
万倚吾	耀中	1897—?	湖北黄冈	辎重一连	少将				
万越凡原名世杰	字越凡	1895—1940	湖北罗田	六期步科八连	少将		军事委员会驻赣军官训练团少将总务处长	中将	
上官云相	纪卿	1895—1969	山东商河	步科八连	中将	1935 年 4 月	第 11 军团军团长，第 32 集团军司令	中将，国民党中央监委	1949 年撤台
马骥	维苏	1892—?	湖北黄陂	步科八连	少将	1947 年	抗战时先后任旅长、军参谋长		
马如骏	英臣	1898—1934	河北河间	步科十二连	少将				
马君彦	君彦	1896—1946	辽宁新民	步科肄业	少将	1935 年 11 月	抗战时第 74 军参谋长	中将(追赠)	
马炳乾	见庭	1894—?	广东台山	骑科二连	少将		兵部总监部交通处长		
马润昌		1887—?	河北献县	步科肄业	少将	1946 年 3 月			
王纶(又名剑慧)	剑外	1898—1933	浙江临海	步科十连	少将		参谋本部第一厅厅长		
王溍	为生	1894—?	浙江嵊县	步科十一连	少将	1948 年 9 月	第六战区通讯兵团少将团长兼通兵指挥官		

续表

姓名	字号	生卒年月	籍贯	连(队)次	衔级	授衔时间	主要任职	官至	备注
王超	字若鸽，号一之，又若鹄	1898—1959	广东东莞	步科十连	少将	1947年11月	第四战区高参		
王文蔚	炳斋	1893—?	湖南封邱	炮科二连			第22军代参谋长		
王世康	熙武	1892—?	广西桂林	辎重一连	少将		编遣会委员点编处少将科长		
王先镇	静斋	1898—?	安徽合肥	骑科二连	少将	1947年11月	联勤总部第六粮秣厂厂长		
王咸一	庶熙	1894—1962	甘肃武都	炮科二连	少将	1946年7月	抗战开始后任师参谋长、副师长等职		
王炳章	云九	1892—?	云南鹤庆	步科九连	少将	1946年7月	中央军校第二军官训练班教务副组长		
王尚武	仲甫	1896—?	湖北黄陂	步科八连	少将				
王国璋	啸风	1898—?	湖北黄冈	骑科二连	少将	1946年12月	任第五战区第十八游击纵队司令		
王经廷	尊五	1897—1952	湖北沔阳	步科九连	少将	1938年4月	任成都警备司令部参谋长		建国后1951年被捕，翌年被处决
王恒瑞	臣卿	1890—?	河北保定	步科十二连	少将	1945年10月	兵役部处长		
王清瀚	镜波，庆汉	1898—1949	河北交河	辎重一连	少将	1935年4月	1938年4月任第69军副军长		1948年11月淮海战役起义

续表

姓名	字号	生卒年月	籍贯	连(队)次	衔级	授衔时间	主要任职	官至	备注
王振华	中立	1895—?	河南临漳	步科十二连			第96军独47旅旅长		
王鸿浦	汉亭	1896—1976	山东诸城	步科十连	中将	1935年5月		中将	
王鹏飞	图南	1893—?	浙江浦江	炮科二连	少将	1947年2月	镇江要塞司令部参谋长		
王润卿	雨深	1893—?	河北衡水	炮科二连	少将				
云振中	笃生	1893—1969	广东广州	步科十一连	少将	1943年12月	第七战区中将参议	中将	
方昉	既白	1895—?	湖北黄冈	步科八连	少将	1935年4月	军令部第一厅副厅长	中将	
方颐	仲吾	1895—1956	广东番禺	炮科二连			广州防空司令部参议		广州沦陷后附汪降日充伪职
方克猷	庄侯	1893—1981	安徽太湖	炮科二连	少将	1936年2月	抗战后任第二战区旅长、副军长	中将	
孔海鹍	庆渤	1895—1953	安徽合肥	步科九连	少将	1939年11月	第九战区副师长		
孔繁瀛	仙洲	1893—?	河北任丘	步科七连	少将	1936年2月	抗战后任第二战区旅长、副师长	中将	
邓挥	又挥	1897—?	广东惠阳	炮科二连	少将	1947年11月	高钦师管区司令兼广东第七战区游击指挥官		
邓龙光	剑泉，又号德捂	1896—1979	广东茂名	步科十连	中将	1936年1月	任军长第三十五集团军总司令等职	中将国民党后补中执委	1949年后赴台

续表

姓名	字号	生卒年月	籍贯	连(队)次	衔级	授衔时间	主要任职	官至	备注
邓定远	立予	1893—1970	广东雷州	步科十连	少将	1946 年 7 月	任第四、第七战区参议		国大代表，后赴台
邓南骥	季良	1891—?	湖北新化	骑科二连	少将	1935 年 4 月	湖南保安司令部第一区副司令		
邓裕群	化筠	1894—?	湖北黄梅	炮科二连	少将	1944 年 10 月	第二方面军总司令部炮兵指挥部参谋长		
邓演达	策成、仲密，号择生	1895—1931	广东惠阳	工科一连			黄埔军校教育长，国民党中执委，国民党临时行委会总干事		1931 年 11 月被国民党杀害，新中国追认革命烈士
甘复	遂初	1891—?	安徽广德	炮科二连	少将	1946 年 7 月	兵部总监部第五战区副监		
甘芳	继昌	1896—1951	云南盐丰	炮科二连	少将	1936 年 2 月	第九军副军长	中将	1949 年参加云南起义，1951 年判死刑，1985 年平反
卢佐	競群	1890—?	江西赣州	工科一连	少将	1941 年 6 月	第三战区司令部兵站总监	中将	
卢旭	季和，党华	1893—?	安徽庐江	步科十连	少将	1936 年 10 月	陆军总司令部高级参谋		

续表

姓名	字号	生卒年月	籍贯	连(队)次	衔级	授衔时间	主要任职	官至	备注
叶挺(原名为洵)	字希夷,号西平	1896—1946	广东惠阳	工科一连	少将	1926年5月	新四军军长	中将	解放军缔造者军事家
叶蓬	孛孛,勃勃	1901—1946	湖北黄陂	步科七连	中将	1936年3月	1939年附汪降日任汪伪陆军部长	中将	1946年枪决,国民党高官投日第一人
叶肇	号伯芹,临允	1893—1953	广东新兴	步科十二连	少将	1936年1月	广东绥靖公署副主任兼西江指挥所主任	中将	1949年赴香港,后到台
丘兆琛	玉材	1898—1963	广东惠阳	步科十连	中将		参加一二八淞沪抗战,第三战区高参	中将	新中国成立后判刑,1985年平反
白凤仪	献虞	1896—1957	河南宜阳	步科十三连	少将				
冯嶷(名正)	字刚佛,号岐吾	1897—1961	湖北黄陂	炮科二连	少将	1936年2月	重庆卫戍司令部参谋长		新中国成立后家居武汉
冯秉权	镇枰	1898—1965	广东鹤山	步科十连	少将	1936年2月	空军防空学校校长	中将	1948年11月随校迁台
末金章	印高	1890—1962	浙江萧山	步科十连	少将	1939年10月	参谋本部兵工署军械处长		
曲峥	峰直	1897—?	山东德县	炮科二连			成都中央军校战术教官,国防部兵工署第三十兵工厂副厂长		

续表

姓名	字号	生卒年月	籍贯	连(队)次	衔级	授衔时间	主要任职	官至	备注
曲传诰	绍周	1895—1949	山东福山	步科十三连	少将				
吕济	普生	1892—1959	山东清平	炮科二连	少将	1936年1月	任商震部参谋长，参加长城抗战，后任第三战区副参谋长	中将	1949年春赴台
吕竞存	镜秋	1897—1967	广西桂林	步科七连	少将	1940年12月	第五路军总司令部办公厅主任		1949年后赴台，第一届国大代表
吕瑞英	毅甫	1890—1943	浙江永康	步科十连	少将	1937年11月	第六十一军军长	集团军副司令	病逝
朱绵	飏公	1896—?	江苏常熟	工科一连	少将	1936年9月	军事参议院参议		
朱庸（原名明瀚）	别号澄源	1896—?	湖北武昌	工科一连	少将	1945年2月	任军令部处长		
朱其爙	伯绥	1892—1974	浙江绍兴	步科十一连	少将	1945年2月	军政部马政司司长	中将	
朱焕文	伯恭	1893—?	湖北武昌	炮科二连	中将				
朱春荣	萱生	1897—?	山东寿光	工科一连	少将	1947年10月			
朱晖日	步云	1893—1968	广东台山	步科十连	中将	1936年12月	第四战区南路指挥所主任	中将	1949年去香港，后居台
任行健	志勤	1896—?	河北天津	炮科二连	少将				

续表

姓名	字号	生卒年月	籍贯	连(队)次	衔级	授衔时间	主要任职	官至	备注
华振麟	寅生	1894—?	浙江长兴	步科十连	少将	1936年10月	国防部民用工程司司长	中将，通信兵监	1949年撤台
华振中	强素	1892—1979	广东始兴	步科十一连	少将	1936年2月	抗战开始后任师、军参谋长	中将	解放前夕移居香港
向庭培	岱昌	1894—	四川云阳	步科十连	少将	1936年9月	第二十军少将炮兵团长兼四川省会城防司令		
危成一	寰杰，尘一	1893—1972	湖北沔阳（现仙桃）	步科十一连	少将	1936年11月	任第一战区第82师副师长兼参谋长		
刘英	华棠	1896—	甘肃陇西	炮科二连	少将		中央军校第七分校少将队附		
刘元凯	石余	1889—1940	甘肃武都	步科八连	少将				
刘古复	鹏志	1895—1948	云南鹤庆	步科九连	少将	1939年8月			
刘百荣	步和	1892—	江苏宝应	步科十二连	少将	1947年11月			
刘克信	彰民	1893—1941	河北获鹿	步科十连	追赠中将		河北民军高级参议		中条山战役野猪岭突围阵亡
刘茂恩	书霖	1898—1981	南巩县	辎重一连	中将	1935年4月	抗战任二战区第十三军团长		1949年退台

续表

姓名	字号	生卒年月	籍贯	连(队)次	衔级	授衔时间	主要任职	官至	备注
刘金声	君恕	1895—?	河北行唐	步科九连	少将	1937年5月	第61军参谋长		
刘秉粹	健中	1894—?	江西赣县	步科七连	少将	1936年11月	军事训练部参事		
刘春岭	卉芳，惠东	1893—?	河北南宫	步科十五连	少将	1945年3月	抗战开始时任第六战区师参谋长	中将	新中国成立后任政协北京委员
刘俊义	应孙	1894—?	湖北鄂城	步科八连	少将	1943年12月	任第一战区干部训练团教官		
刘俊卿	字士雄，号英儒	1892—?	河北文安	步科十三连	少将	1936年1月	军法执行总监部总务处长	中将	
刘桐恩	范修	1895—1938	河北沧县	工科一连	少将		庐山中央军官训练团高级班副主任		
刘家庆	延熙	1896—1951	河南西华	炮科二连	少将	1947年7月	河南漯河警备司令		
刘家鸾	幼生	1895—1982	河北天津	步科十三连	少将	1936年1月	天津保安司令	中将	北京民革常委
刘家麒	铮磊	1894—1937	湖北武昌	步科九连	少将	1936年2月	任第54师师长,参加忻口战役殉国	追赠中将	
刘效龙	展技	1892—1941	江西宜春	步科七连	少将		第三战区高参兼干训团高级教官		
刘培绪[①]	冀述，又吉树	1895—1954	河北沙河	步科十三连	少将	1935年4月	抗战时参加了淞沪会战		1949年1月随傅作义起义

① 刘培绪曾用名年祖、仲明、刘澍

续表

姓名	字号	生卒年月	籍贯	连（队）次	衔级	授衔时间	主要任职	官至	备注
刘添贵	毓之	1889—?	山西陵川	步科十四连	少将	1936 年 8 月	军训部办公厅秘书长		
刘鼎基	足三	1896—?	四川铜梁	步科十连			川军旅长		
刘瀚如（又名远骝）	别号毓如	1886—1946	湖北黄安（今红安）	步兵科			任第四路军驻汉办事处少将处长		
许志锐	叔龙	1894—1928	广东曲江	步科八连			1928 年时任师长		广东马鞍山之役阵亡
阮玄武	九如，又玄	1893—1986	安徽舒城	步兵科十二连	少将	1936 年 2 月	任第 29 军独立 39 旅旅长	中将	民革上海副主委
阮宝洪	志腾	1895—?	广东琼山	步科十连	少将	1946 年 1 月	参加福建事变，抗战开始后任第四战区副师长		
孙邦国	亦新	1897—?	安徽合肥	步科十五连	少将				
孙家麟	希文，义文，字羲文	1897—?	河北天津	步科十二连			陆军大学教官		1941 年任汪伪中央军官学校总务处中将处长
孙瑞璋	熙之	1893—?	湖北黄冈	步科七连			武汉师管区副司令		
寿德	萍波	1893—?	浙江杭县	步科十二连	少将	1937 年 8 月			
芮勤学	敏修	1895—?	河南临漳	步科十二连	少将	1937 年 5 月	抗战初任南京卫戍司令部第 123 旅旅长		

续表

姓名	字号	生卒年月	籍贯	连(队)次	衔级	授衔时间	主要任职	官至	备注
严尔艾	兰孙	1895—1959	云南玉溪	炮科二连	少将	1947年4月	第九战区预备十一师参谋长		在南京病逝
杜堃	承天	1891—1960	甘肃金县（一说榆中）	步科	少将	1937年5月	抗战后任旅长，参加太原、忻口战役	中将	
杜宏蔚	际唐	1895—1961	湖北黄陂	骑科二连	少将	1947年3月			民革
杜继武	灵武，又肇斌	1898—?	河北北平	工科一连	少将	1935年4月	第51军第118师师长		
杜道周	吟秋	1892—?	湖北沔阳	炮科二连	少将	1937年5月	第86军副军长兼参谋长		
李江	润黎	1896—1972	广东台山（今新宁）	步科	少将	1936年2月	任第156师师长	中将	
李铨	振英	1896—?	河北宛平	辎重一连	少将	1936年2月			
李麟	趾仁	1892—1941	湖北通城	步科十二连	少将		任湘鄂赣边区挺进军总指挥部参议		
李云鸿	丽天	1897—?	广东四会	工科一连	中将			中将	
李石樵（原名高培）	字石樵	1891—1962	湖北浠水	步科七连	少将	1927年9月	任湖北省行政督察专员	中将	1948年加入民革
李文田	灿轩	1895—1951	河南浚县	步科十三连	少将	1936年3月	第33集团军副总司令	中将	

续表

姓名	字号	生卒年月	籍贯	连(队)次	衔级	授衔时间	主要任职	官至	备注
李务滋	伯潜	1893—1974	广东广州	辎重一连	少将	1945年2月	第七战区广阳守备指挥官	中将	1949年去台
李汉魂	伯豪，南华	1895—1987	广东吴川	步科	中将	1936年1月	第35集团军总司令	中将加上将，国民党内政部长	1949年后赴美定居
李亚芬	达云	1896—?	湖北黄安	步科	少将	1935年4月	任湖北第三保安副司令		
李扬敬	钦甫	1894—1989	广东东莞	辎重一连	中将	1936年1月	中央训练委员会主任秘书兼中央训练团副教育长	国名党中央执委，广州市长中将	1949年后去台
李讴一	又启颐	1890—1946	广东新会	步科十连			汪伪军政部中将政务次长		1945年9月被捕，翌年6月枪决
李杏村	杏屯	1893—?	山东沾化	步科	少将	1935年4月	任河南省行政督察专员兼保安司令		
李伯华（原名祖植）	字伯华	1893—?	江苏溧水	炮科二连	少将	1936年2月	陆军第一军第二师参谋长		
李宝善	长卿	1898—1965	河北满城	步科十二连	少将	1945年	第77军第37师师长		淮海战役被俘，1959年特赦
李炜如（又名树华）	映秉	1893—1960	四川仪陇	步科十连	少将	1936年2月	任川军副师长，参加太原保卫战	国大代表	

续表

姓名	字号	生卒年月	籍贯	连(队)次	衔级	授衔时间	主要任职	官至	备注
李承岳	慕飞	1892—?	安徽阜阳	炮科二连	少将	1946 年 7 月	第三战区军官教育团教育长		
李承恩	湛青	1896—?	浙江杭州	步科	少将		后勤部军事交通督察官		
李笃臣(又名笃忱)	别号锡庆	1894—?	山东蒲台	骑科二连	少将	1946 年 12 月	第 32 兵站分监		
李倜生(原名思汉)	号笙陔,字倜生	1896—?	湖北汉川	步科八连	少将	1947 年 11 月	抗战爆发时任第 175 师参谋长		
李振球	旋空	1893—1956	广东兴宁	工科一连	中将	1936 年 1 月	任陆军第 65 军军长	中将	1949 年秋到港
李梦弼	肖农	1893—?	山东阳谷	步科十三连			第 28 师师长		
杨正坤(后改名健)	仲递,仲篪,仲慈	1891—?	贵州镇远	辎重一连	少将	1945 年 9 月	抗战开始后随军校迁成都,任骑兵科副科长		1949 年春被俘
杨宏光	柏城,伯诚	1893—1950	云南绥江	工科一连	少将	1936 年 9 月	第六兵团副司令	中将	1949 年参加云南起义
吴昊	象天	1891—?	江西吉安	步科七连	少将	1946 年 7 月	中央训练团团员		
吴畅	贯之	1895—?	四川中江	步科七连	少将	1936 年 9 月	第二预备军第 123 师参谋长		
吴轸	游荃	1895—?	江西吉安	步科七连	少将		河南省政府保安处参谋主任		
吴庆之	季愚	1894—?	浙江富阳	步科	少将	1934 年 5 月	军委处桂林行营办公厅处长		
杨寿光	韶九	1894—1940	河南安阳	步科肄业	少将	1935 年 5 月	河南保安司令		拒降日被杀害

续表

姓名	字号	生卒年月	籍贯	连(队)次	衔级	授衔时间	主要任职	官至	备注
吴华振	鲁年	1892—?	浙江仙居	步科十连	少将	1946年7月	抗战开始时任独立21旅副旅长		
吴伯曹(原名蜀和)	号鲁鉟	1894—?	湖北黄安	步科	少将	1946年7月	湖北军管区司令部科长		
吴奇伟	梧生	1891—1953	广东大埔	步科十连	中将	1935年4月	第九集团军总司令	湖南省主席,国民党中央监委	民革,全国政协委员
吴美让	展采	1890—?	江西南昌	步科十四连			第三战区干训团教育处副处长		
吴逸志	号锡祺,字学行	1896—1961	广东丰顺	步科	少将	1937年4月	军委会高参,指挥多次抗日战役	中将,国大代表	1949年3月赴台
吴都俊	宇清	1894—?	江西铜鼓	步科八连	少将	1947年11月	江西保安司令部参谋长		1951年2月被捕,1957年春平反
吴遐龄	子筠	1894—?	河南潢川	步科	少将	1947年11月			
吴德泽	溥仁	1894—?	江西南康	步科七连	少将				
邱健	建予	1896—?	江西雩都	步兵科七连	少将		第十五军第64师师长		1949年12月在四川起义
何永启	迪生	1893—?	浙江义乌	步科十连	少将	1947年1月	第六师参谋长		

续表

姓名	字号	生卒年月	籍贯	连(队)次	衔级	授衔时间	主要任职	官至	备注
何柱国	铸弋	1897—1985	广西容县	1917年初入军校入伍生队	中将	1935年4月	第十五集团军司令		属东北军，建国后任全国政协常委
何庭培	岱昌	1895—?	四川云阳	步科	少将				
余乃文	志武	1897—1944	广东大埔	步科十连	少将	1945年6月追赠	1944年8月3日在衡阳战役阵亡		
余汉谋	幄奇	1896—1981	广东高要	步科八连	中将	1936年1月	抗战开始任第十二集团军总司令	一级上将，陆军总司令	1949年后撤至台
闵泽民（原名绍斌）	字泽民	1896—?	湖北黄陂	骑科二连	少将	1936年2月			
汪世鎏	金门	1892—1967	湖北嘉鱼	步科八连	少将	1937年5月	中央军校执行监	中将	属民革
汪朝廉	浩泉	1893—?	四川阆中	步科十连	少将	1945年2月	整编第41师副师长		
沈应时	声夏，存中	1895—1926	江苏崇明	炮科二连	追赠中将	1926年秋国民政府追赠			
宋士台（又名仕台）	号居博	1894—1953	广东花县	步兵科十二连	少将	1939年6月	第七战区司令长官部参谋，抗战胜利后退役		1953年镇反被错杀，1985年恢复名誉
青翰南	飞如	1891—1967	四川成都	工科一连	少将	1936年2月	抗战时因病退出军界		新中国建立当选政协代表

续表

姓名	字号	生卒年月	籍贯	连(队)次	衔级	授衔时间	主要任职	官至	备注
张达(原名立达,又名长淦)	号豫达,字预达	1895—1967	广东东莞	步科十一连	少将	1936年1月	广东绥靖公署副主任	中将,军长	1949年10月移居香港
张刚	寄尘,纪承	1895—1977	湖北谷城	步科七连	少将	1936年9月	武汉行辕参议	中将	
张理	赞阳	1894—?	浙江天台	步科九连	少将	1938年6月	第78军参谋长		
张与仁	友曾	1892—1959	云南姚安	步科七连	中将	1947年7月	新编第三军军长	中将,国大代表	
张公量	仲宽	1896—?	河北河间	步科十五连	少将	1947年7月	绥远省政府防空处长		参加绥远起义
张玉珽	晋方	1896—?	河南宜阳	炮科二连	少将	1947年6月	任第一战区第130师参谋长		
张雨村	润生	1894—?	山东泗水	炮科二连	少将	1947年11月	联勤总部第六兵站副监		
张宗义	廉臣	1897—?	河南彰德	骑兵科十五连	少将				
张益三(又名同一)	号益山,字益仁	1896—?	辽宁新民(一说吉林双城)	骑科三连	少将	1927年陆军部授	九一八后降日任伪职		
张铭盘	新斋,铭盘	1894—?	山东平原	炮科二连	少将	1946年7月	中央军校炮兵科长		

续表

姓名	字号	生卒年月	籍贯	连(队)次	衔级	授衔时间	主要任职	官至	备注
张浩然	炳济	1898—1950	湖北武穴(一说广济)	步科七连			湖北保安副司令		
张淮清	静轩	1896—?	山东寿光	步科十连	少将	1946年7月	广东绥靖公署南京办事处任职		
张荔田	馥亭	1895—?	河北河间	步科十三连	少将				
陆受祺	号觐天,字观天	1894—1926	广西容县	步科九连	追赠少将		1926年任第七军第九团团长		在同年德安战役阵亡
陈师	振旅	1896—1959	广东兴宁	步科十连	少将	1946年7月	抗战开始后任第四战区第151师参谋长		
陈雄	德广	1894—1974	广西容县	步科十二连			1924年入国民党，参加国民党二大，1931年弃军从政，广西饷捐局长		
陈大敦	厚卿	1894—?	福建福州	步兵科七连	少将	1947年11月			
陈开甲	会春，蕙村	1892—1960	江苏泰州	步科	少将	1937年5月	第三战区军官教育团教官		
陈见田(原名凤诏)	凤诏	1897—1948	广东连县	步科十连	少将	1945年2月	第63军副军长		

续表

姓名	字号	生卒年月	籍贯	连(队)次	衔级	授衔时间	主要任职	官至	备注
陈公侠	虚白	1896—1949	广东南海	步科十连	少将	1939年6月授衔	第四战区第155师副师长		1983年国务院批准为革命烈士
陈式源	继乐，枢伯，光侨	1892—1923	广东遂溪	步科十连			在讨伐陈炯明战役中重伤身亡		
陈芝馨	生庭	1895—1938	广东罗定	步科十连	少将	1935年4月		中将	
陈师许（原名冲）	号师许	1894—?	浙江杭州	步科十连	少将	1936年2月	军政部少将参事		
陈仲英（原名荣宗）	字仲英	1894—1974	广东东莞	辎重	中将	1947年1月	任第四战区第12集团军高参		
陈应麟	景素	1897—?	广东南海	步科十连	少将	1936年2月	广东绥靖公署少将参议		
陈伦诗	亮熙	1895—?	四川宜宾	步科九连	少将	1936年12月			
陈安乾	夕惕，蕴元	1895—?	江西新建	步科	少将	1937年5月	驻豫皖绥靖公署参谋长		
陈克华	德源	1895—1986	广东海阳	步科肄业	少将		第七战区军务处长	中将	
陈林荣	蔚章	1894—?	福建长泰	步科十二连	中将	1947年2月		中将，国大代表	
陈宗进	耀东	1894—1951	四川汉源	步科九连	少将	1936年2月	第41军军长	中将	
陈勉吾（原名伟）	勉吾	1895—?	广东丰顺	骑科二连	少将		第七战区高参兼参谋处长		
陈海华	剑文	1891—1991	广东梅县	步科十连	少将	1937年1月	第四战区军官训练团代教育长		

续表

姓名	字号	生卒年月	籍贯	连(队)次	衔级	授衔时间	主要任职	官至	备注
陈楚雄	戴周	1896—?	浙江嵊县	骑科二连	少将	1937年5月	任国民政府军政部参事	中将	
邵训	迪之	1894—?	江苏盐城	步科八连	少将	1947年7月			
邵百昌	筱珊，苍公	1898—1981	湖北黄冈	炮科二连	少将	1936年10月		中将	1949年4月赴台
范锡庚	又白，字锡庚	1899—1963	河北阜城	辎重一连	少将	1946年7月	中央军校高级教官		1949年12月起义
范毓璜	鲁勒	1896—?	安徽合肥	步科七连	少将	1937年5月	军事参议院参议		
林劲	健民	1894—?	广东香山	步科十二连	少将				
林湘	君慎	1898—?	广东广州	步科十连	少将	1940年7月	军委会武汉行营军法监察官		
林廷华	裕吾，福吾	1893—1970	广东文昌	辎重一连	少将	1937年5月	第四战区第64军参谋长	中将	1950年在港起义
林英灿	子文，英粲	1898—1939	湖北黄冈	步科十二连			1939年粤北阻击战阵亡，第152师少将副师长		
林逸圣	环海，夷圣（后改逸圣）	1897—1977	湖北黄冈	工科一连	少将	1936年2月	武汉运输司令部司令	中将，国大代表	
欧阳驹	惜白	1896—1958	广东香山	步科十连	少将	1936年1月	任广州市长，国民党中执委		
尚逸洲（原名斌）	字陶璋	1893—1980	浙江缙云	工科一连	少将				1949年后移台

续表

姓名	字号	生卒年月	籍贯	连(队)次	衔级	授衔时间	主要任职	官至	备注
罗霖	子雯	1892—1965	湖南零陵	步科十四连	中将	1935 年 4 月		中将	
罗为雄	鸣白	1894—1985	广东大埔	步科十连	少将	1939 年 11 月	任中国远征军高参		
罗俊义	可群	1891—?	江西靖安	步科八连	少将	1937 年 5 月	抗战之初率部参加会战,后驻防四川大后方		
罗梓材	子材	1896—?	广东兴宁	步科十连	少将	1936 年 1 月	第四战区第 12 集团军副参谋长		
罗植椿	灵甫	1895—?	广东东莞	步科十二连	少将	1937 年 4 月	海南琼崖团管区司令		
罗树甲	衡屏	1888—1945	湖南耒阳	步科十四连	少将	1936 年 10 月	抗战期间任 87 军第 119 师师长	中将,副军长	
罗策群	雨尘,宇澄	1893—1937	广东汕头	工科一连	少将		广东省军管区司令部副师长		
金鳌	海峰	1895—?	甘肃导河	步科七连	少将	1937 年 11 月	晋绥军第 68 师参谋长		
金百堂	鉴明	1896—1944	湖北沔阳	步科七连	少将	1936 年 2 月	武汉警备司令部高参	中将	
周长春(又长椿)	号后凋,字莲村	1896—1965	湖北黄陂	骑科二连	少将	1946 年 1 月	军训部新兵补充站副处长		
周浑元	乾初	1895—1938	江西金溪	步科八连	中将	1935 年 4 月	第 36 军军长	追赠上将	
周恒年	彭秋	1896—?	河北天津	步科十三连	少将	1947 年 7 月	陆军大学研究员		

续表

姓名	字号	生卒年月	籍贯	连(队)次	衔级	授衔时间	主要任职	官至	备注
周维翰	桂廷	1900—1964	湖北鄂城	步科七连	中将	1936年1月	第三编遣区军务局局长	中将	
周啸潮（原名曰信）	号笑潮	1891—?	江西丰城	骑科二连	少将	1947年2月	中央军校第七分校教官		
周毓英	俊廷	1896—1964	山东诸城	步科	少将	1937年1月	整编第51师师长	中将	
郑乃炎	君晃	1890—1984	广东香山	步科十一连	少将		任粤海师管区司令		
郑训晟	星灼	1896—?	福建闽侯	步科	少将	1948年9月	任第四战区第153师参谋长		
宗汉英	宗明，明杰	1894—?	湖北汉口	炮科二连	少将	1935年4月	任陆军大学教官	中将	
赵启录	次华，启陆，启禄	1894—1962	江苏丹徒	步科十二连	少将	1936年3月	第三战区高参室主任	中将	全国政协任职
赵培臻	百佛	1891—?	四川双流	骑科二连	少将	1936年2月			
赵博生	乳名连科，别字博体恩溥	1897—1933	河北监山	步科十二连	少将		1930年任第26路军少将参谋长，率部参加宁都起义	军团副总指挥官	1931年加入中共，革命烈士
赵锦雯	雨金	1894—1965	云南昆明	工科一连	少将	1935年4月	云南绥靖公署中将参议	中将	1949年12月昆明起义
赵墨农（原名恩绶）	墨龙，字墨农	1883—1970	江苏兴化	工科一连	少将	1947年7月	军令部少将参议		

续表

姓名	字号	生卒年月	籍贯	连(队)次	衔级	授衔时间	主要任职	官至	备注
郝梦龄	锡九	1898—1937	河北藁城	步科十一连	中将	1935年4月	率部参加忻口战役,任中央地区前敌总指挥	追赠上将	
胡达	范苏,敦俊	1894—1971	湖南湘阴	骑科二连	少将	1936年2月	1932年第三战区第一游击总指挥部副总指挥		1949年8月随程潜起义
胡翼	仲翔	1895—?	四川新津	炮科二连			第79军副军长		
胡天乐	乐天	1894—?	广西富州	步兵科七连	少将	1943年8月	广西第一行政督察专员兼保安司令	中将	
胡克纯	仲潜	1896—?	湖北广济	步兵科十二连	少将	1947年8月			
胡祖玉	德如,拙如	1893—1931	江西靖安	步科十一连	中将	追赠上将	第五师师长		与红军作战阵亡
哈金甲	子军	1893—1959	河北河间	炮科二连	少将	1936年2月	军委会西安行营供应处参谋		
段珩	楚尚	1893—?	江西九江	骑科二连	少将	1936年2月	湖南全省干部训练处处长	中将	
段树华	育文	1888—1953	山西陵川	步科肄业	少将	1935年4月	第二战区司令部高参室副主任	中将,国大代表	
段象武	文标	1897—1942	河南安阳	骑科三连	少将	1936年2月	第三十八军副军长		
侯文俊	秀斋	1896—?	广西曲江	步科十连	少将	1947年7月	桂林行营少将高参		

续表

姓名	字号	生卒年月	籍贯	连(队)次	衔级	授衔时间	主要任职	官至	备注
俞方皋	九如	1893—1981	甘肃皋兰	炮科二连	中将	1947年12月			参加绥远起义
姚东藩	震篱	1896—1980	奉天辽阳	步科十三连	中将		第57军第115师师长	中将	加入民革
贺自毅	仲权，亦字小可	1892—1982	江苏南京	步科七连	少将	1947年4月			
骆应钊	毅雄	1898—?	广东花县	步科十连	少将	1947年11月	广西回南守备区代司令		
袁业惠	穗九	1892—?	湖北汉口	步科八连	少将	1947年2月			
袁奉先	选青	1892—1950	湖北松滋	步兵科九连	少将		军令部第12点检组组长		
袁亮甫(原名对明)	字亮甫	1896—1981	湖北公安	工科一连	少将	1945年2月	抗战时任重庆卫戍司令部参谋长	中将	1950年去台
顾祝同	墨三	1893—1987	江苏涟水	步科十二连	二级上将	1935年4月	第七战区司令长官	一级上将，陆军总司令，代国防部长	1950年去台
柴成霖	济苍，友竹，成林	1895—?	青海西宁	步科七连	少将	1936年9月	第八战区第17集团军参谋长		
钱大钧	慕尹	1892—1982	江苏昆山	留学预备队，1917选送日本学习	中将	1935年4月	军政部政务次长	中将加上将，国民党中执委	1950年去台

续表

姓名	字号	生卒年月	籍贯	连(队)次	衔级	授衔时间	主要任职	官至	备注
钱振荣	召如	1892—?	浙江鄞县	工科一连	少将	1937 年 5 月	江苏省政府委员	中将	大陆解放后去台
钱宗陶	颂冶，颂野	1890（2）—?	浙江诸暨	工科一连	少将	1945 年 2 月	汽车兵团团长		
钱卓伦	字企裴	1889—1967	江苏宜兴	步兵科	少将	1936 年 1 月	后方勤务总司令部参谋长	中将	1949 年去台
徐方（又名人忠）	靖业	1895—1937	湖北嘉鱼	步科七连	少将	1936 年 2 月	西北剿匪总指挥部参谋长		
徐坚（原名天炳）	号仲权	1894—1930	广东琼山				参加筹备黄埔与东征作战，1926 年赴中山大学学习		1923 年加入中共从事军事活动
徐旨乾	华杰	1895—1985	湖北汉阳				湖北省军管区副司令，抗战时任第十集团军参谋长	中将	1949 年去台
徐宝鼎	德周	1892—?	江西东阳	步科	少将	1947 年 1 月	任第五战区第 26 集团军参谋处长		
徐景唐	庚陶	1895—1967	广东东莞	候补生队肄业	中将	1936 年 10 月	第 12 集团军副总司令	中将，候补中执委	1948 年 6 月辞去各职赴港定居
徐鸿诚	恂卿	1895—?	湖北武昌	步科七连	少将				
奚望青	岱云	1893—1979	浙江东阳	步科十连	少将	1946 年 7 月	军政部铁道兵团团长	装甲兵团司令	

续表

姓名	字号	生卒年月	籍贯	连(队)次	衔级	授衔时间	主要任职	官至	备注
高中	复初	1893—?	四川成都	步科九连	少将		川北军政长官公署少将参谋长		
高汝桐	伯琴	1896—1927	河北东光	步科十五连			河南保卫军第一军军长	军长	
高鸿绰	裕如	1896—?	湖北沔阳	步科七连	少将	1946年7月	军事参议院参议		
郭忏	悔吾	1894—1950	浙江诸暨	炮科一连	少将	1936年1月	国防部参谋次长	追赠中将，国民党中执委	1949年10月赴台
郭昶	廷之	1897—?	河南项城	步科十一连	少将				
郭之缙	荣绅	1893—?	河南获嘉	辎重一连	少将	1947年11月			
郭学云（又名学文）	伯潜	1894—1925	广东大埔	步科十连			1925年作战阵亡，时任第11师参谋长	追赠中将	
郭持平（又名孝琪）	若衡	1894—1980	浙江嵊县	炮科二连	少将	1936年1月	宁波防守司令部司令	中将	1940年因病回乡定居
唐泽霖	德润，字泽霖	1895—1968	河北献县	步科十二连	少将	1948年9月	中央军校军事训练处主任		1949年11月起义
唐哲明（原名模）	伴松，字哲明	1890—	湖南东安	步科十四连	少将	1936年1月	军事参议院参议		
唐继鳞	健侯	1894—1958	云南会泽	工科一连	少将	1937年5月	云南绥靖公署参议	中将	
唐鬫衡	辟衡，乾初	1894—	湖南衡山	步科十四连	少将	1947年5月	湖南第七区保安司令		

续表

姓名	字号	生卒年月	籍贯	连(队)次	衔级	授衔时间	主要任职	官至	备注
涂德麟	玉书	1894—1989	湖北黄陂	步科八连	少将	1937年11月	陆军大学战术系兵学教官		1949年赴台
陶汝滨	渭西	1896—?	云南昆明	步科九连	中将	1947年8月	军委会昆明行营军务处长	中将	
陶振祖	字镕，季贤，抱曦	1891—1949	湖北黄冈	步科九连	少将	1937年9月	第十六师参谋处长	中将	
黄新	铭三	1895—?	江西崇宁	步科八连	少将		1935年任第41师师长		
黄子方	承棫	1896—?	安徽合肥	步科十三连	少将	1946年	军事参议院参议		
黄壮怀	昌裕	1895—?	浙江义乌	步科十连	少将	1937年8月	任第五战区第46军参谋长		
黄志洵（原名化农）	志勋	1897—?	广东连县	辎重一连	少将	1946年7月	第三战区第22集团军高参		
黄觉民	铎尘	1893—?	安徽亳县	步科八连	少将		第56师参议		
黄素符（原名忠维）	字素符	1894—1970	湖北武昌	步科八连	少将	1936年2月	第19师第56旅旅长		1949年8月参加长沙起义
黄得仲	少臣	1896—?	河北天津	骑科三连	少将		中央军校总务处处长		
黄琪翔（原名其祥，后改祺翔）	一白，御行，毅行，	1898—1970	广东梅县	炮科二连	中将	1940年4月	集团军总司令	中将加上将	1949年参加新政协，后任政协全国常委，农工党副主席

续表

姓名	字号	生卒年月	籍贯	连(队)次	衔级	授衔时间	主要任职	官至	备注
黄植楠(原名植丹，后改植楠)	别号少任	1891—1950	广东惠阳	步科十连	少将	1940年7月	第66军参谋长		
黄棠吉	鼎卿	1894—?	湖北沔阳	步科七连	少将	1947年10月	中央军校第二分校研究委员		
黄震国	鹤铗，镇国	1898—?	广西马平	炮科二连	少将	1936年1月	第15军第43师师长	中将	
黄镇球	剑灵	1898—1979	广东梅县	步科十连	中将	1936年1月	航空委员会防空厅长	一级上将，总统府参军	1949年后赴台，1962年授一级上将
黄鹤龄	寿苓，梦年	1897—?	广西柳州	骑科二连	少将	1942年1月	任第四战区第三挺进纵队司令	副军长	
萧霖	爱苍	1893—?	江西崇义	步科七连	少将	1937年5月			
萧友松	挹森	1895—?	江西万安	步科七连	少将	1947年3月			
萧克威	桂昌	1895—?	湖北黄陂	骑科二连	少将	1935年			
萧伯岳	号柏英，字伯岳	1889—?	山西临汾	步科	少将	1946年7月	太原绥靖公署高参		
崔伯英	雄	1889—?	山西临汾	步科十二连	少将	1946年7月	太原绥靖公蜀高参		
崔秉思	慕九	1895—?	河北武清	炮科二连	少将	1937年5月	任陆军大学西北参谋班兵学教官		

续表

姓名	字号	生卒年月	籍贯	连(队)次	衔级	授衔时间	主要任职	官至	备注
章上达	绥远	1896—1949	安徽桐城	步科九连	少将	1947年6月	第二军官总队少将高级教官		
章亮基	伯炎	1893—?	湖南长沙	步科十四连	少将	1935年4月	第十八军副军长	中将	
章桂龄	砌白	1893—?	浙江孝丰	步科十一连	少将	1936年2月	宁波防守司令部参谋长		
章履和	消尤,筱游	1894—1975	浙江嵊县	步科十一连	少将	1946年7月	贵州第二区行政督察专员兼保安司令		
梁世骥	倜凡	1895—1977	广东梅县	炮科二连	少将	1937年5月	第63军副军长		属农工民主党
梁端寅	仲吕	1897—1966	广东南海	步科十连	少将	1946年12月	第63军参谋长		1949年10月赴香港
彭位仁	诚一	1893—1990	湖南湘乡	炮科二连	中将	1938年10月	第63军军长	中将,国大代表	1949年12月赴台
彭启彪	鲁香	1895—1934	湖北汉口	步科十一连			独立第14旅旅长		
彭松龄	鹤遐,鹤霞	1895—1964	湖北江陵	步科七连	少将	1936年1月	抗战爆发时第三战区第28军66师师长	中将	
彭玉斌	绍唐,斌如	1892—1945	湖北黄陂(一说孝感)	步科十连	少将	1935年4月	抗战开始时任第二战区骑兵第一军第一师师长		上党战役阵亡
彭国莘	纯武	1896—1970	安徽合肥	炮科二连	少将	1935年5月	洛阳警备司令		属民革
斯立	卓然,昌业	1891—1983	浙江东阳	步科十连	少将	1936年10月	交通辎重学校少将教育长		属民革

续表

姓名	字号	生卒年月	籍贯	连(队)次	衔级	授衔时间	主要任职	官至	备注
葛金镕	冶成	1897—?	江苏如皋	步科九连	少将	1937年5月	任第三战区司令长官部兵站司令部参谋长	中将	
董芳	子芬	1895—?	福建闽侯	步科八连	少将	1946年7月	中央军校战术主任教官		
董汝桂	吟秋	1897—?	河北雄县	辎重一连			第四绥靖区司令部参谋长		
敬肇谦(原名启凌)	字肇谦	1896—?	四川简阳	炮科一连	少将	1936年9月	四川陆军训练总处顾问		
蒋炎	凡通,际昌	1895—?	安徽霍邱	步科九连	少将	1936年2月	军事参议院参议		
蒋斌	乃时	1894—1937	福建福州	步科七连	少将	1936年1月	西北剿总交通处长		1937年二二事件中被杀害
韩汉英	平夷,字辱夷	1897—1966	海南文昌	步科十连	少将	1935年4月	国防部中将参议	中将,国大代表	1950年5月赴台
韩德勤(又名韬)	楚箴	1892—1988	江苏泗阳	步科十连	少将	1936年1月	第三战区司令长官参谋长	中将,省主席,国大代表	1949年5月赴台
覃连芳	武德	1886—1958	广西柳州	骑科二连	中将	1936年1月	军事委员会中将高参	中将,国大代表	1949年3月赴港
喻建章	仲书	1896—?	湖北黄陂	步科九连	少将	1937年11月	任第57军参谋长		
程树芬	兰鲜,炎山	1896—1947	湖北黄冈	步科七连	少将	1937年3月	任第七军副军长	中将	

续表

姓名	字号	生卒年月	籍贯	连(队)次	衔级	授衔时间	主要任职	官至	备注
傅正理	问佛，温夫	1893—？	山东巨野	炮科二连	少将	1937年5月	陆军炮兵学校教育长		
童元亮	莲溪	1893—？	浙江兰溪	步科十连	少将	1937年5月	任中央军校第七分校教务处长		
曾则生曾用名刚鸣	忠恕，競存，字则生	1894—1939	广东蕉岭	步科十连	少将		第三战区司令长官部办公室副主任	中将	
曾泽寰（又名庆敏）	号渡生	1898—1937	广东东莞	辎重一连	少将	1937年12月追赠	任第三战区第457旅副旅长		江阴保卫战阵亡，追赠少将
曾国佐	伯桢，伯勋	1890—1945	青海西宁	步科八连	少将		任第29军第110旅旅长		
温克刚	炼百，潜庵	1893—1957	广东大埔	炮科二连	少将	1946年7月	任第三战区第48军176师师参谋长		1949年3月赴港
谢溥福	甲初	1894—？	江西崇仁	步科七连	少将	1935年4月	任第36军副师长	中将	
蓝慰援	士英	1895—1979	湖北大冶	步科七连	少将	1947年7月	中央军校第三分校步科高级教官		
赖恺元	字赞丞，赞臣，名筹	1889—？	江西南康	炮科二连	少将	1936年2月	军委会后方勤务部编制处处长		
简作桢	棘苑	1896—？	广东四会	辎重一连	中将	1947年11月		中将，国大代表	
蔡颐	梦周	1894—？	安徽凤台	步科十一连	少将		第五战区军官训练团校官训练班副主任		

续表

姓名	字号	生卒年月	籍贯	连(队)次	衔级	授衔时间	主要任职	官至	备注
蔡文宿（原名兆奎）	字文宿	1896—?	湖北武昌	步科八连	少将	1948年5月	湖北督察专员兼保安司令		
蔡熙盛	剑夫	1890—1948	江苏奉贤	炮科二连	少将		江苏督察专员兼保安司令	中将	
蔡海珊（原名玉龙）		1895—?	四川酉阳	步科九连	少将	1936年9月			
廖士勤	勉如	1893—?	四川双流	步科九连			川军第24军138师参谋长		
谭邃别号时亮，又号子淳	字君密	1895—1939	广东广州	步科十一连	中将	1939年7月	任第66军军长	中将	
谭炳衡	号子均	1896—?	山东历城	步科七连			第20军第58师师长		
谭崇鄌	自候	1895—?	湖南攸县	步科十四连	少将	1946年7月	军事参议院参议		
翟紫封	印章	1894—1947	河北宁海	炮科二连			参加长城抗战，整编第59师第38旅旅长		
熊克念	敬初	1895—?	浙江新建	步科七连	少将	1937年5月	抗战初任第36军第96师参谋长		
熊克容（原名培藩，后改克容）	号弼如，字子涵	1895—?	山东济宁	步科七连	少将	1947年	陆军大学教官		
熊秉诚原名中藩	号屏城，字秉诚	1892—1952	湖北沔阳	步科十连	少将	1947年3月			

续表

姓名	字号	生卒年月	籍贯	连(队)次	衔级	授衔时间	主要任职	官至	备注
缪范	剑泽	1892—?	浙江瑞安	步科十连	少将	1948年9月	中央防空学校教育长		
缪培南	字经成，号育群	1895—1970	广东五华	步科十连	中将	1936年1月	广州绥靖公署副主任	中将，国民党中执委	1949年6月辞职后赴港
缪培堃又名坤	号信栽，字禹澄	1894—1924	广东五华	步科十连	追赠少将	1924年5月	粤军第一师第四团团长		
樊焕卿	静庵	1895—?	湖北应城	炮科二连			第26军第33师师长		
樊嵩甫	字仲哲，号哲山	1894—1979	浙江缙云	工科一连	中将	1935年4月	任第五战区第46军军长	中将	属民革
潘秀森（又名竹庵）	先龙，号伯乾，又字秀森	1893—?	安徽合肥		少将	1947年11月	第五战区兵站总监部参谋长		
薛岳	又仰岳，号伯陵，绰号老虎仔	1896—1998	广东乐昌	肄业	中将	1935年4月	第九战区司令官	二级上将，省主席	
薛链（又名练）	补石	1893—?	江苏常熟	步科十连	中将	1947年11月	第九战区司令长官部高参	中将	
戴瑾珊	玉如	1896—?	甘肃静宁	步科八连	少将	1946年7月			
魏文华	郁周	1896—?	河北藁城	骑科	少将	1943年	第一兵站少将副监		
魏敷滋	南芳	1897—?	甘肃皋兰	骑科二连	少将			国大代表	
魏振藩	墨林	1892—?	湖南零陵	步科十四连	少将				

表七　陆军军官学校第七期出身将帅名录

姓名	字号	生卒年月	籍贯	连(队)次	衔级	授衔时间	主要任职	官至	备注
王世钟	毓英	1892—?	福建闽侯	步科十六连	少将				
王孙鍉	及锋	1896—?	福建闽侯	骑科三连	少将	1947年4月			
王家瑞	守信	1864—?	河南荥阳	步科十六连	少将	1936年2月			
王桐昌	凤笙	1893—?	河南开封	步科十六连	少将				
王尊山	尊三，达夫	1896—?	河南卢氏	步科十六连	少将				
尹家勋	绩堂，积唐	1895—?	福建闽侯	步科十六连	少将	1945年5月			
叶克元	梦祥	1895—?	福建闽侯	步科十五连	少将				
叶启杰	新吾	1895—1978	福建建瓯	骑科三连	少将	1936年2月	任第一战区第35军副军长	中将	属晋绥军
任维新	鼎岑	1895—?	山西晋城	步科十六连	少将				
仲跻翰	墨园	1892—1974	山东黄县	步科十六连	少将	1946年5月	南京中央军校高等教育班副主任		属晋绥军，1949年移台
刘澄	云峰	1895—?	河北献县	骑科三连					
刘尧宸	俊辉	1894—1926	福建福清	骑科三连			北伐军第一军第二师第四团团长	追赠中将	

续表

姓名	字号	生卒年月	籍贯	连(队)次	衔级	授衔时间	主要任职	官至	备注
刘茂松	秀岩	1893—?	河南巩县	步科十六连	少将				
刘家驹	伯五	1895—?	福建福清	骑科三连	少将	1947年11月			
刘镇海	泽普	1895—?	河南巩县	骑科三连	少将				
李志浩	允予	1894—?	福建闽侯	骑科三连	少将				
李庚濩	殷俊，庚护	1895—?	福建福清	步科十五连	少将	1946年7月	第二战区军法执行部副监		
时君谋	树猷	1894—?	河南淮阳	步科十六连					
汪承基	启渊	1894—?	福建闽侯	步科十六连					
张诚	居敬	1894—?	福建建瓯	骑科三连	少将				
张书田		1898—?	绥远凉城(一说绥远辽盛)	步科肄业	少将	1936年3月	军事参议院参议		
张国权	兴五	1892—?	甘肃定西	步科十五连	少将	1945年2月			
张济川	作舟	1898—?	河南通许	骑科三连	少将				
陈飞熊	起予	1894—?	福建闽侯	骑科三连	少将				
陈尔修	德生	1898—?	福建闽侯	步科十五连	少将	1943年12月	军政部陆军署军务处科长		

续表

姓名	字号	生卒年月	籍贯	连(队)次	衔级	授衔时间	主要任职	官至	备注
陈长捷	介山	1892—1968	福建闽侯	步科十六连	少将	1935年4月	第61军军长	中将，天津警备司令	属晋绥军。1949年1月被俘
陈齐瑄	诚曾	1896—1992	福建闽侯	步科十五连	少将	1936年12月	第三战区高参		新中国成立后任福建政协常委
陈秉鈞	叔瑜	1897—?	河北河间	步科十五连	少将				
范汉杰	名其迭	1895—1975	广东大埔	步科肄业	少将	1936年9月	第38集团军司令	热河省主席	
林超	仙海	1900—?	福建福州	步科十五连	少将				
林兰生	南森，振楚	1894—?	福建闽侯	步科十六连	少将		中央军校战术教官	中将	
林桂馨	子山	1895—?	福建仙游	骑科三连	少将				
周孝培	宸九	1894—?	福建寿宁	骑科三连	少将	1946年7月	中央骑兵第一军司令部高参		
胡良玉	国衡	1894—?	江西南昌	步科十五连	少将	1935年4月	任第77师第230旅旅长		
汤邦桢	筱衢	1893—?	安徽含山	步科十六连	少将	1939年7月			
钱佐汉	杰三	1893—?	福建闽侯	步科十六连	少将				
黄维纲	震三，振三，字雨良	1895—1943	河南项城	步科十六连	少将	1935年4月	第59军军长	追赠中将	
黄维诚	维伯，城宗	1894—?	河南项城	步科十六连	少将	1946年7月	第29军第37师师长		

续表

姓名	字号	生卒年月	籍贯	连(队)次	衔级	授衔时间	主要任职	官至	备注
韩师馨	桂山	1896—1973	河南沁阳	步科十六连	少将	1946 年 12 月	第二战区第 14 集团军高参		
董祥麟	灵甫	1892—?	河南淮阳	步科十六连	少将				
董粹生	继昌	1896—?	福建闽侯	步科十五连	少将	1947 年 3 月	任第七战区司令长官部教导团大队长		
戴锡椿	克明	1894—?	福建闽侯	步科十六连	少将		陆军总司令部参谋兼督练官		

表八　陆军军官学校第八期出身将帅名录

姓名	字号	生卒年月	籍贯	连(队)次	衔级	授衔时间	主要任职	官至	备注
于成霈	介霈，敏士	1907—1974	江苏淮安	步科四队	少将	1948年9月	整编第39师新编9旅旅长		1949年参加四川灌县起义
于建於	浚都	1896—1976	山西定襄	炮兵科	少将	1948年9月	新编第11旅旅长		
马万珍	毓奇	1896—?	辽宁凤城	步科一队			第五战区代理师长		
马介吾	荣福	1895—?	河北安次	步科三队	少将		军事参议院参议		
马凤冈[①]	超凡	1895—1983	河北巨鹿	工科	少将	1945年2月	第19军70师师长	中将	
马延守	仲仁	1896—?	山西稷山	步科二队	少将		军事参议院参议		
马法五	庚虞	1891—1993	河北高阳	炮科	中将	1935年4月	第40军军长	省主席，中将，总统府参军	1949年去台
马瑞图	子元	1897—?	安徽合肥	步科一队	少将	1937年11月	第26军参谋长		
王辅	良臣，良忱，号亮忱	1897—?	山西应县	步科一队	少将	1936年8月	第36军副军长	中将	
王楫	海擎	1896—?	河北沧县	骑科一队	少将	1939年1月	第34军暂编第44师师长		

① 据马永祥：《抗日战争中的保定军校生马凤岗将军》称1938年7月29日晋升为七十师中将师长。

续表

姓名	字号	生卒年月	籍贯	连(队)次	衔级	授衔时间	主要任职	官至	备注
王以哲	鼎方	1896—1937	吉林宾县	步科三队	中将	1935年4月	第67军军长，参加长城抗战	中将	属东北军系
王东原	修墉，字东原	1899—1995	安徽全椒	工科	中将	1935年4月	第34军团军团长	中将，省主席，国民党中执委	1949年后去台
王仲升（原名连堂）	号仲升	1896—1975	山东寿光	步科肄业	少将		抗战开始时任第五战区副师长	中将	
王若卿原名思绂	字若卿	1891—?	河北大名	炮科八期			第九战区炮兵指挥官		
王育瑛	季雄，育英	1896—1964	湖南慈利	步科一队	少将	1935年4月	抗战爆发时任师长，参加武汉、长沙等会战		1949年10月移香港后转台
王奇峰	峙亭	1896—?	奉天康平	骑科一队	少将	1935年4月	苏鲁战区骑兵指挥官	中将	
王棫栋	翰廷	1891—?	河北沧县	炮科一队			军事参议院谘议		
王景宋	芝云	1898—1953	广西平南	步科三队	少将	1942年	第46军副军长	中将	1951年去台
王瘦吾（原名福合）	号受吾，后改瘦吾	1895—?	河北望都	步科二队	少将	1935年4月	第一战区游击第十纵队司令		
卞稚珊（原名肇湖，又肇基）	稚珊	1899—1989	四川平津	步科四队	少将	1947年7月	抗战时任广东陆军旅长		1949年秋起义
方既平	静波	1898—?	浙江永康	步科三队	少将	1946年5月	任中央步兵学校教官组组长		

续表

姓名	字号	生卒年月	籍贯	连(队)次	衔级	授衔时间	主要任职	官至	备注
孔令恂(又名正斋)	谨斋	1898—?	河北新城	步科三队	少将	1935年4月	抗战时任第八战区第80军军长	中将	
邓树仁	爱民	1900—?	广东开平	工科	少将	1936年10月	陆军工兵学校研究员		
古鼎华	勋铭	1898—?	广东香山	骑科一队	少将	1940年12月	粤桂边区总指挥	中将	
甘登俊	轶卿	1898—?	江西奉新	步科二队	少将	1936年10月	第79军副军长		1949年后赴澳大利亚
石振纲	备三	1900—1968	河北束鹿	辎重科	少将		第29军刘汝明师参谋长		
石彦懋	允朴	1893—1974	河北宛平	骑科一队	少将	1945年2月	在晋绥军商震部队任职副师长	中将	参加成都起义
卢济清	晓川	1896—?	河北蠡县	骑科一队	少将	1939年6月	第五战区少将高参		
叶林棠	荫南	1900—1975	河北枣强	炮科	少将				
史文桂	慕钧	1896—?	安徽合肥	炮科	少将	1935年4月	第三战区炮兵旅长	中将	1949年到台，任炮兵司令
史双兴	继符	1897—1975	山东商河	步科三队	少将	1948年9月	陆军大学教官		1949年随陆大迁台
史泽波	恩澍	1899—1986	河北献县	步科四队	少将	1945年2月	任第19军军长	军长	属晋绥军。上党战役被俘
史振京	际昌	1896—?	河北新河	步科四队	少将		第40军116旅参谋长		

续表

姓名	字号	生卒年月	籍贯	连(队)次	衔级	授衔时间	主要任职	官至	备注
白雨生	德润	1899—1968	河南巩县	步科三队	少将	1946 年 11 月	第六战区兵站总监部中将总监	中将	属中央军系。1949 年后去台
丛兆麟		1896—?	辽宁岫岩	步科	少将				
冯环	季英	1898—?	河北丰润	步科二队	少将	1937 年 11 月	第一兵站总监部副监	中将	
冯超	容生	1896—?	陕西咸阳	步科一队	少将		西安绥靖公署参议		
戎纪五（原名纪伍，又纪五）	恩义	1894—?	河北定县	步科三队	少将	1947 年 11 月	第 108 师师长		属东北军系
吉文蔚	芸如，荟如	1897—1967	山西曲沃	骑科一队	少将	1946 年 7 月	军事参议院参议		1949 年撤台
吕康	立南，康剑	1896—1969	四川华阳	步科一队	少将	1937 年 5 月	西安绥靖公署参议	中将	属川军。参加四川什邡起义，任重庆市参事
吕汝骥	号季良	1897—1979	河北静海	入伍生队	少将	1935 年 4 月	任第一战区保定行营高参		属绥靖军。参与北平和平解放
朱芝荣	少泉	1898—?	河北东光	步科四队			第 107 师第 321 旅旅长		
朱惠荣	赓廷	1891—?	河北东党	步科三队	少将		第 100 军 75 师师长		
乔乃迁（原名乃仙）	号耐青	1899—1964	浙江东阳	步科三队	少将	1947 年 6 月	军政部少将参谋		
华克格	克格	1898—?	河北天津	炮科	少将	1947 年 6 月	任第二战区十三军团参谋处长		

续表

姓名	字号	生卒年月	籍贯	连(队)次	衔级	授衔时间	主要任职	官至	备注
刘广泽（又广仁）	海波	1901—1971	河北丰润	步科三队	少将	1937 年 5 月	中央军校第一分校副主任		1949 年参加宁波起义
刘广济	菩航，璞珩	1898—1973	山东郓城	步科二队	少将	1938 年 10 月	陆军第 100 军军长	中将	
刘书香	味真	1892—?	河北武强	辎重科	少将	1936 年 1 月	陆军第十二军副军长		
刘世荣	芳圃，芳甫	1894—?	河北深县	步科三队	少将	1937 年	抗战初任第一战区副师长、代师长	制宪国大代表	
刘永义	季衡	1892—?	陕西临潼	步科四队	少将				
刘自珍	智庵	1896—1968	河北天津	步科三队	少将	1936 年 2 月	第 77 军副军长		参加淮海起义
刘君谋	兆骐	1899—?	安徽全椒	辎重科	少将	1945 年 2 月	军政部少将参事		
刘伯超	卓如	1894—?	陕西盩厔	步科一队	少将	1938 年 6 月	任第 38 军高级参议		
刘奉滨	芳洲，奉宾	1899—?	山东滕县	步科二队	少将	1935 年 4 月	抗战初任第二战区第 73 师师长	中将	
刘宝堂	宏荫	1893—?	河北曲周	骑科一队			新一军步兵第 11 旅旅长		
刘绍先	培堂，字绍先	1896—?	河北大名	步科二队	中将	1935 年 4 月	第八十军军长	中将	
刘春荣	性郁，杏郁	1897—1930	河北沧县	步科一队			第二十军军长	陆军中将	
刘珍年	儒席	1898—1935	河北南宫	步科一队			第十七军军长		
刘惠苍	铭飞	1900—?	河北宁河	步科二队	少将		冀察战区总司令部参谋长		
刘嵩山	景岳	1898—?	河南舞阳	步科一队	少将		第 59 军参谋长		1948 年 11 月汪贾起义

续表

姓名	字号	生卒年月	籍贯	连(队)次	衔级	授衔时间	主要任职	官至	备注
刘翰东	维之	1894—1950	奉天安东	炮科	少将	1936年1月	九一八事变后率部抗日参加长城抗战	中将	1949年3月到台
刘履德	肇初	1900—?	陕西洋县	工科	少将	1938年11月	抗战时任军官总队总队长		
刘膺古	邦锐	1894—1966	浙江宁海	步科二队	少将	1936年10月	任八十七军军长	中将	大陆解放后赴台
齐向明	响朋丽屏	1900—?	河北蠡县	工科八期	少年	1935年	第六战区参议	中将	
关森茂	煦存	1900—?	河北宛平	步科四队	少将		中央军校战术教官，陆军总司令部少将高参		
许乃章	端甫	1897—?	江苏江宁	步科一队	少将		军政部军马局少将专门委员		
许国柱	梁公	1896—?	安徽合肥	炮科	少将	1937年11月	联勤总部广东供应局副局长		
孙越	南滨	1897—?	山西解县	步科二队			山西护路军第2旅旅长		
孙光前	裕如	1895—1931	河北永年	工科			河北民军训练处军官队队长	军长	属西北军
孙景先	则初	1894—?	河北蠡县	炮科	少将		东南军政长官公署副参谋长		
杜义德	振五	1899—?	河南沁阳	步科一队	少将				
杜世桢	号翰臣	1896—?	河北隆平	步科四队			国防部测绘局少将研究员		
巫建准	浚川	1896—?	安徽合肥	步科三队	少将		航空委员会办公厅交通处长		

续表

姓名	字号	生卒年月	籍贯	连(队)次	衔级	授衔时间	主要任职	官至	备注
李涛	筱山	1882—?	山西平定	骑科一队	少将	1936年8月	中央军校第七分校教官		
李元森	少苍	1900—1973	河北南宫	步科二队			冯玉祥部副军长	中将	
李士林	选之	1898—1958	河北蠡县	步科三队	少将	1948年9月	抗战开始时任第五战区副旅长	中将	1949年1月参加北平起义
李广益	辅决，扶汉	1898—?	河北冀县	步科二队	少将	1942年3月	军事参议院参议		
李汉辉	光甫	1893—1960	河南新蔡	炮科	少将	1936年1月	军事训练部点验委员	中将	
李兴浩	孟仙	1898—1972	山东临淄	炮科	少将	1948年	芜湖枪炮修械厂厂长		
李百坤	云鹏，伯鲲	1898—?	河南开封	工科			军政部第二军官总队副总队长		
李进德	芝青	1898—?	浙江临海	步科一队	少将		第三战区司令长官部军法处长		
李传林	竹溪	1894—1952	山东泰安	步科一队	少将	1948年9月	整编第43军第127师副师长		1949年12月在贵州起义
李法铭	志古又致谷	1895—1963	河北高阳	炮科八期			第39军参谋长		
李承烈	奉武，荫波	1899—?	河北任丘	骑科一队	少将	1945年3月			
李恒华	号雨春	1897—?	河北冀县	炮科	少将	1935年4月	军政部高射炮兵团团长		
李康庵(原名康)	字康庵	1898—?	河北高阳	炮科	少将	1948年9月	炮兵学校少将教育长		
李清	韫山	1895—1969	湖南宁远	步科二队	少将	1937年9月	湖南绥靖区少将司令	中将	参加湖南宁远起义
李象震	东甫	1899—?	河北交河	工科	少将				

续表

姓名	字号	生卒年月	籍贯	连(队)次	衔级	授衔时间	主要任职	官至	备注
李熙茂	盛辉	1895—?	河北枣强	工科	少将	1947年6月	第十五师第45旅副旅长		
杨榆春	愚村	1893—?	浙江宁海	步科一队	少将		中央军校训练部部附		
杨宗鼎	籀文	1896—?	江苏江阴	步科三队	少将	1948年9月	江苏省保安司令部副司令		大陆解放后撤台
何英	北平	1897—?	安徽合肥	步科二队	中将	1946年7月	第一战区第67军第107师参谋长	中将	
何友松（又名有松）	壮飞	1899—?	湖南宁远	步科一队	少将		军事参议院参议		
邹洪	若虚	1897—1945	广东五华	炮科	少将	1935年4月	粤桂边区中将游击总指挥	中将，追赠上将	
应高岗	龙瞻	1896—1945	浙江永康	步科四队	少将		陆军第99军参谋长		
汪子薪（原名铭传）	字子薪	1898—?	安徽合肥	炮科			抗战后任第12集团军少将高参		
汪其昌	醒吾，又字德生	1900—1943	河北河间	步科四队	少将	1946年12月追赠	第三战区第12集团军参谋长		
王思溥		1901—1974	贵州玉屏	步科肄业	少将		第9战区督战官		
宋涛	湘涛	1896—1969	湖南宝庆	步科一队	少将	1936年2月	陆军大学西北参谋班兵学教官	中将	
宋璞	性天	1896—?	河南息县	步科二队	少将	1945年6月			
宋肯堂	绳武	1898—1992	河北晋县	炮科	少将	1936年1月	第32军军长	中将，集团军司令	属晋绥军系，1949年撤至台

续表

姓名	字号	生卒年月	籍贯	连(队)次	衔级	授衔时间	主要任职	官至	备注
张济	仲舟	1902—?	河南内乡	步科二队	少将				
张拯	号任民	1897—?	河北深县	炮科	少将	1936年10月	中央军校教官		
张权	栩东	1900—1949	河北武强		中将	1941年	联勤总部中将视察员	中将	1949年策动国民党军起义，被杀害。上海人民政府批为革命烈士
张彬	公璘	1899—?	天津宝坻	步科四队			第55师171旅旅长		
张一能	卓如，琢如	1897—1962	浙江东阳	步科三队	少将	1935年11月	任第99师副师长	中将	
张万钧	子和	1896—?	河北静海	步科三队	少将	1946年7月			
张文铸	鼎元	1898—1950	四川巫溪	骑科一队	少将				伪满洲国任上将抗日胜利被捕
张文清	廉甫，字廉夫	1895—1951	河南新乡	炮科	少将	1936年11月	第25军军长	中将	属东北军系。因参加皖南事变,1951年被处决
张庆澍	字雨亭	1895—1942	山东东阿	步科三队	少将	1936年2月	1942年8月在与日伪军作战中牺牲		
张言传	慎之	1897—?	云南昆明	炮科	少将	1939年6月	第70军副军长		1949年12月参加昆明起义
张宝琳	晶如	1897—?	河北武邑	炮科	少将				

续表

姓名	字号	生卒年月	籍贯	连(队)次	衔级	授衔时间	主要任职	官至	备注
张东凯	书阁	1897—1979	奉天昌图	骑科一队	少将	1939 年 8 月	新编骑兵第一军军长		1949 年 3 月到台
张宿泉	星拱	1899—?	山东宾县	步科一队	少将		第五战区司令长官部少将高参		
张恩恭	敬唐	1887—?	河北枣强	炮科	少将	1936 年 2 月			
张煦光	润生	1895—1949	河北高阳	工科八期	少将		第 11 战区高参		
张勤增	子山	1898—1995	河北邢台	炮科	少将				
张简孙	镜澄	1899—1989	广东梅县	工科	少将	1937 年 4 月		中将	1949 年移香港
张麟绥	安卿	1897—1951	河南灵宝	步科三队	少将	1936 年 2 月	九一八事变后任马占山公署参谋长		
陈冰	镜如，雪樵	1901—?	山西长治	步科二队	少将	1935 年 4 月			
陈诚	辞修	1898—1965	浙江青田	炮科	中将	1935 年 4 月	第六、第一战区司令官	军政部长，一级上将	1948 年 10 月赴台
陈孔达（原名颖）	号光夏	1899—?	浙江嵊县	步科一队	少将	1936 年 2 月	抗战时任第四预备军第 73 军副军长		1949 年春到台
陈为韩	子衡	1898—?	湖南长沙	步科二队	少将	1938 年 6 月	任第三战区第十五师副师长		
陈步云（又名守锋）	望青	1899—1987	浙江东阳	辎重科	少将	1936 年 9 月	任第六战区兵站总监部总监	中将	大陆解放后去台
陈春荣	华甫	1900—?	河北永年	步科三队	少将	1936 年	卢沟桥事变时任 28 军第 37 师 109 旅旅长		

续表

姓名	字号	生卒年月	籍贯	连(队)次	衔级	授衔时间	主要任职	官至	备注
陈荣辑	希逖，号志彬，字质彬	1897—1982	浙江黄岩	步科二队	少将	1947年6月	军令部中将部附	中将	
范荩	孟声，范进，臻博	1899—1938	江西丰城	步科二队	少将		陆军第198师副师长，1938年9月对日作战阵亡	追赠中将	
范长庚	梦白	1896—?	河北丰润	炮科	少将				属东北军系
杭毅	号劲天	1894—?	浙江海宁	步科肄业	少将	1946年7月	著有《宪兵学》		
罗卓英（原名东蕃，谱名高哲）	别字幼青，慈威	1896—1961	广东大埔	炮科	中将	1935年4月	第三战区第15集团军副司令	上将，省主席	属中央军
和春澍	泽民	1890—?	河北蠡县	工科八期			第203旅旅长		
金佛庄名金灿	辉卿	1897—1926	浙江东阳	步科三队	少将		北伐军总司令部警卫团团长		中共早期党员、出席中共三大。
金德洋	普仁	1896—1919	江苏盐城	步科四队	少将	1939年6月	任第87军第43师师长	中将	大陆解放后赴台
周至柔	百福	1899—1986	浙江临海	步科四队	中将	1936年1月	空军作战前敌总指挥部总指挥	一级上将(1951年授)	国民党
周祥初（又名翔初）	玉麒，字祥初	1899—1974	甘肃渭源	步科三队	少将	1935年4月	第87军军长	中将	
周彭赏（又名团风）	字抟凤，博凤	1899—1966	浙江临海	步科二队	少将	1937年5月	抗战爆发后任第一战区第六军副军长	中将	1949年初到台
郑清涛	观澜	1899—1975	安徽凤阳	步科四队	少将	1947年7月			

续表

姓名	字号	生卒年月	籍贯	连(队)次	衔级	授衔时间	主要任职	官至	备注
郑锦堂	绍韩	1899—1931	河北滦县	步科一队			东北讲武堂上校战术教官，九一八事变时被日刺杀		
郑耀初	锡庚	1897—1969	浙江龙游	辎重科	少将	1947年3月	第一战区司令长官部高参		
郎成德	贯一	1898—?	山东潍县	步科一队	少将	1947年4月			
耿幼麟	号幼鳞	1895—1983	河北任县	步科肄业	少将	1936年3月	后勤部西北办事处主任	中将	1948年底去台
赵辅	捷三	1897—?	察哈尔沽源	步科四队	少将	1939年4月	抗战后任陆军第99师参谋长		
赵文蔚	郁周	1898—?	河北藁城	炮科	少将		军委会天水行营高参		
赵凤藻	黻宸	1896—?	河北南宫	炮科	少将	1946年7月	1940年7月任第六战区第20游击纵队司令		
赵协中	虞臣	1895—?	山西五台	骑科一队	少将				
赵志勋	帛铭	1894—?	山东益都	步科四队	少将				
赵符曾	伯鲁	1893—?	河北蠡县	炮科	少将	1935年4月	赵承绶部参谋长		
赵德驹	昂若，怙农	1893—1946	安徽太平	步科	少将	1945年6月	任西安行营第11军团副参谋长		
赵鼎彝	铭轩	1896—?	河北宁河	炮科	少将	1947年7月	中央军校七期第二总队大队长教官		

续表

姓名	字号	生卒年月	籍贯	连(队)次	衔级	授衔时间	主要任职	官至	备注
胡伯翰	维屏	1900—1973	河北盐山	步科一队	少将	1937年5月	北平警备总司令部副总司令	中将，国大代表	1949年春移台
胡屏翰	乐思	1899—1975	江西南昌	步科二队	少将		军委会高参		
柳际明（原名善）	号际民，字际明	1899—1976	浙江临海	工科	少将	1936年1月	第九战区副参谋长兼工兵指挥官	中将	大陆解放后去台
郜子举（原名超）	号子举	1899—1982	河南鲁山	步科三队	少将	1935年4月	任第91军军长	中将	
郗恩绥	字一庵	1900—1985	河北宛平	骑科一队	少将	1935年4月	陆军大学著名教官	中将	
姜永纹	子漪	1897—?	浙江江山	步科一队	少将				
姜敦亨	元德	1895—?	河北冀县	步科二队	少将	1939年4月	冯治安部旅长		
俞之喆（又名哲）	浚明	1898—1952	河北定县	骑科一队	少将		任第一战区第一集团军副官处副处长		
段海鹏	翔九	1900—?	河南鲁山	工科	少将				
姜敦亨（原名元德）	敦亨	1899—?	河北冀县	步科二队	少将	1939年4月	1933年率部参加长城抗战		
袁经纶	筵生	1896—?	江西丰城	步科一队	少将	1947年6月			
耿幼麟	幼鳞	1897—1983	河北任县	步科肄业	少将	1936年3月	第30军副军长	中将	
耿继周	绍文	1897—?	河南滑县	步科二队	少将				
贾经武	剑山	1897—?	河北任县	步科一队	少将				

续表

姓名	字号	生卒年月	籍贯	连(队)次	衔级	授衔时间	主要任职	官至	备注
理明亚		1896—1994	河南密县	骑科肄业	少将	1945年2月	任第55军副军长	副军长	1947年在盐城被俘
柴济川	作舟	1897—?	河北高阳	炮科	少将	1948年11月	任第92军副军长	副军长	解放沈阳时率部起义
徐梁	任之	1898—1977	辽宁辽阳	骑科一队	少将	1937年8月	任第二战区骑三师师长		
段筱晋（原名度）	筱晋	1896—1978	江苏萧县	步科二队	少将	1945年6月	军政部附员		
高玉堂	晴雪	1899—?	河北临城	步科四队	少将		中央步兵学校第三分校教育长		
高卓东	瑞珣	1894—1972	河北丰润	炮科	少将	1938年6月	第87军军长	中将	
高鹏云	翔溟	1896—1977	辽宁凤城	步科三队	少将	1937年9月	第49军副军长	中将，国大代表	属东北军。1949年3月移台
郭俊	宇安，俄自	1898—1927	湖北安陆	步科一队	少将	1928年1月追授	1927年1月在北伐作战中阵亡		在军校毕业前夕加入中共
郭宪	蕴文	1895—?	河北涿鹿	步科三队	少将	1946年7月	第五战区第33集团军高参		
郭思演（原名典章）	号思演	1899—1965	广东大埔	炮科	少将	1935年4月	第五军副军长	中将	属中央军。1949年3月调至台

续表

姓名	字号	生卒年月	籍贯	连(队)次	衔级	授衔时间	主要任职	官至	备注
郭贻珩	润如	1900—?	河南中牟	步科二队			参加太原、忻口等战役。第九军副军长		中央化
黄人英	凤仪	1899—?	湖南沅陵	骑科一队	少将	1946年7月	第53师第157旅旅长		
黄占春	沾春	1897—1964	广东梅县	步科四队	少将	1937年5月	第四军第90师第268旅旅长		
黄永安	大庭，大定	1898—1979	黑龙江双城	炮科	少将	1936年10月	抗战任第一战区炮兵指挥官	中将	1949年3月去台
黄国俊(原名琪鑫)	号啸谷	1898—1976	广东梅县	步科二队	少将	1937年5月	第九战区高参	中将	
黄德龄	锡九	1894—?	河北大兴	炮科	少将	1946年9月	军事参议院参议		
萧昌运	旭亭	1898—?	河北肃宁	步科一队	少将	1944年			
龚理明	运阳，运明	1896—?	安徽合肥	炮科	少将	1936年1月	任军委会办公厅第一处处长	中将	
常百川	增禄，字百川	1896—?	河北新城	炮科	少将	1945年2月	任第49军参谋长		
阎仲儒	敬夫	1894—1949	湖南岳阳	炮科	少将		新编第八师旅长		
阎应禧	祝三	1898—?	山西乡宁	步科一队	少将	1942年8月	第七集团军参谋长	集团军参谋长	
梁亚雄	野庸	1899—?	浙江黄岩	工科	少将		军政部第一交通团团长		

续表

姓名	字号	生卒年月	籍贯	连(队)次	衔级	授衔时间	主要任职	官至	备注
梁同淇	同琪,卫川	1896—1978	河北丰润	步科二队	少将	1948年9月	任第一战区第108师参谋长		
梁祇六	又号羽腾,升裕,达濂	1897—1951	湖南安化	步科四队	少将	1945年2月	任第73军第15师师长		1951年被错杀,1985年撤销原判,按起义人员对待
湛本源	清如	1900—?	山东泰安	骑科一队			第96军参谋长		
蒋必	也成	1897—1963	江苏武进	炮科	少将	1945年9月			后入太华峙为僧
蒋纪珂	步舟	1899—1972	河北蠡县	工科	少将	1940年12月	任第一战区第20集团军参谋长	中将	1949年随傅作义起义
韩洞	仙房	1897—?	河北南宫	骑科一队	少将		第十七军参谋长		
韩锡侯	荫五	1901—?	河北雄县	步科三队	少将	1937年5月	第九军副军长	中将	
傅仲芳	翼翰	1897—1962	浙江萧山	步科四队	少将	1935年4月	第99军军长	中将	1949年春到台
焦其凤	振舟	1895—?	安徽合肥	步科一队	少将	1936年2月	第26军副军长		
童保俊	伯坤	1894—?	浙江宁海	步科四队	少将		第三战区司令长官部高参		
曾德威	学道	1896—1951	四川资阳	步科一队	少将		任四川督察专员兼保安司令		

续表

姓名	字号	生卒年月	籍贯	连(队)次	衔级	授衔时间	主要任职	官至	备注
温冬生	长青	1898—?	山西运城	工科	少将		第二战区第38师师长		
温念忠	伯诚	1897—?	山东招远	步科三队	少将	1945年2月	军事参议院参议	中将	
富文	字毓斋，郁斋	1898—1967	浙江青田	辎重科	少将		任第十三军参谋长	中将	1949年后去台
谢肖良	肖良	1898—1948	河南罗山	骑科肄业	少将	1935年4月	1948年5月追赠中将		
裴昌会	同野	1897—1992	山东潍县	步科二队	少将	1935年4月	任第九军军长	中将，战区副司令	1949年12月在四川德阳起义
樊应魁	岸亭	1899—?	山东郓城	步科四队	少将		军事参议院参议		
魏镇	屏藩	1897—1973	湖南宝庆(今邵东县)	步科四队	少将	1939年7月	任第188师师长		1949年8月参加湖南和平起义

表九　陆军军官学校第九期出身将帅名录

姓名	字号	生卒年月	籍贯	连(队)次	衔级	授衔时间	主要任职	官至	备注
于泽普	广仁	1894—1948	河北河间	炮科	少将		第49师参谋长		
于希贤	广仁，哲如	1894—?	河北沧县	炮科	少将	1947年7月	中央军事政治学校高级教官		
万秀岭	南山	1897—?	江西九江	步科四队	少将	1936年2月	军委会参谋厅少将参谋		
王冠	雪生	1897—?	河北大名	步二队	少将	1936年10月	第九军参谋长	中将	解放后被关押，1973年释放
王晋	东垣	1901—?	安徽合肥	炮科	中将	1937年5月	抗战爆发时任旅长	中将	
王斛	不为，伯生，泊僧	1899—?	辽宁沈阳	炮科	少将	1947年11月	炮八旅少将副旅长		
王煦	东初	1897—1980	河北大城	步科四队	少将		在西北军任职，参加长城抗战		1949年起义
王士琦	绍韩	1897—?	河北武清	步科一队	少将	1947年11月	山东省会公安局少将局长		
王广建		1898—1933	河南沈丘	步科肄业			参加宁都起义，在反围剿战役中牺牲	师长	
王长江	宗汉	1899—1978	河北博野	步科一队			河北民军副总指挥，八路军冀中民军司令		属中共革命烈士

续表

姓名	字号	生卒年月	籍贯	连(队)次	衔级	授衔时间	主要任职	官至	备注
王宇澄	涤甬，宇征	1901—?	河北宁晋	炮科	少将	1946年7月	任中央军校兵器教官，炮兵研究班副主任		
王秀豪（原名英）	号秀豪	1895—1951	河北饶阳	炮科	少将		川鄂边清剿区军官训练班副主任		
王振东	少棠	1896—1945	河北天津	炮科九期	少将		别动总队第11纵队副司令		对日作战牺牲
王儒林	玉书	1897—?	辽宁铁岭	辎重科	少将				
王檄鳌	权海	1895—?	河北唐县	步科一队	少将		第35军第73师师长		解放战争被俘
车沛霖	润普	1899—?	河北景县	炮科	少将				
方万点	学班	1896—?	广东惠来	工科	少将		军政部工兵署副监		
邓佐虞	述唐	1897—1938	河北高阳	步科二队	少将		抗战后任师参谋长,1938年5月对日作战阵亡		
田文忠	荩臣	1899—?	河北雄县	炮科九期	少将	1932年6月	德州城防副司令		
田恩润	恩润	1896—1940	河北献县	骑科一队	少将	1939年11月	第68军代理副军长		
史民	剑霄	1897—?	湖南醴陵	步科四队	少将	1947年2月	第九战区兵站总监部副监		
史宗谔	汝言	1897—?	河北阜城	步科一队	少将	1946年10月	第54师参谋长		
白耀先	字农，孝农，晓农	1897—?	河北肃宁	骑科一队	少将	1948年9月	第五战区师参谋处长	副军长	
宁其俊	维汉，光宇	1895—?	河南开封	步科四队	少将		徐州绥靖公署少将参议		

续表

姓名	字号	生卒年月	籍贯	连(队)次	衔级	授衔时间	主要任职	官至	备注
边章五	荣博，别字章吾，号章五	1898—1954	河北束鹿	步科一队			率75旅参加宁都起义，参加红军，任八路军总司令部参谋处长		建国后任23兵团副司令
朱瑛	子华	1900—?	河北河间	步科二队	少将	1936年12月			
朱朋轩	润斋	1895—?	河北交河	步科四队	少将	1943年8月	第69军副军长		
朱振华	号蓴	1896—1971	河北河间	工科			独立工兵团团长		
任倜	仲仁	1897—?	河北清河	炮科	少将	1947年6月	军事参议院少将参议		
刘兴	国桢，号铁夫	1899—1963	湖南长沙	辎重	中将	1935年4月	第16集团军总司令	中将加上将，参政员	建国后任湖南省政府参事
刘汉	克明	1895—?	湖南祁阳	步科三队	少将	1936年2月	第九战区军官训练团副教育长		
刘锐	仲敏	1895—?	河南罗山	步科二队	少将				
刘钧	叔陶	1896—?	河南罗山	辎重	少将	1947年7月	任中国远征军第66军代理参谋长		
刘万春	寿山	1900—1990	河北交河	步科二队	少将		第九兵团副司令	中将，军长	
刘书春	煦东，寿山	1897—?	河北肃宁	步科一队	少将	1945年6月	任第二战区第七集团军高参	中将，副军长	

续表

姓名	字号	生卒年月	籍贯	连(队)次	衔级	授衔时间	主要任职	官至	备注
刘刚夫	兆琳，刚父	1897—?	安徽合肥	工科	少将	1937年11月	任第一战区刘峙部高参		
刘多荃	竹波	1897—1985	奉天凤城	炮科	少将	1935年4月	任第49军军长	中将	参加新政协
刘芹生	文藻，芥生	1896—?	河北静海	炮科	少将	1947年4月	中央军校第15期第一总队教官		
刘秉诚	神如	1896—?	河北雄县	步科一队	少将		中央军校高级教官		
刘鸿绍	荫棠	1894—?	河北新河	炮科	少将	1942年9月			
刘斐然	懋宣	1899—?	河北深县	步科四队	少将		抗战后任中央陆军军校第三分校总务处长		
刘滋荣	华轩	1895—1959	河北沧县	步科三队	少将		第六集团军司令部处长		
刘福璜	献周	1900—1943	河北献县	步科四队			第57师副参谋长，在1943年12月常德保卫战阵亡		
刘毓澄	镇之，少泉	1898—?	河北沧县	炮科	少将				
刘德崇	积勋，一公	1897—?	安徽巢县	步科二队	少将	1937年4月	国防部总务局处长		
汤垚（原名建璧）	别号子谷，又号致古，别字垚	1898—?	安徽合肥	辎重科	少将	1936年1月		中将，兵团司令	

续表

姓名	字号	生卒年月	籍贯	连(队)次	衔级	授衔时间	主要任职	官至	备注
安舜	宾尧	1897—1963	河北保定	步科四队	少将	1945年2月	抗战开始任第一战区参谋		1949年3月赴台
安邦荣	汉铮	1897—1962	河北安国	步科三队	少将		国防部中将高参	中将	
许用休	伯孚	1895—1944	安徽合肥	炮科	少将		军训部少将视察官		
牟中珩	荆璞	1900—1981	山东黄县	步科四队	少将	1936年10月	第五战区第114师师长	中将	济南战役被俘，1966年特赦
苏恂和	叔忱	1895—?	河北交河	步科三队	少将		南京警司令部参谋长		
杜凌云	志清	1900—1993	河北枣强	步科二队	少将		第九军参谋长		
李欢	忭斋	1895—?	河北无极	步科三队	少将	1947年4月	任第三战区第168旅副旅长		
李觉	云波，字雅莲	1900—1987	湖南长沙	步科三队	中将	1935年4月	第70军军长	中将	参加长沙起义，在政协任职
李铖	继先	1898—?	四川安岳	炮科	少将	1936年2月	第六师参谋长		
李铎	天声	1901—?	河北天津	步科二队	中将			中将	
李粤	棣楼	1900—1971	河北任丘	炮科	少将	1939年3月	军事参议院参议		1949年初去台
李桢	翼文	1898—?	河北蠡县	步科二队	少将		第19军参谋长		

续表

姓名	字号	生卒年月	籍贯	连(队)次	衔级	授衔时间	主要任职	官至	备注
李善	季超	1896—?	河北滦县	步科一队	少将	1947年2月	军委会训练委员兼中央训练团教官		
李镕	稚湘	1896—?	江西东乡	步科二队	少将	1947年			
李凤藻	如祥	1900—1963	湖北蕲水	步科三队	少将		陆大编译处兵学教官		
李永昭	昶南	1895—1976	河北静海	骑科一队	少将				
李永澍	悦农	1896—?	河北蠡县	炮科	少将	1947年11月			属西北军系
李兆瑛	警亚	1899—?	河北安国	骑科一队	少将	1939年7月	冀中师管区司令		
李光照	朗西，广照	1897—1960	安徽合肥	工科	少将	1936年2月	新编第三军参谋长		
李辰熙	煦东	1896—1965	河北高阳	步科一队	少将	1945年6月	第40军代军长		在新乡率部起义
李宗弼	佑宸	1900—?	河北雄县	骑科一队	少将	1936年1月	1940年附汪降日任伪职		
李英俊	越千	1899—?	河北河间	步科三队	少将				
李炳璇	炳垣，翔辰	1896—1960	河北任丘	炮科	少将				
李靖湘	镜湘，仙舟	1898—?	河北束鹿	辎重科	少将				
李源惠	慕侨	1900—?	河北大城	步科二队	少将	1946年7月			投诚
李藩侯	树屏，蕃侯	1893—?	陕西渭南	步科一队	中将	1936年5月	第九战区湘鄂赣边游击队参谋长	中将	

续表

姓名	字号	生卒年月	籍贯	连(队)次	衔级	授衔时间	主要任职	官至	备注
杨之敬	熙如	1898—?	河北交河	炮科	少将				
杨荫东	雨苍	1894—?	热河凌源	步科一队	少将	1948年3月			
杨梃亚	干忱	1896—?	河北盂县	炮科	少将	1936年2月			
连玉岗曾改名李荫南	幼陵	1896—1973	河北清苑	骑科一队			北伐团长，中共早期党员，参与中共六大筹备及服务工作		抗大教员解放日报军事副刊主编
吴谦	栋云	1897—?	河北三河	骑科一队	少将	1945年9月	国民政府中央警察总队警务处主任		
吴景昌	介甫	1897—1950	河北大城	工科	少将				
吴锡钧	衡文	1897—?	辽宁庄河	炮科	少将	1947年11月	中央军校教官		
何平	樾皋	1899—1990	湖南宝庆	步科三队	少将	1937年5月	湖南省保安司令部高参		
何基沣	芭荪	1898—1980	河北藁城	步科一队	少将	1935年4月	第77军军长	中将，绥靖区副司令	是中共特别党员
何章海	越苏	1898—1965	河北无极	步科一队	少将		第二集团军参谋长		
余念初（原名诚）	字念初	1894—?	安徽合肥	炮科	少将	1935年7月	中国远征军司令长官部参议	中将	
余贤立	庚尧	1894—?	湖南平江	步科一队	少将		第21军参谋长		

续表

姓名	字号	生卒年月	籍贯	连(队)次	衔级	授衔时间	主要任职	官至	备注
谷锦云	倬汉	1896—?	河北蠡县	步科二队	少将	1946 年 7 月	第五战区第二集团军副参谋长		
邹立钦	敏生	1895—?	山东烟台	步科二队	少将				
邹立勋	瑞廷	1896—?	山东烟台	步科二队	少将				
应鸿纶	秩经	1896—?	辽宁辽阳	步科一队	少将	1945 年 2 月	东北剿总少将高参		
辛文锐	云程，云齐	1899—?	河北天津	炮科	少将	1948 年 9 月	军委会航委会防空司令部高炮团团长		
汪容[①]（又瑢）		1894—?	辽宁开原	骑科	少将	1940 年 7 月			
宋品优	子英	1898—?	安徽合肥	炮科	少将	1945 年 2 月	中国远征军司令长官部参谋处长		1948 年 11 月投诚
宋邦屏	亚潘	1897—?	安徽合肥	步科四队	少将	1947 年 2 月	任第九集团军团长		
宋邦荣	汉铮	1897—1962	河北安国	步科三队	少将	1936 年 2 月	第八战区司令长官部参议	中将，国大代表	1948 年去台
张让	允恭	1899—?	河北河间	步科二队	少将	1936 年 9 月	西北军旅参谋长		属西北军

① 九期骑科同学录未查到。尤文远：《保定军校千名将领录》，173 页。

续表

姓名	字号	生卒年月	籍贯	连(队)次	衔级	授衔时间	主要任职	官至	备注
张轸	字翼三	1894—1982	河南罗山		少将	1936年2月	1918年秋入九期，翌年初选送日本士官学校。后升为中将	19兵团司令，河南省主席	率部湖北金口起义
张潜	伏波	1897—1986	河北赵县	炮科	少将	1943年8月	任傅作义直属炮兵29团团长		1949年参加绥远起义
张汝恭	谦之	1898—?	河北任丘	炮科	少将				
张乔龄	式士	1897—?	安徽合肥	骑科一队	中将	1942年9月			
张寿龄	鹤舫	1898—1999	河北良乡	步科三队	少将	1935年4月	七七事变时任29军军事训练教育长	中将	属民革
张克侠	澍棠	1899—1984	河北献县	步科二队	少将	1942年1月	第33集团军参谋长	中将	中央特别党员
张克明	德峻	1897—?	河北吴桥	骑科一队	少将	1947年6月	第27师第159团团长		
张国选	力文	1897—?	安徽合肥	炮科	少将	1935年4月			
张鸣钦	慎如	1898—1951	河南汝南	步科二队	少将	1947年11月	山西省军管区参谋长		1949年5月起义
张桐慎	谨轩	1896—1967	河北河间	步科二队	少将				
张辑戎		1898—?	河北香河	步科肄业	少将	1948年9月	任第11战区第3师师长	副军长	
张树梅	子春	1893—1950	河北献县	工科	少将				

续表

姓名	字号	生卒年月	籍贯	连(队)次	衔级	授衔时间	主要任职	官至	备注
张树桢	树一，峙轩	1898—1937	河北河间	步科三队	少将	1937年8月追赠	在对日作战中牺牲		
张濯清	漱泉	1894—?	河北天津	骑科一队	少将	1937年5月	任第二战区第35军副参谋长		1949年1月参加北平起义
张鸿儒	子励	1900—?	山东蓬莱	步科二队	少将		新编第16师代理师长		
张谞行	号春笙，字春生	1898—1939	浙江杭县	步科一队	少将	1937年11月	第一战区司令部副参谋长	中将	1984年6月8日民政部追认革命烈士
陈庆华	子春	1896—?	河北内邱	步科一队	少将				
陈光裕	月如	1901—?	河北肃宁	步科三队			第35军第208旅参谋长		
陈志平（原名之棠）	号荫南	1889—?	河北南宫	骑科一队			暂编31师师长，后任日伪陆军军士学校校长		1949年被俘
陈荣修	志彬	1896—?	河北正定	步科四连	少将	1947年			
陈宝仓	自箴	1899—1950	河北遵化	工科	少将	1940年12月	第四战区长官部参谋长	中将	属民革，革命烈士
苗锡纯	绰如	1897—1970	河北肃宁	辎重科	少将	1948年9月	中央陆军辎重兵学校教育长		
范连星	聚五	1897—?	河北正定	步科四队	少将	1947年7月			

续表

姓名	字号	生卒年月	籍贯	连(队)次	衔级	授衔时间	主要任职	官至	备注
茅延桢	字致祥，贞木	1897—1925	安徽寿县	工科			黄埔青年军人联合会负责人，出版《中国军人》。		1925年被刺身亡
林嵩	岳生	1898—?	广东蕉岭	步科四队	少将	1936年2月	第三战区第19集团军总司令部参谋长	中将	中共
林伯森	伯森，柏森	1897—1960	广东蕉岭	工科	少将	1935年4月	陆军总司令部副司令	中将	1949年后赴台
罗震	东峰	1899—1987	河南南召	步科二队	少将	1945年2月	河南省政府保安处长	中将，国大代表	参加湖北金口起义
季振同[①]（原名季振佟）	号异之，字汉卿	1901—1934	河北沧县	步科肄业			红五军团总指挥，宁都起义领导人之一，第26路军第74旅旅长		中共特别党员。1934年被害，1981年平反昭雪
周光烈	龙坡	1895—1981	山东蓬莱	步科三队	少将	1937年5月	第五战区第113师师长		
周齐杞	述殷	1899—?	江苏江宁	工科	少将		第十一军副军长		
周志仁	泽民	1899—?	河北蠡县	工科	少将		第23军暂编第39师师长		

① 一种说法季振同是五期步科肄业。

续表

姓名	字号	生卒年月	籍贯	连(队)次	衔级	授衔时间	主要任职	官至	备注
周郁文	监之	1901—?	浙江萧山	步科一队	少将	1946 年			
周树棠	憩庵	1899—1947	河北任丘	步科一队	少将	1945 年 2 月	第 26 军第 139 旅旅长		
周福成	全五	1897—1953	辽宁辽阳	步科一队	少将	1935 年 4 月	第 53 军军长	中将，松江省主席	沈阳防守司令。1948 年 11 月放下武器
周熹文	旭斋	1897—1957	河北任丘	步科三队	少将	1940 年 7 月	任第 32 军副军长	中将	大陆解放后去台
周翰宗	澣尘	1893—?	湖南永明	步科一队	少将	1947 年 11 月	军委会后方勤务部西南供应局副局长		
郑锡安	子靖	1897—1975	河北大城	炮科	少将	1937 年 11 月			参加北平起义
孟昭第	品亭	1901—?	河北交河	步科三队	少将	1945 年 6 月	任第 35 军第 73 师第 211 旅参谋长		
赵亮	旭初	1896—1945	河南孟津	步科二队	少将				
赵晋	镜川	1897—?	河北献县	步科二队	少将	1948 年			
赵毅	振刚	1892—?	河北大兴	步科二队	少将				
赵毅	希坚，又锡若	1897—1967	辽宁辽阳	炮科	少将	1936 年 12 月	抗战开始后任第 109 师师长		

续表

姓名	字号	生卒年月	籍贯	连(队)次	衔级	授衔时间	主要任职	官至	备注
赵锡章	荣三	1900—1938	河北河间	步科一队	少将		抗日后任第19军第215旅少将旅长	中将	忻口战役牺牲
赵毓奇	钟秀	1897—?	河北蠡县	步科四队	少将	1936年5月	第57军参谋长		
郝家骏	铁骅	1901—1960	河北天津	炮科	少将	1937年5月	重庆卫戍司令部参谋长	中将	
胡璠	重鲁	1900—1933	安徽潜山	步科二队			在喜峰口抗战中牺牲	旅副参谋长	
段唐华	仲伟	1894—1976	湖南保靖	辎重科	少将	1948年9月	国防部战史编纂委员会委员	中将	1949年11月投诚
孟绍周	庆华	1890—?	河北滦县	步科	少将	1948年9月	任第二战区第二军参谋长		
侯靖轩(名坦)	号靖轩	1897—?	河北高阳	骑科	少将	1941年6月	抗战后任第二战区北路军总司令部后勤军需监		属晋绥军。1948年12月随傅作义起义
俞逢润	德吾	1898—?	河北宁河	炮科	少将	1946年7月	任中央训练团分团炮兵训练班教育长		
施中诚	朴如,季澄	1896—1974	安徽桐城	步科一队	少将	1936年2月	第74军军长	中将	1949年1月率部赴台驻防
施围宪	靖公	1896—1969	安徽桐城	步科一队	少将	1948年9月	第二战区第33军参谋长		
姚北辰	啸青	1895—1955	河南孟津	步科肄业	少将	1935年4月	任第二战区第15军副师长		1947年11月被俘

续表

姓名	字号	生卒年月	籍贯	连(队)次	衔级	授衔时间	主要任职	官至	备注
姚懋勋	剑公,健公	1896—?	河北宁河	工科	少将	1946 年7 月	军事参议院参议		
贺粹之(原名斌)		1897—1985	河北文安	步科一队	少将	1935 年2 月	第 12 军军长	中将,集团军司令	建国后在宝鸡政协任职
秦鼎新	协一	1892—1983	河南汝南	步科二队	少将	1947 年3 月	抗战爆发后任第 13 军第110 师参谋长		1949 年5 月在湖北金口起义
袁方中	用民	1893—1970	河南濮阳	步科三队	少将	1946 年12 月	江汉师管区代理司令		
袁煦圻	西雨	1901—?	广东东莞	步科四队	少将	1942 年6 月	第 89 军副军长		
夏国璋	元龙,超然	1895—1937	广东容县	步科四队	少将	1937 年5 月	第 175 师副师长。在对日作战中牺牲	追赠中将	
凌震苍	阜薰	1898—?	湖南长沙	炮科	少将	1937 年5 月	第一战区第 49 军司令部副参谋长		
徐廷几	仙槎	1897—?	河北蠡县	骑科一队	少将	1936 年5 月	鄂豫皖边绥靖公署参谋处长		
徐廷瑞(又名庭瑞)	号云帆	1895—?	河北蠡县	步科四队	少将	1945 年2 月	任第九战区第二十军参谋处长		
徐廷瑜	石帆	1894—?	河北蠡县	步科四队	少将		第 82 军军长	中将	
郭宗汾	抚汾,居阳	1895—1969	河北河间	步科四队	少将	1935 年4 月	任第 33 军军长	中将,兵团司令	参与北平和平解放,后任军事教官
郭寄峤	季侨	1900—1998	安徽合肥	炮科	少将	1936 年1 月	任鄂陕甘边区总司令	二级上将	1949 年后去台
唐文简	砥隅	1893—?	湖南醴陵	工科	少将	1946 年10 月	湖南湘宁师管区副司令		

续表

姓名	字号	生卒年月	籍贯	连(队)次	衔级	授衔时间	主要任职	官至	备注
唐邦植	树东	1898—1966	安徽合肥	步科一队			第三集团军参谋长	中将	1949 年重庆投诚
唐冠英	超伯	1895—1970	江苏阜宁	步科四队	少将	1937 年 5 月	任第 25 军副军长等职	中将	
陶云鹄	继轩	1897—?	安徽合肥	步科四队	少将	1946 年 7 月	第三战区第 39 军参谋长		
黄仲洵（原名实）	号仲恂	1897—?	湖北江陵	步科三队	少将	1943 年 12 月	中央训练团副教育长		
黄延桢	延贞	1898—1939	广东蕉岭	步科四队	少将	1936 年 1 月	任第 12 集团军副长官	中将，追赠上将	
黄新铭	治邦，新民，新铭	1901—?	安徽合肥	步科二队	少将	1937 年 5 月	任第二战区副司令长官		
黄国梁	号日如	1900—1978	广东增城		少将	1936 年 2 月	任第 37 军军长	中将	1950 年赴台
曹祖彬	慕纬	1893—?	江西信丰	步科四队	少将	1946 年 12 月			
崔世昌	禹言，号字光	1900—1953	河北高阳	炮科	少将		1944 年任第一战区第 14 集团军参谋长		
梁芝堂	鉴堂镜斋	1897—1937	河北蠡县	骑科一队			长城抗战任旅长	追赠中将	
梁述哉（原名念祖）	纾斋，述哉	1899—1952	山东武城	炮科	少将	1946 年 11 月			
董升堂	希之	1893—1963	河北新河	步科	少将	1948 年 9 月	第三绥靖区高参		
董廷伯	方亭	1893—?	陕西咸阳	步科四队	少将	1946 年 7 月			
董振堂	绍仲	1895—1937	河北新河	炮科			宁都起义的领导人红五军团军团长		在甘肃高台作战中牺牲

续表

姓名	字号	生卒年月	籍贯	连(队)次	衔级	授衔时间	主要任职	官至	备注
蒋维中	守仁，字希仁	1893—1956	湖南乾城	步科四队	少将	1939 年 10 月			
韩子清	净明	1899—1954	河北交河	工科	少将		国防部保密局通讯监		
韩恩瀚	海波	1896—?	河北丰润	步科一队	少将		冀察战区独立骑兵第一师师长		
韩榕芬	栋材	1897—?	河北冀县	步科二队	少将				
惠济	民桥	1896—?	安徽全椒	步科三队	少将	1936 年 10 月	贵州省防空司令		
傅同善	二虞	1900—?	河北大成	炮科	少将	1936 年 2 月	任第一战区第二集团军司令部高参		
温登陛	芝云	1901—?	山东阳谷	步科	少将	1938 年 5 月	第 167 师参谋长		
蔡可锦	晴岚	1898—?	安徽巢县	步科一队	少将	1946 年 7 月	苏鲁豫皖总指挥部军官训练所长		
蔡镇藩	介人	1899—1996	安徽合肥	步科一队	少将		抗战时任第一战区军训团少将处长		1949 年去台
黎行恕	海珊	1894—1949	广西阳朔	炮科	少将	1939 年 6 月	第 46 军军长	中将，国大代表	1949 年 3 月在桂林病逝
黎盛茀	受五	1894—?	安徽宿松	炮科	少将	1949 年 7 月			
戴英	子杰	1895—?	河北河间	炮科	少将	1947 年 11 月	第 77 军任副旅长		

续表

姓名	字号	生卒年月	籍贯	连(队)次	衔级	授衔时间	主要任职	官至	备注
戴奎耀	魁耀	1900—?	四川成都	步科入伍生队肄业	少将	1936年2月	四川边防军旅长		
戴嗣复	古楷，吉阶	1897—1951	湖南宝庆	步科一队	少将	1935年4月	军训部第三督察处处长	中将	

主要参考书目

☆ **论著及资料**

1. 保定市政协文史委员会：《保定近代教育史略》，河北大学出版社 1992 年版。

2. 陈诚：《八年抗战经过概述》，国防部史政局 1946 年 10 月。

3. 陈予欢：《保定军校将帅录》，广州出版社 2006 年 12 月。

4. 程思远：《政坛回忆录》，广西人民出版社 1986 年版。

5. 德杰编：《龙争虎斗——北洋军阀秘录》，团结出版社 1994 年 8 月版。

6. 丁中江：《北洋军阀史话》（第 4 集），中国友谊出版社 1992 年版。

7. 丁文江：《民国军事近纪》，（台北）文海出版社影印。

8. 戴逸、李文海：《清通鉴》，山西人民出版社 2000 年版，卷 263，

9. 冯玉祥：《我的生活》，黑龙江人民出版社 1981 年版。

10. 费敬仲：《段祺瑞》，广文书局 1920 年版。

11. 费正清、刘广京：《剑桥中国晚清史》（1800—1911）（下卷），中国社会科学出版社 1985 年版。

12. 郭凤明：《清末民初陆军学校教育》，（台北）中华文化出版事业委员会 1952 年 10 月出版。

13. 公孙訇著：《冯国璋年谱》，河北人民出版社 1989

年版。

14. （日）古屋奎二：《蒋总统秘录》（二册），（台北）中央日报社 1977 年版。

15. 何应钦：《八年抗战之经过》，文海出版社 1972 年版。

16. 黄绍竑：《五十年回忆》，上海世界书店 1945 年 12 月版。

17. 黄绍竑：《长城抗战概述》，载《中华文史资料文库》第三卷。

18. 黄友岚：《中国人民解放战争史》，档案出版社 1992 年版。

19. 河北政协文史委员会编：《保定陆军军官学校》，河北人民出版社 1987 年版。

20. 侯昂好著：《中国近代军事学的兴起》（1840—1949），军事科学出版社 2007 年 11 月版。

21. 《蒋百里全集》，传记文学出版社 1971 年版。

22. 金毓黻：《宣统政纪》（卷 4），大连辽海出版社 1934 年版。

23. 军事科学院、北京大学编：《中华军事人物大辞典》，军事科学出版社 1989 年版。

24. 军事科学院：《中国抗日战争史》，解放军出版社 1991 年版。

25. 雷禄庆著：《李鸿章新传》，（台北）文海出版社 1987 年版。

26. 雷海宗著：《中国的兵》，中华书局 2012 年 8 月版。

27. 来新夏：《北洋军阀》（五），上海人民出版社 1993

年版。

28. 陆军部:《陆军行政概要》,(台北)文海出版社影印 1916 年版。

29. 柯青桥主编:《世界军事简史》,解放军出版社 2015 年版。

30. (清)刘锦藻撰:《清朝续文献通考》,上海商务印书馆 1955 年版。

31. 李宗仁著:《李宗仁回忆录》,广西人民出版社 1980 年版。

32. 李剑农:《戊戌以后三十年中国政治史》,中华书局 1965 年版。

33. 李宗一:《袁世凯传》,中华书局 1980 年版。

34. 李宗黄:《李宗黄回忆录》,(台北)中国地方自治学会 1972 年 1 月版。

35. 拉尔夫尔鲍威尔:《1895—1912 年中国军事力量的兴起》,中华书局 1978 年版。

36. 罗家伦主编:《国父年谱》(增订本),国民党中央委员会党史委员会 1985 年 11 月 12 日第三次增订出版。

37. 罗焕章、支绍增:《中华民族的抗日战争》,军事出版社 1987 年版。

38. 刘风翰《国民党军史秘档公开》,中华党史出版社 2010 年版。

39. 刘风翰:《武卫军》,中央研究院近代史所专利(38)刘风翰:《晚清新军编练及指挥机构的组织与变迁》载《中央研究院近代史研究所集刊》(第九期)。

40. 刘国铭主编:《中华民国国民政府军政职官志》,春秋出版社 1989 年版。

41. 刘国铭主编:《中国国民党九千将领》，中华工商联合出版社 1989 年版。

42. 刘波等著:《国民党二级上将花名册》，中国文史出版社 2013 年版。

43. （澳）骆惠敏编、刘桂梁泽：《清末民初政情内幕》上卷，知识出版社 1986 年版。

44. 马天纲等:《白崇禧先生访谈记录》，（台北）中央研究院近代史研究所编印发行 1985 年版。

45. 潘荣:《教头总统冯国璋》，吉林文史出版社 1995 年版。

46. 日本从中国归国者联络会，新读书社编：《侵略——日本战犯的自由》，山东人民出版社 1985 年版。

47. 尤文远等主编:《保定军校千名将领录》，方志出版社 2001 年 8 月版。

48. 任牧辛等编:《保定军事学堂纪实》，中国文史出版社 2000 年版。

49. 任方明等:《保定陆军军学校将军录》，人民日报出版社 2007 年 8 月。

50. 任牧辛：《保定军校六讲》，中国文史出版社 2012 年版。

51. 史全生著:《中国近代军事教育史》，东南大学出版社 1996 年版。

52. （台）三军大学：《中国历史战争史》（第十七册），中信出版公司 2013 年版。

53. 沈祖宪、吴闿生编:《容庵弟子记》，1913 年版。

54. 沈云龙著：《现代政治人物述评》，载《近代中国史料丛刊》第二辑，（台北）文海出版社 1998 年版。

55.《马克思恩格斯选集》（第一卷），人民出版社 1972 年版。

56. 孙中山著：《孙中山选集》，人民出版社 1981 年版。

57.（台湾）商务印书馆发行：《中国近代现代史论集》，第八编《自强运动》，第三部分《军事》。

58.（清）沈桐生辑：《光绪政要》，（台北）文海出版社 1969 年版。

59. 沈云龙主编：《钦定大清会典》，文海出版社有限公司 1988 年版，卷 43.

60. 陶菊隐：《北洋军阀统治时期史话》（1—8），生活、读书、新知三联书店 1957—1959 年版。

61. 陶菊隐：《蒋百里先生传》，中华书局 1985 年版。

62. 天津图书馆、天津社科院历史出版社研究所编：《袁世凯奏议》（上、中、下），天津古籍出版社 1987 年版。

63. 魏源：《海国图志》（序），岳麓书社 1988 年版。

64. 王吉尧主编：《中国近代军事教育史》，解放军出版社 1996 年版。

65. 王尔敏：《淮军志》，中华书局 1987 年版。

66. 王守恂撰：《天津政俗沿革记》，民国二十七年（1938）刻本。王福发：《保定军校》，河北大学出版社 2013 年 1 月版。

67. 王桂主编：《中日教育关系史》，山东教育出版社 1993 年版。

68. 汪向荣：《日本教习》，三联书店 1988 年版。

69. 吴都编：《铁血南国：北伐名将谱》，团结出版社1995年版。

70. 文公直：《最近三十年中国军事史》，上海太平洋书店1930年版。

71. 信夫清三郎编，天津社科院日本问题研究所译：《日本外交史》，商务印书馆1980年版。

72. 许逸云：《蒋百里年谱》，团结出版社1991年版。

73. 薛连壁、张振华主编：《中国军事教育史》，国防大学出版社1991年版。

74. 萧劲光：《萧劲光回忆录》，解放军出版社1987年版。

75. 徐友春主编：《民国人物大辞典》，河北人民出版社1991年版。

76. 萧一山著：《清代通史》，华东师大出版社2006年版。

77. 袁世凯等编：《训练操法详晰图说》，辽海出版社1992年版。

78. 袁世凯等编：《新建陆军兵略录存》，文海出版社1966版。

79. 袁伟等主编《中国军校发展史》，国防大学出版社2001年8月版。

80. 杨德慧著：《杨杰将军传》，云南人民出版社1993年版。

81. 张之洞著：《张文襄公全集》（第二卷），中国书店1990年版。

82. 赵尔巽：《请史稿》，中华书局1977年版。

83. 张钫：《风雨漫漫四十年》，中国文史出版社1986年版。

84. （清）世续、陆润庠等编：《大清德宗景皇帝实录》。

85. 《张治中回忆录》，文中资料出版社 1985 年版。

86. 张其昀：《中国军事史略》，正中书局 1942 年版。

87. 张一麐：《太平室集》（第 4 卷），（台北）文海出版社 1966 年版。

88. 张一麐：《故代理大总统冯公事状》，1920 年版。

89. 张静庐辑注：《中国现代出版史料》初稿，中华书局 1957 年版。

90. 曾宪林等著：《北伐战争史》，四川人民出版社 1991 年版。

91. 中国史学会主编：《戊戌变法》，上海书店出版社 2000 年版。

92. 中国现代史学会编：《近现代史与国情问题研究》，贵州人民出版社 1993 年版。

93. 中国革命博物馆：《第一次国共合作时期的北伐战争》，黑龙江人民出版社 1987 年版。

94. 中国社科院编：《清末新军编练沿革》，中华书局 1978 年 5 月版。

95. 朱宗震等编：《陈铭枢回忆录》，中国文史出版社 1996 年版。

96. 朱寿朋：《光绪朝东华录》，中华书局 1958 年。

97. 胡思敬：《戊戌履霜录》。

98. 《李文忠公全书 · 奏稿》。

99. 《光绪实录》卷 415、卷 425。

100. 《河北文史资料选辑》，河北人民出版社 1984 年版。

101. 蒋廷黻：《近代中国外交史资料辑要》（上卷），商务印书馆 1931 年版。

102. 来新夏主编：中国近代史资料丛刊《北洋军阀》（第1卷），上海人民出版社 1993 年版。

103. 沈云龙主编：《近代中国史料丛刊续编》（第 53 辑），文海出版社有限公司发行。

104.《宜宾文史资料选辑（纪念辛亥革命七十周年专辑）》1981 年第 1 辑。

105. 张侠、孙宝铭、陈长河编：《北洋陆军史料》，天津人民出版社 1987 年版。

106. 中国第二历史档案馆编：《中国民国史档案资料汇编》，江苏人民出版社 1981 年版。

107. 中国史学会编：《中国近代史料丛刊》，上海书店出版社 1978 年版。

108.《中国近代史资料丛刊·北洋军阀》（一），上海人民出版社 1988 年版。

109. 朱传誉：《蒋百里传记资料（二）》，（台北）天一出版社，1985 年版。

110.《清光绪朝中日交涉史料》（下卷），文海出版社 1970 年。

111. 全国政协文史委编：《全国政协文史资料选辑》，中国文史出版社。

112.《保定陆军军官学校同学录》，1928 年 12 月版本。

113.《保定陆军军官学校同学录》，北京望亭书馆印行民国十五年版。

114.《清末海军史料》，海洋出版社 1982 年版。

☆ **文章**

1. 苏贻鸣：《民国前期军事教育概论》，《军事历史研究》1990 年第 3 期。

2. 陈崇桥：《清末编练三十六镇述论》，《浙江学刊》1990 年第 5 期。

3. 杨得才：《论袁世凯创办的军事学堂》，《历史档案》1990 年第 3 期。

4. 孙思白：《论保定军校的历史地位》，《历史档案》1993 年第 4 期。

5. 杨学新：《留日士官生与保定陆军军官学校》，《日本问题研究》1995 年第 1 期。

6. 李金铮：《论保定陆军军官学校》，《近代史研究》1995 年第 1 期。

7. 任方明：《袁世凯与直隶军事教育》，《文物春秋》1997 年第 4 期。

8. 郑志廷：《论二十世纪初叶保定军事教育》，《河北社会科学论坛》1998 年第 3 期。

9. 姚奇：《论清末的军事学堂》，《社会科学辑刊》1997 年第 2 期。

10. 朱建新：《清末陆军学堂》，《历史档案》1997 年第 3 期。

11. 郑志廷：《论清末民初保定军校的历史地位》，《义和团运动·华北社会·直隶总督》，河北出版社 1997 年版。

12. 刘存善：《保定军校学员与晋绥军》，《文史月刊》1999 年第 6 期。

13. 毛振发：《中国近代兵书概论》，《历史研究》1987 年第 2 期。

14. 邓红：《论保定军校与“保定军校生现象”》，《民国档案》1999 年第 4 期。

15. 郑志廷、李永强：《保定军校风潮与蒋百里的改革》，《历史教学》2001 年第 2 期。

16. 郑志廷：《保定北洋军事学堂与北洋六镇述论》，《保定新闻网、保定军校研究》，2003 年 9 月 15 日。等等。

☆ **报纸、杂志**

1.《东方杂志》（上海）1904—1925。

2.《大公报》（天津）1902—1925。

3.《申报》上海，1898—1924。

4.《武备杂志》（保定），1904—1906。

5.《国闻周报》第一卷第一期至第四卷第四十四期，1924 年 8 月至 1927 年 10 月。

6.《民立报》（上海），宣统二年至民国二年。

7.《政府公报》，民国元年 4 月至民国十七年 6 月，（台北）文海出版社影印。

8.《北洋官报》（天津）1903—1906、《民国日报》、《神州日报》、《政治官报》、《民国档案》、《中外杂志》等。

后 记

十年前我撰写了《保定陆军学堂暨军官学校史略》一书，在社会上引起比较大的反响，之后保定近代军事学堂的研究在更大范围内展开。随着研究不断深入，新的史料不断发掘，人们对保定近代军事教育的认识也在不断深化，于是便有了撰写保定陆军军官学校专著的想法。这是因为它是中国第一所正规化的陆军院校，上承天津北洋武备，下开广州黄埔军校，它对中国近代军事学的兴起和军校教育的发展影响颇大，尤其值得称道的它是中国自主创办的新式军事学堂，其所培养的军事人才成为抗日将帅的重要来源，因此撰写这部专著不仅是保定近代军事教育深入研究的需要，也是凝聚军魂，实现强军梦现实的需要。这项工作自 2010 年 9 月便正式开始，书房、河北大学图书馆、首都图书馆、市书店、古文物书刊市场便是我所活动的主要场所。日复一日，年复一年，五年的寒暑，呕心沥血终于完成了这部书稿。

本书在编写的过程中参考吸收了学术界的研究成果，书目举要中已列出。河北大学图书馆、历史学院资料室、保定军校纪念馆等单位给我提供了帮助和便利，尤其是军校纪念馆曾素梅馆长无私提供馆藏资料。王华玲博士、包玥硕士参加了本书第三章的撰写，张永刚博士参加了第五章的撰写。本书出版得到河北大学党委宣传部和新闻中心领导的关怀和支持。人民出版社编审孙兴民等同志热情帮助和指导，为本书的付梓出版付出了辛勤劳动。在此一并表示真诚的感谢。

由于作者的水平有限，再加上本课题又是一个新的领域，研究的深度不够、资料准备不足是显而易见的。因此，书中难免有错漏或失当之处，恳请专家与读者不吝赐教。

郑志廷

2015 年 6 月